식민주의자의 세계 모델
-지리적 확산론과 유럽중심적 역사

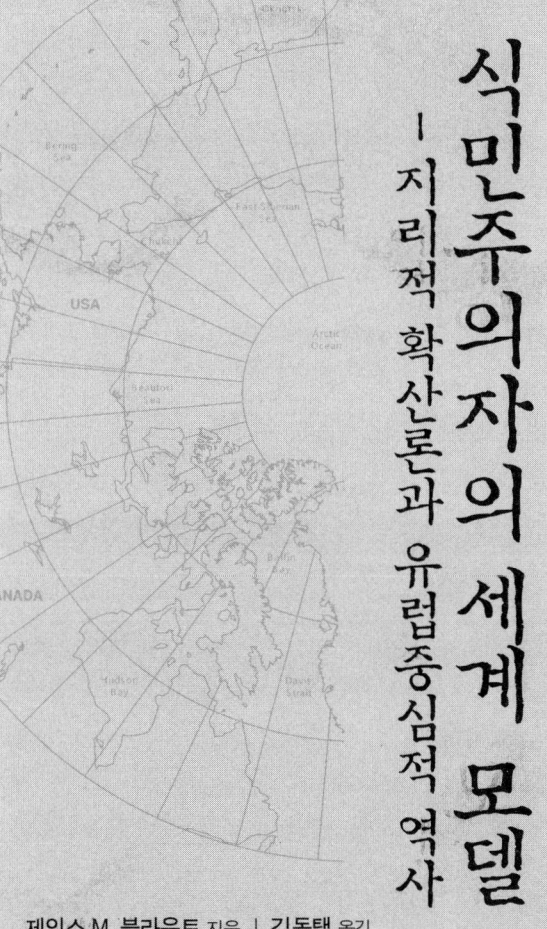

식민주의자의 세계 모델
─ 지리적 확산론과 유럽중심적 역사

제임스 M. 블라우트 지음 | 김동택 옮김

The Colonizer's Model of the World:
Geographical Diffusionism and Eurocentric History

성균관대학교
출판부

감사의 말

여러 사람들이 이 책을 쓰는 데 많은 도움을 주었다. 피터 테일러 Peter Taylor와 윌버 젤린스키Wilbur Zelinsky는 내가 이 책에서 논의된 생각과 문제들과 오랫동안 씨름해온 수 년 동안 큰 격려와 현명한 조언(그것들을 늘 염두에 두지는 않았지만)을 주었다. 이 책을 쓰는 데 커다란 도움을 주었으며, 또 이 책의 (오류가 아니라 훌륭한) 많은 관념들에 대해 기꺼이 신뢰를 표시했던 많은 사람들 중에서, 나는 특히 압둘 알칼리마트Abdul Alkalimat와 사미르 아민Samir Amin, 윌리엄 데네븐William Denevan, 로이다 피구에로아Loida Figueroa, 앙드레 군더 프랑크Andre Gunder Frank, 윌리엄 로렌 카츠William Loren Katz, 호세 로페즈José López, 켄트 메튜슨Kent Mathewson, 안토니오 리오-부스타만트Antonio Ríos-Bustamante, 아메리카 소렌티니 드 블라우트América Sorrentini de Blaut, 벤 위스너Ben Wisner에게 특별한 감사를 표하고 싶다. 또 다른 많은 사람들은 내가 수 년 동안 이 책에서 논의한 문제들에 대해 생각하게 해주었고 그 가운데 일부에 대해 대답할 수 있도록 길을 보여주었다. 이러한 친구들, 스승들, 그리고 학생들 가운데서 나는 특히 치 차오리Chao-li Chi와 가지 팔라Ghazi Falah, 프레드 하디Fred Hardy, 프레드 니펜Fred Kniffen, 후앙 마리 브라스Juan Mari Brás, 프란

시스 마크Francis Mark, 시드니 민츠Sidney Mintz, 응 홍Ng Hong, 도리스 피자로Doris Pizarro, 란돌프 라우린스Randolph Rawlins, 안셈 레미 Anselme Rémy, 왈도 로드리게즈Waldo Rodríguez, 디나 산체스Digna Sánchez, 하워드 산튼Howard Stanton, 데이비드 스테아David Stea, 락시만 야파Lakshman Yapa에게 감사한다. 피터 위소커Peter Wissoker와 아나 브레켓Anna Brackett은 인내심과 훌륭한 솜씨로 이 책을 편집했다. 이 책의 3장과 4장의 여러 문단과 2장의 한 문단은 『정치지리학 Political Geography(Blaut 1992b)』에 실린 논문들에서 가져왔는데, 발행자인 버터워스-하이네만Butterworth-Heinemann은 친절하게도 그 글들을 여기에 다시 사용할 수 있도록 허락해주었다.

J. M. 블라우트

블라우트의 저작 『식민주의자들의 세계 모델』은 유럽중심주의에 대한 본격적인 비판이라고 할 수 있다. 그가 밝히고 있듯이, 이 책은 19세기 유럽에서 확립되어 현재에 이르기까지 세계 학문의 지배적인 패러다임으로 자리 잡고 있는 세계사 서술이자, 사회에 대한 설명의 바탕을 이루고 있는 유럽중심적 확산론의 실체를 밝히고, 유럽의 내재적인 역사적 우월성, 이른바 '유럽의 기적'에 관한 이론을 반박하려는 목적에서 집필되었다. 그가 이러한 작업을 시도하는 이유는 기존의 지배적인 학문 체계가 그 기원을 유럽중심주의와 유럽중심적 확산론에 두고 있는데, 그것이 세계를 이해하는 방식에 심대한 왜곡을 발생시켰다고 판단하기 때문이며, 따라서 그에 대한 근본적인 비판을 하지 않고서는 균형 잡힌 세계사의 이해, 세계에 대한 이해가 불가능하다고 생각하기 때문이다. 또한 '유럽중심적 확산론'과 '유럽의 기적' 이론은 그것이 성립된 이래 현재에 이르기까지 인류의 사상과 행동에 중요하지만 불행한 영향을 미쳤기 때문이다.

그런데 유럽중심주의는 세계를 보는 인식론적 틀로서, 세계사와 세계에 대한 이해를 왜곡하는 측면도 있지만, 반대로 그것 자체가 왜곡된 권력관계, 힘의 반영이라고 볼 수 있다. 블라우트 자신도 그러한 점을 이 책에서 분명하게 지적하고 있는데, 유럽중심주의는 유럽의 식민지 개척을 정당화하고 강화시키기 위한 현실적 필요에 의해 등장했다는 것이다. 그리고 역사적인 변화에 적응하면서 오늘날까지도 그 위력을 떨치고 있다는 것이다.

이 책이 비판의 대상으로 삼고 있는, 우리 시대의 가장 강력한 신념 가운데 하나인 '유럽중심주의'는 서구 문명이 독특한 역사적 우월성, 인종·문화·환경·심성·정신적 특질을 갖고 있으며, 그것으로 인해 유럽이 과거로부터 현재까지 비유럽에 대해 항구적인 우월성을 갖게 되었다고 주장한다. 이 신념에 따르면 유럽은 '역사의 창조자'로서 늘 자생적으로 진보하고 근대화하는 문명인 반면 나머지 세계는 늘 정체되어 있었다. 이러한 방식으로 유럽은 역사의 중심부(내부)에 그리고 비유럽은 주변부(외부)에 위치하게 되며, 그 결과 세계는 불변하는 지리학적 중심부(내부)와 마찬가지로 불변하는 주변부(외부)가 존재하게 되고, 내부는 늘 앞서 나가고 스스로를 혁신하는 반면, 외부는 늘 뒤처지고 내부를 모방하게 된다. 그리고 그것은 운명적인 것이다.

세계의 내부와 외부를 설명하기 위해 블라우트는 '시간의 터널'이라는 개념을 사용한다. 세계사는 기본적으로 내부의 역사였고 외부는 세계사와는 기본적으로 아무 관련이 없었다. 세계 역사와 역사 지리는 시간의 터널 안에 놓여 있는데, 이 터널의 벽은 유럽의 공간적 경계이다. 인류의 역사는 바로 이 시간의 터널 속에서만, 즉 유럽이 중심이 된 시간의 터널 속에서만 의미를 지니게 된다. 벽 외부에 존재하는 모든 것들은 영원하며 변하지 않는다. 이러한 사고가 역사에 반영된 것이 바로 '터널 역사tunnel history'인 것이다.

비유럽 세계를 무시하는 이 터널 역사는 서구의 교과서들에 그대로 반영되어 있다. 20세기 중반까지, 전형적인 서구의 교과서들과 역사 부도들은 1492년까지의 역사에 대해 서술할 때, 유럽 외부 지역에 대해서는 거의 지면을 할애하지 않는다. 비유럽(아프리카, 성서의 땅 동쪽의 아시아, 라틴 아메리카, 오세아니아)은 유럽의 식민지 활동의 장소로서만 의미를 갖는다. 그러나 제2차 세계대전 이후에 만들어진 교과서들은, 탈식민화라는 추세를 인정하지 않으면 안 되었고 따라서 어떤 방식으로든 비유럽 세계를 설명해야만 했다. 즉 비유럽 세계의 역사와 근대화에 관한 논의를 시작할 수밖에 없었다. 그로부터 제기되는 질문은 어떻게 정체된 비유럽 사회들이 근대화를 달성할 수 있었는가 하는 것이다.

이에 대한 대답이 바로 유럽중심적 확산론이다. 즉 비유럽 세계의 진보는 유럽 문명이 확산된 결과로써 가능했다. 유럽중심적 확산론의 기본적인 설명틀은 세계사의 발전, 문명의 진보는 내부로부터 외부로의 확산, 즉 유럽으로부터 비유럽으로의 문명의 확산을 통해 가능했다는 것이다. 유럽은 문명 확산의 원천이며, 비유럽은 유럽 문명의 수용자이다. 세계사에 대한 이러한 방식의 설명, 더 넓은 범주로 그러한 과정을 정당화하는 신념이 바로 확산론, 보다 정확하게는 유럽중심적 확산론이다. 확산론에서 핵심적인 내용은 '유럽의 자생적 발흥' 이론인데 최근 서구 학계에서는 이를 흔히 '유럽의 기적'이라고 개념화하고 있다.

유럽의 자생적 발흥 이론에 따르면 유럽은 1492년, 즉 유럽과 비유럽이 강력한 상호작용에 돌입했던 식민주의 시기 이전에 이미 다른 지역들보다 더 진보했다고 한다. 유럽의 근대화는 1492년 이후 아프리카, 아시아, 아메리카 사회들과 상호 교류한 결과가 아니라, 근본적으로 유럽의 내적 특질이 낳은 결과라는 것이다. 유럽의 역사적 우월성, 발전을 가능케 했던 우월성이 내생적인 까닭에, 논리적으로 식민주의는 유럽의 근대화에 있어 중요한 것일 수가 없다. 그리고 바로 그런 맥락에서 '유럽의 기적'이라는 관념이 유럽중심적 확산론과 결합할 때, 비유럽 지역들에게 유럽의 식민주의는 유럽 문명의 확산, 근대 문명의 확산을 의미하지 수탈이나 착취로 해석되어서는 안된다는 강력한 정치적 함의를 담게 된다.

블라우트는 유럽의 자생적 발흥이라는 관념과 유럽중심적 확산론이야말로 세계사의 발전을 왜곡하는 것이며, 유럽이 저지른 역사적 죄악에 대한 자기 옹호이자 정당화이며, 현재까지도 여러 가지 문제를 발생시키는 것으로, 반드시 비판적으로 극복되어야만 할 것들이라고 말한다. 하지만 이 두 관념은 그것이 만들어진 이래 지금까지 부분적으로 비판되어 왔지만 근본적으로 의문시되어본 적이 없다. 블라우트의 이 저작은 바로 이러한 점을 직접적인 비판으로 대상으로 삼음으로써 근대 세계와 근대 학문에 대한 전면적인 문제제기를 시도하고 있는 것이다.

블라우트는 많은 것들이 사실이 아니라는 점이 드러나고 있음에도 불구하고, 유럽중심적 확산론이 광범위하게 받아들여지는 데에는 특정한 역사적 경험, 바로 유럽의 근대 식민지 확장 과정이 결정적으로 중요했다고 지적한다. 즉 엄청난 이윤을 가져다 주는 식민지 정복을 촉진시키고, 그것을 정당화하고, 그에 따르는 비용을 줄이기 위해 출현한 것이 바로 유럽중심적 확산론이라는 것이다. 다시 말하면 유럽중심적 확산론은 식민주의자들이 만든 세계 모델로서, 비유럽세계에 대한 유럽정복자들의 교의이며 비유럽세계가 추종하고 받아들여야할 세계모델인 것이다. 그는 다음과 같이 주장한다.

유럽중심주의는 독특한 신념의 집합이고 게다가 독특하게 강력한 것인데, 왜냐하면 그것은 유럽 엘리트들의 가장 강력한 사회적 이해관계들 가운데 하나에 대한 지적이고 학문적인 이론의 근거이다. 1492년 유럽 식민주의가 유럽의 발전(그리고 비유럽의 저발전)을 촉발시켰을 뿐만 아니라, 그 이후로 신식민지 형태를 포함한 다양한 형태의 식민주의를 통해 비유럽으로부터 획득한 부가 유럽의 지속적인 발전과 유럽 엘리트들의 지속적인 권력 유지를 위해 필수적이고도 대단히 중요한 토대가 되어왔다. 이러한 이유로, 유럽의 식민지 활동을 정당화하고 도와주는 유럽중심적 신념들의 발전은 가장 중요했고 지금도 여전히 그렇다. 유럽중심주의는 분명 세계에 대한 식민주의자의 모델이다.

그는 1492년을 전후로 세계에 대한 유럽인들의 인식이 어떠한 방식으로 바뀌어 갔는가를 추적한다. 확산론이 하나의 과학적 이론으로 확립된 것은 19세기 중반 이후의 일이지만, 그 기원은 16세기로 거슬러 올라간다. 확산론 모델이 가장 먼저 나타난 것은 중세 시기 타문명과 대립되는 의미에서 그리스도교 문화권과 로마 제국의 유산이라는 오래된 개념들에서였다. 그러나 중세 유럽인에게 이것은 명백하게 경계 지워진 공간이 아니었다. 그리고 1492년 이후에도 아메리카나 일부 아프리카에서 식민지 개척이 이루어지고 있었지만 이러한 활동들은 지구적인 규모에서 볼 때, 지엽적인 것이었다. 그리고 16세기에서 18세기 동안에도, 아메리카인들과 노예로서 아메리카에 운반된 아프리카인들의 집단들에 적용되어왔던 외부에 대한 확산론적 모델은 구대륙의 문명들에는 적용될 수 없었다.

그러나 이러한 상황은 19세기에 들어와 급격한 변화를 겪게 된다. 나폴레옹 전쟁 후에 식민주의는 급속하게 팽창했다. 대략 1810년과 1차 세계대전 사이에 세계의 나머지 부분들이 거의 모두 점령되었고 막대한 이윤이 유럽으로 흘러들어갔다. 이와 더불어 확산론의 고전적 형태가 갖추어지게 되었다. 확산론의 고전적 형태는 유럽이 내재적인 진화의 특성을 갖고 있으며 이것은 신 또는 자연의 섭리였다고 인식하였다. 1870년에 이르러 확산론적 명제의 핵심적인 교의, 즉 유럽(혹은 서유럽) 중심부에서 자연적인, 지속적인, 내재적으로 발생한 진보라는 관념이 매우 확고하게 자리 잡았으며 아무도 그것의 진리성을 의심하지 않았다. 이 시기야말로 유럽 패권이 최고조에 달했던 시대였던 것이다.

식민주의는 엄청난 수익을 갖다 주었는데, 식민주의자들은 상당한 비용을 정복한 지역의 자원과 인간들에 대한 학습과 연구에 투자했다. 비유럽인들에 대한 엄청난 양의 정보가 식민지 행정가, 선교사, 탐험가, 상인들에 의해 만들어졌다. 지식인들은 이를 바탕으로 확산론의 공리가 본질적으로 자연법적인 것임을 논증하는 사회이론을 만들어 냈다. 예를 들어 비유럽인들은 고대 로마의 토지법과 같은 사적 소유권이라는 개념이 없었기 때문에 토지에 대한 소유권이 없다고 주장하고, 그 위에다 식민지 원주민의 토지를 몰수하기 위한 합법적 토대를 세웠다. 또 '동양적 전제주의'라는 이론을 만들어 비유럽인들의 자유 개념 결여, 진보를 억누르는 전제적 정부의 존재를 주장하고 이로부터 유럽인들이 자유를 선물했다는 주장이 확립되었다. 이러한 방식으로 19세기에 유럽의 역사적·문화적·심리적 우월성과 비유럽의 열등성, 유럽의 특성들이 비유럽으로 확산되어야할 진보의 불가피성에 대한 일반이론이 만들어지고 차츰 모든 인문과학, 철학, 예술에서 무수한 경험론적 신념들로 분화되어 갔던 것이다.

그러나 20세기 초에 상황이 다시 변했다. 중요한 것은 팽창이 아니라 원주민의 저항과 식민주의자들 간의 경쟁에 직면하여 어떻게 착취와 통제를 유지할 것인가의 문제, 즉 균형의 문제였다. 세계대전과 대공황 그리고 이어진 또 한 차례의 세계대전을 겪으면서 유럽 지식인들로 하여금 진보와 팽창이 아니라 어떻게 재난을 수습하고 방지할 것인가를 고민하게 했다. 따라서 확산론의 핵심적인 관념은 역사적 상황과도, 그러한 상황을 반영한 지적 분위기와도 어긋나는 것이었다. 그런데 제2차 세계대전이 종결되고 일련의 혼란이 수습되는 과정에서, 확산론은 근대적인 형태로 다시 만들어졌다. 그것은 '근대화' 혹은

'근대화의 확산'이라는 이름으로 알려지게 되었다.

탈식민화가 광범위하게 전개되는 과정에서, 과거 식민지 모국으로부터 근대화를 받아들임으로써 이른바 제3세계도 근대화를 달성할 수 있다는 이데올로기적 메시지가 근대화 이론의 이름으로 등장했다. 이를 통해 식민주의자들은 '근대화' 메시지가 여전히 유효한 것임을 주장했던 것인데, 이것이 바로 '신식민주의'라고 묘사하는 체제이다. 미국이 주도하는 근대화 확산 프로젝트가 대표적인 사례였다. 근대화 확산 전략은 과거 식민지 모국으로부터 경제적이고 기술적인 확산을 받아들임으로서 제3세계 국가들이 번영을 얻을 수 있다고 주장한다.

물론 근대적 확산론은 고전적 확산론과 여러 가지 측면에서 달랐다. 고전적 확산론이 선호했던 생물학적 인종주의는 이제 더 이상 받아들여지지 않게 되었다. 또한 기독교라는 종교적 측면의 강조도 거의 사라지게 되었다. 아울러 일부 비유럽 문명은 역사적으로 위대했다는 점도 어느 정도 인정받게 되었다. 그러나 이 모든 것에도 불구하고 확산론의 기본적인 전제들은 확고히 자리 잡고 있다. 유럽은 역사적으로 다른 어떤 문명에서도 발견되지 않는 진보성을 보여 주었다는 것, 유럽과 비유럽이 과거와 같지는 않겠지만, 일정한 차이는 앞으로도 계속 지속될 것이라는 암묵적인 믿음이 여전히 기저에 깔려있었다.

블라우트는 이렇게 서구중심적 확산론의 역사적 경과를 설명한 다음, 이에 대해 다양한 논박을 시도한다. 그리고 나서 1492년 이전 시기에 유럽이 다른 지역들보다 그리 우월하지 않았음을 보여주고 1492년 이후에 전개된 식민주의를 설명하면서 유럽의 발흥, 유럽의 근대화는 아시아와 아프리카, 라틴 아메리카에서의 착취와 저발전의 결과였다고 주장한다.

그가 성취하려는 목표는, 스스로 인정한 것처럼, 세계사 전체를 포괄하는 것이기 때문에 한 권의 책으로 성취될 수 있는 것이 아니다.

따라서 독자들은 그가 제기하려는 문제의식이 설득력이 있는지에 더 많은 관심을 가질 필요가 있다.

여기서 그가 어떻게 해서 서구중심적 확산론에 대해 비판적인 시각을 제기할 수 있었는지를 따져보면, 그의 문제의식이 갖는 타당성을 이해하는 데 도움이 될 것이다. 그가 서구중심적 확산론이 지배적인 학문체계가 될 수 있었던 배경에 유럽의 패권하에 진행된 식민주의가 결정적으로 중요했다고 주장한 대목을 상기해보면 역설적으로 그의 문제의식의 일단을 이해하는 데 도움이 될 것이다. 널리 알려져 있는 사실이지만, 70년대 이후 동아시아를 중심으로 급속한 경제발전이 전개되면서 그것을 설명하려는 많은 이론들이 제기된 바 있다. 그리고 근대화론의 주장과는 다르게 정치 체제와 문화적 차이에도 불구하고 동아시아 지역의 발전이 가시화되자, 지역성에 주목하는 이론화가 광범위하게 나타나게 되었다. 거기서 더 나아가, 거시적인 역사적 맥락 속에서 동아시아의 지역성에 주목하는 연구들도 광범위하게 시도되었다. 이러한 이론적 시도의 배경에는 바로 동아시아의 정치경제적 발전이 중요한 근거로 작용하고 있는 것이다. 동아시아라는 지역의 발전이 지역에 대한 관심을 촉발시키고, 다시 그것이 한편으로는 지역의 독특한 제도, 문화, 역사로 확장되고 다른 한편으로는 서구중심주의에 대한 비판과 비서구 세계에 대한 재평가로 확장되고 있는 것이다.

정치경제학적으로는 이미 종속이론과 세계체제론이 서구중심적 근대화의 경과에 대해 비판적인 문제제기를 시도한 바 있다. 지성사적으로는 사이드의 『오리엔탈리즘』(1978)이 유럽중심주의에 대해 체계적인 비판을 제기한 바 있다. 이러한 맥락 속에서, 역사적인 탐구를 통해 다양한 세계 문명들과 그것들의 관계를 재해석하려는 움직임이 활발하게 나타났다. 대표적인 것으로 유럽 문명의 아프리카적인 기원을 검토한 버날의 『블랙 아테나: 고전 문명의 아프로-아시아적 기원』(1987),

유럽의 존재는 비유럽세계의 착취에 의한 것임을 밝힌 에릭 울프의『유럽과 역사 없는 민족』(1982), 월러스틴의 근대세계체제에 대해 그 이전에도 아시아를 중심으로 세계체제가 존재했음을 연구한 제닛 아부-루고드의『유럽패권이전 : 1250~1350』(1989)과 차두리의『유럽 이전의 아시아』(1990) 등이 있다. 이러한 연구들과 더불어 유럽중심주의에 대한 반성적인 이론화 작업이 중동 전문가인 호지슨의『세계사 재고』(1993)와 역설적인 제목이 달린 아민의『유럽중심주의』(1989) 등으로 나타났다. 많은 연구자들이 이러한 문제의식 속에서 비유럽 세계의 역사적 자율성과 발전 양상에 대해 많은 연구 결과물들을 제출하고 있다.

블라우트의 이 책은 이러한 이론적 흐름 속에서, 유럽중심주의적 확산론과 유럽의 기적 이론을 화두로 그것에 대해 가차없는 비판을 시도함으로써 유럽중심주의를 주창하는 주류 학자들과 그것에 반대하는 학자 모두에게 커다란 반향을 일으킨 바 있다. 1993년에 출판된 블라우트의 이 책은 그 이전의 연구 성과들과 그 이후의 연구들을 연결해주는 중요한 고리 역할을 하고 있다. 유럽중심주의에 대한 본격적인 비판서로 큰 반향을 불러일으킨 프랑크의『리오리엔트』(1998)는 그러한 작업의 연장선상에 위치하고 있다.

이러한 다양한 연구들은 유럽중심주의적 세계사와 정체성론에 입각한 아시아 역사 서술에 대한 도전이자 현재 진행되고 있는 서구중심적 세계화에 대한 새로운 시각을 정립하기 위한 노력으로 평가될 수 있다. 즉 세계의 역사가 하나의 중심지역에서 시작되어 다른 모든 지역들이 중심지역과 유사해 질 것이라고 주장해온 유럽중심적 발전론, 근대화론, 기러기 모델에서 탈피하여, 주변으로 간주되어왔던 지역들의 존재를 새롭게 부각시키고, 그럼으로써 여러 개의 중심을 갖는 혹은 아무런 중심도 갖지 않는 탈근대적인 세계사를 서술하려는 노력으로 평가될 수 있다. 그러나 이러한 노력들이 충분한 성과를 거두었다고 말하기는 힘들다. 아직은 문제제기에 값할 만큼의 체계적인 역사적 고증과 이론화를 달성하지 못했다는 평가가 분명히 존재한다. 하지만 현재까지의 문제제기만으로도 고립 분산적인 지역사들이 세계사적인 위상을 획득하고 그럼으로써 균형있는 세계사의 확립에 기여할 수 있는 기반이 확보되었다는 점에서 이러한 학문적 흐름은 높이 평가될 만하다.

정치적인 함의 면에서 이러한 노력은, 좋게 평가한다면, 위계적인 세계에 대한 거부이며 보다 평등한 세계에 대한 긍정이라고 할 수 있을 것이다. 그러나 자칫 이러한 노력이 중심-주변이라는 관점 자체를 폐기하는 것이 아니라 기존의 중심-주변을 또 다른 중심-주변으로 대체하거나 특정 지역을 특권화하는 방식으로 귀결될 수도 있다는 비판에 대해서는 충분한 주의를 기울여야 할 것이다.

마지막으로 현재 한국에서 유행하고 있는 동아시아론도 이러한 맥락에서 평가될 수 있다. 먼저, 동아시아론이 하나의 이론으로 성립되기 위해서는 보다 구체적인 역사적, 지성사적 작업이 충실하게 진행되어야할 것이다. 둘째, 그러한 작업을 수행하면서 의식적인 이론적 타자화와 반성적 사유, 그러한 작업이 어떠한 지향을 갖고 있는지를 지속적으로 질문해야만 할 것이다. 또한 한국사 연구에서도 이러한 맥락과 함의를 충분히 인식하면서 연구가 수행된다면, 일국사의 범위를 넘어서는, 지역적이고도 세계사적인 의미를 부여하는 데 커다란 기여를 할 수 있을 것이다.

이 책은 대답해야할 많은 질문들을 제기하고 있으며 거꾸로 이러한 대답을 찾는 과정에서 이 책이 제기한 질문은 늘 중요한 이정표로 남을 것이라 생각한다.

김동택

차례
···

■ 감사의 말 / 5

■ 옮긴이의 글 / 7

Chapter 1. 내부와 외부의 역사   021

주장 ·· 23

시간의 터널 ··· 26

유럽중심적 확산론 ································· 35
　　유럽중심주의 · 35
　　확산론 · 38

식민주의자의 모델 ································· 50
　　기원 · 51
　　고전적 확산론 · 56
　　근대적 확산론 · 63

세계 모델들과 세계적인 이해들 ················ 70
　　신념들의 민족지 · 70
　　신념 체계로서의 확산론 · 87

Chapter 2. 유럽의 기적이라는 신화   091

들어가며 …………………………………………………………… 93

신화를 만드는 사람들과 비판자들 …………………………… 97

  역사로서의 근대화 · 98

  비판 · 100

  반비판 · 106

신화 ……………………………………………………………… 108

  생물학 · 111

    인종 112 ｜ 인구학 118

  환경 · 123

    험악한 적도 아프리카 125 ｜ 건조한, 전제적 아시아 141

    온화한 유럽 157

  합리성 · 163

    합리성 교의 164 ｜ 합리성과 유럽의 기적 175

  기술 · 185

  사회 · 201

    국가 202 ｜ 교회 207 ｜ 계급 209 ｜ 가족 215

Chapter 3. 1492년 이전   227

들어가며 …………………………………………………………… 229

중세의 풍경 ……………………………………………………… 232

아시아, 아프리카, 그리고 유럽에서의 시원적 자본주의 … 250

Chapter **4. 1492년 이후**   263

　1492년을 설명함 ·· 265

　　왜 아메리카는 아프리카나 아시아인들이 아니라
　　유럽인들에게 정복되었나 · 267

　　정복은 왜 성공적이었나 · 271

　　1492년의 유럽 · 276

　식민주의와 유럽의 홍기, 1492~1688 ······················ 278

　　16세기 식민주의와 자본주의 · 278

　　귀금속 280 ｜ 플랜테이션 283 ｜ 결과 286

　　17세기 식민주의와 자본주의 · 293

　자본의 집중 ·· 298

Chapter **5. 결 론**   307

　▪ 후주 / 312

　▪ 참고문헌 / 360

　▪ 찾아보기 / 387

　▪ 지은이·옮긴이 소개 / 392

Chapter **1**

내부와 외부의 역사

History Inside Out

The Colonizer's Model of the World

주장

이 책의 목적은 세계사와 세계 지리학에 관한 우리 시대의 가장 강력한 신념 가운데 하나를 흔들어 놓는 데 있다. 그 신념이란 유럽문명—'서구'—이 어떤 독특한 역사적 이점, 인종적·문화적·환경적·심성적 혹은 정신적 특질을 갖고 있으며, 그것이 과거로부터 현재까지 역사의 모든 시기에, 이 인간 공동체로 하여금 다른 모든 공동체들에 대해 항구적인 우월성을 갖게 해주었다는 것이다.

그 신념은 역사적이고 지리적인 것이다. 유럽인은 '역사의 창조자'로 간주된다. 유럽은 변함없이 전진하고 진보하고 근대화한다. 나머지 세계는 훨씬 굼뜨게 전진하거나 정체되어있다. 말하자면 그들은 '전통사회'에 머물러 있다. 따라서 세계는 지리학적으로 영원한 중심부와 영원한 주변부로 이루어져 있다. 즉 내부와 외부가 존재하는 것이다. 내부는 앞장서고 외부는 뒤쳐진다. 내부는 혁신하고 외부는 모방한다.

이 신념은 **확산론**, 더 정확히는 **유럽중심적 확산론**이다. 그것은 세계의 표면을 움직여 나가는 문화화 과정에 관한 이론이다. 문화화 과정은 유럽으로부터 흘러나와 비유럽으로 향하는 경향이 있다. 이것은 문화와 혁신 그리고 인간 만사에 있어 자연적이고 규범적이며 또한 논리적이고 윤리적인 흐름이다. 항상 유럽은 내부이며 비유럽은 외부이다. 유럽은 모든 확산의 원천이며, 비유럽은 수용자이다.[1]

확산론은 역사학과 지리학적 학문에 근저를 두고 있다. 최근에 그러한 신념 가운데 일부가 의문시되곤 했지만, 가장 근본적인 교의는 결코 도전 받은 적이 없었으며, 따라서 일반적으로 확산론은 근대 학문에 의해 근절되지도 않았고 약화되지도 않았다.

확산론의 가장 중요한 교의는 '유럽의 자생적 흥기' 이론인데, 때로는 보다 거창하게 '유럽의 기적'이라고 불리기도 한다. 그것은 유럽이 1492년 이전부터, 즉 유럽과 비유럽이 강렬한 상호작용에 돌입했던 식민주의 시기가 시작되기 이전부터 이미 다른 모든 지역들보다 더 앞서나갔고 진보했다는 생각이다. 대부분의 근대 학자들이 이를 사실이라고 믿는 것처럼 만약 이를 사실이라고 여긴다면, 유럽의 경제적·사회적 근대화는 1492년 이후의 아프리카와 아시아, 아메리카 사회들과 교류한 결과가 아니라, 근본적으로 유럽의 **본질적** 우수성이 낳은 결과라는 점이 반드시 뒤따라야 할 것이다. 따라서 근대성의 주요 인자는 유럽이어야 한다. 그러므로 식민주의는 유럽의 근대화에 있어 중요한 것일 수가 없다. 즉 아프리카인과 아시아인, 아메리카인들에게 식민주의는 강탈과 문화 파괴가 아니라, 오히려 유럽 문명의 확산에 의한 수용 및 근대화를 의미한다.

이 책은 이러한 관점의 일반적 틀로서 유럽중심적 확산론을 분석하고 비판할 것이며, 유럽의 자생적 흥기에 관한 좀 더 구체적인 이론을 무너뜨리고자 할 것이다. 제1장에서는 확산론의 본질과 역사가 논의될 것이다. 2장에서는 유럽의 우월성('유럽의 기적')에 관한 명제들의 틀로서 유럽의 자생적 흥기에 대한 이론을 분석하고, 이러한 명제들을 하나하나 논박할 것이다. 3장에서는 1492년 이전의 세계사와 역사지리학을 검토하면서, 유럽이 1492년 이전에는 다른 문명들과 지역들보다 우월하지 않았음을 보여줄 것이다. 4장에서는 1492년 이후에 식민주의는 기본적인 과정이었으며, 그 과정이 유럽의 선택적인 흥기와 근대화 및 발전(또한 미국과 같이 유럽화된 문화 영역을 만들면서), 그리고 아시아와 아프리카, 라틴 아메리카의 저발전을 초래했다는 점을 주장할 것이다. 덧붙여 4장에서는 아메리카 정복과 그 이후 유럽 식민주의의 확장은 유럽의 내적 특질이라는 측면에서는 결코 설명될 수 없고, 오히려 유럽이 갖는 위상의 세계적인 실체를 반영한다고 주장할 것이다. 따라서 2장과 3장, 4장에서 이루어지는 일련의 주장들은 대체로 유럽이 현재 제3세계라 불리는 세계에 대해 역사적 우선성—역사적 우월성—을 갖고 있지 않다는 것을 보여 주고자 한다.

이런 시도는 한 권의 작은 책에 담기에 지나치게 야심찬 계획처럼 보일지도 모른다. 그러나 나는 다만 하나의 주장을 하고 있을 뿐이다. 지리학과 역사에 대한 과거의 관습적인 생각에서 근본적이고도 명시적인 오류가 만들어졌고, 이 오류가 이념과 실천의 여러 영역을 왜곡해왔다는 점을 주장하고 있는 것이다. 그리고 유럽중심적 확산론과 유럽의 역사적 우월성 혹은 우선성이라는 신념은 설득력이 없다는 점을 보여주기 위해 충분한 근거를 제시하고자 한다. 그런 신념이란 서구 문화에 확고히 기초하고 있을지는 몰라도 역사와 지리의 사실에 기초하고 있지는 않다. 그것은 어떤 의미에서 전해지는 이야기일 뿐이다.

시간의 터널

만약 우리가 19세기 중반 무렵인 150년 전 쯤 유럽이나 북미 아메리카의 학교에 다니고 있었다면, 아주 이상한 역사를 배웠을 것이다. 이제까지 인류에게 발생했던 모든 중요한 것들이 세계의 한 부분에서 발생했는데, 그 지역은 '확장된 유럽Greater Europe'이라 불리며 지리적으로는 유럽 대륙과 (고대 시기 동안에만) 남동쪽으로 확장된 '성서의 땅the Bible Lands'—북아프리카에서 메소포타미아까지—이 합해지고, 다시 (근대 시기 동안에만) 유럽인들의 해외 정착 국가들이 더해진 지역을 의미한다. 이 지역에서는 신이 인간을 창조했다고 가르쳤다. 이 시기의 전형적인 세계사 교과서에서 에덴동산은 인류사의 출발점으로 언급되었고, 에덴동산은 지중해 연안과 중앙아시아의 산맥들 사이에 있는 다양한 지점에 위치한다고 언급되었다.

교사들 가운데 일부는 이 지역 사람들만이 진정한 인간이라고 주장했을 것이다. 신은 다른 지역의 사람들을 인간과는 다른 종류의, 그보다 열등한 종으로 창조했다. 역사 교사들뿐만 아니라 과학 교사들도 비유럽인은 유럽인만큼 지적이지 못하고, 존엄하지 않고, (대체로) 용감하지 못하다는 것, 달리 말해 신은 그들을 열등하게 만들었다는 견해에 동의했을 것이다. 만약 그 교사들에게 왜 유럽인이 다른 모든 사람들보다 더 인간적이며 지적인지 질문한다면, 그러한 질문을 했다는 것만으로도 벌을 받았을지도 모른다. 그리고 기독교의 신이 세상을 창조했고 세상을 다스린다는 말을 듣게 되었을 것이다. 신께서 진정한 신을 숭배하는 사람들 나아가 합당한 성사로 그를 경배하는 사람들에게 하는 것과 똑같이, 비유럽인과 비기독교인에게도 똑같은 은혜를 보여줄지도 모른다고 생각하는 것은 어리석고도 불경스런 짓이다.

만약 19세기 중반쯤으로 되돌아가 역사학과 지리학을 공부하게 된다면, 또한 비유럽 세계에 관해 무엇인가를 확실히 배우게 될 것이다. 아프리카와 아시아에 사는 사람들은 열등할 뿐만 아니라 어떤 면에서는 사악하다고 묘사될 것이다. 그들은 신의 은총을 거부하여 신의 은혜로부터 멀어진 사람들이다. 아프리카인은 무자비한 야만인이며, 따라서 그들에게 가장 합당한 운명은 쓸모 있는 일에 투입되는 것, 기독교인이 되는 것이다. 어떤 불분명한 이유로 중국인과 인도인은 스스로의 미개한 문명을 겨우 건설할 수 있었지만, 유럽인도 기독교인도 아니기 때문에 그들의 문명은 오래전에 정체되고 퇴보하기 시작했다. 그리고 그들의 위업에도 불구하고, 그들의 문명은 결코 진정한 문명이었던 적이 없었다. 그저 무자비한 '동양적 전제주의 Oriental despotisms'였을 뿐이다. 오직 유럽인만이 진정한 자유를 알고 있다.

물론 관점은 변한다. 약 50년 후인 세기의 전환기 즈음에 학교를 다녔다면, 이전보다는 훨씬 세속적 형태의 역사를 배우게 되었을 것이며, 그 내용은 아마도 강력한 (물론 아직도 다원적이지는 않겠지만) 진화론적 성향을 띄고 있었을 것이다. 지구는 대단히 오래되었고, 생명체도 오래되었으며, 인류 자체도 오랫동안 존재해왔다고 배웠을 것이다. 그럼에도 불구하고 여전히 중요한 것은 모두 유럽에서 (즉 확장된 유럽에서) 발생했다는 사실에는 변함이 없다. 최초의 진정한 인간인 크로마뇽인은 유럽에서 살았으며 농업은 확장된 유럽(아마도 유럽대륙, 혹은 성서의 땅, 즉 유럽인 스스로가 문명의 중심이라 선언한 곳)에서 발명되었다. 어쩌면 세계사 수업에서는 미개한 문명의 시작은 성서의 땅에서 일어났다고 가르쳤을 것이다. 성서의 땅에서 모든 역사를 만든 두 코카서스인들이 출현했다. 셈족은 도시와 제국을 발명했고, 인류에게 일신론monotheism과 기독교를 전해 주었지만, 바로 그 시점에서 멈춰 동양적 퇴보로 몰락하고 말았다. 후진적이었지만 자유를 사랑했던 아리아인 혹은 인도-유럽인은 남동 유럽이나 서아시아로부터 지리학적인 유럽으로 혹은 유럽을 가로질러 이주하면서, 고대 그리스와 같이 최초로 진정하게 문명화된 사회를 창조했고, 그러한 문명적 기초 위에 우뚝 설 수 있었다. 그 후 로마인들이 문명을 다음 단계로 고양시켰고, 세계사는 굽히지 않고 북서쪽으로 전진했다. 만약 그 학교가 잉글랜드에 있었다면, 역사는 서쪽으로 향하는 오리엔트 특급열차처럼 '동양'(성서의 땅)에서 아테네로, 로마로, 봉건 프랑스로, 그리고 마침내 근대 잉글랜드로 전진했다고 가르쳤을 것이다.

그 무렵 유럽 학교에서는 비유럽의 지리학에 대한 세속적인 모습들을 가르치기 시작했다. 계속해서 아프리카인은 야만인으로, 동양사회는 퇴보적이며 전제적으로 묘사되었다. 그러나 19세기가 경과하는 동안 유럽과 비유럽 사이의 관계에서 중요한 변화가 발생했다. 1900년까지 이 관계에 대한 특정한 이론이 대중적 담론으로 정착되었고, 학교에서는 그것을 표준적인 세계 지리학으로 가르치기 시작했다. (나중에 이 장 뒷부분에서 설명될) 이 이론에 따르면 유럽인의 지도와 식민지 통치하에서 비유럽인들도 비록 유럽의 그것과 같은 수준은 아니지만 그에 가깝게 문명의 수준을 높일 수 있고 또 그렇게 했다는 것이다.

다시 반세기 정도를 움직여, 2차 세계대전이 종결될 즈음에 가르쳐졌던 역사학과 지리학으로 가 보자. 예전과 변한 것은 별로 없다. 최초의 진정한 인류는 여전히 유럽의 크로마뇽인이다. 농업은 성서의 땅에서 발명되었으며 미개한 문명도 여전하다. 진정한 문명은 여전히 아테네에서 로마로, 파리로, 런던으로 전진하고, 그 다음으로 뉴욕을 향해 돛을 올렸을 것이다. 비록 유럽의 영향력 아래에서 문명화되기 시작했지만, 비유럽인들은 세계사에 큰 기여를 하지 못했다. (식민지 사람들은 교사들로부터 학습한다. 일본은 성공적으로 모방한다, 등등.) 유럽인들은 여전히 누구보다 명석하고, 훌륭하며, 대담하다.[2]

우리는 이 모든 것들을 이 책에서 유용하게 사용될 하나의 이미지로 요약할 수 있다. 그것은 세계에는 내부와 외부가 있다는 관념이다. 지금껏 세계사는 기본적으로 내부의 역사였다. 외부는 기본적으로 아무런 관련성이 없었다. 2차 세계대전의 시간대에 이르기까지 유럽인들이 가르치고, 쓰고, 생각했으며, (앞으로 보게 되겠지만) 오늘날까지도 많은 부분에서 여전히 영향력을 발휘하는 역사와 역사지리학은 이를테면 시간의 터널에 놓여 있다. 그리고 그 터널의 벽은 확장된 유럽의 공간적 경계이다. 역사란 이 유럽의 시간의 터널 속에서 돌이켜보거나 훑어보는 문제이고, 언제, 어디서, 왜, 무엇이 발생했는지를 결정하는 문제이다. 물론 '왜'라는 질문은 역사적 사건들 속에서의 연관을 묻는 것이긴 하지만, 그것은 유럽의 터널에 놓여있는 사건들 속에서만 의미를 가진다. 벽 외부에서 모든 것은 완강하고, 영원하며, 변하지 않는 전통처럼 보인다. 나는 이러한 사고의 방법을 '역사적 터널 시각historical tunnel vision', 혹은 간단하게는 '터널 역사tunnel history'라 부르고자 한다.

보다 오랜 형태의 터널 역사는 비유럽 세계를 그저 무시했다. 전형적인 교과서들과 역사부도들에서는 1492년까지의 역사를 서술할 때, 확장된 유럽(유럽과 유럽인들의 해외 정착국가다. 고대사와 십자군 전쟁에 대해 설명할 때는 근동이 덧붙여졌다)의 외부 지역에 대해서는 거의 지면을 할애하지 않았다. 비유럽(아프리카, 성서의 땅 동쪽의 아시아, 라틴 아메리카, 오세아니아)은 유럽의 식민지 활동의 장소로서만 중요한 관심을 받았고, 이 지역에 대해 논의된 대부분은 본질적으로 제국의 역사였다.[3] 옛 교과서들과 역사 부도들에서는 확장된 유럽에 대해 상당한 관심을 표명했을 뿐만 아니라, 세계사는 성서의 땅에서 동지중해 유럽으로 그리고 북서유럽으로, 시간의 흐름에 따라 꾸준히 서쪽을 향해 움직여 가는 것으로도 묘사되었다. 이런 자료들에 언급된 장소의 특징, 즉 서로 다른 시기에 서로 다르게 언급된 지명들의 빈도에 주목한다면, 이런 패턴은 쉽사리 파악될 수 있다. 가장 초기에 언급된 지명들은 주로 성서의 땅과 지중해 근동의 지역들이었다. 이어서 그 뒤에 언급되는 지명들은 점점 서쪽과 북서쪽의 지역들이었다가 최종적으로 서기 1,000년 후의 시대에는 북서유럽이 하나로 묶이게 되었다. 바로 이것이 앞서 언급했던 '오리엔트 특급열차'의 전형적인 패턴이다.

그러나 2차 세계대전 후에 역사교과서는 또 다른, 좀 더 미묘한, 터널 역사의 형태를 보여주기 시작했다. 일본과의 전쟁, 격렬한 탈식민화 투쟁과 미국의 민권운동, 그리고 그와 유사한 것들이 한창인 와중에서, 비유럽 세계는 유럽의 의식세계에 매우 견고하게 삽입되기 시작했다. 대부분의 새로운 교과서들은 비유럽의 역사에 관한 논의를 확장했고, 비유럽 문화의 역사적 성취에 대해 언급했다. 대부분의 교과서들은 비유럽 역사에 역사성과 발전적 진보라는 특색을 부여했고, 이를 통해 비유럽의 역사는 과거의 패턴으로부터 벗어났다. 과거의 패턴은 이 사회들을 정체되고 비진화적인 것으로 결말짓곤 했었다. 비록 움직임 자체는 유럽의 그것보다 더디긴 했지만, 아시아 사회들은 이제 진화의 움직임을 갖고 있는 것으로 묘사되었다. 식민지 시대 이전에 아프리카는 여전히 정체되고 역사가 결여된 것으로 묘사되었다. 아시아는 더 많은 주목을 받게 되었다. 그러나 여전히

1492년 이전 시대의 아프리카와 아시아는 거의 언급되지 않는다. (전부는 아니지만) 대부분의 교과서와 역사 부도에서 언급된 지명들의 패턴은 여전히 서쪽과 북서쪽으로의 흐름, 바로 근동에서 서유럽으로라는 흐름을 암시하고 있었다. 그리고 터널 역사는 무엇보다 가장 중요한 문제인 '왜'라는 질문과 답변 부분에서 대부분의 교과서를 지배했다. 역사의 진보는 여전히 유럽인이 결정적인 혁신의 대부분을 발명했거나 시작했기 때문에 가능했으며, 결정적인 혁신은 그 이후에야 비로소 나머지 세계에 전파되었다. 교과서들은 비록 역사적 결과는 기본적으로 세계 도처에서 볼 수 있지만, 역사적 원인은 기본적으로 유럽적인 시간의 터널 내부에서 발견되는 방식으로 세계를 서술했던 것이다.[4]

교과서들은 문화를 들여다 볼 수 있는 중요한 창이다. 교과서들은 단순한 책 이상의 것으로, 여론을 만드는 문화 엘리트들이 그 문화에서 교육받는 젊은이들로 하여금 과거와 현재의 세계에 대해 진실이라고 믿게 만들기를 원하는 바로 그것에 대한 반半공식적인 진술이다.[5] 우리가 살펴본 것처럼, 유럽과 앵글로 아메리카의 역사 교과서들은 역사적 진보의 원인 대부분이 유럽에서 발생했거나 기원한다고 역설한다. 19세기 초 중기의 교과서들은 이 유럽중심적인 터널 역사에다 종교적인 배경을 공공연하게 제공하는 경향이 있다. 이후의 교과서들에서 성경은 더 이상 역사적 사실의 출처로 간주되지 않았지만, 인과성은, 마치 잠자는 미녀처럼 왕자에 의해 깨어나기 전까지 비유럽인들은 정체되고 불변하며 ('전통적인') 유럽인들은 혁신하고 진보하는 것이 자연스럽다는 거대 이론이 되어버리는 방식으로, 기독교인들이 역사를 만든다는 믿음과 백인들이 역사를 만든다는 믿음을 한데 묶는 암묵적인 이론에 근거하는 것처럼 보인다. 비록 인종주의가 폐기되었고 비유럽은 더 이상 **절대적으로** 정체되거나 전통적이라고 간주되지는 않지만, 이러한 관점은 대체로 여전히 유력하다.

학교는 보다 새로운 주제나 이념을 가르쳐야 될 시점에서 늘 약간씩 뒤쳐져 있기 마련이다. 나는, 연구와 교육 사이에 흔히 존재하는 지체 때문에 여전히 일부 학교에서 가르치고 있기는 하지만, 오늘날 내부와 외부에 관한 낡은 관념은 가공물일 뿐이며, 역사적 연구를 추구하고 세계사에 관해 중요하고 영향력 있는 저서를 집필하는 진정한 학자들에 의해 그 낡은 관념이 폐기되었다고 보고할 수 있기를 바란다. 그러나 현실을 그렇지가 못하다. 우리를 가장 염려하게 만드는 것은 세계사의 더 큰 흐름을 설명하는 문제에서 오늘날 역사학자들이 제시한 관점이 이런 교과서들 속에 투사된 이론들과 상당히 일치하는 경향을 가진다는 점이다. 과거와 마찬가지로 오늘날에도 가장 널리 사용되는 교과서들 상당수가 저명한 역사학자들에 의해 집필된다는 사실은 별개의 문제로 취급할 수 있다. 그러나 역사적인 학문이 어떻게 해서 세계사에서 결정적인 발전 대부분에 대해 유럽중심적 설명을 충실하게 따르고 있는지에 대해서는 많은 복잡한 문화적 이유들이 존재한다. 우리는 이 장의 후반에서 이런 이유들 가운데 일부를 거론하게 될 것이며, 이 책 전체를 통해 다양한 초점들에 대한 질문을 늘 제기할 것이다. 다만 여기서는 특별한 역설paradox에 주목하는 것으로 만족하자. 역사가는 신중한 학문적 판단에 의거하여 훌륭한 기록들을 집적한다. 그들의 작업에서 편견이나 고의적인 왜곡을 발견하기는 대단히 드문 일이다. 또한 역사적 인과관계에 관한 그들의 판단은 여타의 학문 분야처럼 동일한 방법론적 엄격함에 의해 제한된다. 유럽중심주의가 담론에 대해 중요한 영향력을 발휘하고, 흔히 (우리가 앞으로 보게 될 것처럼) 근거가 빈약함에도 불구하고 빈곤한 이론들을 수용하게 만드는 것은 바로 인과관계라는 보다 큰 문제와 역사에서 근본적인 혁명들을 설명하는 문제에 직면하게 되는 바로 그때인 것이다.

대부분의 유럽 역사가들은 여전히 '역사를 변화시킨', 진정으로 결정적인 역사적 사건 대부분이 유럽에서 발생했거나, 유럽으로부터 발생한 어떤 인과적인 추동력으로 인해 발생했다고 주장한다. ('유럽'은 계속해서 '확장된 유럽'을 의미한다) 이러한 사실을 보여주기 위해, 이제 나는 역사적인 순서대로 일련의 결정적인 유럽중심적 명제들에 관한 목록을 열거할 것이다. 그것들 모두는 유럽 역사학자 가운데 다수, 어떤 경우에는 압도적 다수에 의해 진리로 받아들여지고 있다. 그것들 중 일부는 정말로 진실이지만, 그러한 점들은 역사적 추론이 역사의 영구한 근원지로서 확장된 유럽에 초점을 맞추고 있음을 보여주려는 현재의 관점에서는 논외가 될 것이다.

1. 신석기 혁명—인류에 의한 농업의 발명과 정착 생활 방식의 시작—은 중동(혹은 성서의 땅)에서 비롯되었다. 이 견해에 대해서는 대략 1930년 이전에는 이견이 없었으며, 지금도 여전히 다수의 관점이다.

2. 근대 문명을 향한 문화적 진화에서 두 번째 주요한 행보인, 초기 국가와 도시, 조직화된 종교, 문자 체계, 노동 분업, 그리고 기타 여러 가지 것들의 출현은 중동에서 이루어졌다.

3. 금속의 시대는 중동에서 시작되었다. 제철 작업은 중동 혹은 동부 유럽에서 발명되었고 '철기 시대'는 유럽에서 최초로 나타났다.

4. 일신교는 중동에서 최초로 나타났다.

5. 민주제는 유럽에서(고대 그리스에서) 발명되었다.

6. 대부분의 순수과학과 수학, 철학, 역사학, 지리학도 마찬가지다.

7. 계급사회와 계급투쟁은 그리스-로마시대와 그 지역에서 최초로 출현했다.[6]

8. 로마제국은 세계 최초의 위대한 제국이었다. 로마인은 관료제, 법 등을 발명했다.

9. 사회 진화상에서 중요한 다음 단계인 봉건제는, 프랑스인이 주도하는 가운데 유럽에서 발달했다.[7]

10. 중세 시대에 유럽인은 비유럽인에 대한 우월성을 부여한 다수의 기술적 특성을 발명했다. (이 문제에 관해서는 상당한 견해 차이가 있다)

11. 유럽인은 근대 국가를 발명했다.

12. 유럽인은 자본주의를 발명했다.

13. 독특하게도 '모험적인' 유럽인들은 위대한 탐험가, '발견자' 등등이었다.

14. 유럽인은 산업을 발명했고, 산업혁명을 창조했다.

등등이 현재까지 계속 된다.

비록 (앞으로 검토해 보겠지만) 일부 명제에 관해서는 학문적 논쟁이 있으나, 이 목록의 모든 명제는 현재 유럽 역사학의 교의로 널리 수용되고 있다. 이 모든 것은 아마도 초등학교나 대학에서, 아마도 책과 신문에서 우리가 이것들을 배웠음을 의미한다. 우리는 이 모든 것을 진실이라고 배웠다. 그러나 정말 모두가 진실일까? 분명 일부 명제는 진실이며, 또 다른 일부는 조건부 진실이다. 그러나 이 책에서 내가 주장하려는 것처럼, 일부는 전혀 진실이 아니다. 그것은 낡은 터널 역사의 가공물이다. 그 속에서 외부는 어떤 결정적인 역할도 수행하지 않은 반면, 내부는 중요한 모든 것과 유효한 모든 것을 갖고 있다고 생각되었다.

유럽중심적 확산론

유럽중심주의

우리가 여기서 논의하려는 것은 요즘 일반적으로 '유럽중심주의'라고 불려진다.[8] 이 단어는 비유럽인(그리고 비유럽 혈통의 소수자)에 대한 유럽인의 과거 혹은 현재의 우월성을 가정하는 모든 신념들에 대한 꼬리표다. 유럽중심주의에 대한 강력한 비판이 사회사상 전 분야에서 진행 중이며, 이 책도 확실히 그 비판의 일부이다.

하지만 '유럽중심주의'라는 단어에는 분명 문제가 있다. 대부분의 담론에서 그것은 편견의 한 종류 또는 하나의 '태도'로 간주되며, 따라서 인종주의, 성차별주의, 종교적 편협성과 같은 여타의 시대착오적인 태도들이 제거되는 것과 같은 방식으로 근대적인 계몽사상으로부터 제거될 수 있는 것으로 여겨지도록 만든다. 그러나 유럽중심주의에서 정말로 결정적인 부분은 가치와 편견이란 의미에서의 태도의 문제가 아니라, 오히려 과학과 학문, 그리고 박식하면서도 전문적인 견해의 문제이다. 더 정확히 표현하자면, 유럽중심주의란 경험적 실체에 관한 진술과 교육받고 대개 편견이 없는 유럽인들이 진리와 '사실'에 근거한 명제로 받아들이는 진술인 믿음의 집합을 포함한다. 예를 들어, 우리가 앞에서 열거했던 역사적 혁신성에서의 유럽의 우선성에 관한 14개의 명제들을 생각해보자. 만약 우리가 이 명제들을 '유럽중심적 신념'으로 묘사한다면, 그 명제를 진리로 받아들이는 역사가들은 대단히 분개할 것이다. 이러한 범주에 속하는 모든 역사가들은 자신이 결코 유럽중심적 편견에 사로잡혀 있지 않다고 단호하게 부정할 것이며, 그들 가운데 그러한 편견을 실제로 고집하는 사람은 소수에 불과할 것이다. 그들이 유럽인이 민주제, 과학, 봉건제, 자본주의, 근대 국민국가 등을 발명했다고 주장한다면, 그들은 분명 이 모든 것을 **사실**이라고 생각하기 때문에 그런 주장을 하는 것이다.

즉 유럽중심주의는 이렇게 매우 복잡한 것이다. 우리는 이 단어의 모든 가치론적 의미들과 편견들을 제거할 수 있겠지만, 그렇다고 해도 여전히 우리는 경험적 신념들의 집합으로서 유럽중심주의를 갖고 있다.

이것이 바로 이 책의 중심 문제이다. 우리는 선입견과 편견이 아닌, 역사적이고 과학적인 사실이라 추정된 진술에 직면하고 있으며, 우리는 역사와 과학을 통해 그 추정이 틀렸다는 것을 보여주고자 노력할 것이다. 그 진술들은 거짓이다.

어떻게 유효하지 않은—즉 증거에 의해 검증되지 않고 때로는 증거와 모순된— 유럽중심적 역사 진술이 유럽 역사 사상에 수용될 수 있었으며, 이후 여러 세대 동안, 심지어는 여러 세기 동안, 결코 의문시 되지 않은 채, 수용된 신념으로 생존할 수 있었을까? 이는 이념의 역사와 역사 편찬에서 핵심적인 문제이다. 이것을 만족스럽게 다루는 것은 이 책의 범위를 상당히 벗어난 것이고, 그것의 주요 관심사는 경험적인 역사와 지리학의 범위에 속한다. 그렇다고 해도 이 문제를 회피할 수는 없다. 도서관은 우리가 이 책에서 거부하고 논박하려는 유럽중심적인 역사적 태도를 지지하는 학문적 연구들로 가득 채워져 있다. 필자가 수행한 작업의 빈약한 양과 그것을 정리한 학자들에게 상당한 부채를 지고 있다는 존경심은 한 권의 책에서 제시될 수 있는 사실적 논의만으로는 그 입장들을 신빙성 있게 반박할 수 없다는 점을 분명히 보여준다. 이 논의가 아무리 설득력이 있다 해도, 저울의 한쪽에 올려놓고 보았을 때, 저울의 다른 쪽 위에 올려져왔던, 여러 세대 동안 유럽의 학자들과 교과서 편찬자, 저널리스트, 정치 평론가, 그리고 나머지 사람들이 축적한 저작물보다 더 무거워질 것이라고 기대할 수는 없을 것이다.

따라서 이 책에서 우리는 두 단계의 주장을 만들어야 한다. 기본 단계는 경험적인 것이다. 중세와 근대 초기에 유럽의 내부와 외부에서 무엇이 **정말로** 일어났는가, 그리고 그 시기에 두 영역 사이에서 어떠한 연관이 **정말로** 발생했는가? 두 번째 단계에서 우리는 유럽중심적 관념의 부수적인 측면들 일부와 이 관념들을 둘러싼 사회적 맥락을 검토할 것이다. 이것은 이 상에서 주요하게 다루어질 댄데, 확산론적 관념의 역사와 본성을 분석하고 이러한 관념이 신용과 주도권을 획득하는 사회적 인증 과정을 논의하는 것으로 결론을 맺을 것이다. 2장은 1492년 이전의 유럽의 우월성에 대한 가장 중요한 주장을 체계적으로 검토하고 그것들의 역사적 계보를 논의할 것이다.

대부분 몇 십 년 되지는 않았지만 오늘날의 학자들은 역사, 지리학, 사회과학의 경험적이고 사실적인 신념들이 증거와는 아무런 연관이 없는 여러 가지 이유로 수용된다는 점을 잘 알고 있다. 학문적인 신념들은 문화 속에서 각인되고, 문화에 의해 틀을 갖춘다. 이는 유럽중심적인 역사적 신념들이 아주 이상하게도 오래 지속되는 역설을 설명하는 데 도움을 준다. 수용에 대한 이론적 근거들이 망각되었거나 거부된 이후에도 오랫동안 계속 믿어져왔다는 점(마치 믿음에 기초한 구약성서의 주장을 기록된 역사로 간주하는 것처럼), 만약 새로운 신화의 후보들이 적절하게 유럽중심적이라면 어떠한 근거가 없이도 수용된다는 점, 가장 일반적으로 전체로서 유럽중심적인 신념의 틀이 그것의 설득력과 힘을 지속시킨다는 점이 바로 그러한 것들이다. 하지만 이보다 더 중요한 문제가 있다. 앞으로 장황하게 논의하겠지만, 유럽중심주의는 **독특한** 신념의 집합이고 게다가 독특하게 **강력한** 것이다. 왜냐하면 그것은 유럽 엘리트들의 가장 강력한 사회적 이해관계들 가운데 하나에 대한 지적이고 학문적인 이론의 근거이기 때문이다. 나는 1492년 유럽 식민주의가 유럽의 발전(그리고 비유럽의 저발전)을 촉발시켰을 뿐만 아니라, 그 이후로 신식민지 형태를 포함한 다양한 형태의 식민주의를 통해 비유럽으로부터 획득한 부가 유럽의 지속적인 발전과 유럽 엘리트들의 지속적인 권력 유지를 위해 필수적이고도 대단히 중요한 토대가 되어왔다는 점도 주장할 것이다. 이러한 이유로, 유럽의 식민지 활동을 정당화하고 도와주는 유럽중심적 신념들의 발전은 가장 중요했었고 지금도 여전히 그렇다. 유럽중심주의는 분명 세계에 관한 식민주의자의 모델이다.

유럽중심주의는 문자 그대로 세계에 관한 식민주의자의 모델이다. 즉 그것은 단순한 신념들의 집합이나 신념들의 묶음이 아니다. 그것은 시간을 두고 서서히 그리고 대단히 정교하게 조각된 모델로서, 구조화된 전체, 사실상 단일한 이론, 사실상 거대 이론, 즉 많은 세부 이론들 예를 들어 역사적·지리학적·심리학적·사회학적·철학적인 이론들을 정초하는 일반적인 틀로 진화해왔다. 이 거대 이론이 다름아닌 **확산론**이다.

확산론

한 인간 공동체에서 문화 변동이 발생할 때, 그 변동은 그 공동체 내에서 발생한 발명의 결과일 수 있다. 또 그것은 다른 어떤 공동체나 다른 어떤 지역에서 기원하는 관념이나 그것의 물질적 결과물(도구와 예술 양식 등등)이 그 공동체로 유입되는 과정의 결과일 수도 있다. 첫 번째와 같은 종류의 사건은 '독자적인 발명independent invention'이라고 부른다. 두 번째와 같은 것은 '확산'이라고 부른다.[9] 두 과정들은 어느 곳에서나 일어난다. 여기까지는 아무런 문제가 없다. 그러나 일부 학자들은 독자적인 발명이 오히려 드문 일이며 단기적인 문화 변동과 장기적인 문화의 진화에서도 그다지 중요하지 않다고 믿는다. 이런 학자들은 대부분의 인간이 발명자가 아닌 모방자라고 믿는다. 따라서 그들의 관점에서는 확산이 변화의 주요 기제이다.

　　이러한 관점을 고수하는 학자들을 '확산론자'라고 부른다. 그들은 어떤 특정한 지역에서 문화적 혁신에 마주칠 때마다 다른 어떤 지역, 그러한 특성이 이미 사용되고 있는 어떤 곳으로부터 해당 지역으로의 확산 과정을 찾는 데 몰두하는 경향이 있다. 예를 들어, 확산론자들은 일부 구대륙Old World의 사람들처럼 일부 아메리카 원주민들 사이에서도 취관blow-gun이 전통적으로 사용되었다는 사실을 구대륙으로부터 신대륙New World으로 그 특성이 확산된 결과라고 설명한다. 그들은 신대륙의 사람들은 스스로의 힘으로 그것을 발명하지 못했을 것이라고 믿는다. 왜 그럴까? 그것은 신대륙의 사람들이 그러한 것을 발명할 만큼 창의적이지 않다고 생각했기 때문이다. 이런 생각을 더욱 확대하여 확산론자들은 문명화하는 특성들(농업, 사원 건축, 글쓰기 등)은 신대륙보다 구대륙에서 훨씬 더 이른 시기에 발견되었고, 아메리카 원주민은 스스로 그러한 것들을 생각해낼 만큼 창의적이지 않기 때문에 콜럼버스 이전의 위대한 아메리카 문명은 궁극적으로 범태평양적이거나 범대서양적인 확산의 결과임에 틀림없다고 주장한다.[10] 어떤 학자들은 전통적으로 '극단적 확산론자'라고 묘사되어 왔는데, 그들은 모든 문명이 지구상에서 하나의 기원적인 장소로부터 확산되었다고 믿는다. 그들 중 일부는 이러한 문명의 기원적인 출처가 고대 이집트라고 생각하며, 다른 일부는 그곳이 중앙아시아의 어떤 지역(예를 들면, 학자들이 '백인'종이나 '코카서스'인종의 고향으로 생각하곤 했었던 코카서스 지역)이었다고 본다.[11]

확산론자들과 반대자들 사이의 논쟁은 장기적이고 대규모적인 문화의 진화와 관련된 인류학, 지리학, 역사학 그리고 다른 모든 영역들에서 한 세기 이상 진행되어 왔다.[12] (흔히 '진화론자'나 '독자적인 발명론자'로 불리는) 반확산론자들은 확산론자들에 대해 두 가지 기본적인 비난을 퍼붓는 경향이 있다.

1. 확산론자들은 인간의 창의성에 대해 지나치게 신랄한 관점을 고수한다. 사실 사람들은 꽤 창의적이고 혁신적이며, 그래서 새로운 문화적 특성이 독자적인 발명의 결과로 나타날 수 있을 가능성은 실제로 확산론자들이 인정하는 것보다 훨씬 더 크다. 따라서 연구자는 보통 확산 과정을 관찰하는 상황을 설명해야 한다고 선험적으로 가정하기보다는 어떤 주어진 사례에서 독자적인 발명의 가능성을 고려해야만 한다.

2. 확산론자들은 엘리트주의자들이다. 모든 확산은 반드시 어딘가에서 시작되어야만 한다. 하나의 발명은 다른 지역으로 전파(확산)가 시작되기 전에 반드시 어떤 한 공동체에서 일어나야만 한다. 만약 우리가 모든 인간 집단은 사고 기관thinking apparatuses을 갖고 있는 진정한 인간들이며, 따라서 발명과 혁신의 능력이 대체로 유사하다는 꽤나 근본적인 가정—이 가정은 기묘하지만 여전히 사용 중인 19세기적 표식이자, '인류의 정신적 단일성the psychic unity of mankind'으로 알려져 있다—을 받아들인다면, 우리는 발명이 인류의 거주 지역을 가로지르는 모든 장소에서 일어날 것이라고 기대할 수 있다.[13] 그러나 대부분의 확산론자들은 오직 특정하게 선택적인 공동체들만이 창의적이라고 주장한다. 바꿔 말하면 대부분의 공동체들은 확산에 의해 새로운 특성을 수용한 결과로서만 변화하지

만, 어떤 장소는 독특하게 창의적이고 새로운 특성들의 기원적 출처이다. 이러한 공동체들에 속한 사람들은 다른 지역의 사람들보다 더 **창의적**이다. 인류의 정신적 단일성은 부정된다. 일부 사람들, 또는 일부 문화는 다른 것들보다 훨씬 더 탁월하다. 그들은 **발명과 혁신의 영구적인 중심부**들이다.

이것은 공간적인 엘리트주의이다. 만약 이러한 경관이 드러나는 지도를 제작한다면, 그 지도는 영구적인 **중심부**와 영구적인 **주변부**를 갖고 있을 것이다. '극단적 확산론자들'에게는 적어도 기독교 이전 시대의 전 세계가 이러한 방식으로 지도에 배치된다. 발명과 혁신의 영구적인 중심부는 이집트, 혹은 '고대 아리안족의 고향'(서아시아나 남동유럽 어딘가에 위치한 신화적인 상소), 혹은 코카서스, 혹은 고대 세계의 다른 어떤 상상된 중심지라고 생각되었다. 그 범위는 점차 축소되었다. 집단으로서의 확산론자들은 어떤 소수의 장소, 아니면 어떤 하나의 장소가 모든 장소들로 문화를 전파시키는 최초의 원천이었다고 상상하는 경향이 있다.

확산론의 세계는 내부와 외부가 있다는 관념과 정말로 딱 들어맞는다는 것은 분명해 보인다. 사실 확산론은 내부와 외부에 대한 관념에 대해 가장 완벽하게 발전된 과학적인(혹은 의사 과학적인pseudoscientific) 이론적 설명이다. 우리가 본 것처럼, 그 관념은 새로운 관념들을 위한 하나의 영구적인 세계의 중심을 가정한다. 다른 모든 곳에서 일어나는 문화적 진화가 대체로 이 영구적인 중심으로부터 유래한다는 이러한 관념은 새로운 관념들이 확산된 결과이다. 이것이야말로 바로 세계적 규모에서의 확산론자들의 지도인 것이다.

이제 우리는 재미있는 변칙에 도달했다. 19세기에 그리고 20세기에서조차도 확산론에 대한 비평가들은 자신들이 내세우는 비판의 전체적인 함의를 완벽하게 파악하는 데 실패했다. 그들 중 누구도 세계에 내부와 외부가 있다는 것을 부정하지 않았다. 반확산론자들은 인류의 정신적 단일성의 원리를 거부한다는 이유로 확산론자들을 비판하면서도, 문화적 진화는 유럽이 중심이 되어왔다고 믿었고 따라서 그들은 다른 누구보다도 유럽인들이 더 창의적이고 더 혁신적이라는 관념을—명시적으로 혹은 암묵적으로— 수용했다.[14] 그들이 최근의 역사에 대해 집필할 때, 특히 유럽 식민주의가 초래한 근대화의 결과와 선교화의 결과에 대해 논의할 때 이러한 관념은 명시적으로 드러나며, 고대에 관한 그들의 저술에서는 암묵적으로 드러난다. 19세기 후반과 20세기의 인류학자들, 고고학자들, 지리학자들, 역사가들은 성서의 땅에 초점을 맞추지 않았고, 그들의 학문적 저술은 어떤 종교적 가정을 수용하고 있다는 것도 드러내지 않았다. 하지만 내부와 외부는 명시적으로 드러난다. 그들은 농업과 도시화urbanization 등의 중동적 기원에 관해 서술한다. 그런 다음 그들은 문명화의 나머지 대부분이 유럽에서 기원한다는 주장으로 자연스럽게 넘어간다.

나의 기본적인 논의는 다음과 같다. 내부-외부 모델—전체로서의 세계는 문화를 변화시키는 관념이 기원하는 경향이 있는 하나의 영구한 중심부와 그 단일한 중심으로부터 확산된 결과로서 변화하게 되는 광범위한 주변부가 있다는 관점—을 자명하게 수용하는 한, **모든** 학문은 확산론적이다. 나는 19세기와 20세기 초반의 학자들에 의해 진전되고 옹호된 것처럼, 확산론이 공식적으로 내부-외부 모델 즉 유럽의 영구적인 지리적 우월성과 우선성의 신화를 **설명한다**고 주장하지 않는다. 오히려 그 이론은 유럽의 광범위한 사회적 세력들의 결과로 발전하게 되었고, 학문 세계의 바깥으로부터—유럽 사회로부터— 학문 세계로 진입하게 되었다. 본질적으로 확산론주의 학자들은 그들이 작업했던 학문 영역에서 이러한 이론을 공들여 만들었고 성문화했다. 고고학과 세계사 등과 같은 학문 영역들이 바로 그것들이다.

이 즈음에서 논의가 더 진행되기 전에 반드시 주의해야만 할 것들이 있다. '확산론자'라는 단어는 다소간 애매함을 갖고 있는데, 이것이 현재의 논의에 혼란을 가져오게 해서는 안 된다. 특정 장소에서 어떤 새로운 특성이 그 지역의 사람들에 의해서 발명된 것인지 아니면 다른 지역으로부터의 확산을 통해 수용된 것인지에 대한 논쟁에서, 후자의 관점을 취하는 학자들은 '확산론적' 입장을 지지하는 사람들이다. 그들은 독자적인 발명이라는 가설보다는 확산이라는 특정한 가설을 선호한다. 그렇다고 반드시 그들이 인과적 공식으로서 확산을 선호하는 일반적 경향을 갖고 있다는 뜻은 아니다. 때로 특정한 주제는 그 자체가 주요한 문제일 수도 있다. 예를 들면, 일부 학자들은 서아프리카의 중요한 문화적 특성들이 1492년 이전에 대서양을 건너 아메리카로 확산되었다고 주장한다. 이 문제에 관해 그들이 옳든 그르든, 그들은 어떤 종류의 유럽중심적 확산론을 주장하지도 않으며, 다른 맥락에서 본다면 독자적인 발명보다 반드시 확산을 선호하는 것도 아니다. 그러나 변함없이 일관된 확산론자들인 대부분의 학자들은 또한 유럽중심적인 확산론자들이다.

이제 나는 다소 공식적인 용어로써 유럽중심적 확산론을 과학적 이론으로 묘사할 것이다. 그것은 시간이 흐르면서 변화했지만, 기본 구조는 본질적으로 변화하지 않은 채 남아 있다. 이 장의 후반부까지, 사실 근대적 형태와 별로 다를 것도 없지만 일단 이 부분에 대한 논의는 남겨둔 채, 나는 이론의 고전적 (근본적으로 19세기의) 형태로 불릴 수 있는 것들에 대해서 설명할 것이다.

우리가 살펴본 것처럼, 확산론은 두 가지 공리에 기초한다. 첫째, 대부분의 인간 공동체는 비창조적이다. 둘째, 소수의 인간 공동체(장소들, 혹은 문화들)는 창조적이며, 따라서 문화적 변동과 진보의 영구적인 중심부로 존재한다. 지구적 규모에서 그것은 우리에게 단일한 중심부—거칠게 말하자면, 확장된 유럽—와 단일한 주변부, 즉 바로 내부와 외부를 지닌 세계의 모델을 제시한다. 이 두 영역 모델은 수많은 변형들을 갖고 있지만, 때로 두 영역은 그 사이에 명확하게 경계가 존재하며 확실하게 구별된다. (이런 형태의 모델은 친숙한 것이다. 그것은 때로 '세계의 중심-주변 모델Center-Periphery Model of the World'로 불린다) 또 다른 형태의 모델은 약간 다른 방식으로 세계를 본다. 분명하고 명확한 중심부가 있고, 그러나 그 중심의 외부에는 중심이 주변부를 향해 바깥으로 이동함에 따라, 문명이나 혹은 진보성 또는 혁신성의 정도가 점진적으로 쇠퇴하는 변화의 모습이 존재한다. 또 다른 변형된 모델은 세계를 근대성이나 문명화, 혹은 발전의 수준을 각각 대표하는 여러 지대zone로 구분지어 묘사한다.[15] 이러한 고전적 분리 방법은 세 개의 커다란 무리로 나뉘는데, '문명', '미개', '야만'이 그것들이다.

고전적 형태에서 확산론의 기본 모델은 세계를 두 개의 근본적인 영역으로 분리시켜 묘사한다. 그 중 하나(확장된 유럽, 내부)는 발명하고 진보하며, 나머지 하나(비유럽, 외부)는 진보적인 혁신을 내부로부터의 확산을 통해 수용한다. 이러한 기초 위에 확산론은 두 영역과 두 영역 사이의 상호작용에 대한 7가지 기본적인 주장을 역설한다.

1. 유럽은 자연스럽게 진보하고 근대화한다. 즉 유럽(내부)에서 벌어지는 사태들의 자연스런 상태는 사물을 보다 나은 방향으로 발명하고, 혁신하고, 변화하는 것이다. 유럽은 변화한다. 유럽은 '역사적'이다.

2. 비유럽(외부)은 자연스럽게 정체되고, 불변하고, 전통적이고, 후진적인 것으로 남아있다. 비유럽에서 발명, 혁신, 그리고 변화는 벌어지는 사태들의 자연스런 상태가 아니며, 그렇게 기대될 수도 없다.

비유럽은 변화하지 않는다. 비유럽은 '비역사적(ahistorical)'이다.

명제 3과 4는 두 부분 사이의 차이점을 설명한다.

3. 유럽적 진보의 기본적 요인은 창조성, 상상력, 발명, 혁신, 합리성 그리고 명예나 윤리적인 감각으로써 인도하는 어떤 지적이거나 정신적인 요소, 또한 어떤 '유럽적 심성(European mind)'이나 '유럽적 정신(European spirit)', '서구인(Western Man)' 등과 같은 것, 즉 '유럽적 가치(European values)'이다.

4. 비유럽이 갖는 비진보성의 이유는 그와 같은 지적이거나 정신적인 요소의 결여 때문이다. 이 명제는 본질적으로 비유럽 세계의 풍경은 '합리성', 즉 관념과 적절한 정신적 가치의 부재 혹은 부분적인 부재라고 주장한다. 고전적 (주로 19세기 후반의) 확산론에는 이 명제의 많은 변형들이 존재한다. 이 둘은 대단히 중요하다.

a. 이 명제는 또한 비유럽 세계의 많은 부분에 대해 기본적인 문화 제도들의 부재, 그리고 심지어 사람들의 부재까지도 주장한다. 이는 확산론자의 **부재의 신화**라고 불릴 수 있으며, 그것은 정착 식민주의(원주민을 제거하거나 대체하면서 이루어지는 유럽인들의 비유럽 지역으로의 물리적 이동)와 특정한 연관을 갖는다. 이 부재의 명제는 다음과 같이 각각 다른 층위들로 이루어지는 일련의 주장들을 만든다. (i) 어떤 비유럽 지역은 원주민들이 완전히 부재하거나 거의 부재하다(그래서 유럽인들의 정착은 어떠한 원주민도 대체하지 않는다). (ii) 어떤 지역은 정착 인구가 부재했다. 원주민들은 유동적이며 유목적인 떠돌이들이다. (그래서 유럽인의 정착은 정치적 주권을 침해하지 않는다. 왜냐하면 떠돌이는 영토에 대한 권리를 주장할 수 없기 때문이다) (iii) 어떤 지역의 문화는 사적 소유권에 대한 이해가 없다. 즉 이 지

역은 재산권이나 주장이 부재했다(그래서 아무도 토지를 소유하지 않았기 때문에 식민지 점령자들은 정착자들에게 자유롭게 토지를 줄 수 있다). 외부의 모든 영역에 적용되는 마지막 층위는 때로 유럽인(예를 들어, 막스 베버가 그랬던 것처럼)이 '합리성'의 결여로 묘사하는, 지적 창조성과 정신적 가치의 부재이다.[16]

b. 역사적으로 어떤 시대의 일부 비유럽 지역은 어떤 측면에서 볼 때 어느 정도로는 '합리적'이었다고 가정된다. 예를 들면, 성서의 시대 동안 중동은 합리적이었다. 중국도 역사상 특정 시기에는 다소 합리적이었다.[17] 그러나 아프리카를 포함하는 다른 지역들은 합리성이란 측면이 항상 절대적으로 결여되어 있다.

명제 5와 6은 내부와 외부의 상호작용 방식을 묘사한다.

5. 비유럽 부분이 진보하고, 더 좋게 변화하며, 근대화한다는 등등의 정상적이고 자연스런 방식은 유럽에서 유래하는 혁신적이고 진보적인 관념의 확산(혹은 전파)에 의한 것이다. 공기가 진공 상태로 흘러가듯 확산은 비유럽으로 흘러간다. 이 확산은 유럽적 관념 그 자체의 전파라는 형태를 취하거나, 유럽적 관념이 구체화된 새로운 생산물들의 전파라는 형태를 취하거나, 새롭고 혁신적인 관념들의 담지자들인 유럽인 자신들의 전파(이주, 정착)라는 형태를 취할 수 있을 것이다.

앞으로 살펴보겠지만, 명제 5는 유럽 식민주의에 대한 분명한 정당화이다. 그것은 정착 식민주의를 포함한 식민주의가 비유럽 세계에 문명을 가져다준다고 주장한다. 사실 그것은 비유럽 세계가 자신들의 정체성stagnation과 후진성backwardness 및 전통주의에서 벗어나 전진하는 자연스런 방식이다.

그러나 식민주의 하에서 생겨난 부(富)는 비유럽 식민지에서 빠져나와 유럽 식민주의자를 부유하게 만든다. 유럽중심적 확산론에서는 이것조차 내부와 외부의 사이의 정상적인 관계로 간주된다.

6. 유럽이 비유럽을 문명화시킨다는 관념의 확산에 대한 부분적인 보상은 비유럽에서 유럽으로 플랜테이션 생산물과 광물, 예술품, 노동력 등으로 구성된 물질적 부가 역확산counterdiffusion된다는 점이다. 유럽인이 갖다 준 문명이란 선물에 대해 식민지가 충분히 보상해 줄 수 있는 것은 아무 것도 없으며, 따라서 식민지와 식민지 사람들의 착취는 도덕적으로 정당화된다(식민주의는 받는 것보다 주는 것이 더 많다).

그리고 내부와 외부 사이의 상호 작용에 관한 또 다른 형태가 있다. 그것은 유럽에서 비유럽으로 문명화의 관념이 확산(명제 5)되는 것과는 정반대이다.

7. 유럽은 선진적이고 비유럽은 후진적인 까닭에, 유럽으로 확산되는 모든 관념은 고대적이고, 야만적이고, 원시적이고, 비문명적이고, 사악한—흑마법과 뱀파이어, 역병, '부기맨', 그리고 그와 유사한 것들— 것들임이 분명하다.[18] 이러한 개념과 결부된 것이 바로 '현존하는 조상이라는 이론'으로 불려온 확산론적 신화이다. 그것은 우리가 문명화된 유럽에서 멀어지면 멀어질수록, 역사와 문화의 초기 시대를 더욱 가깝게 반영하는 사람들과 조우하게 된다고 주장한다. 그래서 오스트레일리아와 뉴질랜드의 소위 '석기시대 사람들'은 구석기 시대의 유럽인들에 비유된다. 문화적 진화의 측면에서 볼 때, 이 주장의 핵심은 확산이 연속적인 물결 속에서 바깥으로 전파되는 방식으로 작동하기 때문에 바깥으로 멀리 가면 갈수록 그

만큼 더 후진적인 세상으로 가게 된다는 것이다. 그러나 이와는 반대로, 고대적이며 원시적인 특성들이 흑마법이나 드라큘라 등과 같은 고대적이고, 주술적이며 사악한 형태로 문명화된 중심부로 역확산할 가능성도 늘 존재한다.

두 부분 사이의 주요 대립항은 다음과 같은 표로 나타낼 수 있다. 다음의 대조표는 19세기 확산론자의 사고에서는 꽤나 전형적인 것이다.

중심부의 특징	주변부의 특징
창의성	모방성
합리성, 지성	비합리성, 감성, 본능
추상적 사고	구체적 사고
이론적인 이성	경험적, 실제적 이성
정신	육체, 물질
규율	자발
성인기	유년기
정상	광기
과학	주술
진보	정체

물론 지금까지 내가 묘사했던 것은 확산론적 세계 모델을 상당히 단순화시킨 형태다. 앞으로 설명해나가면서 이 내용을 수정하거나 변경해나갈 것이며, 특히 확산론의 고전적 형태와 그 모델의 근대적 형태 사이에 중요한 차이점이 있다는 점을 보여 줄 것이다.

과연 확산론은 무엇이며, 그것은 무엇을 하는 것인가? 이 책에서 나는 확산론이 유럽과 비유럽 모두에게 어떻게 역사에 대한 관점을 형성했는지를 상세히 보여줄 것이다. 이 장의 후반부와 2장에서 나는 역사학 외부의 이론들, 예를 들어 심리학, 지리학, 경제학, 사회학의 몇몇 이론에 미친 확산론의 구체적인 영향들 가운데 일부를 보여줄 것이다.

그러나 이 논의는 또 다른 질문이 제기된 후에야 보다 의미가 있을 것이다. 그것은 바로 확산론이 어떻게, 그리고 왜 서양 사상에서 그토록 근간이 되는 이론이 되었는가에 관한 질문이다. 이제 그 질문으로 돌아가보자.

식민주의자의 모델

아마도 모든 문명은 이웃 문명들과의 관계에서 자신이 다른 모든 인간 공동체들보다 더 낫고, 더 명석하며, 더 용감하다고 믿는 동시에, 그 까닭과 또한 그에 방해되는 문제들에 대처하는 경험적 이론들을 구축하면서, 어느 정도는 자민족 중심적인 관점을 갖고 있을 것이다. 아마도 우리는 다음과 같은 신념들 속에서 확산론의 씨앗을 발견하게 될 것이다. '우리의' 사회에서 진보는 자연스러운 것이고 설명이 필요 없는 것이지만 '그들의' 사회에서 그것은 부자연스럽거나 적어도 덜 인상적인 것이라는 관념, '그들은' 우리에게 빌려감으로써 그리고 '우리의' 관념을 모방함으로써 진보한다는 관념 등등이 바로 그러한 것들이다. 그러나 이것은 확산론을 뜻하는 것도 아닐 뿐더러 확산론를 이해하는 데 그다지 중요한 것도 아니다. 내가 지금까지 논의해온 확산론은 근대 유럽 식민주의의 산물이다. 그것은 세계에 관한 식민주의자의 모델인 것이다.

기원

확산론은 19세기 동안에 완전한 모습을 갖춘 과학적 이론이 되었다. 하지만 이론의 기원은 서구 유럽의 16세기와 17세기로 거슬러 올라간다. 거기서 신념 체계는 유럽과 유럽 외부로의 식민지적 팽창 속에서 나타나는 변화의 새로운 실체에 어떠한 통일성을 주기 위해 고안되어졌다. 두 영역의 세계라는 개념, 내부와 외부 사이의 확산론적 구분은 기독교 문화권과 로마 제국의 유산(서부와 남부 유럽 대부분에서 이것은 정치적인 토지 소유 엘리트들에게 합법성의 일반적 전거典據를 의미했다)이라는 상당히 오래된 개념으로부터 출현했다. 그러나 중세 유럽인이 주변 사회들과 충돌 속에서 기독교 문화권을 자연스럽고 명확하게 경계 지워진 공간으로 간주했다는 것은 전혀 사실이 아니다. 뿐만 아니라 중세 유럽 사상가들이 이슬람과 오리엔트 문명에 비해 기독교 문화권의 상대적인 힘과 부, 그리고 기술적으로 훌륭한 솜씨에 대해 많은 환상을 가졌다는 것도 전혀 사실이 아니다. 그러나 분명하게도 그들은 집합적 정체성이라는 관념 대신 기독교인이기 때문에 성스러운 인도와 보호를 받는 기독교인들이 거주하는 토지와 비기독교인들의 토지를 구별하는 어떠한 관념을 갖고 있기는 했다. 그럼에도 불구하고 내부가 뚜렷한 지리적 경계를 획득했던 것은 중세 관념들의 결과라기보다는 근대 초기 식민주의의 결과로서 1492년 직후였다.

또한 유럽적 진보성, 즉 유럽의 불가피한 진보라는 유럽의 관념은 근본적으로 탈중세적인 것이기도 하다. 명백히 이러한 관념들은 중세 시대에 논의되고 있었던 것이다. 그러나 더 나은 것을 위한 희망, 기도, 투쟁이 확실히 존재하긴 했지만, 중세 사람들은 오히려 그들의 사회를 상대적으로 균형적인 상태 속에 있는 것으로 간주하려는 경향이 있었다. 즉 많은 사람들에게 중세적 삶(특히 14세기와 15세기 삶)의 현실은 진보를 향한 것이라 인식될 수 없었고, 그들의 종교는 타락the Fall에 대해, 그리고 존재하는 조건(그리고 지배)을 받아들일 필요에 대해 이야기했다. 그러나 16, 17세기 유럽의 사상가들은 역사—그들 자신의 역사—를 진보적 과정이라고 인식하게 되었다. 실질적인 진보(혹은 어찌되었든 변화를 가속화하는 것)는 이러한 사상가들이 장악한 공동체에서 일어났고, 관념들의 분위기는 자본주의의 발흥, 많은 지역에서 개인의 기회 확대, 그리고 그와 유사한 것들과 복잡하지만 밀접한 연관을 맺으면서 변화하고 있었다.

세속적이면서도 종교적이었던 근대 초기 사상가들이 주로 직면했던 문제들 중 하나는 신념체계 즉 이데올로기를 구축해야 할 필요성이었다. 그것은 유럽 공동체의 보수적인 진영들로 하여금 진보가 불가피하고, 자연스럽고, 바람직하다는 관념, 그래서 보다 광범위하고도 급속한 자본 축적을 허용할 수 있는 법적 체계 속에 변화를 수용할 필요가 있다는 관념을 받아들이도록 설득하고, 토지 소유계급이 토지를 상품으로 취급하고 부동산을 위험한 기업에 투자하도록 설득하며, 국내외에서 자본주의적 활동이 출현하도록 노동력을 동원하는 법과 관행을 도입하도록 설득하고, 일반적인 유럽인들이 자신에게 부과된 고통스런 변화를 수용하도록 설득하는 등의 내용들을 받아들이게 만들 수 있어야 했다. 또한 마찬가지로 중요했던 것이 진보를 종교적 신념과 일치하는 방법으로 설명할 필요성이었다. 이것은 (유럽) 역사를 신의 인도로 간주함으로써, 그리고 진보적인 혁신을 유럽적 심성 혹은 정신의 산물로, 그리하여 기독교적 영혼의 궁극적인 산물로 개념화함으로써 이루어졌다. (우리는 이 책의 후반부에서 이러한 문제들을 다루게 될 것이다.)

따라서 본래부터 진보적인 것으로서의 내부라는 개념(확산론적 명제 1), 그리고 지적이거나 정신적인 힘, 즉 '유럽의 합리성'의 작용으로 인한 진보적인 것으로서의 내부라는 개념(확산론적 명제 3)이 출현하게 되었다. 18세기에 이르면 역사와 철학 등의 세속적인 저작에서 인과 관계를 논의하는 과정에 신과 성서를 언급하지 않은 것이 관행이 되었다. 그러나 자연적이고 합리적인 것으로서의 유럽적 진보라는 기본 모델은 그 본질에 있어서 변화하지 않은 채 남아있었다. 실제로 그것은 훨씬 더 강력해졌다.[19] 이러한 사상은 비유럽 문명과 기독교 유럽의 초기 및 중세의 진보 사이에 혹시 존재할지도 모르는 밀접한 관련성을 일체 부인한다. 또한 비유럽이 노동력과 상품, 정착을 위한 토지의 제공자라는 완전히 수동적인 역할은 물론, 일부 특성들을 제외하면 근대(16세기부터 18세기까지의) 유럽의 진보와 밀접한 관련이 있을지도 모르는 기술과 예술의 제공자라는 점에 대해서도 일말의 의구심을 갖지 않았다. 또한 식민주의와 그로 인한 뜻하지 않은 행운—자본의 유입, 유럽 역외 무역은 물론 유럽 역내 무역의 강화, 상업 중심지와 식민지 세계에서 고용 기회의 증대, 그리고 그 이상의 것들—이 유럽의 진보에 중요한 원인이었다는 점에 대해서도 전혀 깨닫지 못했다. 시간이 지날수록 유럽 자체가 역동적인 사회라는 유럽적 개념은, 그 역동성을 대외적인 요인에 의한 것이 아니라 대내적 요인, 그리고 신에게 귀속시켰다. 역사적으로, 심지어 오늘날까지도 식민주의의 중요성에 대한 상대적이며 지속적인 이와 같은 맹목성은 이 책의 다양한 지점에서 우리의 주의를 요구할 것이다.

외부에 관한 개념의 발달은 더 복잡한 방식으로 진행되었다. 신대륙 인디언의 본성에 관한 16세기 스페인 사람들의 논쟁—그들은 인간인가? 그들은 진정한 종교를 수용할 수 있는가? 그렇다면 그들은 노예가 될 수 있는가?—은 확산론의 초기 공식화에서 결정적인 부분을 차지하고 있었다. 그것은 또다시 어떻게 해서 신대륙 인디언들이 유럽인들에게 굴복하고 노동력, 토지, 생산물을 제공하는 것이 자연스러운 것인지를 설명하면서, 유럽의 팽창을 개념화하고, 왜 그것이 자연스럽고, 바람직하고, 유익한 것인지를 설명하면서, 정복당하고 착취당하는 사회들을 개념화하고자 했기 때문이었다.[20] 신대륙 사람들에 대한 유럽인의 관점은 다소 빠르게 형성되었다. 왜냐하면 그 지역에서 식민주의의 기본 패턴은 신속하게 출현했기 때문이다. 사업은 처음—16세기 초에 최초로 대규모 금을 선적했을 때—부터 막대한 이윤을 냈다(4장을 볼 것). 스페인 식민지에서 저항은 순식간에 진압되었고, 생존한 아메리카인들은 식민지적 착취에 대단히 빨리 굴복할 수밖에 없었다. (여기서 나는 초기 식민주의의 주요한 중심지인 중앙 멕시코와 앤틸리스 제도, 그리고 안데스산맥과 같은 지역들을 언급하고 있다) 그 다음 세기에는 브라질과 앤틸리스에서의 노예 플랜테이션의 수익성이 확대되고 아프리카 노예들을—그들의 저항에도 불구하고— 강제 노역시킴으로써 유럽인을 위해 더 많은 이익을 만들어 낼 수 있다는 사실은 외부의 개념을 더욱 확장시켰다. 이들은 본래 유럽인들보다 열등했고, 덜 용감했으며, 자유를 덜 사랑했고, 덜 합리적이었다는 등의 이유로 그들의 진보는 유럽의 지배와 확산을 수용하는 데 달려있다고 주장되었다. 이를 요약해보면, 신세계적 경험, 즉 광산업, 대규모 플랜테이션 농업, 상업 플랜테이션 등의 영역에서 아메리카 원주민, 아프리카인, 메스티소, 뮬라토들은 확산론적 명제들(2와 4, 5)의 핵심 부분을 만들어냈으며, 또한 유럽인들이 소유한 지적이고 정신적인 자질의 결핍으로 인해 비유럽은 진보를 위해 자연스럽게 유럽에 의존해야 함을 역설하는 것이다. 그것은 또 유럽의 팽창과 부가 비유럽에서 유럽으로 이동하는 것은 자연스러운 현상이라는 확산론적 명제(6)도 만들어냈다.

그러나 이러한 활동은 신대륙과 노예무역이 이루어지는 아프리카 연안에서만 일어나고 있었다. 수단과 남동부 아프리카의 문명은 (대부분의 경우) 19세기까지 유럽인들에게 정복되지 않았다. 오스만 제국은 이 시기 내내 위협적이었을 뿐만 아니라, 이베리아인들이 신대륙을 정복하고 있었던 바로 그 시기에 남동부 유럽에서 자신들의 영토를 확장하고 있었다. 또 다른 제국들도 18세기 중반 이전까지는 식민주의에 굴복하지 않고 있었다. 아시아와 아프리카의 거의 모든 지역에서 유럽인의 활동은 장거리 해상무역 지배와 여기저기의 특정 해안에서 소규모의 영토적 거점을 마련하는 것과 같이 주로 무역에 관한 것에 국한되어 있었다(4장을 참조하라). 따라서 16~17세기, 그리고 18세기에 아메리카인과 노예로서 아메리카에 운반된 아프리카인의 집단에 적용되어왔던 외부에 대한 확산론적 모델은 구대륙의 문명에 적용될 수 없었다.

이 시기에 동반구Eastern Hemisphere 문명들에게는 다소 제한적이고 시험적인 확산론적 모델의 형태가 받아들여졌다. 이들 문명은 의심할 여지없이 부유했고 기술적으로도 진보했다. 이곳에서 위대하고도 인상적인 혁신들(기술, 건축, 금융 등)이 일어났을 때, 창의성이란 의미에서 합리성은 그 당시에도 존재하였고, 최소한 과거에는 분명히 존재했었다. 이 문명에게 부족했던 것은 합리성의 도덕적 특성이었다. 왜냐하면 근본적으로 문명권의 사람들은 기독교인이 아니었기 때문이다. 이 사회는 본래 잔인하고, 자유가 결핍되었으며, (엘리트들이 타락과 죄에 빠져있던 반면) 일반인들에게는 인간다운 삶이 부재했던 '동양적 전제주의'의 사회였다. 이 전제주의적 문명들은 과거에는 논박의 여지없이—유럽인들이 대단히 의문스러워했던 것이기도 하지만 결코 부정할 수는 없었던— 진보했었다. 하지만 유럽이 진보하고 있던 당시의 시점에서, 이러한 문명의 도덕적 결점은 필연적으로 무능력을 낳게 했다. (어느 순간, 이 의문점은 그 문명이 기독교 이전의 시대에는 진보했었지만 기독교의 수용을 거부하여 신의 영광을 잃어버렸다고 선언함으로써 해소되었다[21]) 그리고 19세기에 들어오면서 인도, 동남아시아, 아프리카 내륙, 그리고 (집합적 식민지의 일종으로) 중국의 급속한 식민화와 더불어 드디어 외부에 관한, 그리고 내부와 외부 사이의 자연스런 관계에 관한 확산론적 명제들이 비유럽 전체로 일반화될 수 있었다. 내 생각엔 최후의 확산론적인 명제, 즉 외부에서 내부로 사악한 것, 야만적인 것, 그리고 질병 등이 역확산된다는 관념이 완전히 발전하게 된 시기가 바로 이 후반기였다. (말레이부기스Bugis족 사람에게 유래한) 부기맨과 고향을 아시아의 외곽에 둔 드라큘라는 모두 외부에서 유입된 것이다.[22]

고전적 확산론

19세기는 고전적 식민주의의 시기였고, 내가 유럽중심적 확산론의 고전적 형태라 부르게 될 것을 가정했던 시기였다. 나폴레옹 전쟁 후에 식민주의는 팽창했고 놀라운 속도로 강화되었다. 대략 1810년과 1860년경 사이에 유럽인들은 아시아 대부분을 정복했고, 북아메리카 대부분에 정착했으며, 아프리카로 침투하기 시작했다. 1860년과 1차 세계대전 사이에 아시아와 아프리카의 나머지 지역들이 점령되었고, 식민주의의 이윤과 아시아, 아프리카, 라틴 아메리카에서 축적된 자본의 가치는 유럽인들이 새롭게 정착한 지역으로부터 흘러나오는 부와 더불어 엄청날 정도로 확장했다. 19세기의 후반부에 식민지 농업 기업의 성장률은 전 세계적인 규모의 측면에서 산업 발전의 그것을 넘어섰고, 비귀금속 광업과 같은 다른 형태의 발전이 처음으로 중요해졌다.[23] 그러나 이 모든 것들이 이 시기 유럽인의 사회적이며 지적인 진화에 얼마나 중요하게 작용했는지에 대해서는 심각한 불일치가 존재한다. 이에 대해서는 4장에서 별도로 논의하겠지만, 현재로서는 좁은 의미에서의 식민주의와 정착, 그리고 반半식민지적 경제 지배를 통한 유럽 팽창의 전체적인 결과가 대단히 거대한 지적인 모델과 확산론의 고전적 형태를 만들어낼 정도로 심대했다고 주장하는 것만으로도 충분하다.

1870년 무렵까지는 세계의 기본적인 본성과 역동성에 대해 유럽 사상가들 사이에 폭넓은 동의가 존재했다. 비록 진화의 과정들이 다윈의 이론과 같은 자연주의적인 방식보다는 종교적이거나 형이상학적인 방식으로 자주 설명되었지만, 생물학적·사회적 진화—말하자면, 진보—가 근본적인 진리라는 점을 의심하는 사람은 거의 없었다.[24] 유럽인은 본래 영구적인 사회적 진화를 경험한다는 것, 이것이 역사를 통한 신 혹은 자연의 섭리였다는 점은 분명해 보였다. 일부 역사적 사상가들은 그러한 일반적인 과정에 대해 전체론적인 용어를 사용하여 사회 혹은 국가의 진화로 묘사했으며, 다른 이들은 그것을 환원주의적인 (어떤 의미에서는 심리학적인) 용어를 사용하여 자본주의와 산업 등을 수반한 지적인 향상 및 인간 이성의 꾸준한 진보의 문제로 취급하거나, 정신적 산물로 취급하였다. 그러나 다수의 사상가들(그 중 허버트 스펜서Herbert Spencer)은 진보를 흐르는 물과 같은 것으로 다루면서, 지적 모델과 사회적 모델 사이에 어떠한 대립도 없다고 보았다. 그런 흐름들은 사회와 정신 모두의 진화를 수반했다는 것이다.[25] 이 모든 내용은 유럽과 앵글로 아메리카인을 포함하는 유럽인들에게서는 명백한 것이었다. 따라서 1870년에 이르면 최후의 핵심적인 확산론적 명제, 즉 유럽(혹은 서유럽) 중심부에서 자연적·지속적·내재적으로 발생한 진보라는 관념은 매우 확고하게 자리잡았다. 그의 진리성은 더 이상 주류 사상가들에게 의심받지 않았다.

동시에 비유럽 세계의 본성과 역사적 역동성에 관한 관점들도 수렴되었다. 19세기 중반까지 성서적인 시간의 척도는 (아직 모든 역사 교과서에서는 아니었지만) 어느 정도 분명하게 거부되었고, 처음부터 거기에 존재하지 않았던 한, 다윈론자의 옳은 말처럼, 일부 인간 집단이 아담과 이브 때부터 아니 아마도 그보다 더 일찍 분리되어 창조되지 않은 한, 유럽인들과 다른 모든 문화들 간의 차이가 수천 년의 공간 속에서 진화되어 왔어야만 했다고 더 이상 주장할 필요가 없었다. 이는 문화적 차이점들이 진화해온 방식에 관한 광범위한 이론화의 여지를 제공했다. 이러한 변화와 함께 인간 사회의 본성에 관한 성서의 축자적逐字的인 믿음을 일반적으로 거부하는 경향도 나타났다. 문화는 이제 (세기 중반 이후에) 원시적인 '석기시대'라는 개념에서 보여지듯이, 일반적으로 매우 원시적인 출발점으로부터 진화해온 산물로 간주되었다. (구약에 따르면 창세기의 시절에 인간은 농업과 금속의 사용법을 포함하는 진보적인 기술을 소유했다)

비유럽인에 관한 믿음이 급속하게 구체화된 이유는 복잡하지만, 바탕에 깔려있는 가장 중요한 이유는 식민주의의 진보였다. 이것은 특히 두 가지 결과를 초래했다. 하나는 비유럽인들과 공간에 관한 정보의 홍수였다. 이때 유럽 문학에서는 처음으로 문명화되고 '야만적'인 비유럽인들에 대해 응집된―비록 고도로 왜곡되었지만― 묘사가 가능해졌다. 두 번째 이유는 유럽의 주변 세계와 그곳의 사람들에 관해 어떤 것들은 사실이고 다른 것들은 사실이 아니라고 입증하는 데에는 현실적이고, 정치적이고, 경제적인 이해가 걸려 있었다는 점이다. 이 두 과정들은 서로 밀접하게 연결되었다.

다양한 형태의 식민주의는 직간접적으로 엄청나게 수익성이 높은 사업이었으며, 정복되고 지배되고 아마도 정착하려는 지역의 사람들과 자원들에 관해 가능한 한 많은 것을 습득하고, 그 지역의 경제적 착취와 행정을 활성화시키며, 그리고 이미 정복된 지역들에 관해 가능한 한 많은 것들을 배우기 위해 적지 않은 돈이 투자되었다. 19세기는 과학적 탐험―비글호의 다윈과 아프리카의 리빙스턴, 록키산맥의 파웰 등―의 시대였지만, 이러한 노력을 후원하는 곳은 연구가 수행되는 지역에 상당한 실질적인 이해관계를 갖고 있는 기구들이기 쉬웠다. 이 모든 것과 함께 일부 탐험(리빙스턴의 그것을 포함하는)을 후원했던 거대한 규모의 선교 활동이 있었다. 그러나 선교활동은 가장 결정적으로 비유럽 세계 전체를 통해 헌신적으로 활동했던 수백 명의 선교사들에 의해 인종학, 언어 그리고 지리학에 관한 중요하며 세부적인 정보를 수집하게 만들었다. 마찬가지로 아주 중요했던 것이 모든 곳의 식민지 행정가들이 수행하도록 요구받았던 세부적인 보고서들이었다. 이 보고서들은 토착 법체계, 토지 임대 관행, 생산 그리고 그 이상의 많은 것들에 대한 정보를 제공했다.

비유럽인들에 대해 학습되었던 대부분의 정보가 이러한 자료들로부터 나왔다. 그리고, 이 정보를 제공했던 사람들은 '원주민들'을 고도로 왜곡된 방식으로 보도록 강요했던 대단히 명백한 관점을 지닌, 문화적, 정치적, 종교적 색안경을 쓰고 있었던 유럽인들이었다. 이 점에 대해서는 굳이 자세히 밝힐 필요는 없겠다. 선교사가 자신이 선교했던 사람들에 대해 큰 애정과 존경심을 갖고 있었을지는 모르겠지만, 그가 비기독교인들의 문화와 심성이 기독교인인 유럽인들의 그것들과 동등하다 믿었다고 기대할 수는 없을 것이다. 식민지 행정가는 문화적으로 왜곡된 관점을 가지고 있었을 뿐만 아니라, 보통 경제적 이해관계를 지닌 계급들(유럽인 농장주, 광산 회사, 현지 대지주들)과 함께 일했으며, 의식적이거나 무의식적으로 자원과 일반인들에 대해 엘리트 집단들의 편견과 구체적인 이해관계를 반영하는 주장을 내세웠다. 엄밀히 말하자면 선교사들과 행정가들은 유럽에서 비유럽으로의 확산이라는 사업에 종사했다. 그래서 이러한 과정들 속에서 수집된 비유럽에 관한 정보의 방대한 집적물들은 분명히 꽤 명확한 왜곡을 내포하고 있었다. 이러한 사실에도 불구하고 그것은 엄청난 가치를 가지고 있었다. 분명한 사실은 이러한 정보로부터 구성된 이론들—이것은 비유럽에 관한 19세기의 주요한 인류학적, 지리학적, 정치경제학적인 이론들을 포함한다—은 체계적으로 왜곡되었다. 그리고 그 왜곡들은 대체로 확산론적이다.

그러나 식민지적 이해관계는 추가적인 종류의 왜곡과 지식을 가공하여 식민주의에 유용한 것으로 입증된 이론으로 만드는 문제를 부가했다. 과학적이고 법제적인 이론들은 일반적으로 정책 입안자들과 스스로가 정책 입안자이거나 정책과 밀접한 관련이 있는 지식인들에 의해서 구성되었다. (예를 들면, 잉글랜드에서 영향력 있는 역사가들과 사회 이론가들, 심지어는 소설가와 시인들 가운데 현저한 비율의 사람들이 동인도회사와 식민성, 그리고 제국의 다른 사적이고 공적인 기구들과 직접적인 관련을 갖고 있었다)[26] 나는 '이론'이라는 명칭 아래 보다 거대한 역사적인 구성과 광범위한 일반적인 주장들을 포함시킨다.

가장 일반적인 수준에서 지식인들은 확산론의 공리가 본질적으로 자연법임을 논증하는 사회 진화에 관한 이론들을 만들고 있었다. 앞서 주목했던 것처럼, 19세기에 '진화론자들'이라 불렸던 사람들과 '확산론자들'이라 불렸던 사람들 사이의 논쟁은 본질적으로 확산론의 두 가지 견해 사이의 논쟁들이었다. 양 진영에서 이론의 커다란 범위는 식민지 활동을 지원하는 것과 유럽적 식민주의가 과학적으로 자연스러우며, 인간 진보(가족, 법, 국가 등의 발전)의 사회적 법칙의 불가피한 구현의 문제라는 교리를 발전시키고 강화하려는 목표를 지닌 구성물이었다. 또 매우 일반적인 수준에서 고대사와 근대사에 대한 19세기 중반과 후반의 맹아적 작업들은 다양하고도 정교한 확산론적 이념들을 제시하였으며, 주로 여타의 사람들, 즉 식민지화된 사람들과 비교되는, 유럽의 자연스럽고도 지속적인 진보라는 사실과 그 원인에 대해 연구했다. 이 역사적 구성물들은 유럽인들의 식민지 활동에 대한 지원을 구축하는 데 매우 중요했다. 그리고 이후 식민지 교육 체제가 출현함에 따라, 원주민들로 하여금 식민주의가 자연스럽고 불가피하며 진보적이라는 점을 확신시키는 데도 중요했다.

2장에서 나는 오늘날 유럽의 역사적이고 문화적인 우월성의 신화를 강조하는 확산론적 이론들에 초점을 맞추면서, 학문과 식민주의의 복잡한 연계 속에서 19세기에 출현하여 구체화된 다수의 확산론적인 이론들을 논의할 것이다. 여기서 어떻게 고전적 확산론이 고전적 식민주의와 나란히 등장하게 되었는지 보여줄 필요가 있다. 이를 위해 한 쌍의 대표적인 이론들이 예증의 방식으로 선택될 수 있을 것이다.

그러한 이론 가운데 하나가 비유럽인들은 토지와 같은 중요한 물질적 자원에 대해 사적 소유권이라는 개념을 발전시키지 못했다는 공리였다. 이 이론은 사적 소유권이 고대의 유럽적 기원을 가지며, 특히 개인주의와 관련된 로마의 토지법과 소문상으로 다양한 게르만적 특성들부터 출현했다는 점을 역설했다. 또 이 이론은 이러한 역사(즉 이 역사와 관련된 정신적이고 문화적인 특질)가 결여된 다른 문명들은 진정한 사적 소유가 충분히 개념화될 수 없었던 진화의 상태에 머물러 있었음을 역설했다. 따라서 이런 사람들은 자신들에게 부과된 자본주의를 정당화할 필요가 있었다. 그 이론은 주로 유럽의 식민지 기업들과 식민성의 법률가와 행정가들에 의해서 발전되었으며, 매우 구체적인 하나의 목적을 갖고 있었다. 그것은 바로 피식민지인들이 토지에 대한 소유권이라는 개념이 없었기 때문에, 피식민지인들은 토지에 대한 소유권이 없다는 허구 위에 식민화된 사람들에게서 토지를 몰수하기 위한 합법적 토대를 세우는 것이었다.[27] 그것은 19세기의 지적 사상 안에서 공리가 되었다. 마르크스조차 그것을 수용하였고, 그렇게 함으로써 사적 소유권의 진화에 관한 거대이론—자본주의의 기원에 관한 그의 이론에서 주요한 부분—을 만들어냈다. 이 이론에서 사유재산의 진화는 유럽의 특정적 현상이었다는 것과, 그것이 갖는 공포에도 불구하고, 비록 비유럽인들에게는 필연적이지만 고통스런 과정일지라도, 식민주의는 분명 최소한 비유럽 세계로 자본주의를 확산시켰다고 주장되어진다(더 정확하게는, 가정 되어진다). 따라서 19세기 유럽에서 나온 가장 반체제적인 교의인 마르크스주의조차 확산론의 강력한 영향을 받아 만들어졌다.[28]

이러한 교의의 더 큰 형태로서 보다 일반적인 '부재의 신화'가 존재한다. 그것은 식민화되거나 식민화될 수 있는 영토에는 인구가 없었거나 거주지가 고정되어 있지 않은 사람들과 유목민들―즉, 영토에 대한 권리가 없고 경제적 재산권이나 정치적 주권이란 개념이 결여된 사람들―만이 거주했다는 확산론적 관념과 관련되어, 식민주의적 기능들을 갖고 있었고 그와 유사한 방식으로 제기되었다. 이와 밀접한 관련을 가진 교의인 '동양적 전제주의'라는 이론(제기된 시점은 더 오래됐지만, 19세기 확산론적인 사상 속에서 완숙하게 발달했다)도 마찬가지다. 그에 따르면, 비유럽인들은 자유에 대한 개념이 결여되어 있어서 유럽인들이 식민주의의 형태로 그들에게 자유를 가져다줄 때까지(하지만 역설적이게도 식민주의는 자유에 대해 가장 순수한 거부이다) 모든 진보를 억누르는 전제적 정부로 인해 고통 받았다. 고전적 확산론으로부터 제기된 이런 저런 이론들은 오늘날에도 여전히 유럽의 역사적·문화적 우월성의 신화를 강화하는 데 사용된다. 2장에서 이에 대해 논의하며, 그 신화를 반박할 것이다.

고전적 확산론의 시기는 고전적 식민주의의 시기였다. 그 시기는 유럽의 팽창이 상당히 신속했고 수익성이 높아서 유럽의 우월성이 거의 자연법처럼 보였던 때였다. 본질적으로 확산론은 이러한 표면적인 사실을 유럽의 역사적·문화적·심리적 우월성과 비유럽의 열등성, 그리고 유럽과 그것의 특성들이 비유럽으로 확산됨에 따른 진보의 불가피성과 절대적인 올바름에 관한 일반 이론으로, 그리고 필연성 및 절대적 정당성에 관한 일반 이론으로 성문화되었다. 그런 다음 확산론은 그것을 모든 인문과학, 철학, 예술에서 무수한 경험론적 신념들로 분화시켰다.[29] 그리고 나서 그러한 신념들을 정복, 억압, 착취의 개별 행위들을 설명하고 정당화하는 방식으로 특정한 사례들에 적용하였다. 이 모든 것들은 올바르고, 합리적이고, 자연적인 것이었다.

근대적 확산론

19세기, 더 정확하게는 나폴레옹의 패배와 1차 세계대전 발발 사이의 기간은 유럽인들에게 상대적인 평화와 진보의 시간이었다. 식민주의는 이 과정에서 유럽인들의 정착을 위해 자원, 시장, 값싼 노동력, 토지라는 연료를 공급했고, 유럽 내부의 많은 모순들을 해소했다. 유럽 문명의 진보와 그 문명의 공간적인 확장이 동일한 역사적 힘의 서로 다른 차원들이었다는 관념은 당시에 지배적이었고, 당연히 이것은 확산론의 중심 개념이었다.

그러나 20세기 초에 이 모든 것들이 변했다. 세계는 규모의 측면에서 유한해져서 공간적인 확장은 막바지에 이르게 되었으며, 1900년이 되면 모든 비유럽 세계는 식민지와 통제하의 반半식민지 영역, 그리고 정착 영토들로 분할되었다. 이러한 상황 변화는 사고의 변화를 만들었다. 이제 본질적 문제는 원주민의 저항에 직면한 착취와 통제의 유지였다. 따라서 그것은 팽창의 문제가 아니라 균형의 문제가 되었다. 동시에 유럽 열강 간의 긴장은—이 긴장의 일부는 식민지를 둘러싼 충돌과 연관되어 있다— 전면전으로까지 고조되었다. 1차 세계대전에 이어 곧바로 대공황이 찾아왔다. 그리고 곧바로 2차 세계대전이 이어졌다. 따라서 1914년과 1945년 사이에 유럽 지식인들의 정신은 진보와 팽창에 관한 관념이 아니라, 어떻게 재난을 방지할 것인가라는 질문에 초점이 맞춰져 있었다. 즉 어떻게 평화와 번영을 유지할 것인가, 혹은 평화와 번영으로 돌아갈 수 있을 것인가가 핵심적인 문제였다. 핵심적인 단어는 '정상상태normalcy'였다.

확산론의 핵심 관념은 이러한 지적 분위기에 들어맞지 않았다. 이 시기의 유력한 교의는 팽창의 이론들이 아니라 형평과 균형 상태의 이론들이었다. 경제학은 균형에 관한 케인즈의 관념을 강조하였다. 지리학에서는 '지역주의'로 알려진 교의가 유력했다. 그것은 세계의 다양한 지역들이 안정되고, 응집되고, 잘 구분된 지역들이며 그런 방식을 유지하려는 경향이 있다는 관념이었다. 인류학은 두 개의 균형 이론을 강조하고 있었다. 안정적이고 자기 교정적인 체계로서의 사회체계(그리고 문화) 모델인 '기능주의'와 각 문화는 본질적으로 고유한 가치를 가지고 있음을 선언한 교의인 '문화상대주의'가 그것들이다. 물론 인류학자들은 처음부터 피식민지 사람들 사이에서 작업했고, 이 두 이론은 주로 토지와 광물, 노동력에 대한 유럽인의 착취를 허용하는 한편 원주민의 동요를 방지하기 위해 고안된 정책들의 기반으로서, 식민 정책에 밀접히 통합되어 있었다.[30] 따라서 균형 교의들은 20세기 전반기의 대부분 동안 유럽인의 사고에서 광범위하게 확산되었고 지배적인 것이었다.

이 시기의 확산론은 부분적으로 기울어가는 것처럼 보인다. 그러나 본질적으로 역사학과 지리학 교과서들은 19세기의 분위기 속에서 아프리카와 아시아, 그리고 ('우리의 바나나가 오는') 라틴 아메리카로의 유익한 문명 전파와 '서구'의 기술적 발흥 등을 강조하면서, 여전히 거만하고 확산론적이었다. 사회사상에서 (앞서 논의된 것처럼) '극단적 확산론'의 교의는 여전히 진전 중이었고 여전히 논쟁 중에 있었다.[31] 그리고 확산론이 쇠퇴하고 문화적 원동력의 교의로서의 확산론이 쇠퇴하는 것이 편견의 쇠퇴를 함의한다고 생각되어서는 결코 안 될 것이다. 비유럽인들이 덜 합리적이고, 덜 혁신적이라

식민주의자의 세계 모델

는 등의 개념은 그 어느 때보다도 강화되었다. 어쩌면 나치즘과 그와 유사한 교의들의 시기, 즉 유전학적인 인종주의가 편견이 아닌 과학이라고 보였던 시기 이래, 이러한 관념은 훨씬 더 강화되었다. 이 문제에 대해서는 2장에서 다루게 될 것이다.

확산론의 새롭고도 근대적인 형태는 2차 세계대전이 끝난 직후, 식민지 제국들이 붕괴하고 저발전되었으나 법적으로 주권국가들인 '제3세계'가 출현하는 시기에 두드러졌다. 오늘날 일반적으로 '근대화' 혹은 '근대화의 확산'이라는 이름으로 알려진 이 교의는 1940년대 후반과 1950년대에 제기되었다. 1945년 일본의 항복 직후 수많은 식민지들이 즉각적으로 독립을 획득하게 될 것이 분명해졌다. 독립 세력은 매우 강력해졌고, 세계대전의 결과 미국을 제외한 모든 식민지 권력은 상당히 약해졌다. 식민지 권력들은 과거에 막대한 이익의 보고였고 어쩌면 미래에도 역시 그렇게 될지 모르는 자신들의 식민지가 유지되기를 원했다. 각각의 식민지 권력은 때로는 독립운동을 억압하는 폭력적인 노력을 기울이면서, 때로는 지속적인 식민지 통제가 명백하게 불가능해 보였던 곳에서 투덜거리면서도 평화적으로 정치적 독립을 인정하면서, 자신들의 식민지를 유지하기 위해 나름대로의 계략을 취했다.[32]

고전적인 식민지 시대에 모든 식민지들은 자신들을 위한 경제적 · 사회적 진보는 식민지화하는 세력으로부터 '근대화'가 확산됨으로써 달성될 수 있다는 이데올로기적 메시지로 흠뻑 젖어있었다. '근대화'는 근대적 경제(주요 기업들은 식민주의자에 의해 소유됨)와 근대적 행정(식민지적 정치 구조), 근대적 기술 인프라(식민주의자에 의해 건설된 교량과 댐, 그리고 그와 유사한 것들) 등의 확산을 의미했다. 나는 이것을 이데올로기적 메시지라고 부르고 있지만, 식민주의자들은 그것을 진심으로 믿었다. 그들은 자신의 문명을 자신의 '식민지적 보호' 아래에 놓여있는 사람들에게 확산시키는 것이 스스로의 사명이라 진정 느꼈다. 이 사명이 그들의 모국을 위해 부를 생산하게 했다는 사실은 논리적인 것으로만 보였다(확산론적 명제 6을 상기하라). 새로운 상황에서 식민주의자들은 '근대화' 메시지가 여전히 유효한 것임을 식민지인들에게 설득시켜야만 했다. 그러하여 그들은 식민지인들로 하여금 현명하고 호의적인 식민 통치 아래서 경제적이고 사회적인 발전이라는 보다 실용적인 이념을 선호하도록 만들고, 정치적인 독립의 이념을 자발적으로 포기하도록 설득할 수도 있었을 것이다. 혹 만약 식민지인들이 독립을 주장한다면, 이 이데올로기는 이제 자유를 획득한 국가의 사람들에게 국가의 경제적·사회적 발달을 위한 유일한 방법은 식민지 경제를 존속시키는 것, 즉 새로운 정권 아래에서도 식민주의자의 기업과 은행이 그들의 (수익성 높은) 업무를 지속시켜야 한다는 점을 받아들여야 한다고 설득할 수도 있을 것이다. 이것이 바로 오늘날 모든 사람들이 '신식민주의'라고 묘사하는 체제이다.

　　모든 식민지 세력들은 식민지 경제발전 과정을 강화시키는 주요한 캠페인을 시작했다.[33] 이를 냉소적이거나 위선적이라 생각해서는 안 된다. 확산론은 식민지 과정을 식민주의자뿐만 아니라 식민지인들에게도 유익하다고 규정했음을 기억해야한다. 그리고 새로운 식민지 발전에 개입된 기술자들이나 다른 사람들은 궁극적으로 그들이 식민화된 사람들의 진보를 위해 일하고 있다는 것을 확신했다. 그와 동시에 부분적으로 국제연합의 기구나 쌍무적인 원조협정을 통해 독립국들에서는 더욱 진전되거나 똑같은 형태의 경제발전을 위한 유사 캠페인이 개발되었다.[34] 이제 경제적 권력을 선도하는 미국은 저발전된 세계 도처의 나라에서 원조 프로그램을 실행하기 시작했다. 이것을 냉소적으로 보거나 정치적이라 폄하해서는 안 된다. 이 시기에는 세계대전의 종식을 성장 시대의 시작이라고 보는 동시에, 선진국들이 가난한 나라에 번영과 증진을 갖다 주려고—즉 확산시

켜 주려고— 노력했던 시기라고 보는 상당히 낙관적인 이데올로기
가 존재했었다.

탈식민화가 확산되고 다수의 해방운동과 새롭게 독립한 나라들
은 신식민지적 선택을 거부했다. 외국 기업들을 배척(인도네시아가
그랬던 것처럼)하거나 특별히 사회주의적인 사회 형태를 채택하기도
했었다. 이것은 근대화의 확산 프로젝트에 새로운 자극을 보냈다. 확
산을 통해 발전을 가져오려는 노력은 그들의 성공이 여러 나라들로
하여금 반자본주의적이고 반외세적 선택을 거부하도록 유도하게 될
것이라는 희망에 의해 강화되었다. 그러나 이 두 가지 선택 가운데
어느 하나는 소련과 중국과의 정치적 제휴를 의미하는 것처럼 보였
다. 그리하여 근대화의 확산 프로젝트는 냉전 시대 외교 정책의 문제
로도 그 중요성을 갖게 되었다. 1959년 쿠바 혁명의 성공은 미국으로
하여금 대외 원조 프로젝트에 대단히 높은 우선권을 주게 했으며, 미
국은 대규모 투자를 촉구하면서 특히 라틴아메리카에서의 근대화와
경제발전을 최고의 우선권을 가진 문제로 취급하게 되었다.[35]

근대적 확산론은 제3세계에서 이러한 새로운 조건의 틀을 기초
했고, 지금도 여전히 기초하고 있는 이념의 본체이다. (최소한 과거
식민지 국가들이었던 중심부 나라들의) 공공 정책 수립자들과 사적인
기업들에 의해 수행되었고, 지식인들에 의해 이론화된 근대화의 확
산 전략은 본질적으로 과거 식민지 국가들로부터 경제적이고 기술
적인 결실의 지속적이고도 점증하는 확산을 받아들임으로써, 제3세
계 국가들이 번영을 얻을 수 있는 과정과 또한 과거와 마찬가지로
지금도 과거의 식민지 국가들에게 훨씬 이익이 되는 과정으로 간주
되었다. 한 세기 이전에 그랬던 것처럼, 확산론적 신념 체계에서 그
것은 모든 이들에게 이익이 되는 것이었고 올바르고, 합리적이고 자
연스러운 것이었다.

1993년의 이념은 물론 1893년의 이념과 매우 다르며, 근대적 확

산론이 고전적 확산론과 똑같다고 생각하는 것은 잘못된 것일 수 있다. 생물학적 인종주의는 이제 더 이상 모델의 일부가 아니며, (우리가 2장에서 보게 될 것처럼) 비유럽인들이 유럽 수준에 필적하는 발전 잠재력을 결코 갖고 있지 않다고 믿는 유럽 사상가들은 이제 극소수에 불과하다. 종교적 기조는 거의 사라졌고, 기독교의 신이 유럽인들의 상상적인 조상들과 더불어 일들을 주재하기 시작했으며, 그후 성서의 땅에서부터 유럽인들을 인도했다는 관념, 그리고 기독교인들이 다른 모든 인종들에 대해 우월성을 지속한다는 관념은 더 이상 그다지 인기가 없다. 일부 비유럽 문명의 역사적 위대함은 이제 충분히 인정받고 있다. (그러나 여기에는 유럽 문명보다는 덜 합리적이고 덜 혁신적이라는 하나의 핵심적인 조건이 달려있다. 이 문제는 2장에서 검토될 것이다)

근대화의 확산이 모든 곳에서 경제 발전을 갖다 줄 것이라는 눈먼 믿음이 지배했던 시점으로부터 약 사반세기가 지난 현재, 유럽의 전문가들과 학자들은 이제 그들의 신념을 의심하게 되었다. 그리고 근대적 기술, 특히 농업 부분의 근대적 기술이 경제발전의 측면에서 '지속적인 성장으로의 이륙'이라 불리던 핵심열쇠라는 과거의 천진난만한 믿음으로부터도 철수했다.

그러나 이 모든 것에도 불구하고 확산론의 기본적인 전제들은 확고히 자리잡고 있다. 유럽인들은 여전히 내부가 하나의 근본적인 문화적 자연을 갖고 있으며 외부는 그와 다른 것이라 믿고 있다. (일본은 예외적으로 내부의 일부로 인정되고 있다) 과거 유럽은 역사적으로 한두 시기와 공간적으로 한두 곳을 제외하면, 다른 어떤 문명에서도 발견되지 않는 진보성을 보여 주었다고 여전히 믿어지고 있다. 비록 유럽 학자들이 더 이상 진보적인 내부와 정체되거나 느려터진 외부 사이의 근본적인 차이가 무한한 미래에도 지속될 것이라고 주장하지는 않지만, 그들 중 대다수는 현재와 미래에 대해 이러한 근본적인 역학이 지속될 것(다시 여기서 일본과 아마도 소수의 작은 동아시아 사회들은 역동적인 내부로 인정된다)처럼 쓰고, 또 말하고 있다. 그러나 다음 장에서 보게 될 것처럼 비록 여전히 소수이긴 하지만, 주로 탈식민지 사회에서 비유럽적 학문세계로부터 발산되어 보다 새로운 이념에 조응하면서, 전체적인 확산론적 모델에 의문을 제기하고 외부에 대한 내부의 우월성이라는 역사적 관념을 거부하는 일군의 유럽 학자들이 점차 성장하고 있다.

세계 모델들과 세계적인 이해들

확산론은 빈곤한 이론이다. 이 책에서 내가 주장한 것처럼 확산론은 좋은 지리학도 아니고 좋은 역사학도 아니다. 하지만 그것은 학문 세계에 엄청난 영향력을 미쳤으며 매우 오랫동안 그래 왔다. 나쁜 이론이 그토록 널리 그리고 그토록 오랫동안 진리인 양 믿어질 수 있었던 사실은 어떻게 설명해야 하나? 이론으로서의 확산론의 본성과 진화에 관한 논의로부터 다음 장에서 다뤄질 주제인 경험적인 역사에 관한 논의로 옮아가기 전에, 우리는 간단하게나마 이 질문을 검토해야만 한다. 그것은 이 (그리고 모든) 이론이 다른 이념들과 어떻게 맞물리게 되는지, 그리고 사회적 이해에 어떻게 대응하는지를 이해하는데 매우 중요하다.

신념들의 민족지

이 논의에서 우리는 이념을 문화적 사실로 볼 것이다. 우리는 그것들을 민족지학으로, 즉 특정한 종류의 공동체와 범주에 속한 인간들에 의해 신봉되는 믿음으로 볼 것이다. 우리는 신념으로서의 이념에 관한 연구가 이념의 유효성이나 진실성에 관한 탐구와 전혀 다르다는 것, 그리고 신념으로서의 이념에 관한 연구는 어떤 경우에서 두 종류의 탐구보다 더 중요하고 더 기본적이라는 것을 보게 될 것이다. 덧붙여 우리는 과학적 신념이 더 큰 구조인 신념 체계 속에서 스스로를 배열시키며, 신념 체계(확산론처럼)는 분명 서로 간에 호환 되고 그것이 유효하다고 믿는 인간 집단의 가치 및 이해와 일치하는 결정적인 관계를 갖고 있음을 보게 될 것이다. 신념으로서의 이념의 특성에 관한 민족지적 탐구를 전개하면서, 우리는 확산론이 왜 과학적 공동체 내부의 어떠한 지적·사회적 과정보다 유럽 사회의 삶의 역사, 보다 특정하게는 유럽 식민주의에 의해 더 분명하게 설명될 수 있는 삶의 역사를 가져왔는지 빌견힐 수 있을 것이다.

과학적 이념과 일반적으로 경험적 이념은 두 가지 방식으로 검토될 수 있다. 하나는 간편하고 전통적이다. 그것은 이념을 소통된 의미라는 측면에서 생각한다. 그렇다면 그것들은 논리적인가, 즉 그것들은 내적으로 시종일관하는 주장인가? 그리고 그것들은 그들이 진정한 세계에 관해 주장하는 것이 경험적으로 지지된다는 의미에서 유효한가? 이러한 논리의 복합이나 주장의 구조, 그리고 경험적 기반은 우리가 과학적 이념들—사실 경험적 실제에 관련된 모든 이념들—을 검증할 때마다 살펴보는 것들이다. 이념을 검토하는 두 번째 방법은 주어진 이념을 믿으며, 그것을 신념으로 여기면서 다른 사람들과 소통하는 사람들과, 이에 덧붙여 신념으로서의 이념에 귀 기울이거나 받아들이는 사람들에 대해 조사하는 것이다. 어떤 사람에게 이념의 유효성을 신뢰하는가를 믿는 질문은 그 이념이 사실상 유효한가를 묻는 질문과 전혀 다르다. 신념의 위상에 관한 질문은 민속지적인 문제이다. 그것은 어떤 사람들이 왜 그 신념을 고집하는지를 파악하는 문제이며, 신념이 사람들에게 어떻게 수용되었고 거부되었는지를 파악하는 문제이다. 또한 그것은 주어진 신념이 어떻게 사람들이 갖고 있는 다른 신념들과 연결되어 있으며, 어떻게 새로운 예비 신념이 특정한 비중을 차지하게 되고 받아들여지거나 거부되는지를 파악하는 것이다. 그리고 그것은 신념 그 자체가 어떻게 가치, 사회 조직, 계급 조직, 정치 등을 포함하는 문화의 다른 부분들과 연결되는지를 파악하는 문제이다. 이러한 종류의 질문을 위협적으로 만드는 것은 그것이 주어진 일군의 사람들이 논리나 증거와 아무런 관계가 없는 여러 이유로, 문화에 근거하는 여러 이유로 주어진 신념을 진리라 고집하는 것이 독립적이고 믿을 만한 증거들을 제공할 수 있다는 사실이다.

흥미롭게도 우리는 지구의 저 먼 구석 어딘가에 자리한 작고 눈에 띄지 않는 어떤 사회의 신념, 가치, 신화 등에 관해 어떤 인류학자나 문화·지리학자가 쓴 설명을 읽을 때에는 어떠한 불편함도 겪지 않으며 어떠한 위협도 느끼지 않는다. 사실 우리는 인류학자들이 '원주민들'이 이 이념을 붙들고 있는 까닭에 대해 이념의 유효성 측면에서보다는 사회적 문화적 이유에 대해서 더 많은 설명을 해 줄 것을 기대한다. 이러한 맥락에서 그들의 논리적·경험적 기반의 문제와 문화적 결속의 문제를 구분해주는 이념의 서술 체계를 갖는 것은 꽤나 정상적이다. 그러나 이러한 민족지적 접근이 '서구적' 이념이라 불리는 것에 적용될 때, 과학, 역사, 그리고 유사한 영역에서 그 결과들은 혼란스럽고 계획 자체는 뭔가 부적절하게 보인다.

말하자면, 이념은 문화에 둘러싸여 있으며, 우리는 특정한 환경과 이념이 주변 환경에 각인되어진 방식을 검토할 수 있을 것이다. 즉 우리의 목적이 민족지적인 것으로서의 지식의 본체를 연구하려할 때는, 약학, 식물학, 지리학, 그리고 유사한 종류의 지식에 특정한 것을 나타내는 접두사인 '인종적(민속적)-'이라는 단어를 붙이는 방식으로 나타나며, 인류학의 분야에서는 술어상의 관습으로 나타난다. 예를 들어 '약학' 연구는 '민속약학' 연구와 다르다. 후자는 주어진 문화에서 의학적 신념이 무엇인지, 이러한 신념이 그 문화의 나머지 부분들과 어떻게 연결되어 있는지, 모든(혹은 일부) 문화에서 의학적 신념에 대해 범문화적으로 어떻게 일반화시킬 수 있는지를 질문하는 민속학 분야이다. 접두사 '민속적-'이 붙는 다른 모든 과학적 영역과 민속의학을 함께 놓을 때, 충분히 자연스럽게도 우리는 모든 과학에 관한 민속학적 연구를 의미하는, 더 광범위하게는 모든 분야의 경험적 신념을 의미하는 민속과학을 얻을 수 있을 것이다. 민속역사학은 그런 본체의 일부이다.[36] 따라서 민속지리학도 마찬가지이다.

민속과학의 주제는 **신념**이다. 보통 우리는 신념을 경험적 진술, 일반석으로 어떤 주제에 대해 진리라고 언급되는, 이떤 술부를 주장하는 문장들에 기술된 것으로 간주한다. 최소한이라 할 수는 없지만, 민속과학에서 연구의 근본적인 단위는 신념의 진술 그리고 이 신념의 진술을 만드는—그리고 지니고 있는— 사람이나 집단이다. 사회과학에서는 모든 경험적 진술에 대한 **신념의 상태**에 대해 민속과학적인 질문이 존재하며 그것의 **진리적 상태**에 관해서는 근본적으로 다른 질문이 존재한다. 두 질문들은 영구히 분리되어 존재하지는 않지만, 오랜 분석을 통해 내려진 결론에서 비로소 같이 등장한다. 그것은 역사가들과 지리학자들이 확고하게 믿고 있는 그토록 많은 확산론적 진술들이 결국 왜 사실은 거짓인지를 설명해준다.

신념에 관한 연구는 또한 신념을 믿는 집단들에 관한 연구이기도하다. 신념을 믿는 집단에 대해서는 두 가지 중요한 지적이 반드시 있어야 한다. 신념을 믿는 집단들은 어떤 유형의 집단일 수도 있다. 그러나 다양한 유형의 신념을 믿는 집단들 가운데서도 가장 근본적으로 중요한 것들은 문화들, 계급들 그리고 인종계급으로 생각될 수 있는 복합체들이다. 단위들과 경계들을 한정하는 문제를 제외한다면, 이들 유형가운데 어떤 것도 추상적이지 않다. 문화들은 장소에 따라 그리고 사람에 따라 고도로 변화무쌍하지만, 분석적 단위 자체는 현실적이고 구체적이다. 개별적인 구성원들은 마찬가지로 구체적인 실체를 갖는다. 우리가 현재 논의하고 있는 문제에서 문화적 전체 '대' 개인적(인간) 부분에 관한 철학적 수수께끼는 존재하지 않는다. 다만 각각의 개별적 인류의 민족과학 그리고 마찬가지로 전체로서의 집단의 민속과학이 존재한다. 계급들은 약간 더 문제적이다. 그러나 대부분의 사람들은 정치권력을 배분하고 일반적으로 부를 축적하는 두 개의 계급 공동체, 하나는 노동자계급이고 다른 하나는 엘리트계급 사이에 기본적인 분리가 존재한다는 폭넓은 생각을 받아들인다. 주어진 사회에서 주어진 집단이 노동(생산하는) 계급 혹은 엘리트 계급 혹은 둘 가운데 어디에도 간편하게 들어맞지 않는 약간 모호하고 불확실한 집단에 속해 있다고 말하는 것이 늘 가능하지 않다는 점을 인정하면서도, 나는 여기서는 현 세기와 이전 세기에 거친 계급 분리가 대부분의 사회에서 존재한다는 것을 주어진 것으로 받아들일 것이다. 이 책에서 논의되는 문제와 밀접하게 관련이 있는 그러한 하나의 문제적 집단은 교수들과 사회나 환경에 대해 연구하고나 집필하는데 종사하는 어떤 사람들을 포함한다. 축적하는 계급 즉 엘리트의 구성원이 아니지만, 학자들과 필자들은 대부분의 경우 (모두는 아니지만) 그 계급에 강력하게 연결되어 있으며, 그들이 행하는 모든 지적 통찰, 원칙, 그리고 정직함에 있어서 그들은 엘리트들에게 유용한 관념을 생각하고, 말하고, 집필하는 경향이 있다. 이는 확산론에 연결되어 있는 여러 종류의 생각들에 대부분 들어맞는다.

문화와 계급은 인종계급 공동체에서 서로 교차한다. 이 책에서 인종계급 공동체라는 개념은 결정적인 용도를 갖고 있다. 나는 문화적 (그리고 민족적) 차이에도 불구하고 유럽 나라들의 엘리트 집단들은 기본적이고 영구한 신념을 믿는 집단들이라는 것 그리고 상당한 정도로 그들의 신념은 단일한 인종지리학과 민속과학을 구성한다고 강력하게 주장한다. 이것은 우리가 주로 고려해온 시기인 19세기와 20세기 동안, 이들 엘리트들이 자국과 비유럽세계의 노동 계급과 관련하여 공통의 이해관계 틀을 가져왔다는 것 그리고 그들은 공통적으로 유럽 세계, 비유럽세계 그리고 양자 사이의 상호작용에 대한 응집된 신념체계의 생산을 떠맡아 왔다는 점을 반영한다. 사실 이 책의 가장 중요한 명제는 확산론적 이념이 유럽 엘리트들의 영향력하에서 그리고 그들의 이해관계를 위해 생산된 단일한 신념 체계에서 핵심적인 것이라는 주장이다. 비록 이 인종계급의 자극 하에서 생산된 과학과 역사가 '치우쳤다'고 생각되어서는 안 되겠지만, 그럼에도 우리는 지리학, 역사 그리고 사회과학과 관련된 이념의 전체적인 틀이 그들의 인종계급적인 후원에 강력히 영향을 받았다는 점을 보게 될 것이다. 대체적으로 지난 2세기 동안 오래 유지되어온 이념의 흐름을 통해 관찰될 수 있는 결과물은, 비록 비과학적이긴 하지만, 사회적 행동에 지속적이고 계속되는 영향을 미치는 확산론적 신념의 틀이다.

신념들은 스스로를 **신념체계**로 구성한다. 둘의 차이는 정확히 상대적인 복잡성의 문제는 아니다. 대부분의 단순한 신념은 단지 단순한 선언적인 문장(비록 일부는 시적이거나 회화적인 요소를 요구하지만)으로 표현될 수 있는 이념들이며 그것을 가지고 사람들은 그들의 진실성에 대해 다소간의 확신을 가지고 자신의 주장을 비로소 표현하게 되는 것이다. 우리는 이들 신념을 표현한 문장과 그것들이 표현된 행동에 대해, 세 가지 것에 관심이 있다. 첫째 그것들은 경험적이다(순수하게 논리적이지도 혹은 순수하게 평가적이지도 않다). 둘째 그것들은 진리 혹은 가능하게 거짓으로 표현된다. 그리고 셋째 그것들은 신념을 지닌 사람들에게 인지적으로 전체적인 것으로 혹은 식별될 수 있는 것으로, 투박하게 말하자면 '개념', '이념'으로 사고된다. 그렇게 정확하기 힘든 단위를 중요하게 만드는 것은 개인들이 그러한 이념 혹은 개념을 희박한 공기처럼 즉각적인 개념적 경험을 구사할 때 쉽게 의식하지 못한다는 사실이다. 이러한 일단의 신념들은 많은 수의 사람들 사이에서 오랜 시간의 시차를 통해, 흔히 세대를 거쳐 그들의 성격을 신념으로 유지하는 경향이 있다. 여전히 더 많은 구조들이 함의에 의해 ('왜냐하면……') 서로 연결되는 진술들의 연관으로 구성되는 신념 체계에서 발견될 수 있다. 나는 이러한 종류의 신념체계를, 독창적이지는 않지만, 주장이라 부를 것이다. 하나의 주장에서 진술의 연관은 단순한 것에서 복잡한 것으로 나아갈 수도 그렇지 않을 수도 있다는 점이 언급될 필요가 있다. 보다 조밀한 구조는 이론이라 불리는 그러한 체계들에서 발견된다. 단순한 신념들은 다양한 방식으로 신념 구조, 신념 체계로 집약된다. 각각의 신념 체계들은 다시 다양한 종류의 더 높은 질서 체계로 결집(심리학적으로)된다.

주어진 신념을 믿는 단위들—서로 모순되는 어떤 신념들을 포함하여—에 의해 고수되는 경험적 신념들 모두를 포함하는 최고의 수준은 전체로서의 집단들의(혹은 개인들의) 민속과학이다. 여기에 포함되는 것들은 외적 세계, 자연과 사회에 관한 진리 혹은 가능하게 진리로 고수되는 신념들, 즉 자아나 개인에 관한 신념, 기술에 관한 신념들 모두이다. 여기서 자아란 세계를 조작하고 세계에 영향을 미치는 능력이다. 민속과학은 이런 방법으로 백과사전인 것이다.

새로운 신념이 신념체계로의 진입이 허용되는 일은 어떻게 일어나는가? 여기서 질문은 새로운 이념이 어디서 오는가가 아니라 그것들이 어떻게 유효하게 되는 가인데, 그 유효성이란 그것을 신념의 지위로 인정하는 주어진 사회적 면허와 같은 종류의 것이며, 그 신념이란 최소한 유지될 수 있는 가설 기껏해야 사실로서 받아들여질 수 있는 사실 즉 '합리적인 관념'이다. 세 가지 구별되는 판단—내 생각에 구별되는 절차—은 면허를 주는 이 과정을 포함한다. 첫 번째는 **적합성**의 판단이다. 두 번째는 **실증성**의 판단(경험적 실증)이다. 세 번째는 **정합성**의 판단(혹은 가치 정합성)이다. 학문적인 자만심과 배치되긴 하지만, 실증성은 이 셋 가운데 가장 덜 중요하다.

주어진 집단이 갖고 있는 모든 신념체계는 이런 저런 방식으로 서로 연결되어있다. 어떤 것들은 훨씬 더 밀접하게 연결되어 있다. 예를 들어 하나의 이론은 직접적으로 다른 이론을 뒤따른다. 보통 그 관계는 훨씬 느슨하다. 그러나 모든 신념체계는 집단들이 갖고 있는 다른 모든 신념 체계와 하나의 기본적이고 공통적인 관계를 갖고 있다. 그것들은 서로 **적합하다**. 이것은 그것들이 동일한 민속과학에서 평화적으로 공존할 수 있다는 것을 의미한다. 그것들은 인지적으로 혹은 문화적으로 불협하지 않는다. 비록 신념들은 때때로 서로 모순될 수는 있지만, 완전한 관계의 결여는 원칙적으로 불가능하다. 직간접적으로, 신념을 가진 주어진 집단(혹은 개인)들이 갖고 있는 모든 신념들은 어느 정도는 서로 연결되어있고 그들의 적합성에 대한 판단 여부는 자주 내려지게 된다. 전형적으로, 신념체계는 서로를 강화한다. 즉 '만약 P가 진실이라면, Q가 진실이라고 생각하는 것은 합리적이다.' 혹은 '만약 P가 진실이라면, Q가 진실이라는 것은 불가피하게 뒤따라온다.' 이것은 민속지리학적 시나리오인 까닭에, 여기서 설명하려는 것은 신념체계가 적합하다고 판단된다는 사실이다. 적합성의 판단은 단순한 정의(definition), 어떤 집단이 어떤 신념들이 '적합한' 것이라 딱지 붙이는 동시에 둘 혹은 그 이상의 신념들을 갖게 될 때의 효과를 주장하는 것이 아니다. 적합성은 중요한 사회적 과정의 결과물이다. 그 과정은 새로운 후보 신념이 소개될 때, 신념을 가진 집단 내부에서 어떤 새로운 가설이 제안될 때 가장 명료해지며, 여느 때처럼 면허를 따기 위해 검증을 거쳐야만 한다. 그것이 통과해야만 하는 가장 결정적인 시험들 가운데 하나는 현존하는 신념들과의 적합성 그것이다.

적합성은 주어진 민속과학 내의 이론들과 다른 신념들 사이에 존재하는 모든 관계들 가운데 가장 느슨한 것이다. 어떤 의미에서 적합성이란 사상의 틀 전체에 존재하는 간극들 위에 건설되어야만 하는 다리이다. 그런 간극의 한 가지는 명백하다. 그것은 지식의 불완전성이다. 다른 한 가지는, 덜 분명하지만, 이 책의 주장에서 대단히 중요하다. 여기서 이론들(그리고 다른 신념들) 간의 간극은 실질적으로 메워져 있지만 주장에 의해서 메워져 있지는 않다. 일상적 언어로, 하나의 이론이 다른 하나를 지지하는데 도움을 주는 것 혹은 하나의 역사적 신념이 다른 하나에 의해 설명된다고 생각하는 것은 '합리적인 것처럼 보인다.' 이 '합리성'의 문제는 매우 세심한 검토 과정을 감당해야 하는데, 왜냐하면 '합리성'은 가장 불합리하게 비합리적인 이념들을 기초가 잘다져진 과학적 주장으로 통과하도록 허용하는 적합성이라는 관계의 형태를 하고 있기 때문이다.

광범위하게 말해, 간극들이 명백하고 방어적인—또한 눈에 띄게 그것이 결여된—논쟁의 장에서 '합리성'으로 연결되는 데에는 중요한 두 가지 방법이 존재한다. 하나의 방법은 신념 진술의 장에서 가치적 진술을 끼워 넣기를 요구한다. 우리는 이 장치를 다음 부분에서 검토할 것이다. 다른 장치는 신념 체계 자체의 내부에 존재한다. 명시적인 주장을 위해, 그것은 암묵적인 주장으로 대체된다. 그것이 어떻게 작동하는 가를 이해하기 위해 우리는 **명시적 신념**과 **암묵적 신념을 구별해야만** 한다.

암묵적 신념은 보통 '언급하기에 너무나 명백한', '언급할 가치가 없는', '명백하게 진리인', '당연하게 받아들여지는' 문제들이다. 그것들은 담론의 표면에 나타나지 않는 경향이 있는 보통의 신념들(그리고 이론들)이다. 가장 암묵적인 신념들에는 어떠한 신비로움도 존재하지 않는다. 그것들은 무의식에 파묻혀 있지도 않고 관찰로부터 조심스럽게 숨어있지도 않다. 어떤 신념들은 그다지 놀라울 것이 없는 다양한 이유로 다른 것들보다 의식적으로 더 자주 사고되거나 말로 표현되는 경향이 있다. 신념의 비공식적 소통을 포함하는, 이런 종류의 사례에서 분명한 경계선은 존재하지 않는다.

그러나 공식적으로 기술된 그리고 출판된 신념의 공개에서 이 경계선은 꽤나 날카롭게 나타난다. 암묵적 신념은 단순히 기술되지 않는다. 만약 그것들이 어떤 인쇄의 형태로 나타난다면, 그것은 명백하게 언급된 가정 혹은 '공리'의 형태를 갖는다. 여기서 암묵적 주장을 종식시키는 결론은 관점으로 드러나지 주장으로 드러나지는 않는다. 기만하거나 흐리게 하는 시도는 거의 존재하지 않는다. 집필자는 독자들이 동일하게 암묵적인 신념을 갖고 있으며 증거가 없는 가정의 '합리성'을 기꺼이 받아들일 것이라는 것을 당연한 것으로 받아들인다. 양자 모두 똑같은 민속과학과 똑같은 가치 체계를 공유한다.

우리가 보게 되겠지만, 암묵적 신념은 확산론적 세계 모델에서 가장 취약한 연결 고리이다. 이 책을 통해 우리는 허공에 걸려있는, 주장이나 증거에 의해 지지되지 않는, 확산론적 이론들과 마주하게 될 것이다. 사실 우리는 확산론적 세계 모델의 거대한 덩어리에 대해, 이들 신념의 영역들을 응집되고 명료한 것으로 만들 필요가 있을지도 모르는 전제들 대부분이 실종되었다는 점을 발견하게 될 것이다. 다른 말로 하자면, 상대적으로 명백하고 충분한 증거가 있는 신념은 극소수에 불과하다. 그리고 극소수의 것들은 서로 연결되지도 않으며 따라서 전체로서의 구조는 미완성이다. 아주 당연하게 받아들일 준비가 되어있는, 간극을 암묵적인 신념으로 채울 준비가 되어있는 사람들에게만 이것들은 완성된 것으로 보인다.

실증성은 후보 신념이 사실과 들어맞는지의 여부를 확인하고자 하는 시험의 문제이다. 다양한 종류의 시험이 존재하며 실증성의 본성과 관련하여 다양한 반론이 존재하지만 그렇다고 그러한 질문들이 우리를 위축시키지는 못한다. 실증성의 정상적인 종류는 새로운 가설, 후보 신념을 지지 하거나 반대할 지도 모르는 증거들을 조사하는 문제를 포함한다. 그 과정은 결코 완성되지 않는다. 모든 문화와 모든 공동체의 모든 사람들은 경험적 신념의 부분적인 확인(혹은 비확인)에 만족해야만 할 것이다. 우리에게 실증성의 중요한 초점은 이런 것이다. 즉 실증성은 가설을 받아들여진 신념으로 전화시키는 충분한 근거가 전혀 아니다. 심지어 그럴 필요조차도 없다. 적합성의 판단은 실증성의 그것보다 더 결정적이며 이것은 원주민의 다른 모든 집단들 사이에서 그러하듯 사회과학자들 사이에서도 진리로 존재하고 있다. 실증성의 문제는 그 자체로 적합성을 판단하는 문제이다. 실증에 사용되는 단어들과 과정들, 시험이 적절한 것을 간주되는 범주, 그 외의 더 많은 것들은 현존하는 신념들의 혈통으로부터 도출되며 후보 신념의 시험은 따라서 부분적으로만 새로운 증거를 가진 직접적인 대결의 문제일 따름이다. 그러나 이것이 주요 초점은 아니다. 어떤 신념을 갖고 있는 집단에서, 새로운 이념, 후보 신념은 직접적으로 이해되는 의미에 입각하기보다는 그것을 현존하는 신념 체계에 맞추는 방식에 입각하여 판단되는 경향이 있다.

똑같은 일이 자의식적인 학문세계에서도 일어난다. 현존하는 과학적 신념이 그것에 의문을 제기하는 새로운 가정에 직면하여 방어되는 경향이 있다는 것, 방어는 흔히 격렬하고 가차 없고 독단적이라는 것은 오랫동안 진부한 문구였다. (화이트헤드는 한때 과학자들을 '지도적인 독단주의자들이라 불렀다. 세부적으로 진보는 인정되지만 근본적인 새로움은 금지된다.'[37]) 진부한 문구는 토마스 쿤이 과학혁명의 이론이라 호명한 극적인 시나리오에서 대중화되었다. 본질적으로 결정적인 과학적 신념은 종주권의 위치를 획득하며 지지자들은 학문적 권력의 지위를 획득하며 그래서 신념은 기반을 확립하게 되고 오랜 기간 동안 지배하게 되며 심지어 이들 신념들에 대항하는 증거가 대량으로 축적된 이후에도 그러하다. 그러나 드디어 역사적 단절이 일어난다. 현존하는 지배적인 이론 혹은 패러다임을 전복하고 다른 것을 그 자리에 앉히는 '과학 혁명', 그런 다음에 그 다른 것은 다시 일정 기간 그 위치를 차지한다.[38] 그러나 쿤의 준거 틀(그의 『과학 혁명의 구조』에서)은 물리학이었으며, 역사와 문화적 지리학을 포함하는 사회과학에서 신념이 패권을 획득하고 유지하는 역사적 과정에 대해서는 거의 아무런 언급이 없다. 이 분야에서의 과정은 근본적으로 다르다. 첫 번째로 지적하자면, 학자들 공동체 내부에서 지적 혁명이 발생한다는 쿤의 것과는 다르게, 학문적 영역 자체의 외부에 존재하는 엘리트 집단의 이해관계를 훨씬 더 직접적으로 반영하기 때문에, 그리고 하나의 이론이 다른 이론에 대체되는 것은 주로 이러한 외적 이해관계를 반영하기 때문에, 거기서는 영향력 있는 신념이 지배한다. 두 번째로, 이 분야에서 새로운 증거를 가지고 낡은 이론을 공격하는 것은 훨씬 어려운데, 왜냐하면 부분적으로는 여기서 과학적 방법은 보통 정밀하지 않기 때문이며 부분적으로는 자료의 수집 자체가 현존하는 신념에 의해 지도되고 때로는 결정되기 때문이다. 따라서 확산론과 같은 거대한 신념 구조는 '과학 혁명'에 의해 전혀 문제가 되지 않은 채, 수 세대 동안 유지된다.

사람들은 그들이 믿고자 원하는 것을 믿는, 때로는 사소한 때로는 강력한 경향성을 갖고 있다. 이를 다르게 말하는 방법은 신념들은 가치에 의해 영향을 받는다거나 혹은 톨만(Tolman)이 우아하게 '신념-가치 혼합'[39]이라 부른 것을 생산하기 위해, 인지는 가치와 상호작용한다고 말하는 것이다. '가치'의 가장 직선적인(혹은 적어도 완화된) 개념은 그것들을 선호의 판단으로 보는 것, 개인과 집단들이 무엇이 좋고 나쁘며, 옳고 그른지, 선호하고 선호하는 않는지에 대한 주장으로 보는 것이다. 신념들과 같이 가치들은 체계로 집약된다. 그러나 가치 체계들은 경험적 신념 체계들과 아주 다르다. 넓게 말하면 후자는 사물을 세계에 관한 진리(혹은 진리가 아닌 것)라 주장하며 전자는 사물을 더 나은(혹은 그렇지 않은) 것이라 주장하고 그럼으로써 그것들은 신념에 의해 사물들이 드러나도록 행동할 것을 촉구하는데, 존 듀이(John Dewey)의 경우 그러한 주장을 '의제'[40]라고 묘사했다는 점에서 적절했다. 이러한 방식으로 본다면, 가치의 영역은 자율적이지도 않고 불투명하지도 않다. 그것은 주로 신념과 실천 사이의 전이적 영역이다. 가치는 이해관계이다.

　　가치는 신념-가치 메트릭스에서 신념과 상호작용을 한다. 하나의 신념체계와 하나의 가치체계는 제한된 기간(대단히 급속한 사회 변화의 시기를 제외하고) 동안 어느 정도 서로 일관성을 유지하는 경향이 있다. 두 체계간의 이 규칙적 관계를 나는 정합성이라 부를 것이며, 그것은 두 가지 방식으로 작동한다. 만약 그것들이 가치를 따라서 집단의 이해관계를 따르지 않는다면 그것들은 일반적으로 검증된 신념이 될 수 없다. 그러나 가치 판단은 미래의 행동에 대한 선호도를 가리키며 그것이 촉구하는 미래의 행동이 악명 높게도 비실제적이라면, 즉 만약 행동이 신념체계에서 그려진 것으로서 현실 세계의 주어진 본성을 분명히 계승할 수 없다면, 주어진 판단은 집단에 의해 거부되기 쉽다. 명백하게도 문제는 이것보다 더욱 복잡하며 또 예측하기가 더 어렵다. 어떤 경우든 하나의 집단에게 지배적인 신념 체계는 결국 가치 체계를 따라야만 하며 둘이 정합성에서 벗어나게 되면, 둘 중 하나는 변화를 강요받게 된다. 가치들이 구체적인 세속적 이해관계의 표현인 이상, 일상적인 시절에는 가치 체계가 신념 체계에 굴복하기보다는 신념 체계가 가치 체계 즉 세속적인 이해관계에 더 쉽사리 굴복하는 경향이 있다.

　　가치 적합성에 대한 판단은 신념을 문화에 결부시키는데 있어서 결정적인 부분이다. 신념들이 문화와 결합되어 있다는 관념은 물론 친숙한 것이지만 이 명제가 학자들의 신념체계에 완전히 적용된다는 생각은, 가장 일반적이고 추상적인 방법을 제외하면, 따라서 특정한 학자의 가치(혹은 이해관계)가 그의 경험적 진술에 영향을 미치는 방식의 분석이 늘 허용되지 않는다는 방법을 제외하면, 진짜로 수용되는 것은 아니다. 비록 민속과학에서 정상적인 (최소한 우리들 자신이 아니라 원주민들에게 적용될 때조차도 정상적인) 교의라 하더라도, 사회과학에서 모든 새로운 이념이 가치에 대한, 더욱 엄밀하게는 사회 엘리트들의 가치 체계—반드시 학자들 자신의 가치체계일 필요는 없다—에 대한 적합성이 조사된다는 그리고 유효화 과정이 통상적으로 그리고 자주 정말로 비과학적인 이념의 수용과 지속을 야기한다는 명제는 고려되거나 생각될 수조차 없다.

그러나 이보다 훨씬 더 강력한, 내가 이 책에서 구체적인 주장과 증거를 가지고 옹호하려는, 명제가 존재한다. 그것은 우리의 세계적 규모의 모델들 그리고 우리의 특정한 이론들과 사실적인 자명한 문구들 가운데 많은 것들이 주로—어떤 경우에는 다만—유럽 엘리트들의 가치에 대해 적합성을 갖는다는 이유 때문에 받아들여진다는 것이다. 이것은 19세기 초반부터 지속되어온 경우이며 오늘날에도 진리이다. 명백하게 거짓인 이 신념들 가운데 다수가 확산론의 세계모델로 성립되었으며 그것은 확산론이 유럽 식민주의와 신식민주의의 행위와 이해관계를 설명하고 합리화하는 핵심적인 지적 교의이기 때문에 그러했다.

적합성은 유효화에 있어서 정말로 핵심적인 부분이다. 이것은 통상 표현의 자유를 금지하는(비록 이런 일이 자주 일어나기는 하지만) '인정establishment'의 문제가 아니다. 적합성의 판단은 묶어내는 과정의 복합이다. 항상 지배적인 집단(계급 혹은 인종계급)은 구체적인 세계적 이해관계의 명확한 틀을 갖고 있다. 이 가운데 일부는 다른 것들과 갈등하지만, 대부분 엘리트 집단의 권력과 위치의 유지를 지향하는 경향이 있다. 보상, 처벌 그리고 통제하는 권력으로 인해, 이 집단은 자신들의 이해관계가, 대부분의 학자들을 포함하여 대다수 사람들의 이해관계라는 것을 확신시키는 데 성공했다. 이 이해관계들은 사회적, 경제적, 정치적 의제들이며 '그래야만 한다'는 단어를 끼워 넣고 그것들을 가치로 전환시키는 것은 단순한 변형일 뿐이다. 정적으로 보자면, 이해관계는 늘 분명하며 그것들로부터 도출된 가치들은 다소간 이러한 이해관계를 반영하는 지배적인 가치 체계와 결합한다. 그래서 우리는 늘 학문세계에서 계속되는 유효화 과정을 둘러싸고 영향을 주는 가치의 환경과 같은 종류의 것을 갖게된다.

이러한 영향력이 발휘되는 방식은, 오늘날 우리 사회에서는 매우 복잡하지만, 식민주의에 관련된 확산론의 주요한 윤곽과 다른 신념들을 개략적으로 그려보면, 지난 세기에 그것은 매우 단순하고 투명했다. 당시 마르크스가 말한 것처럼, 지배적인 이념은 지배적인 계급의 이념이라는 것은 진리일 뿐 아니라, 지배계급이 아닌 대부분의 사람들이, 피복종자들이, 이러한 이념을 효과적으로 출판하거나, 영향력 있는 학교나 대학에서 강의하거나, 정책 형성과 실행에 참여하는 형태로 만들 수 있는 기회를 갖지 못했다는 것 또한 진리이다. 당시의 시공간에서 적합성은 지배적인 가치 체계를 신봉하는 이런 사람들만이 가설을 후보 신념으로 제출할 수 있는 좋은 위치에 있었으며 따라서 사회적 검증 과정을 통해 성취할 수 있었던 것이다. 이 과정이 오늘날과는 아주 달랐다고 생각하지는 않지만 여기서 그것을 길게 다루는 것은 이 책의 핵심에서 벗어난 일이다. 우리는 그저 서로 연결되어 이 결과를 생산하는 대부분의 교수들(그들 중 가난하거나 소수자 가족의 후손인 경우는 극히 드물다)의 배경, 대학과 자문 제도의 보상구조, 여타 다른 요소들을 언급할 수 있을 것이다. 전문적인 사회과학자들 치고 따르지 않을 후보 신념을 제기하고자 원하는 사람은 거의 없을 것이다. 이것이, 과학적 방법과 학문적 정전에 대한 분명한 집착에도 불구하고, 우리의 이론들이 상당한 정도로 똑같은 형태로 남아있게 되는지를 설명해 준다.

요약하자면 유효화는 어떤 후보 신념이라도 적합성, 실증성, 정합성 이 세 가지 검사를 시킴으로써 계속된다. 이 셋 가운데 아마도 적합성만이 본질적(그리고 상대적으로 평화로운 시기)이다. 실증성은 때에 따라 보류될 수도 있고, 가설이 이해관계에 정합적이고 현존하는 신념과 훌륭하게 적합하기도 하다는 점이 제시되면, 그것들은 진술되거나 혹은 진술되지 않은 가정으로 출현하는 명시적인 이론들이거나 암묵적인 신념이 된다. 어떤 경우라도 강력한 실증성이 사회과학(현상학적 진리라고 흔히 오해되는 방법론적 사실)에서 출현하기란 꽤 힘든 일이다. 이 분야에서, 정합성은 늘 작동되며―후보 신념에 대해서가 아니라면 그것을 제기한 사람에 대해―이 분야에서 기왕에 받아들여진 신념의 본체와 모순된다면 새로운 가설이나 이론이 신념으로 받아들여지는 것은 아주 드문 경우일 것이다. 그러나 사회와 그 사회의 엘리트들이 그들이 직면하는 문제들을 해결하기 위해 적절한 대답을 제공할 필요가 있다는 것은 늘 있는 일이다. 그래서 중요한 역류가 존재한다. 새로운 손길을 과시하고 이미 인정된 문제들을 해결할 새로운 가능성을 갖는 새로운 가설은 호응을 얻기 마련이고 결국 보상받게 된다. 그것들은 적합성을 갖지만 **완전히** 그런 것은 아니다.

일단 직업을 갖게 되면, 한 학자가 기존의 공통가치가 자신의 작업으로 서서히 스며드는 것을 막아낼 방도가 없다. 이는 학자들 모두가 정직하고, 조심스럽고, 유능하다는 사실에도 불구하고 그러하다. 나의 주장이 부적절하게도 학문세계에 대한 공격으로 보이는 이유는 이 문제가 늘 명백한 신념, 즉 의식적으로 유지하고 있는 태도와 연결되어 있기 때문이다. 인간 사회를 연구하는 분야는 대부분 암묵적인 신념의 본체 내에서 이루어지는 명시적인 이론의 희미한 주입 과정이다. 과학적 방법은 단지 우리가 그렇게 하고자 원하기 때문에 우리로 하여금 명백한 이론의 주장을 받아들이지 못하도록 막는다. 그러나 그러한 이론 각각의 주요한 기반은 '그럴듯함'의 문제로 표현되는, 체계 내에서 다른 신념들과의 적합성이다. 다른 가정들이 아니라 특정한 가정들(특정한 암묵적인 신념을 반영하는)을 받아들이는 것은 '그럴듯'하다. 하나의 이론은 '그럴듯한', 설득력 있는 것으로 보이는데 왜냐하면 어떠한 명시적인 연결의 고리가 존재하지 않더라도, 그것이 다른 것들 혹은 이미 받아들여진 이론과 적합하기 때문이다. 여기서 명시적인 연결의 고리는 암묵적 신념의 영역에서 묻혀버린다. 마지막으로 가설의 검증을 다른 것들이 아니라 특정한 관찰을 통해 찾는 것은 '그럴듯'해 보인다.

사회과학자들의 분과학문 작업은 보통 그들로 하여금 가치 정합성의 기반 위에 근거한 가설을 부지불식간에 검증하지 못하도록 막고 있다는 점을 덧붙여야만 하겠다. 엄격하게 우리의 명백한 신념이 가치 정합성에 의해 검증된 것이 아니라는 점을 생각해 볼 때, 문제는 우리가 가치 정합성으로 하여금 우리의 암묵적인 신념을 조정하도록 한다는 것이다. 이것들은, 그것들을 적합하게 만들면서, 명백한 이론들 간의 간극들을 연결하는 징검다리를 제공하거나 공식적 비공식적으로 새로운 명백한 이론의 출발점을 제공하는 가정을 만들어 낸다. 과학적이고 학문적인 방법은 명백한 이론들을 위해서만 분명함을 요구한다.

신념 체계로서의 확산론

지금까지의 논의는 확산론적 신념 체계의 세 가지 측면들—즉 신념 체계의 구조, 특정 사회·특정 집단에 신념 체계가 결합되어 있다는 사실, 그리고 신념 체계의 진화—를 이해하기 위한 기초를 놓기 위해 마련되었다. 여기서 마지막 측면은 왜 확산이 현저해졌는지, 왜 지속되는지에 대한 중요한 질문들을 포함하고 있다. 확산론이 하나의 강력하고도 지속적인 유럽의 이해 관계, 즉 식민주의에 적합한 신념 체계로서 발전되어왔다고 말하는 것은 그다지 지나친 단순화가 아니라고 할 수 있다. 1492년부터 현재에 이르기까지 비유럽 세계에서 유럽으로—이것은 이 논의에서 늘 그랬던 것처럼 확장된 유럽을 의미한다— 흘러들어간 부는 유럽의 엘리트 계급에게 생명을 유지시키는, 즉 사회 내부에서 신분을 유지하고 진보하기 위해 필요한 영양분이었다. 이 진술이 유럽 사회 내부의 모든 계급을 포함할 정도로 일반화될 수 있는지, 즉 식민주의가 대부분의 시공간에서 유럽의 비엘리트 계급들의 이해 관계를 반영했는지의 여부는 여기서 새삼 강조할 필요가 없을 정도로 논쟁적인 문제이다. 나는 여기서 다만, (1)유럽의 엘리트들은 식민주의에 종속되어 있으며, (2)유럽의 엘리트들은 유럽적 이념의 진화와 더욱 특정하게는 유럽적 학문에 엄청난 영향력을 갖고 있고, (3)유럽의 엘리트들은 정합적 신념 체계와 식민지 기업들을 합리화하고 정당화하며, 가장 중요하게는 지원하는 사고의 본체를 창조하고 발전시키는 데 지속적인 사회적 이해 관계를 지니고 있음을 설명하려 한다. 기업이 진화하고 변화하는 것처럼 확산론을 구성하는 이념의 본체도 그러하다.

이 책의 대부분은 확산론적 신념을 비판하고 묘사하는 데 바쳐질 것이며, 따라서 이 자리에서 신념 체계의 본성을 검토할 필요는 없다. 확산론적 교의는 세계 지리학과 세계사로부터 유럽인과 비유럽인을 포괄하는 개별적인 인류의 삶의 질과 특정한 지역적 사건의 묘사와 설명에 관한 이념에 이르기까지, 사실의 모든 범위를 포괄한다. 확산론적 신념 구조의 범위는 유럽적 민속과학의 공정한 몫을 포괄하고 있다. 즉 비록 그것들이 다른 구조에서도 사용되기도 하지만, 유럽적 민속과학에서 허가 받은 신념 진술의 공정한 몫은 확산론적 신념 구조 내에서 사용되어진다. (2장에서 논의될 몇몇 사례들은 인구학적 행위, 지성, 문명의 기원, 적도 토양의 비옥성에 관한 신념들이다) 이 진술들은 증거가 있는 사실에 관한 적절한 주장으로부터 공식이기도 하고 비공식적이기도 하며 복잡하고 정성을 요하는 이론들까지를 포괄한다. 그것들은 앞에서 논의된 신념 수용에 관한 모든 면허 과정을 거쳐 확산론적 경전의 반열에 오른다. 시간이 지남에 따라 이 모두는 식민주의의 가치, 혹은 이해 관계와 적합한지의 여부를 가리는 적합성 선발 과정을 거치거나, 그것들 자체가 적합한 다른 신념들과 정합적인 존재의 위상에 부응하는지를 가리는 비직접적인 선발 과정을 거치게 된다. 신념 체계는 시간을 두고 새로운 확산론적 신념들과 일체화되며, 정전과 모순되는 것들이나 변화하는 세계에서 적실성을 상실한 것들을 가려낸다. 식민주의 이래로 이해 관계는 신식민주의와 같이 다양하고 새로운 형태로 여전히 남아 있으며, 암묵적인 신념이 의식되지도 비판되지도 않은 채 계속되는 한편, 확산론적 신념을 덧붙이고, 빼고, 수정하는 과정들은 현재에도 계속되고 있다. 만약 그렇지 않다면, 이 책에서 우리의 주목을 잡아끄는 유럽중심적 역사에 관한 복수의 신념들은 버려진 이래로 지속될 수 없었을 것이다.

이 장의 앞부분에서 살펴본 것처럼 세계와 역사 전체를 포괄하는 시공간적 규모에서 확산론적 신념은 꽤 단단하게 구조화된 이론을 형성하는 경향이 있다. 요약하자면 이 이론은 '내부', 즉 본질적으로 유럽적인 세계의 핵심부에서 발생한 본질적인 과정들과 '외부',

즉 본질적으로 비유럽적인 부분들에서 발생한 과정들을 묘사한다. 그리고 두 부분 간의 상호행위의 방식들을 묘사한다. 상호행위에서 가장 중요한 부분은 혁신적인 이념들과 사람, 그리고 안에서 밖으로 이어지는 상품들의 확산이다.

우리는 이 세계적 규모의 시공간 이론을 '확산론적 세계 모델'이라 묘사할 수 있을 것이다. 그것은 세계에 대한 식민주의자들의 모델이다.

여기서 분명히 다음과 같은 질문이 제기된다. 우리가 비확산론적 세계 모델로 인식할 수 있는 것은 무엇일까? 이것은 아마도 어떤 한 부분에서의 작업 과정들이 다른 부분의 작업 과정에도 적용될 수 있기를 기대하는 세계일 것이다. 본질적으로 이 모델은 모든 문화와 지역에서 인류의 동등한 능력이라는 개념—심리적 통일성—에 의해 추동되며, 이 주장으로부터 그것은 문화적 진화와 더욱 특정하게는 경제 발전과 관련된 문제에서 어떠한 공간적 불평등이 **설명될 것을** 요구한다. 달리 표현하자면, 평등은 규범적 조건이며 불평등은 설명될 필요가 있다는 것이다. 대조적으로 확산론은 세계—그리고 인간—의 내부와 외부 영역 사이에 기본적인 불평등을 기대한다. 균일론적 원리는 획일성의 원리가 아니다. 그것은 인간 평등의 원리이다.

세계보다 작은 시공간적 규모에서 확산론적 신념 체계는 아주 널리 퍼져 있다. 그의 일부는 형식적으로 우월한 이론들과 혼연일체를 이루고 있고, 다른 일부는 정합적이지만 약하게 연관된 신념 진술들의 주위를 떠다니고 있다. 세계 모델에서부터 특정한 시공간적 사건 설명의 수준에 이르기까지, 위에서 아래로, 전체로서의 확산론 모델에서 이 **모든** 부분들, 수준들, 하위체계들을 묘사하려는 시도는 이 책의 범위를 훨씬 뛰어넘는 일이 될 것이다. 그러나 어떻든 시작은 해볼 수 있을 것이다.

유럽의 기적이라는 신화
The Myth of the European Miracle

들어가며

대부분의 유럽 역사가들은 어떤 형태로든 '유럽의 기적'에 관한 이론을 믿는다. 이것은 유럽이 과거 오래 전부터 역사—선사시대 혹은 고대 혹은 중세—에서 다른 모든 문명들보다 앞서 나갔다는 것과 내적으로 생성된 역사적 우월성 혹은 선차성이 1492년 이후의 세계사와 세계 지리, 즉 유럽의 근대화, 자본주의의 등장, 세계의 지배를 설명해준다는 주장이다. 대부분의 역사가들은 이 과정에서 아무런 기적을 발견할 수 없었지만, 1980년대에 '유럽의 기적'이라는 문구는, 1492년 이전에 그렇게 예상되었던, 유럽의 독특한 흥기를 논하는 이론들 전체에 매우 인기 있는 상표가 되었다. 이 문구는 『유럽의 기적』[1]이라는 단순한 제목을 달고 1981년에 출판된 에릭 존스Eric L. Jones의 저작에서 새로운 대중성을 획득하게 되었다.

역사가들은 기적이 왜 일어났는가에 대해, 즉 유럽은 왜 기적적인 방식으로 앞서나갈 수 있었는가에 대해 서로 의견의 일치를 보지 못하고 있다. 유럽인들이 유전적으로 우월하기 때문인가? 문화적으로 우월하기 때문인가? 우월한 환경에서 살기 때문인가? 특별하고 유일한 놀라운 것이 유럽에서 일어났기 때문인가? 혹은 역사적으로 특별한 시기에, 다른 사회에 대한 결정적인 이점을 유럽인들이 갖게 되었던, 무엇인가 특별하고 놀라운 일이 유럽인들에게 일어났기 때문인가?

또한 역사가들은 언제 그 기적이 일어나고 시작되었는지에 대해서도 의견의 일치를 보지 못하고 있다. 즉 기적은 일부 사람들이 여전히 '아리안Aryan'이나 '인도–유럽적' 문화라고 부르는 선사시대로까지 거슬러 올라가는가, 아니면 후기 선사시대인 '유럽의 철기시대'인가? 혹은 그리스 시대에 시작되었는가? 로마시대에 시작되었는가? 초기 중세에 시작되었는가? 후기 중세에 시작되었는가? 그도 아니라면, 역사 전체를 통해 지속적으로—일련의 기적들— 매 시기마다 유럽을 다른 공동체들보다 훨씬 더 앞서도록 밀어붙이면서 발생했는가?

역사가들은 이렇게 '왜' 그리고 '언제'라는 질문을 두고 논쟁하지만 '그런가'—기적이 진짜 일어났는가—라는 질문에 대해서는 논쟁하지 않았다. 보다 정확하게 말하자면, 그들은 1492년까지 다른 문명들에 앞서는 유럽의 등장은 시작되지 않았을 가능성, 그리고 그것이 유럽의 정신적, 문화적 혹은 환경적 우월성으로부터 결과된 것이 아니라, 오히려 아메리카 그리고 훗날 아프리카와 아시아의 정복과 식민지적 착취에서 획득된 부와 약탈품으로부터 결과된 것일지도 모른다는 가능성은 염두에조차 두고 있지 않다. 비록 소수의 역사가들(자넷 아부루고드Janet Abu-Lughod, 사무엘 아민Samuel Amin, 안더 군더 프랑크Ander Gunder Frank, 이매뉴얼 월러스틴Immanuel Wallerstein)이 최근에 그러한 작업에 근사하게 도달했지만, 이 가능성은 전혀 논쟁거리가 되어본 적이 없으며 심지어 논의조차 되어본 적이 없다.[2]

2장과 3장('1492년 이전')에서 나의 임무는 유럽인들이 1492년 이전의 어떤 시기에도 비유럽에 대해 우월성을 가져본 적이 실제로 없다는 것, 그들이 결코 더 선진적이지도, 더 근대적이지도, 더 진보적이지도 않았다는 것을 보여주는 것이다. 그런 다음 4장에서('1492년 이후') 나는 유럽의 내적 성격이 1492년을 설명하지 못한다는 것—즉 식민주의의 기원을 설명하지 못한다는 것—을 보여주면서, 어떻게 식민지의 부가 유럽의 흥기를 가져왔는지, 그리고 세계에 대한 유럽의 궁극적인 패권을 초래했는지를 보여줄 것이다.

유럽의 기적이라는 신화는 틀렸으며, 유럽은 1492년 이전에 다른 문명을 압도하지 못했다는 것을 주장하는 데에는 두 가지 기본적인 방법이 있는 것처럼 보인다. 지금까지 가장 최선의 방법은 역사적 사실을 검토하고 발전의 정도와 방향이란 측면에서 중세 이전과 중세 시기 유럽에서 진행된 진화적 과정들이 본질적으로 세계의 다른 곳에서도 발생했던 과정과 유사하였음을 보여주는 것이다. 나는 이를 3장에서 보여 줄 것이다. 거기서 유럽, 아프리카, 아시아의 중세적 지형을 비교하고, 1492년 직전에 동반구의 여러 부분에서 봉건제에서 자본제로의 이행이 어떻게 발생하고 있었는가를 보여줄 것이다.

그러나 유럽의 독특한 '흥기', 그것의 '기적'이라는 신화는 유럽의 역사 사상에 뿌리 깊게 박혀 있기 때문에 사실에 근거한 일반적인 주장은 아마도 그다지 설득력을 갖지 못할 것이다. 우리가 1장에서 살펴본 것처럼, 지배적인 이론은 실질적인 반대 주장이 결여된 채, 수 세대에 걸친 역사가들에 의해 방어되어져 왔으며, 또한 유럽 문화에서 자명한 진리로 받아들여진 다른 많은 이념들에 의해서 지지되어 왔다. 그리고 비유럽 세계를 다루는 데에 유럽 여러 나라들(그리고 유럽 기업들)의 이해 관계에 딱 들어맞고, 그것을 지지하여 왔다. 이러한 이유로, 나는 경험적 주장을 위한 기반과 같은 것으로서 또 다른 종류의 주장—지배적인 이론의 오류를 드러내 보이기 위해—을 사용하기로 결심했다.

2장에서 나는 오늘날 역사가들에 의해 사용되는 유럽의 기적이라는 이론을 **지지하는** 데에 가장 공통적인 주장을 검토할 것이며, 그것들이 그리 신뢰할 만하지 못하다는 사실을 보여줄 것이다. 이 과제는 유럽의 기적이라는 이론에 관한 주제, 그리고 그것을 지지하는 책과 글들을 쓰고 있는 역사가들과 현재 나돌고 있는 몇 개의 다른 주장으로 인해 지금과 같은 작은 책자에 의해 성취되기에는 약간 복잡한 작업이 될 것이다. 그렇다면 어떻게 진행을 해야 할까? 나는 이를 단계별로 진행시킬 것이다. 첫째, 나는 역사가들이 최근 수십 년간 유럽의 기적이라는 신화를 주장하는 방법에 관해 간단하게 논의할 것이다. 그리고 어떻게 비판적이고 수정주의적인 관점이 나타나기 시작했는가를 보여줄 것이다. 다음으로 나는 오늘날까지 이어져내려 오면서 이렇게 신화를 지지하는 가장 중요한 주장들을, 메뉴 혹은 분류·점검 목록과 같은 종류의 형태로 제시할 것이며, 각각의 주장에 대해 그것이 얼마나 신뢰하기 힘든 것인지를 보여줄 것이다. 세 번째 단계에서 나는 '기적'을 주장하는 입장에 반대하는 경험적 주장들을 두 부분(3장과 4장의 주제들이다)으로 나뉘어 요약할 것이다. 거기서는 1492년 이전의 유럽이 아프리카나 아시아보다 앞서지 못했다는 증거가 제시되고, 1492년 이후의 식민주의가 유럽의 선택적인 홍기를 설명해주는 증거로 제시될 것이다.

신화를 만드는 사람들과 비판자들

우리가 1장에서 본 것처럼 유럽이 1492년 이전에 다른 문명들보다 훨씬 선진적이고 진보했다는 관념은 고전적인 유럽중심적 확산론의 핵심적인 관념이었다. 따라서 우리는 유럽의 기적이라는 이론의 기원을 반드시 고려하지 않아도 된다. 그것은 초기부터 전해져오는 전승이었다. 그러나 제2차 세계대전 이후 이 교의는 확실히 근대적인 형태를 갖추게 되었다. 첫째, 결정적으로 인종주의적 주장이 거부되었다. 비유럽인들이 유럽인들에 비해 유전적으로 열등하며, 이 사실이 비유럽인들이 역사에서 지체된 이유를 설명해준다는 주장은 더이상 유지될 수 없었다. 역사가들은 이제 일반적으로 유럽의 역사적 이점이 훨씬 이전 시기의 사실과 사건을 반영한다는 생각을 받아들이고 있다. 유럽의 우월성은 다른 모든 사람들이 미래에 도달하기를 갈망하는 발전 단계에 유럽인들이 먼저 도달했다는 문제였다. 따라서 이 우월성의 문제는 선천적인 우월성의 문제가 아니었다. 둘째, 1945년 이후 비유럽 세계에 관한 역사학계에는 실용적인 정치적 경제적 이해 관계에 기반을 두고, 부분적으로는 정부가 그리고 여러 재단이 후원하는 '해외지역연구 프로그램'으로부터 촉발된 급속한 성장이 나타났다. 그러나 그럼에도 불구하고 이 학문은 서구 나라들에서 사용될 수 있는 비서구 역사에 관한 지식을 상당 부분 추가했다. 새로운 지식은 신속하게 제한된 사용처를 갖게 되었다. 사람을 당혹하게 만드는 우화들은 일부 폐기되었지만, 비서구 세계에 대한 기본적인 관념은 그다지 변하지 않았다. 셋째 그리고 가장 중요하게, 전후 세계는 '근대화론'이라는 결정적으로 새로운 이론을 포용하게 되었다. 이것은 유럽적인 관념과 사물, 그리고 영향력의 확산이 다가오는 발전의 시대에는 비서구 세계에 경제적 발전을 갖다줄지도 모른다는 이론이었다. 이 이론은 역사 서술에 중요한 영향을 미쳤다.

역사로서의 근대화

근대화 이론은 현재와 미래를 다루는 것이지만 근본적으로 역사적인 것이다. 그것의 기본적인 원리는 과거에 유럽의 우월성을 가져왔던 것이 무엇이든 간에, 그것은 이제 비유럽세계로 확산될 수 있고, 비유럽세계가 어느 정도 유럽을 따라잡을 수 있도록 도와줄 것이라는 관념이다. 이전 장에서 우리가 살펴 본 것처럼, 이 새로운 교의는 두 단계의 발전을 통과한다. 첫 번째가 제2차 세계대전 이후 탈식민화의 기간이며, 두 번째가 (확산 노력의 강화로) 제3세계에서 사회주의 국가들의 흥기 이후, 그리고 특히 1959년 쿠바 혁명의 성공 이후이다.

역사적 업적들의 대부분이 이러한 지적 과정의 일부로 1960년대에 등장했다. 그것들의 핵심적인 목적은, 가장 특정하게는 자본주의 발전을 포함하여, 유럽적인 발전 패턴이 인간 진보의 자연스러운 과정이라는 점을 보여주는 것이다. 그리고 이 업적들의 상당수는 명시적으로 장래의 제3세계의 발전에 있어서 적절하고도 자연스러운 과정은 이렇게 자연스러운 유럽적 패턴(물론 노예근성을 갖지 않는)을 따르게 될 것이라는 이데올로기적 결론을 도출해냈다. 이러한 업적들 가운데 가장 영향력이 큰 것은 로스토Rostow의 1960년대 저작, 『경제 발전의 단계들: 비공산당 선언 *The Stages of Economic Growth: A Non-Commsnist Manifesto*』이었다. 이 책은 자본주의에 이르기까지, 자본주의를 포함한 유럽의 과거 발전 공식이 비유럽의 미래 발전을 위해 작동될 수 있는 유일한 공식이라는 단순한 주장이었다. 로스토는 단일한 확산론적 주장을 통해 세계사를 세계 발전과 결합시켰다.[3]

그러나 거기에는 문제가 있었다. 유럽에 독특한 발흥을 일으킨 것은 무엇이었는가? 이제 우리는 잠시 고전적인 확산론적 시기로 돌아가야만 한다. (내 생각으로는) 이전 세기 유럽 역사가들은 유럽이 자연스럽고 독특하게 진보적이었다는 근본적인 관념을 받아들이는 데 있어서 만장일치를 보였다. 그들 대부분에게 그 과정을 기초하는 기본적인 힘은 의문의 여지가 없었다. 일부는 종교적인 신념을 끄집어냈고, 다른 일부는 형이상학적 이념(헤겔의 진화하는 '정신'처럼)에 기초하고 있었고, 또 다른 일부는 개인적 행위와 목적이라는 스미스적인 혹은 공리적인 이념에 호소하였으며, 여전히 다른 일부는 자연 환경, 인구학적 행위, 혹은 계급투쟁 혹은 다른 여타의 것들을 상기시켰다. 그러나 내가 보기에 이 모든 것들은 부분적인 사실(경제적, 심리적, 환경적 그리고 기타 등등)들이 부수적이거나 혹은 그저 징후적일 뿐이라는 점과 관련시켜 볼 때, 진보의 근본적인 힘, 즉 태양풍과 같은 기본적이고도 직접적인 힘이라는 공통의 개념을 갖고 있는 것처럼 생각된다.

그러나 제2차 세계대전 이후 근본적으로 상이한 기본적인 신념들의 틀이 규범이 되었다. 이제 유럽의 흥기를 설명하는 문제는 **총체적인 문제**로 간주되고 있다. 그것은 가장 근본적인 역동성을 포함한 모든 현상들에 설명이 요구되거나, 혹은 다른 방식으로 언급하자면 명시적인 변수들이나 '사실들'이 확인되는 명백한 모델로 정립되어야만 한다는 뜻이다. 의심의 여지없이 이 새로운—혹은 오히려 새롭게 대중적인— 접근이 출현한 배경에는 많은 이유가 존재한다. 그것들 가운데는 역사 자체의 원리의 성숙함, 불가피한 진보의 이념이라는 신념의 상실(이 혼란의 시기에), 유럽적 사유의 일반적 세속화, 사회과학적 학문의 발전과 같은 것들이 거론될 수 있겠다.[4] 그러나 전체적인 설명이 어떤 것이든 간에, 출현한 것은 일부는 새롭고 일부는(베버적 이론처럼) 새롭게 단장된 역사적 모델의 틀이었다. 그것들은 특정한 인과적 사실들이라는 측면에서 명시적으로 '유럽의 기적'을 설명하고자 시도했다. 이것은 확산론적 역사의 근대적 형태의 징후이다. 근대화적 관점의 효과는 어떤 경우에도 역사적 학문 분야 모두에서 지배적이지 않지만, 유럽 역사의 거대한 변환을 설명하고자 모색하는 저작들에서는 그러하며, 자본주의의 흥기와 근대성—'유럽의 기적'[5]—을 낳은 중세적 변화를 설명하는 문제에서는 특히 그러하다. 우리는 이 장의 뒷부분에서 이 설명적 주장들의 많은 부분들을 검토하게 될 것이다.

비판

근대화론적 접근은 과거와 현재의 비유럽에 대해 아무런 현실적 역할을 부여하지 않았고, 본질적으로 유럽으로부터 확산된 것의 수동적 수혜자로 간주했기 때문에 금방 비판을 받았다. 근대화론적 접근은 1492년 이전의 시기에 대해, 중요한 진화적 과정이 확장된 유럽에서 발생했다고 주장했다. 그리고 1492년부터 제2차 세계대전 사이의 시기에 대해서는, 진화 과정이 주로 유럽에서 계속해서 꽃피웠고 식민주의는 비유럽 세계에 이러한 진보의 과실을 갖다 주었다고 주장했다. 끝으로 현재와 미래에 대해서는 비유럽(제3세계)을 위한 진보는 주로 식민지 시기로부터 기본적으로 전승된 기제를 통해 지속된 혁신의 확산으로 구성될 것이다. 이러한 주장은 확실히 제3세계의 지식인들 사이에서는 별로 인기가 없다. 새로운 역사학지를 포함한 탈식민시대 제3세계 학문의 급속한 발전으로 인해, 그에 대해 비판적이고 심지어 그것을 거부하는 사상의 형태가 빠른 속도로 출현하게 되었다.

기본적인 사고의 흐름은 다음과 같이 진행된다. 전前식민지 시기에 그것이 어떻게 세계의 역사에 기여해왔는가를 발견하고 자신의 역사를 소생시킬 필요가 있다. 식민주의 역사는 일부 식민지들에서 전前식민지 역사를 없애버렸고 타자를 위해 왜곡시켰다. 따라서 아밀카 카브랄Amilcar Cabral이 아이러니하게 표현했던 것처럼, 식민지가 독립을 획득했을 때, 그들은 역사로 다시 돌아왔던 것이다.[6] 식민주의 자체가 모든 진보의 근원이라는 신념은 명백한 거짓이었고, 식민지 역사는 그것이 진보가 아니라 어떻게 빈곤을 초래했는지를 보여주기 위해 새롭게 씌어져야만 했다. 비유럽 세계로의 근대화의 확산과는 거리가 멀게, 세계적 규모에서 새로운 모델은 식민주의가 좋고도 나쁜 혁신의 복합물을 확산시켰고, 그것들은 대부분의 세계에서 발전이 아니라 '저발전'의 과정이었다는 것을 보여주는 방식으로 전개되어야만 했다.[7] 이 사고 체계는 아프리카와 아시아에서는 '저발전 이론'으로 알려지게 되었고, 라틴 아메리카에서는 '종속 이론'으로 알려지게 되었다. 그리고 그것으로부터 유럽중심적 역사학에 대한 최초의 진지한 비판이 나오게 되었다.

이 비판들의 기원은 소수 역사학자들의 초기 저작들에서 추적될 수 있는데, 그것들 가운데 대다수는 식민지 시대의 산물이고 일부는 망명지에서 집필되었다. 그들의 핵심 주제는 특정한 공간과 사람들에 대한 식민주의의 부정적 효과들에 대한 문서화였다. 저술가들 가운데 일부—그들 중에는 드보아W.E.B. DeBois, 팜 두트Palme Dutt, 파니카K.M. Panikkar, 로이M.N. Roy, 반 로어J.C. Van Leur, 제임스C.L.R. James, 조지 파드모어George Padmore, 에릭 윌리엄스Eric Williams가 있다—는 세계적 규모의 식민지 과정들, 그리고 탈중세 및 자본주의의 근대적 홍기와 유럽에서 식민주의의 역할에 관한 주장들을 발전시켰다. 제임스는 자본주의의 발전 과정에서 카리브해의 노예들이 유럽 노동계급의 그것과 근본적으로 비슷한 역할을 했다는 것을 보여주었다. 윌리엄스의 저작은 유럽중심적 역사에 궁극적으로 가장 강력한 영향을 미쳤다. 그는 노예와 노예 플랜테이션으로부터 생산된 부가 영국에서 산업혁명을 위해 필요한 부의 축적에 결정적인 요인이었음을 보여주었다. 이 주장은 비유럽이 근대화 자체에 핵심적인 역할을 했다는 것을 최초로 중요하게 보여주었다. 현재 상당한 문헌들이 일반적으로 '윌리엄스의 테제'[8]라 불리는 것을 주장하고 있으며, 탈식민화 시기와 그 이후에 이 테제는 일반적으로 비판적인 유럽의 역사가들 사이에서 점차 확대되어갔다.

이 비판적인 역사적 문헌들은 상당히 늘어났고, 많은 수의 학자들이 식민지 시기의 확산론적 역사에 직접적인 공격을 가하기 시작했다.

이 작업의 상당 부분은 다음 장에서 논의될 것이다. 여기서 나는 비판에서 드러나는 다양한 구체적인 요점들을 제시하고자 한다. 첫째, 유럽 세계의 많은 역사가들(버날Bernal, 프랑크Frank, 월러스틴Wallerstein, 그리고 다른 여러 사람들)은 이 운동에서 핵심적인 인물로 등장했고, 제3세계 연구자 대열에 합류했다. 둘째, 비판들은 비유럽세계에서 상당할 정도의 발전이 이룩되었다는 점을 보여주면서—예를 들어 샤르마Sharma와 하비브Habib는 중세 인도에서 봉건적이고 탈봉건적인 사회의 발전을 정리했다— 주로 1492년 이전에 주목했던 반면, 이 비판적인 전통 내에서 1492년 이전의 유럽은 오랫동안 학문적인 주목을 거의 받지 못했다. 이 문제를—비유럽적 관점으로부터—다룬 최초의 주요한 저작은 1974년 출간된 아민Amin의 『세계적 규모의 자본축적 *Accumulation on a World Scale*』[9]이었다. 비판적 역사가들 대부분이 유럽 출신이 아니라 제3세계 출신이었다는 점에서, 그리고 유럽 역사는 주요한 관심사가 아니었다는 점에서 이는 이해할 만한 일이다. 그러나 그럼에도 불구하고 이것은 이례적인 것이다. 역사에서 근대화 교의의 핵심은 결국 유럽이 다른 지역들보다 앞서서, 그리고 유럽이 다른 지역들에 대한 식민지 통제를 만들기에 앞서서 근대화를 시작했다는 주장이었다. 따라서 기본적인 이 테제를 반박하기 위해서는 1492년 이전의 유럽이 그다지 독특하게 진보적이지 않았다는 점을 보여주어야만 할 것이다(내가 지금 이 책에서 하려고 하는 것처럼 말이다). 물론 이 주장의 일부는 다른 지역들이 진보적이었음을 보여주는 방식으로 구성될 것이다. 하지만 이 주장의 다른 일부는 고대 혹은 중세 유럽에서 어떤 특별한 진보의 특질을 찾는다고 주장하는 다양한 '기적' 명제에 대한 반박으로 구성되어야만 할 것이다.

이러한 비판적 전통, 즉 식민주의 비판과 저발전론 혹은 종속이론과 연관된 전통에서 역사가들이 1492년 이전의 유럽에 대해 상대적으로 주목을 결여했다는 주장에는 또 다른 꽤나 흥미로운 변칙이 존재한다. 이는 대부분의 경우 마르크스주의적인 학문인 제3세계 학문과 유럽 세계의 마르크스주의 학문 사이의 흥미로운 연관과 관련이 있다. 유럽 마르크스주의자들은 식민주의에 대한 주요 비판자들이었고 종속-저발전 이론의 주요 기고가들이었다. 또한 마르크스주의 이론은 이전 시기로부터 전승된 강력한 반식민적 경향과 더불어 19세기 주류 역사학이 정초한 이론들에 대한 근본적인 회의주의를 물려받았다.[10] 그러나 기묘하게도, 1492년 이전의 유럽에 대한 유럽 마르크스주의 역사가들의 저작들 대부분은 유럽의 특이성 교의를 선호하는 주장을 하는 경향이 있었다.

　주류 유럽 역사가들 또한 유럽중심적 교의에 대한 비판에 상당한 기여를 해왔다. 이것은 전혀 특이할 것이 없다. 학자들은 진리를 추구하고자 노력하며, 이념이나 문화적 선호에 상관없이 그것을 받아들이고자 노력한다. 그들은 어느 정도 성공했다. 비유럽을 전공했던 많은 유럽 학자들은 1492년 이전 세계사의 유럽중심적 모델에 반대하는 가장 중요한 증거들을 밝혀냈다. 남아시아와 동남아시아의 경제사를 검토한 1930년대 네덜란드 역사가 반 로어 J.C.Van Leur의 저작은 이 반체제적 학문의 고전적인 사례이다.[11] 또 다른 사례는 중국사와 관련되어 있다. 반세기 전 뒤벤닥Duyvendak은 중세 중국의 장거리 항해에 관해 진정으로 결정적인 사실을 발견했다. 나중에 니덤 Needam과 그의 동료들은 유럽중심적 모델에 심대한 영향을 미친 중국과학과 기술사에 관한 일련의 연구를 수행했으며, (우리도 곧 보게 되겠지만) 유럽중심적 역사가들로 하여금 중세 유럽 기술의 예상된 독창성에 관한 주장의 상당 부분을 포기하도록 했다. 휘틀리 Wheatly와 엘빈 Elvin과 같이 이념적 질문에 무관심한 채 중국의 경험적 역사를 탐구했던 다른 서구 학자들은 고대와 중세에 중국의 진보성에 관한 다른 종류의 증거들을 연구했다.[12] 이 장의 뒷부분에서 살펴보겠지만, 비록 유럽중심적 역사가들이 자신들이 받은 타격의 상당 부분을 복구하는 방법들을 발견해내긴 했지만, 이 모든 것들이 기적 이론에 상당한 타격을 주었다.

　유럽중심적 역사에 대한 비판은 대단히 큰 주제이며, 이 책에서 우리의 관심사는 그 가운데 일부일 뿐이다. 즉 1492년 이전의 세계에서 유럽의 기적이라는 이론에 대한 비판과 근대 초의 세계사를 다루면서 비유럽 세계와 식민주의가 진화적 과정에서 그저 주변적이었다고 취급하는 이론들에 대한 비판이 우리의 관심사이다. 이런 주제들에 대해 비판은 그다지 많이 진전되지 않았다. 나는 최근 이 부분에서 중요한 기여를 한 저작들을 검토할 것이며, 다른 저작들은 이 책을 통해 인용될 것이다. 자넷 아부루고드의 최근(1989)저작『유럽 헤게모니 이전: 1250년~1350년 사이의 세계체제』는 1350년 무렵 유럽이 다른 문명들보다 진보적이지도 선진적이지도 않았다는 것을 보여준 (내 생각에 결정적으로 보여준) 맹아적인 연구이다. 이 작업을 통해 그녀는 다만 유럽의 선택적 흥기와 1350년 이후 동양의 몰락에 관한 잠정적이고 부분적인 설명만을 제시했을 뿐이었다. 그녀는 이러한 분기가 1350년과 1492년 사이의 어느 시기에 발생했다고 제시한다. (나는 이러한 분기가 서반구에서의 대량 축적의 시작과, 동반구의 비유럽문명에는 발생하지 않았기 때문에 유럽으로 하여금 다른 문명들에 대해 최초이자 결정적인 우위를 안겨준 뜻밖의 횡재와 더불어, 1492년 이후에야 비로소 발생했다고 주장한다. 4장을 참조할 것) 아민은 최근의 여러 저작에서 중세 후반의 시점에서 유럽은 아프리카나 아시아보다 더 선진적이지 않았고 오히려 훨씬 불안정했다고 주장한다. 문명권의 한쪽 모서리에 주변적으로 위치했던 까닭에, 유럽에서 중세 계급사회는 다른 어떤 지역에서보다도 충분히 자리 잡지도 못했고 안정적이지도 않았으며 강고하지도 못했다. 바로 그것 때문에 유럽은 기꺼이 자본주의로 변화할 준비가 되어있었던 것이다.[13] 비록 1492년 이전의 유럽에 대해 어떠한 '기적'도 인정하지 않고 있지만, 그럼에도 이 이론은 하나의 오래된 신념이 설 수 있도록 해주었다. 즉 중세 시기 유럽은 비유럽보다 역동적이었다는 것이다. 버날의 새 저작『블랙 아테나 *Black Athena*』는 현재의 주제와 거의 연관성이 없는 책이지만 그의 주장은 대단히 밀접하게 연결되어 있다. 버날은 아프리카와 아시아적 기원들과 혁신들이 집필된 방식을 따라서 유럽 역사가들이 고대 유럽에 관한 신화를 창조했음을 보여준다. 아테네의 여신들은 아프리카인이다. 버날의 저작은 고대 유럽의 예상된 독특함에 관해 여전히 아주 대중적인 이론들을 약화시키고, 또한 고전적인 확산론적 모델[14]을 정초하는 유럽 학문 대부분의 자민족중심적이고 이데올로기적인 뿌리를 드러내 준다. 유럽중심주의와 보수적인 이데올로기가 중동과 아시아에 대한 유럽의 학문적인 저작들을 지배해왔던 이 과정들에 대해 맹아적인 비판을 시도했던 에드워드 사이드Edward Said의 1979년 저작 『오리엔탈리즘Orientalism』은, 여기 우리의 주장에 있어서 마찬가지로 중요하고 대단히 적실성이 있다. 그러한 다른 저작들은 앞으로 계속 언급될 것이다.[15]

식민주의자의 세계 모델

반비판

최근 전통적인 유럽적 관점을 강력하게 방어하는 저작들이 흘러나오고 있는데, 이 관점들은 유럽의 기적이라는 이론을 다양한 형태로 유지하고 있다. 이들 가운데 많은 것들을 이 장에서 논의하게 될 것이다. 이와 똑같은 저작의 흐름 속에서, 노예제, 식민주의, 그리고 그와 유사한 것들(4장을 볼 것)에 대한 전통적인 유럽적 관점에 의문을 제기하면서 보다 특정한 이론들에 대항하는 반비판이 존재한다. 전통적인 유럽적 관점은 사회 진화의 측면에서 이러한 과정들과 사건들을 주변적인 것으로 취급한다. 그리고 유럽의 독특함에 대한 확실한 근거에 관한 새로운 이론들(혹은 과거 이론들의 수정된 형태들)은 앞으로 예시되고 논의될 것이다. 나는 이것이 제3세계에 관한 새로운 정치적 태도에 공조하는 학문적인 운동이라는 예감을 갖고 있다. 어떤 경우이든, 1980년대에는 이러한 종류의 많은 저작들을 목격할 수 있으며 그것들은 앞서 논의된 비판적 역사학에 반대하는 의식적인 반공격을 실현하고자 출현하고 있다.[16]

이 새로운 문헌에서 일부 저자들은 대단히 자의식적으로 그러한 반공격에 종사하고 있다. 그들 가운데 많은 수는 마르크스주의자들이며, 진정하고 원천적이며 올바른 마르크스주의의 교의는 유럽의 과거와 현재에 이르는 우월성을 인정하고 있다고 주장한다. 예를 들어, 로버트 브레너Robert Brenner는 자본주의가 다른 지역의 어떠한 도움도 없이 북서유럽에서 발명되었으며, 따라서 (600년 이후에) 우리는 유럽의 지속되는 우월성을 인정해야만 한다고 대담하게 주장한다. 페리 앤드슨Perry Anderson과 빌 워런Bill Warren과 같은 마르크스주의자들도 비슷한 입장을 주장하고 있다.[17] 주류 역사학자들 가운데 가장 극적인 사건은 1981년 에릭 존스Eric Jones의 저작『유럽의 기적 The Eropean Miracle』이 출현한 것이다. 이 책은 유럽의 조숙함과 비유럽의 후진성과 비합리성에 관한 식민지 시대 이념을 상당 부분 공유하는 주목할 만한 이야기이다. 더욱 주목할 만한 것은 이 낡은 교의의 대부분이 기각된 지 그리 오래지 않았음에도, 많은 학자들 사이에서 이 책이 받은 긍정적인 환대이다.

현재 또 다른 움직임은 고대와 중세 유럽 문화에서 다른 문화들에서는 결여되어 있는 우수성을 발견하려는 시도들이다. 이러한 문화는 유럽의 발전을 설명해주는 근거들로서, 유럽 가족, 유럽 정치체제, 유럽 정신 등등의 우수성이 그러한 것들이다. 이 움직임은 유럽의 예상된 '합리성'과 기타 등등에 대한 막스 베버의 관점을 세기가 전환되는 시점에서 활발하게 부활시키고 있다. 사실 이들 학자들 대부분(전부는 아니지만)이 베버주의자로 간주될 수 있으며 그들 가운데 다수가 스스로를 그러한 방식으로 규정하고 있다. 나는 베버의 관점을, 마이클 만Michael Mann과 존 홀John Hall과 같은 일부 현대 베버주의 학자들의 관점과 더불어 이 장의 뒷부분에서 다룰 것이다.

이 장의 다음 절에서 나는 1492년 이전의 유럽의 '기적'을 선언하는, 보다 새로워진 이 관점들의 가장 중요한 부분을 추출해낼 것이며, 이것들이 잘못된 것임을 보여줄 것이다.

신화

유럽의 기적이라는 신화는 유럽의 흥기가 본질적으로 유럽 내부에서 촉발된 역사적 힘으로부터 결과된 것이라는 교의이다. 발전의 수준이나 발전의 정도 혹은 양자 모두의 측면에서 다른 문명들 위에 있는 유럽의 흥기는 1492년 이전에, 근대의 여명기 이전에 시작되었다. 1492년 이후 유럽의 근대화는 본질적으로 이 오래된 내적인 힘의 작동으로 결과된 것이지 비유럽으로부터의 부나 혁신이 유입되어 일어난 일이 아니다. 1492년 이후 비유럽(식민지) 세계의 역사는 본질적으로 유럽으로부터의 근대화가 흘러나가는 과정이었다. 이 신화의 핵심은 1492년의 유럽이 세계 나머지 지역들보다 훨씬 근대화되었고 훨씬 급속하게 근대화되었다는 주장을 진리로 만드는 고대와 중세 유럽에 관한 주장들의 틀이다.

이것은 글자 그대로 고전적인 의미에서의 신화이며 그 문화의 구성원들이 광범위하게 믿는 문화의 흥기에 관한 이야기이다. 그것은 또한 진실이 아닌 무엇인가를 함의하는 단어라는 의미에서 신화이다. 다음의 논의에서 나는 이 신화가 어떻게 직조되었는지를 해명하고, 그것을 구성하는 신념의 가닥들이 대단히 미약하다는 것을 보여줄 것이다.[18]

이 신화를 구성하는 두드러진 신념의 언급들 상당수가 셀 수 없는 것들이다. 신화가 그토록 지속될 수 있는 많은 이유 가운데 하나가 기본적인 일반화의 문제인데, 기적의 교의가 너무나 다양한 개별적인 신념들에 의해 지지되는 까닭에 주어진 시대의 역사가들은 이 신념들의 일부만을 논박할 수 있을 뿐이다. 그래서 신화의 지지자들은 신화를 위한 토대로서의 하나의 신념에서 다른 신념에로 그저 옮아가기만 하면 되는 것이다.

더욱 근본적인 문제는 신념들이 인정을 받는 방법과 관련되어 있다. 신념들은 스스로가 신화를 지지하면 수용되는 경향이 있고, 그렇지 않으면 거부되거나 부정된다. 이 신념 인정(그리고 재인정, 인정거부 등) 문제의 일부는 특별하게 아마도 독특하게 기적 이론을 비판하려는 노력에 심각한 어려움을 부과한다. 이 이론을 지지하는 신념들 가운데 다수는 **암묵적**이며 **명시적**이지 않다. 즉 그것들은 역사가들의 학문적 담론으로 진입하지 않으며, 때로는 심지어 의식적인 담론 일반으로도 진입하지 않는다. (1장에서 묵시적 신념에 관한 논의를 상기할 것) 이 신념들 가운데 다수는 우리가 어릴 때 배운 것들이다. 그 의외의 신념들은 자명하게 '합리적'인 것처럼 보이는데, 왜냐하면 그것들이 문화의 깊은 가치나 다른 수용된 신념들(역사적, 실천적, 종교적 등)과 일치하기 때문이다. 그래서 고대와 중세 유럽이 다른 문명들보다 더욱 진보적이었다는 확신은 명시적인 신념에 의해 지지되지만, 이것들은 '우리의 조상들'이었던 진보적인 유럽인들에 대한 묵시적인 신념들—의문시되지 않고 보통 깨닫지도 못하는—의 조합을 바탕에 깔고 있다. 대조적으로, 역사적인 비유럽에 대한 묵시적인 신념들은 이질감, 야만성, 잔혹함, 식인주의, 사기성, 멍청함, 탐욕, 음란함, 불결함, 질병 그리고 기타 등등—비유럽은 진보적일 수 없었다는 일반적인 신념을 확고하게 지지하는 조합—의 관념들을 포함한다. 이러한 종류의 묵시적인 신념의 사례들은 긍정적이든 부정적이든 우리가 계속해서 보게 될 것이다.

유럽의 우월성에 관한 명시적인 신념의 한 종류는 여기서 세부적으로 논의되지 않을 것이다. 이것은 기독교의 신이 자기 사람들을 다른 모든 것보다 더 높이 들어 올릴 것이라는 신앙에 근거하는 공개적인 종교적 진술이다. 비록 우리가 이 관점을 다양한 맥락에서 언급하겠지만, 그럼에도 불구하고 이것은 분석될 수 있거나 비판될 수 있는 종류의 주장이 아니다. 왜냐하면 그것은 경험적으로 검증될 수 없는 신앙에 근거하기 때문이다. 그것이 문제가 되는 한, 일부는 그것을 진리로 믿고 다른 일부는 믿지 않는다. 따라서 다만 다음의 것만을 지적하는 것으로 충분할 것이다.

즉 19세기에 이르기까지 종교적인 주장은 거의 보편적으로 받아들여져 왔던 까닭에 많은 유럽 지식인들에게 다른 주장들은 그다지 필요 없는 것으로 간주되었을 정도였다. 믿지 않는 사람들이 하늘나라에 갈 수 없다는 것, 즉 신의 은총을 누릴 수 없다는 것을 우리가 알 때 어떤 이유로 기독교 유럽인들이 우월하다고 말할 수 있을까? 믿지 않는 사람들은 더 지적이지 않고 더 운이 나쁘다고 자연스럽게 이야기된다. 학자들과 식자들이 종교는 과학을 포함하여 모든 것을 기초하는 것이라 믿는 한, 신이 인간의 일을 통제하기 위해 개입한다고 믿는 한, 그것은 신의 의지이기 때문에 유럽인들이 우월하다고 단순히 가정할 수 있을지도 모른다. 그것은 기독교 신이 기독교인들을 위해, 특히 그를 올바른 방식으로 숭배하는 기독교인들을 위해 하는 일이라고 기대할 수 있을 것이다. 19세기 중반 유럽중심적 확산주의가 최고조에 도달했을 때, 유럽인들이 다른 어느 누구에 대해서도 우월성을 갖고 있다는 점을 의심조차 하지 않았을 때, 명백하게 종교적인 주장이 학문적 담론으로부터 사라져가고 있었음에도 불구하고, 그것들은 여전히 묵시적인 신념으로서 묵시적으로 존재하고 있었다. 유럽인들의 우월성에 대한 대다수의 주장이 최종적으로 종교적 신앙에 기반하고 있다는 것은 오히려 의심스러운 일이다. 만약 유럽의 환경이 우월하다면 그것은 신이 그렇게 만들었기 때문이다. 만약 백인종이 우월하다면 그것은 신이 그렇게 만들었기 때문이다. 만약 유럽인들이 다른 누구보다 더 합리적이라면 그리고 이것이 명백한 설명이 아니라면, 그것은 신의 작품이기 때문이라고 추론할 수 있을 것이다 등등. 이러한 종류의 신성에 대한 묵시적인 호소가 현대의 유럽중심적 학자들의 사고에서 어느 정도로 현존하지만 의식하지는 못하고 있는지의 여부는 분명하지 **않지만**, 그러한 일이 확실히 자주 있다는 것은 분명하다. 우리는 때때로 (린 화이트 2세Lynn White, Jr.와 워너K.F. Werner와 같은) 역사에 관한 관점을 종교적 믿음과 명시적으로 연결시키는 학자들의 관념을 논의할 것이다. 그러한 사상가들에게 인과적 주장의 지향성은 언급되지만 어떤 의미에서도 비난되지는 않는다. 때때로 학자들은 무의식적으로 그리고 묵시적으로 그러한 주장을 하곤 한다. 진정으로 유일하게 방해가 되는 경우는 의식적인 위선을 드러내는 것이다.

생물학

기본적으로 두 가지 종류의 주장이 유럽과 유럽인들의 독창성과 우월성을 설명하기 위해 사용되어왔다. 하나는 최초의 원인으로서 어떤 비문화적 힘 혹은 요인에 호소한다. 다른 하나는 최초의 원인을 문화 자체에서 발견한다. 신성한 개입(비록 그 관점은 신학적으로는 오히려 복잡하지만, 일반적으로 인간 문화의 외부에 존재하는 원인으로 간주될 수 있다)을 논외로 한다면, 두 가지 종류의 비문화적, 외적 인과성이 공통적이다. 하나는 인간 생물학에 호소하는 것이고 다른 하나는 자연 환경에 호소하는 것이다.

인종

생물학적 주장은 대개 유럽인들이 비유럽인들에 비해 생물학적으로
우월하다고 역설한다. 이러한 주장의 고전적이고 전형적인 형태는
생물학적 인종주의로서, 유럽인들이 유전적으로 우월함을 갖고 있으
며 그리하여 비유럽인들보다 훨씬 큰 능력을 갖고 태어났다는 관념
이다. 유전적인 요인으로 인해 유럽인들은 비유럽인들보다 더 현명
하고 우월하고 용감하다. 여기서 일반적으로 사용되는 서술적 범주
는 '유럽인'이 아니라 '백인종의 구성원'이지만, 그 구분은 일반적으
로 그리 중요하지 않다. 그럼에도 불구하고 (소위) 백인종의 구성원
으로 분류되는 비유럽인들은 열등하다고 믿어지는데, 왜냐하면 그들
은 열등한 하위 인종에 속하기 때문이다. 즉 때로는 유럽인들 자체
도 우월하거나 열등한 하위인종으로 구분된다.

19세기 초반 백인들은, 비록 지배적이지는 않았지만, 심지어 다
른 인종에 속한 사람들과 동일한 생물학적 종이 아니라는 것을 광범
위하게 믿었다. 이 이론, 즉 '다원 발생설polygenesis'은 성서적으로 그
리고 과학적으로 모두 지지된다고 주장된다.[19] 그것의 원초적인 중
요성은 노예제를 합리화하는 데 쓸모가 있었다는 것이다. 만약 아프
리카인들이 진정으로 인간이 아니라면, 그들을 노예화하는 것은 나
쁜 행위가 될 수 없다. 이 이론은 기본적으로 자유, 근대, 반노예제
사상의 공격을 받았기 때문에 19세기를 거치면서 서서히 사라졌다.
그러나 그것을 대체한 것은 전혀 개선이라고 할 수 없었다. 그것은
우리가 고전적 인종주의라 부르는 교의, 즉 서로 다른 가축 종이 그
러한 차이—지성, 공격성, 용기 그리고 기타 등등의 차이—를 갖고
있듯 서로 다른 천부의 재능은 생물학적 유전형질의 문제이며, 서로

다른 인종은 서로 다른 천부의 재능을 갖고 있다는 믿음이다. 예를 들어 아프리카인들은 유럽인보다 낮은 지성을 부여받았다고 주장된다. 따라서 유럽인들이 아프리카를 식민화하는 것과 아프리카인들을 위해 내리는 모든 결정은 자연스럽고도 도덕적인 것이다. 왜냐하면 아프리카인들은 스스로 어떠한 결정도 내리지 못하고, 스스로를 다스리는 천부적 능력도 갖고 있지 않으며, 또한 유럽인들보다 충분히 지적이지 못하기에 그토록 느린 아프리카인들이 스스로를 통치하는 법을 배울 때까지 유럽의 통치와 보호가 필수적이기 때문이다. 한마디로 인종주의는 중요한 기능으로서 식민주의와 미국과 같은 나라들에서 존재하는 소수 인종을 포함한 비유럽인들에게 가해진 억압의 다른 모든 형태들을 정당화한다.

19세기 말에 인종주의는 외관상 진리인 듯한 유사과학적 분위기를 획득하게 된다. 과학자들은 인종들 간의 차이, 특히 지성과 같은 것의 차이에 대한 증거를 갖게 되었다고 주장했다. 또한 그것들은 멘델 유전학으로 무장했으며, 스스로 인종주의자라는 과학자들이 이제 그들이 이미 믿게 된 인종주의적 이론의 진리에 관한 증거들을 갖고 있다고 주장하는 것은 분명하게 합리적인 것처럼 보였다. 소위 증거라 불리는 것들은 제2차 세계대전까지 지속된 느린 과정 속에서 유사과학이라는 정체를 드러내게 되었다. 사실 오늘날조차도 소위 '과학적 인종주의자'라 불리는 사람들은 상당수이다. 과학적 인종주의에 대해 우리가 알아야할 필요가 있는 것은 그것이 그저 유럽인들 사이에 이미 보편적으로 진리라고 믿겨져온 무엇인가를 정당화하는 새로운 방법을 제공했다는 점이다. 이는 한편으로 과학적 인종주의가 인종주의를 강화하는 데 별로 한 일이 없다는 것을—인종주의는 주로 식민주의의 증대되는 중요성과 연관되어 있다는 사회적인 이유로 인해 세기가 전환될 무렵에 지적이고 학문적인 중요성에서 최고조에 도달하고 있었다— 다른 한편으로 현 세기에서 그것에 반박은 인종주의의 대중성이 쇠락하는 것과 커다란 관련이 없다는 것을 의미했다. 인종주의는 과학이든 과학이 아니든 근대 과학 이전의 뿌리로부터 출현했고, 그것이 쓸모 있는 한 생존했다.

사회에서 과학적 인종주의가 인종주의적 신념에 강력한 영향력을 주었다는 점을 부정하는 것이 아니다. 한때 과학이 커다란 특권과 영향력을 획득했을 때, 과학적 주장은 사실상 중요했다.[20] 그리고 과학적 인종주의는 어떤 특정한 방식들을 도와주었다. 여기서 하나의 중요한 사례는 소위 천부적인 재능 면에서 백인종 내에서 상정된 하위 인종들 사이에 존재하는 상정된 차이들 간의 관련성이다. 중동에서 식민주의와 관련된 반무슬림적 태도와 더불어, 반유대주의는 소위 하위 인종인 '유대인'의 열등성에 관한 이론의 확산을 초래했다. (물론 '유대인'은 히브리어나 아랍어와 같은 셈족 언어를 말하는 누군가를 언급하는 것이어야만 했다) 반유대주의에 대한 이 인종적 지지물은 역사적으로 모든 비유럽인들에 대한 유럽인들의 우월성에 관해서 일반적 주장을 하기 위해 대단히 쓸모 있는 것이 되었다.[21] 셈족 인간이 백인들에 속한다는 것은 잘 알려져 있었다. 거기에다 이제 백인들 가운데서도 유럽인들만이 우월한 하위 인종이라는 점을 주장할 수 있게 되었다. 서아시아의 비셈족 인간(페르시아인, 터키인 등)들도 설명될 수 있었다. 사실 특정한 상황에서 과학적 인종주의는 남부와 동부 유럽인들의 열등성을 증명한다고 주장되기조차 했다. 북부 유럽인, 영국인과 독일인들은 이탈리아인, 슬라브인, 그리고 나머지 유럽인들보다 진정으로 우월하다는 것이다. 이러한 종류의 주장 가운데 유명한 사례는 1920년대 최초로 중요한 이민법을 토론하고 있었던 시절 미국 의회 앞에서 행해진 유사과학적인 일련의 청문회였다. 과학자들은 엄숙하게 남부 유럽인들이 열등한 인간들이며 그래서 미국 사회의 높은 인종적 품질을 유지하기 위해서는 미국으로의 자유 이민으로부터 이들이 제외되어야만 한다고 의회를 납

득시켰다.[22]

　오늘날 교육받은 유럽인들 가운데 인종들 사이에 유전적 차이가 존재하여 사회적 진보에 우호적이거나 비우호적일지도 모르는 지성 혹은 다른 어떤 특질들이 있다고 믿는 사람은 거의 드물다. 비록 고전적 인종주의의 교의를 믿는 사람들이 다수 있다고 해도, 그들 대부분은 그러한 견해를 조심스럽게 숨기고 있을 것이다. 왜냐하면 오늘날 그 교의는 전적으로 부정되고 있으며 강한 반감을 사고 있기 때문이다. 만약 이 책이 이념의 역사를 다루고 있다면, 우리는 이러한 전환—학문 세계에서 2세대도 못되는 시기에 이루어진 고전적 인종주의의 쇠퇴와 붕괴—에 대해 검토해 볼 수도 있을 것이다. 다수이든 소수이든 전승된 영향력을 갖고 있었던 이 신념 혹은 인종 차별은 1920년대에 아주 널리 퍼져있었다. 그러나 1945년 이후 이 이론은 방어되기가 거의 힘들어졌다. 아마도 핵심적인 요인은 나치즘일 것이다. 나치는 자신들의 이데올로기를 이 신념에 기초하고 있었다. 소위 게르만 민족이 지배 인종이며 유럽인들 가운데 열등한 종류, 백인들 가운데 열등한—소위 셈족과 같은— 하위 인종들, 그리고 다른 모든 인종들 전체는 지배 인종에 의해 지배되어야 한다는 신념을 주장했다. 나아가 지배 인종은 대량학살에 의해 열등한 인종을 제거할 권리가 있었다. 따라서 인종주의는 끔찍한 나치 이데올로기의 구성 부분으로 간주되었고 또 지금도 간주되고 있다. 소수의 광신자 집단이 여전히 고전적 인종주의를 설교하고 있으며, 학문세계에서 아주 소수가 여전히 그것의 유효성을 주장하고 있는 것도 사실이다. 따라서 이 교의에 대항하여 싸울 필요성이 완전히 종식된 것은 아니다. 그러나 이것은 더 이상 우리가 유럽중심적 선입견을 말할 때 중요한 주제가 될 수는 없다. 왜냐하면 스스로의 주장을 유전이 아니라 문화에 뿌리를 두고 있는 또 다른 교의가 고전적 인종주의를 상당부분 대체했으며 그것과 동일한 기능을 수행하고 있기

때문이다. 이 교의는 문화적 인종주의로 간주될 수 있다.[23]

고전적인 인종주의는 1920년대까지 너무나 광범위하게 스며들어 있어서, 역사적으로 유럽인의 우월성에 관한 대부분의 주장에서 명시적이거나 묵시적인 형태를 띠고 있었다. 그것은 마치 왜 유럽이 흥기해왔고 다른 사회는 그러하지 못했는가를 질문하는 학자들이 처음부터 해답의 일부를 이미 갖고 있었던 것과 마찬가지이다. 유럽인들은 크든 작든 인종학적 이점을 갖고 시작했으며, 이후의 역사에서 그러한 인종적 우월성의 영향력에 의해 크든 작든 늘 우월한 정책 결정 능력을 스스로에게 부여하는, 지적이고 발명적 능력 등의 문제에서 훨씬 뛰어날 수 있었다. 여기서 이 시기에 '왜?'라고 질문을 하는 것이 결정적이지 않았던 중요한 이유가 존재한다. 근본적으로 그 대답은 자명한 것으로 간주되었기 때문이다. 막스 베버(그의 관점은 다음에 검토할 것이다)와 같은 온건한 인종주의자조차도 유럽의 우월성이 포착하기 힘든 유전학의 물결과 같은 종류에 의해 수행되었다고 생각했다. 이것은 유럽인들이 늘 약간 더 '합리적'(베버가 선호하는 단어)이었고, 따라서 약간 더 진보적이라고 생각하도록 했다. 현대 학자들이 베버로부터 나온 개념이며 그를 통해 19세기 사회사상의 모든 것으로부터 나오게 된, 유럽적 '합리성'의 우월성이라는 개념을 유지하고 있다는 점, 하지만 이 '합리성'의 원천이 인종적 우월성이라는 점을 분명히 거부하고 있다는 점은 흥미로운 일이다. 다른 하나를 배제하고 하나를 유지하기 위해 거쳐야만 하는 지적인 곡해는 우리가 이 문제를 검토할 때마다 우리의 흥미를 요구할 것이다.

현재 '유럽의 기적'에 대해 광범위한 지지를 받고 있는 이론을 가진 역사가들 사이에서, 막스 베버만이 고전적인 인종주의적 주장을 분명하고도 명백하게 사용하고 있다. 그러나 베버는 19세기 후반과 20세기 초반에 저술 활동을 하고 있었으며, 당시는 유럽 학자들 대다수에 의해 고전적 인종주의가 수용되었던 때였다. 베버의 주장은 오히려 인종주의의 부드러운 형태였다. 그는 인도의 종교가 인도의 발전을 저해했다는 자신의 주장을 근거로 실제로 '유전은……인도의 히스테리'라고 쓰기도 했다.[24] 그는 아프리카인들은 유전적으로 공장노동을 할 수 없다고 생각했다.[25] 중국인들은 '일반적이지 않은 (지적인) 자극에 반응하는 것이 느리며', 베버가 생각하기에 전적이거나 혹은 부분적으로 유전적 특색인 '고지식함', '유순함'을 갖고 있다.[26] 그리고 유럽의 위대한 '합리성'은 확실한 유전적 기반을 갖고 있다.[27] 그러나 베버가 비인종적 요인에 더 많은 무게를 두고 있다는 사실은 여전히 남아있다. 그리고 베버는 일생에 걸쳐 다만 온건한 인종주의자였다.

오늘날 고전적 인종주의보다 학계에서 더 심각한 문제는 온건한 인종주의인데, 왜냐하면 그것은 **묵시적인** 이론이기 때문이다. 우리는 베버가 인종적 차이의 중요성을 믿었다고 언급했는데, 그러나 그가 실제로 이 문제를 언급한 경우는 매우 드물다. 특히 유럽과 비유럽의 비교적인 진화와 일반적인 사회적 진화에 관한 그의 주장의 많은 부분은, 아마도 묵시적으로, 언급되지 않아야만 했다. 이는 20세기 초반 학계에서 꽤나 전형적인 사례인데, 학계에서 인종주의는 흔히 정의하기가 너무 힘들며 학자들에 의해 제시된 주장은, 하나의 요인으로서 인종을 명시적으로 언급하지 않았을 때는 인종주의자로 간주되지 않았다. 그러나 여전히 보다 심각한 것은 내가 **매우 온건한** 인종주의라고 부른 것의 살아있는 영향이다. 말하자면 1920년대 많은 수의, 아마도 다수의 주류 학자들은 인종적 차이가 아주 근소했다는 것, 개별적인 인간의 능력과 잠재력이 인종에 의해 예측될 수 없다는 것, 인종적 차이는 거대 그룹의 통계적 기초에 영향을 미치는 것으로만 나타난다고 믿었다. 예를 들어 흑인에 대한 백인의 '지능 지수'가 약간 높은 평균치를 나타낸다는 것이다. 이 신념은 인종차별주의에 대한 전투적인 반대와도 잘 부합했다. 그러나 그것이 유럽과 비유럽 역사 사이의 비교와 사회 진화에 관한 질문에 적용될 때, 그것은 고전적 인종주의보다 더 나을 게 없었다. 왜냐하면 역사적 논쟁은 커다란 인종적 차이를 가정할 필요가 없기 때문이다. 만약 독창성이란 측면에서 평균적으로 백인들이 비백인에 대해 근소한 이점을 갖고 있다고 말하면, 그 근소한 이점은 수세기와 천 년을 두고 영향을 미치면서 백인들은 높은 문명을 건설하고 비백인들은 그렇지 못한 결과를 만들어낼 것이다. 이런 의미에서 바로 이 온건한 인종주의는 일반적인 인종주의보다 훨씬 심각한 문제다. 왜냐하면 그것은 학자들로 하여금 공공연한 인종 차별주의에 반대하는 자유주의적 입장을 취하게 하지만, 자신들의 전공 분야—인류학, 지리학, 역사학 등—에서 주제가 되는 문제 범위 내에서는 백인들이 유전적으로 비백인들에 비해 우월하다는 것을 계속해서 믿게 하기 때문이다. 그것은 인종의 중요성을 많은 요인들 가운데 하나의 '요인'으로 축소시켰지만, 유럽의 예상된 우월성이란 문제에 있어서 인종적 설명을 완전히 제거하지는 않았던 것이다.[28]

아마도 여기서 피부색과 같은 하찮은 문제를 제외하면 유전적 전승에서 인종들이 서로 다르다는 관념을 지지하는 신뢰할 만한 증거가 존재하지 않는다는 점을 새삼 말할 필요는 없겠다. 인종이라는 관념조차도 거친 추상화이며 그다지 유용하지도 않다. 우리의 목적을 위해 설명하려는 일반화는 다음과 같은 것이다. 인종적 차이는 문화, 혹은 문화적 진화에 대해 아무 것도 설명해주지 못한다.[29]

인구학

인구학적 행위는 유럽의 기적을 설명하는 데 두 번째로 중요한 생물학적 요인으로 간주된다. 여기서 인과성은 대단히 애매하다. 내가 생각하는 이론의 특정한 형태는 역사적으로 다른 사람들은 그렇지 못했던 반면, 유럽인들은 인구 성장을 통제했다고 주장하며 따라서 유럽은 과잉인구로 인해 고통 받지 않았던 경향이 있고, 많은 역사가들이 비유럽 사회들이 진보를 향해 가는 것을 저해했다고 생각되는 '맬서스의 재앙'이라고 부른 상황에 처하지 않았다고 주장한다. 본질적으로 맬서스주의는 일반적인 사람들이 그들의 성적 충동을 통제하지 못하며, 그래서 기를 수 있는 것보다 더 많은 자손들을 갖게 된다는 공식을 만든다. 그 결과 인구를 축소시키는 기근, 역병, 전쟁과 같은 재앙들이 뒤따르게 된다. 그러면 사람들은 다시 그들이 길러야만 하는 것보다 더 많은 어린이를 부양해야 하며 이런 식의 순환은 계속된다. 맬서스는 비록 교육받은 계급들은 스스로를 어느 정도 통제할 수 있지만, 이 통제할 수 없는 성적 충동은 인류에게 일반적인 것이라고 간주했다. '유럽의 기적'에 대한 현대적인 설명은 이 이론을 핵심적인 측면에서 수정했다. 그들은 유럽인들이 역사적으로 자손의 수를 제한하는 문화적 패턴을 갖고 있는 반면, 비유럽인들은 그렇지 못하다고 주장한다. 그 결과 유럽의 인구는 역사를 통해 일정하게 유지되었으며, 간헐적인 맬서스적 위기에도 불구하고, 주어진 자원과 비교하여 장기적으로 안정적인 인구 비율을 유지하였다. 그리고 그 간헐적인 위기란 유럽 역사의 다양한 요인들을 설명하는 데 있어서 중요했지만, 비유럽 사회에서 예상되는 맬서스적인 힘—인구학적 통제력의 결여와 영속하는 과잉인구와 불행—의 영구적인 지배력보다는 덜 중요했다. 나아가 이 역사가들에 따르면 기술적인 진전 혹은 다른 어떤 행운이 삶의 기준을 높일 때에도, 비유럽인과 다르게 유럽인들은 인구가 증가하는 것을 허용하지 않았으며, 따라서 진보의 과실을 제거하지 않았다는 것이다. 우리는 이 주장이 재생산의 생물학이 아니라 또 다시 합리성에 초점을 맞추고 있음을 알아차릴 필요가 있다. 즉 유럽인들은 인구의 문제에 대해 생각하지만 비유럽인들은 그렇지 않다는 것을 주장하거나 상정하고 있는 것이다. 그래서 역사에서 유럽의 우월성에 대한 인구학적 주장은 늘 문화나 혹은 인종의 문제로 돌아오곤 하는 것이다. 유럽인들은 우월한 유전자나 문화를 갖고 있기 때문에 훨씬 합리적이다. 만약 비유럽인들이 통제할 수 없는 성적 충동을 갖고 있거나 들판의 동물과 같이 행동한다면, 이것은 유전적 열등성 혹은 문화적 변덕의 징표 가운데 하나일 것이다. 이 주장들 가운데 오늘날 가장 흔히 접하는 것은 문화에 호소하거나 문제를 애매하게 남겨두는 것 가운데 하나일 것이다. 하지만 여기엔 역설이 존재한다. 많은 역사가들은 인구학이 역사에서 **독립적인** 원인이라고 믿는다. 이 신념은 일반적으로 유사 생물학적 주장에 기반하고 있다. 일반인들은 다만 부분적으로 성적 충동을 통제하는 데 성공하며, 다만 부분적으로 어린이 출생을 통제하거나 그 간격을 두는 데 성공(혹은 전혀 그렇지 못하다)한다.[30] 성공 신화의 많은 지지자들은 단지 유럽인들이, 비록 여전히 부분적이긴 하지만, 비유럽인이 그런 것보다 자신들의 행위를 통제하는 데 더 성공적이라는 점을 주장한다. 예를 들어 에릭 존스는 이것을 자신이 '유럽적인 것의 특성'이라고 부른 것이라고 주장한다.

> 유럽은 환경이 준 선물을, 사람 수를 늘리는 이성이 결여된 복제에다, 주어지는 대로 가능한 빨리, 소비하지 않았다.[31]

다른 말로 하자면, 유럽인들은 비유럽인들처럼 아무 생각 없이 재생산하지 않는다. 존스는 다양한 다른 방식으로 똑같은 주장을 하고 있다. 예를 들면 그는 중국 농민들에 대해, 그들은 경제적·정치적 환경을 향상시키기 위해 '새로운 사람들을 양육하는 것'을 선호한다고 말한다.[32] 존 홀도 유사한 점을 지적한다.

후기 전통 중국에서 그랬던 것처럼 (경작 면적의 확장을 통한) 유럽 경제의 확장은 발생하지 않았다. 증가된 산출물이 대량으로 늘어난 인구에 의해 소비되지 않았기 때문이다. 유럽에서 인구와 (경작되는) 면적 사이의 비율은 유럽 가족의 상대적인 절제로 인해 궁극적으로 우호적인 상태로 남아있었다.[33]

유럽인들은 성적으로 '절제한다.' 따라서 유럽인들은 과잉인구에 시달리지 않는다.

그 이외의 주목할 만한 가치가 있는 점은 다음과 같다. 역사가들은 유럽 역사에서 **긍정적인** 요인과 진보의 지표로서 인구 성장을 드는 데 아무런 어려움이 없다. 예를 들어 11세기와 그 이후 유럽 인구의 성장은 중세 유럽이 건강하게 진보하고 있다는 증거로 간주된다. 반면 비유럽 사회에서 인구 성장은 부정적인 요인으로, '과잉인구'에 관한 맬서스적 법칙의 작동으로 간주된다. 우리는 이후 이렇게 매우 일방적인 형태의 다양한 주장들의 사례와 마주치게 될 것이다.

모든 사회들이 인구 통제를 실시한다는 수많은 증거들이 있다.[34] 사회는 통합된 수준에서 매우 효과적으로 그러한 일들을 수행하는 것처럼 보인다. 비록 개별 가족 집단들은 임신이라는 사건을 통제하는 데 성공할 수도 실패할 수도 있지만—왜냐하면 출산 통제의 방식은 흔히 성공할 수도 실패할 수도 있기 때문이다— 전체로서의 사회는 꽤 성공적으로 인구 성장을 고무시킬 수도 혹은 억지시킬 수도 있는 것처럼 보인다.[35] 결국 사회가 그 결과로 인해 고통 받게 될 때까지, 인구 성장은 발생하지 않는다. 보다 정확하게 문제를 다루어보자. 사회의 구성원들은 세대들의 부부 공간에서 사태가 분명해졌을 때, 그들을 둘러싼 변화에서 아이들이 어른이 될 수 있을 때까지 생존할 가능성을 목격했을 때, 그러한 변화가 바람직하다는 것이 분명해졌을 때, 비로소 그들의 인구학적 행위를 변화시킨다. 이 모든 것들이 분명하다는 인식은 극히 최근에야 나타났다.[36] 그러나 맬서스적인 이론 하에서 축적된 이 증거들은 역사적이고 현재적이며 유럽적이고 비유럽적인 사례들로부터 그 기반이 허물어지고 있다. 늘어나는 입을 먹일 만큼의 충분한 음식이 있든 없든 간에, 인구 성장이 자동적이고 생물학적 과정이라는 주장과 늘 그런 상황이 발생한다는 주장은 잘못된 것이다.[37]

역사적으로 유럽이 인구 통제를 실제로 실행했다는 증거들을 축적하기 시작했을 때, 일부 학자들은 중세 때부터 가족의 크기는 계속해서 작았고, 출생은 통제되었다는 등의 이유로 낡은 맬서스적 모델이 유럽에서 들어맞지 않는다고 적절하게 결론을 내렸다. 그것은 하나의 전통적인 이론, 즉 높고 통제되지 않은 출생률과 대가족들 등을 포함하며, 따라서 불가피하게 과잉인구로 가게 되는 맬서스적 추세를 포함하는 소위 전 산업사회들(혹은 '전통사회들' 혹은 '농민사회들'이라 불리는 것들)에 대해 일반적 패턴이 존재한다는 관념을 거부할 것을 요구한다. 대부분의 역사가들은 오늘날 여전히 맬서스 이론에 헌신하는 것처럼 보이며, 그리고 여전히 유럽에서 중세의 사회 변동이 대부분이거나, 혹은 최소한 부분적으로라도 맬서스의 과잉인구 사이클에 의해 만들어졌다는 것을 믿고 있다.[38] 그러나 일부 역사가들은 이제 이 관점을 거부한다. 그들이 보기에 본질적으로 인구는 종속변수이지 독립변수가 아닌 것이다.

그러나 유럽에서만 그런 것이다. 좀더 새로워지고 본질적으로 반맬서스적인 이 이론은 급속하게 유럽의 '기적'에 대한 새로운 설명으로 그 형태를 갖춰가고 있다. 그것은 유럽 사람들이 역사적으로 자신들의 인구를 통제했고, 잉여의 음식물과 상품 그리고 부를 축적했으며, 인구가 통제를 벗어나고 저축한 것들이 없어져도 그것들이 따라서 낭비되지는 않았다고 주장한다. 이 역사가들은 이런 패턴은 유럽에 독특한 것이며, 이것이 유럽인들이 부를 축적할 수 있었고, 따라서 근대와 자본주의를 발생시킬 수 있었던 하나의 중요한 이유라고 말하고 있다. 대조적으로 비유럽인들은 진보를 향한 모든 혜택을 허물어 버리는 과잉인구와 더불어, 근대적이지 않은 전통적인 패턴을 계속 유지해왔다. 이렇게 유럽중심적인 역사가들은 터널 역사의 특성을 그대로 답습하면서, 인구학에 관한 새로운 학문과 그 가운데 일부인 역사적 인구학—세계의 다양한 비유럽적 부분들에서, 인디아에서 바베이도스에 이르기까지—에 관한 새로운 학문이 유럽 학문 세계에서 십년 전에 그들이 비유럽세계에 이 개념을 적용시킬 수 있었을 때 그랬던 것처럼, 맬서스적 관념을 전복시키는 경향이 있다는 것에는 주목하지 않았다.[39]

우리는 이 장의 후반부에서, 이와 관련된 문제 즉 유럽 가족들의 독특성에 관한 이론들을 검토할 것이다. 다만 현재로서는 그저 유럽의 기적을 지지하는 인구학적 주장들이 궁극적으로 신뢰할 만하지 않다는 점만을 지적하는 것으로 충분하다. 이것은 재앙의 맬서스적 힘이라는 신념에 근거하는 이론들에게도, 유럽인들이 독특하게도 이러한 힘을 피할 수 있었다고 주장하는 사람들에게도 모두 진리인 것이다.

환경

환경 결정론, 즉 자연 환경이 인간의 일과 역사에 강력한 영향력을 행사한다는 이론은 더 이상 인기 있는 교의가 아니지만, 그러나 여전히 유럽의 '기적'에 대한 설명에서 정기적으로 사용되어진다. 그러나 다음의 것은 증명되어져야만 한다. 오늘날 이들 주장이 사용되는 형식에서, 환경 결정론은 제한된 의미에서만 '결정론'이다. 그것은 환경이 모든 것을 설명한다거나, 혹은 환경이 가장 중요한 설명 요인이라고 주장하지 않는다. 그것은 환경을 문화에 의해 매개되지 않는 별개의 단순한 원인이나 요인으로 취급한다는 의미에서 결정론적이다. 즉 환경이 문화에 대해 외적이거나 문화에 대해 외부에서 영향을 미친다는 의미에서 결정론적이다. 우리는 각각의 유럽중심적 역사가 하나 혹은 다수의 환경론적 주장이나 요인을 전체적으로 유럽의 우월성을 설명하는 복합적인 것에 덧붙이고 있음을 알아차릴 수 있다. 그럼에도 불구하고 자신들이 다루는 사례를 사회적·정치적 혹은 문화적 기초 위에 두기를 원하는 역사가들조차도 향기를 내거나 틀을 만들기 위해 하나 혹은 그 이상의 환경론적 주장을 국솥에다 던져 넣으려한다(나는 이에 관한 몇 가지 사례들을 알고 있다).

환경론적 주장은 두 가지 묶음으로 나뉠 수 있다. 하나는 유럽 환경의 우월한 특성과 그것들이 어떻게 유럽의 흥기를 설명하는 데 도움을 주는가에 대한 일련의 주장으로 구성되어 있다. 다른 하나는 왜 다른 지역의 불결한 환경이 그 지역의 발전을 봉쇄했는가를 설명하는 것으로 구성되어 있다. 두 종류의 주장은—놀랍게도— 형태에 있어서 매우 다르다. 후자에 대한 설명부터 시작해보자.

아프리카와 아시아에서 (예상되는) 비발전을 설명하기 위해 두 가지의 고전적인 환경론적 이론들은 수차례에 걸쳐 반복해서 사용되어 왔고, 지금도 여전히 사용되고 있다. 첫 번째 이론은 적도 지역들이 태생적으로 더 추운 지역보다 열등하다고 주장한다. 이 이론은 대부분 아프리카를 대상으로 사용되었다. 두 번째 이론은 건조한 지역의 사람들은 발전과 거리가 멀다는 내용으로서, 그 까닭은 건조함이 관개시설을 필요로 하며 관개된 강과 계곡에서의 삶의 모습은 다시 불가피하게 역사적으로 정체된 종류의 문명을 낳기 때문이다. 이 이론은 이집트와 같은 아시아 문명들을 대상으로 하고 있다. (사실 대부분의 아시아는 건조하지 않다) 다음에서는 이 이론들 모두를 논의할 것이며, 그에 덧붙여 아프리카와 아시아의 후진성에 대한 다른 몇 가지 환경론적 설명들을 간단하게 다룰 것이다.

험악한 적도 아프리카

적도 기후가 험악하고 문명을 향한 전진을 저해했다는 관념은 유럽적 사고에서 대단히 오래된 것이다.[40] 19세기 동안 이 관념은 (아마도) 왜 아프리카인들이 문명화되지 못한 채 남아있었는지를, 그리고 자연스럽게 유럽의 식민지 지배를 받아들여야만 했는지를 보여주기 위해 널리 사용되었다. 이것은 고전적 확산론의 핵심적인 이론 가운데 하나였다.[41] 비록 역사가들이 아프리카의 비흥기에 대한 이유를 설명하는 것이 그다지 고민할 가치가 없는 것으로 생각해왔다는 점을 덧붙여야 하겠지만, 그것은 유럽의 독특함과 유럽의 기적에 관한 이론을 만들어내는 데 기계적으로 사용되어졌다. 이 문제는 자명한 것으로 간주되었으며, 주된 노력은 왜 아시아(그리고 북부 아프리카)가 흥기하지 못하였는가라는, 보다 더 중요한 질문을 해명하는 데 바쳐졌다. 그리고 험악한 적도 이론은 여전히 역사가들의 주장에 주기적으로 적용되고 있다. 예를 들어 존스의 『유럽의 기적』에서 이 이론은 결정적인 것이었다. 또한 그것은 특별한 영역에서도 중요한 것이다. 아프리카 노예, 노예무역, 노예 플랜테이션 체계에 관한 역사가들 사이의 논쟁에서 이 문제는 특히 중요하다. 그러나 이와는 대조적으로, 일반적으로 자연 환경에 관해 무엇인가를 알고 있고 환경 결정론과 오랫동안 씨름해 온 지리학자들은 오늘날 험악한 열대 이론을 그다지 심각하게 받아들이지 않고 있다.[42]

열대의 험악함이란 교의는 주로 세 가지 차별적인 이론들로 구성된다. 첫째, 인간의 정신과 육체에 덥고 습한 기후가 끼치리라 예상되는 부정적인 영향을 고려하고 있다. 둘째, 식품 생산의 측면에서 예상되는 적도 기후의 열등함을 고려하고 있다. 셋째, 적도 지대에서 예상되는 질병의 만연을 고려하고 있다. 1940년대에 이르기까지, 혹은 대략 그 무렵까지 유럽인들 사이에서는 인간이 습한 적도에서 다른 지역들에서처럼 효과적으로 노동할 수 없다는 명제에 대해 양면적인 태도가 존재했다. 비록 확산론적 주장은 적도의 환경이 게으름과 나태 등을 초래하기 때문에 온대 기후의 문명으로부터 원거리 통치를 필요로 한다는 관념에 기초하고 있지만, 대다수의 견해는 아프리카인들은 뜨거운 태양 아래서 노동할 수 있는 대신—플랜테이션 노예에 대한 편리한 합리화— 유럽인들은 그렇게 할 수 없다는 것에 있었다. 따라서 심리학적 연구를 포함한 많은 종류의 증거에 근거하여, 만약 문제되는 신체가 적도의 조건에 적응할 시간을 갖는다면, 모든 종류의 인간 신체는 다른 곳에서처럼 적도에서도 효과적으로 노동할 수 있다는 점이 분명하게 되었다.[43] 비록 습한 적도 지역의 사람들이 온대 지방의 사람들과 똑같이 사고할 수 없다—적도의 태양은 '뇌를 뜨겁게 끓인다'—는 주장이 지난 세기까지 유럽인들에게 거의 보편적으로 받아들여졌지만, 그리고 20세기 전반기에 유럽의 문명적 우월성에 대해 잘 알려진 이론(예를 들어 헌팅턴과 만하임)과 결합되어졌지만, 결코 증거에 입각하지 않은 이 이론은 이제 전 세계적으로 거부되고 있다. 에릭 존스는 이 '기후 에너지' 이론(과거에 그렇게 불렸다)이 이미 논파되어졌다는 점을 모르고 있는 극소수의 최근 유럽 역사가들 가운데 하나이다. 존스는 그것을 유효하다고 받아들일 뿐만 아니라 거기에다 몇 가지 상당한 중요성을 더하고 있다.

비록 점점 더 북쪽으로 이동한 것처럼 보이지만, 문명은 오랫동안 따뜻한 위도에서 등장하고 붕괴해 왔다. 이러한 전환에 대해 문헌이 제기하는 설명은 본질적으로 기후적인 것이다(길필란Gilfillan 1920 ; 램버트 Lambert 1971). 한편으로 그것은 적절한 온도와 인간 에너지의 결과물과 관련되어 있다. 또한 다른 한편으로 그것은 따뜻한 지역에서 인간들은 각각의 사회들이 거기서 안정수준에 도달하고 이어서 정체하게 되는데, 그것은 기생충의 침입에 대한 방어 체제를 구축하게 되었다고 주장한다.[44]

그가 말하는 '문헌'은 이 주장 가운데 어떤 것도 지지하지 않는다는 점이 언급되어야만 한다. 학문적인 문헌은 노골적으로 '기후 에너지' 이론을 거부하며, 그 이론은 사실 1950년대 이래로 제대로 옹호된 적이 없었다. 전체로서의 기후 결정론은 거의 죽은 문자에 가깝다. 북쪽으로의 문명 '전환'은 존재하지 않았으며(고대 문명들은 적도에서 위도 45°까지 분포되어 있었다), 기생충이 만연했기 때문에 열대 지역 문화들이 정체된다는 관념은 거짓일 뿐이다(그것은 나중에 짧게 우리가 주목하게 될 것이다). 높은 온도가 사람을 '쇠약하게' 만든다는 존스의 신념은 학문적인 지지가 있다고 하더라도 대단히 취약한 것이며, 마찬가지로 유럽의 기후가 유럽의 기적을 이끌었다는 관념을 지지하지도 않는다.[45] 인류에 대한 심리학적 혹은 물리적 효과라는 측면에서 중위도 지역의 기후가 열대 기후보다 우월하다는 주장은 아무런 근거가 없다.

열대 환경의 비옥함은 19세기 유럽 학자들에 의해 많이 논의된 바 있다. 일부는 열대 지역이 무성하고 윤택하다고 주장했지만, 이를 고도로 발전 가능한 잠재성을 주장하는 기초로서가 아니라 그 반대되는 주장을 위한 기초로 사용했다. 즉, 열대 환경은 너무 윤택해서 아놀드 토인비가 인간에 대한 충분한 도전이라 불렀던 것을 제공하지 못했고, 따라서 식민지적 지도 하에서 이루어진 것을 제외하면 진보가 발생하지 못했다는 것이다. 우리는 이 명제를 이 장의 뒷부분에서 검토할 것이다.

이제 우리의 관심은 그것과 정확하게 반대되는 명제에 맞춰진다. 그것은 열대 환경이 농업에 대한 잠재력이란 측면에서 비참할 정도로 빈곤하며, 열대 지역이 발전하는 것을 가로막은 것도 **바로** 그것이라고 주장한다. ('열대'라는 용어, 혹은 보다 더 적절한 표현으로 '습한 열대'라는 용어는 추운 계절이 없고, 대체로 연평균 750mm정도 이상의 높은 강우량을 갖고 있는 지역을 언급한다. 아프리카 사하라 남부 대부분이 습한 열대에 속하며 동남아시아와 중남미 대부분이 포함된다) 이 명제에 따르면, 습한 열대에서는 곡물은 주어진 한 조각의 토지에서도 거의 생산되지 못한다.

이 명제—열대 토지의 낮은 농업 생산성—는 증거에 입각하여 방어되기 힘들다. 왜냐하면 습한 열대 지역은 인구 밀도가 아주 낮은 곳(예를 들어, 아마존 분지의 일부)부터 예외적으로 높은 곳(자바, 방글라데시, 엘살바도르, 바베이도스, 르완다, 그리고 다른 많은 지역들)까지 아주 다양하기 때문이다. 이 주장은 오히려 열대 토양의 본질에 관한 이론에 기초하고 있다. 이러한 관점에서 문제를 보면, 열대 토양에 관한 과학적 연구는 대단히 새로운 분야이다. 사탕수수와 같은 농장 작물을 위해 사용된 토지에 관한 대단히 세부적인 연구를 제외한다면, 어떠한 연구 결과도 제2차 세계대전 이전에 제출된 것은 거의 없는 실정이다.[46]

전통적인 이론들에 대한 증명이나 반증과 관련된 정말로 결정적인 정보는 1940년대 후반과 그 이후에 다수의 실험실에서 수행된 연구에서 획득된 것들이며, 그런 다음 전 세계 학계로 천천히 퍼져갔다. 그 결과 일부 역사가들(현재 다루고 있는 '기적'에 관련된 일부 저자들을 포함하여)은 오늘날에도 여전히 열악하다고 추정되는 열대 토양의 본질에 대해 꽤 환상적인 이론들을 사용할 수 있게 되었다. 이들 이론 가운데 일부는 아주 최근에서야 논박되었으며, 일부는 거의 논박되는 상황에 근접하고 있다. 나머지 일부가 거의 방어할 수 없는 상태이긴 하지만, 그럼에도 불구하고 논박되지 않은 채로 여전히 학문적 문헌에 사용되고 있다. 약간 기술적이긴 하지만 논의의 초점을 분명히 하기 위해, 이들 이론들에 대한 간략한 언급은 필요하다.

열대 토양에 관한 낡은 표준 이론은 다음과 같다. 습한 열대지역에서는 높은 기온과 풍부한 강수량 때문에 토양들은 유기질 표토를 축적할 수 없다. 왜냐하면 강수가 토양에 급속하게 스며들면서 유기물들이 급속하게 분해되고 재빨리 사라져 버리기 때문이다. 따라서 열대 토양은 식물의 영양분이 없다. 또 그것들은 극심하게 침식되기 쉬운데, 이는 부분적으로는 열대 토지형태가 평균적으로 높은 경사면을 갖는 경향이 있기 때문이며, 또한 부분적으로는 높은 강우량이 빠른 수량의 흐름을 낳고 따라서 표면이 많이 침식되기 때문이다.

특히 토지의 불모성과 침식에 관한 이러한 두 가지 기본적인 물리적 전제는 문화적 전제와 결합되어 다음과 같은 주장을 낳았다. 열대 토양의 낮은 비옥도와 높은 침식성으로 인해, 농부들은 '이동경작'이라 불리는 농법을 영위해야만 한다(이것은 불을 사용하여 숲의 일부를 태워버림으로써 마련된 경작지에서 농사를 짓는 방법이며, 일 년 혹은 수 년 후에 경작을 포기하고 그런 다음 다시 화전으로 만들어진 새 경작지가 준비되며 그런 다음 다시 경작을 포기하는 방식으로, 계속해서 경작지를 옮겨 다니는 것이다). 표준 이론(1950년대 이전, 혹은 대략 그 무렵에 주장되어진)은 비옥하지 않고 침식이 잘 되는 열대 토양과 이동 농업의 결합 효과에 관한 일련의 포괄적인 일반화를 만들어냈다. 토양이 새롭게 경작되기에는 너무 기력이 없기 때문에, 그리고 태워진 토지는 영구히 토양을 훼손시키기 때문에, 농부들은 버려지고 일정 기간 묵혀둔 뒤에도 원래의 토지로 돌아올 수 없다고 주장한다. 환경이 아주 비옥하여 농부들이 다시 돌아올 수 있고, 각각의 경작지를 다시 사용할 수 있는 곳이라 하더라도, 사용과 폐기의 순환이 계속됨에 따라 생산은 점점 감소하게 될 것이다. 끝내는 사용할 수 없게 될 때까지 토양은 점점 불모의 땅이 되어간다. 이는 농업 공동체가 어느 한 지역에 영구히 정착하는 것을 불가능하게 만든다는 것을 함의한다. 마을 자체는 거대한 숲지대가 사용된 후 버려지는 비용을 치러야하고, 사람들은 새롭고 경작 가능한 토지를 찾아 다른 곳으로 옮겨 다녀야만 하는 희생을 치르면서 옮겨 다닌다. 그 결과는 사실상 파멸적이었다. 거대한 규모의 무역, 도시, 그리고 안정된 국가를 발전시킬 기회가 희박하거나 아예 없는, 대단히 희박하고 높은 이동성을 가진 인구가 바로 그것이다.

이 지점에서 전체적인 주장이 세계사와 세계지리에 삽입된다. 즉 아프리카의 사하라 남부의 대부분은 열대이다. 따라서 그곳에서는 이동 농업을 이용해야만 하며 문명이 발달할 수가 없다. 혹 만약 문명이 이런 저런 방식으로 어떻게든 발전할 수 있었다하더라도, 조만간 붕괴해야만 한다. (고전적인 저지대 마야 문명의 몰락은 이러한 역사적 결과의 전형적인 사례로서 주기적으로 이용되곤 했으며, 지금도 여전히 다수 학자들에게 그렇게 이용된다)

열대 토양과 열대 농업에 관한 더 많은 정보가 연구자들에게 알려지면서, 열대 토양과 이동 농업에 관한 이 전통적인 모델은 점차 약화되었다. 1960년대가 되면 이동 농업이 정상적인 환경—즉 전형적이며 확산되는— 하에서 토양에 해를 입히지 않는다는 것이 (역사가와 사회과학자들 다수에게는 아직 아니었지만) 해당 분야 전문가 집단에게 알려지게 되었다.[47] 이동 농업 종사자들 대부분은 토양의 소진 때문에 자신들의 마을을 옮기는 경우는 별로 없었다. (또 이동 농업은 유럽에서도 수세기 동안 널리 확산된 적이 있었고, 그것이 환경에 어떠한 피해도 미치지 않았다는 것도 알려져 있다) 또한 이것으로부터 한결 완화된 문화적 모델이 등장했다. 만약 인구밀도가 낮고, 그래서 농부들이 토양과 식물의 재성장에 요구되는 수년 동안 그 경작지를 각각 버려둘 수 있다면, 이동 농업은 균형적인 농업 체제로 남아있을 수 있으며 장기적인 환경의 악화도 없을 것이다.

그러나 이 완화조차도 아프리카와 다른 열대 지역 일부에 대한 역사적 판단을 그다지 많이 변화시키지는 못하였다. 역사가들은 여전히 그러한 열대 지역에서 어떤 문명이 발생한다 하더라도 일반적인 환경 하에서는 아주 복합적인 문명이 될 수 없다고 믿었다. 왜냐하면 곡물 생산자들의 낮은 인구밀도가 도시 중심부, 종교적 중심부, 국가, 그리고 여타의 실체적인 복합 제도들을 위한 기반을 제공할 수 없다고 보았기 때문이다. (저지대 마야 문명에 대해 일부 다른 학자들은 티칼과 같은 문화적 중심부의 몰락과 포기는 다른 종류의 과정들로 인한 것이라고 주장해 왔던 반면, 일부 학자들은 이동 농업이 그 문명의 실체적 기반을 파괴했다고 계속해서 주장해왔다) 어떤 경우이든 농민에 관한 맬서스적 관점은 인구가 통제 밖으로 성장했고, 이동 농업은 열대 아프리카와 같은 지역에서 그리 높게 성장하지 못했다는 일반적인 가정을 만들어냈다.

여전히 이런 형태의 모델은 역사가들 사이에서 일반적이다. 아프리카가 유럽이 그랬던 것과 똑같은 방식으로 결코 '흥기'할 수 없었다는 주장의 기본적인 환경적 기초가 그렇듯, 유럽의 기적을 다루는 문헌에서 이것은 상식이다. 이것은 비아프리카인이면서 아프리카 전문가인 역사가들의 일부 작업에서 명시적으로 드러난다.[48]

그러나 이제 열대 토양은 농업에 적합하지 않으며, 따라서 인류 거주의 역사에도 적합하지 않다는 개념을 내포한 이 이론 전반을 거부할 수 있는 증거들이 존재한다. 무엇보다도 우리는 이제 열대 토양이 열등하지 않다는 것을 안다. 그것들은 다를 뿐이다. 습한 열대라는 조건 하에서는 더 잦은 화학적·물리적 풍화 작용으로 인해, 추운 기후의 경우에서보다 바닥에 깔려있는 바위로부터 토양이 생산되는 속도가 더 빠르다. 따라서 토양은 무기물의 용해로부터는 훨씬 많게, 유기물의 축적으로부터 훨씬 적게, 상당한 정도의 비옥함을 유지한다. 풍화는 더욱 심각한 경향이 있지만 재생 또한 훨씬 빠른 경향이 있다. 식물−영양 무기물질이 풍부한 바위 위에서 발전해온 열대 토양은 예외적으로 **비옥하다**. 영양물질이 풍부하지 않는 바위 위에서 이들 발전은 예외적으로 비옥하지 **못하다**. 열대와 온대의 '평균적' 비교는 근거가 없고, 마찬가지로 더 좋고 나쁜 것도 없으며, 다만 그것들은 서로 다를 뿐이다.

이동 농업에 대한 오랜 관점을 거부할 수 있는 증거들 또한 존재한다. 불이 통제 바깥으로 번져나가지 않도록 주의하면서, 농부들은 빈곤한 토양 위에서 농업에 종사한다. 그들은 식물과 동물의 거름 퇴비를 포함하여 경작지에서 토양 비옥도를 재생하고 증가시키기 위해 자연적인 식물 생장을 도울 수 있는 다수의 기술들을 사용한다. 토지 부족이 있을 때면, 돋아 올리기와 계단화, 잡초와 같은 문제에 적용하는 증대된 노동, 상이한 곡물과 상이한 변종들의 채택, 그리고 다른 여러 가지 다양한 보력 기술의 사용을 통해, 순환 이동주기를 짧게 한다.[49] 이동 농업과 낮은 인구 밀도간의 상호관계는 역사의 기능이지 생태의 기능은 아니다. 아메리카에서 그것은 부분적으로 콜럼버스 이후의 인구 감소를 반영한다. (아마존 분지는 오늘날 백만 명 이상의 농업인구를 가지고 있는데, 그것은 아마도 1492년의 숫자보다도 약 7배나 증가한 숫자일 것이다[50]) 부분적으로 그것은 낮은 인구 밀도라는 통계 수치의 출현을 초래하면서, 아메리카 열대 지역에서 거대한 목장들이 농부들을 더 좋은 땅에서 몰아낸다는, 잘 알아차리지 못하는 사실을 반영한다. 가축이 인간을 대체하는 것이다.[51] 마찬가지의 과정이 남아프리카의 백인 거주 지역에서도 발생했다. 열대 아프리카의 다른 곳에서 대부분의 농부들은 일부 지역, 예를 들어 산악지대나 반(牛)건지성 황폐지를 제외하면 결코 이동 농업으로 묘사될 수 없는 농업 형태를 운위하고 있다.[52] 반영구적인 얌 농사나 수목 열매 농업 혹은 관개 농업 혹은 혼합 농업, 혹은 경작기간이 휴간기간을 넘는 농업 형태, 그리고 목초나 동물 퇴비의 사용을 포함하는 비옥도가 높은 농업 형태 등 서로 다른 농업관행에 의해 유지되는 것들을 포함하여, 그들은 전형적인 정주 혹은 반정주 농업을 하고 있다. 그러나 대부분의 중요한 일반화는 다음과 같이 아주 단순하다. 토양 퇴화, 기아 그리고 빈곤한 농업이 존재하는 곳에서, 정주 혹은 반정주 농업은 최근의 역사 혹은 식민지 역사로부터 초래된 경작 형태를 반영한다. 그것은 열대 농업의 전승된 한계를 반영하지 않으며, 농부들의 책임인 기술적인 무지를 반영하지도 않는다.

습한 열대 일반과 특히 아프리카의 낮은 곡물 생산 잠재성에 관한 몇몇 변형된 이론들은 일부 역사가들이 제기한 것이다. 일부는 비아프리카인들이 발명하고 아프리카로 확산된 새로운 기술 하에서도, 아프리카인들은 아프리카의 습한 열대 지역에서 농사를 지을 능력조차 없다고 주장한다. 이 주장의 한 형태는 철기 사용이 아마도 로마인들에 의해 2000년 전부터 아프리카에 전래되었으며, 그 이후부터 아프리카인들은 열대숲과 씨름할 수 있었다고 설명한다.[53] 고대 유럽에서 이동 농업이 석기 사용과 더불어 수행된 까닭에, 그리고 아프리카에서 철기 작업이 서기 약 800년 경—가능하게도 독자적인 발명 이후에— 혹은 그 이전부터 출현한 까닭에, 이 이론은 더 이상 유효하지 않다.

더욱 이상한 이론은 일부 동남아의 곡물들이 동아프리카로 이백만 년 전에 확산되었다는 사실에 기초를 두고 있다. 일부 역사가들은 비아프리카인들에 의해 재배 가능하게 된 열대작물들이 아프리카의 숲에서 식재할 수 있게 되기 이전까지는, 아프리카인들은 열대숲에서 농사를 할 수 없었다고 담담하게 덧붙였다.[54] 그러나 사실상 아프리카인들이 습한 열대 지역에 적합한 많은 종류의 곡물들을 길들여왔다는 것은 오랫동안 잘 알려져 왔는데, 대표적으로 다양한 종류의 얌(Dioscorea종)은 그 지역에서 기본적인 주 곡물이다.[55] 이들 확산론적 신화는 모두 중요한 식민주의적 신념—현재 남아프리카의 아파르트헤이트 정책에 대한 구실로 대단히 중요한—과 연결되어있는 것처럼 보인다. 이 신념은 농업, 무역, 국가와 같이 진보된 아프리카 문화들이 역사적으로 아주 뒤늦게 대륙을 통해 남쪽으로 확대되었고, 그렇게 늦어진 이유가 주로 그것의 남진을 막았던 대륙의 열대 부분의 숨겨진 본질 때문이었다는 내용과 연결되어 있다. 이 공허함의 신화에 따르면(1장을 참조할 것), 그것들은 유럽인들이 그 지역을 장악할 때까지도 (대부분의) 남아프리카에 도달하지 못했다. 또한 이러한 기반 위에 남아프리카에는 백인의 우월성을 지지하는 사람들이 가장 먼저 도착했기 때문에 백인들은 남아프리카의 토지를 소유할 정치적이고 경제적인 권리를 갖고 있다고 주장하는 것이다.[56]

사실 아프리카에서 농업 인구의 팽창은 수천 년 전에 발생했다. 최근의 고고학은 우림 지역엔 적어도 3천 년 전에 이미 농부들이 정착해 있었고, 백인들이 남아프리카에 최초로 도착한 것은 아니라는 사실을 잘 보여주고 있다.

아프리카에 적용된 험한 열대라는 신화의 또 다른 변종은 열대 아프리카에서 강우의 변화가 독특하고 황폐할 정도로 높아서 기근이 자주 발생하고 널리 퍼져 전식민지 시대에는 농업이 안정적으로 수행될 수 없었다는 것이다. 이것은 다시 아프리카의 후진성에 관한 다양한 주장으로 만들어낸다. 일부 역사가들(그들 가운데 필립 커틴 Philip Curtin이 있다)에게는 아프리카는 인구의 이동성과 노예무역을 지향하는 기본적인 경향성이 존재하며, 다른 일부 역사가들(저 악명 높은 조셉 밀러Joseph Miller를 포함하여)에게는 야만성과 식인주의가 존재했다.[57] 이 역사가들은 내가 유럽중심적 아프리카 역사의 '면죄주의자' 학파라고 부르는 것에 속한다. 그 학파는 아프리카 내부에서, 흔히 아프리카의 환경에서부터 그러한 문제에 대한 설명을 발견함으로써, 유럽인들에게 근대 아프리카의 문제들과 노예제에 대한 대부분의 책임에 대해 면죄부를 주고 있다. 유럽의 신화를 주장하는 역사가들은 비교를 목적으로 이러한 주장을 주기적으로 사용한다.

하지만 아프리카 사하라 사막 남부 사헬 지역과 미국의 중앙에 있는 대평원지대, 러시아의 스텝 지역 등등을 포함하는 모든 반-건조 지역에서 강우량 변동이 심각한 문제라는 것은 익히 알려진 것이다. 아프리카는 특별한 곳이 아니며, 이 대륙의 더 습한 부분이 기후적인 불확실성이라는 특정한 문제를 갖는 것도 아니다. 이러한 생각은 일견 전통적이고, 일견 최근 사헬과 수단의 기근 이후에 다시 부활한 역사가들의 신화와 같다. 후자의 경우 그 지역에 가뭄이 자주 드는 경향을 반영하지 않는다. 그것들은 인간의 문제를 반영하며, 대부분 식민지 시기로부터 전해져오는 것으로서 일반적인 강우 주기가 건기를 지나갈 때 재앙이 되었던 것이다.[58]

유사한 종류의 똑같은 주장들 대부분이 열대의 다른 부분들에 적용된다. 남아시아와 동남아시아에서 우리는 광범위하게 영구적인, 즉 상대적으로 높은 비옥도를 가진 토지에서는 정착 농업이 상대적으로 낮은 비옥도를 지닌 토지에서는 이동 농업과 과수 곡물 재배가 이루어진다는 사실을 발견할 수 있다. 지난 2세기 전후의 식민지 경험은 토지 부족과 여타의 비환경적 압박에 대한 반응으로 초래된 농업 방식의 왜곡과 더불어, 일부 지역에서 막대한 인구 증가와 주요한 인구 이동을 수반했기 때문에 무엇인가 전체적인 상을 혼란하게 만들었다. 하지만 환경적인 측면을 고려하는 일반화는 여전히 유지되고 있다. 열대적인 조건이 잠재적으로 빈곤한 농업을 함의하는 것은 아니다.[59]

그렇다면 이와는 반대로 열대가 풍부하고 윤택하다고 주장하는 이론은 어떠한가? 19세기 중반을 지나 지금까지 이 이론은 아주 널리 받아들여졌다. 다음과 같은 추론도 그러하다. 열대 지방에서는 지구의 과일들을 너무나 쉽게 얻을 수 있기 때문에 인간들은 삶을 영위하기 위해 수고하지 않아도 된다는 것이다. 그래서 그들은 진보하지 못한다. 그런 다음 이 주장은 다른 많은 이론들로 엮여진다. 버클Burkle

은 그러한 이론의 하나를 제시하였다.[60] 마르크스는 열대 지역들은 그 지역의 '자연이 너무 풍부해서……자연은 〔인간으로 하여금〕 그 자체를 발전시킬 어떠한 필요성도 부과하지 않's' 때문에 열대 지역들은 자본주의로 발전하지 않았다는 논의를 제기하면서, 『자본』의 1권에 각주로 오히려 간결하게, 또 다른 이론을 제시했다.[61] 이 간략한 언급은 마르크스가 왜 아프리카를 포함한 습한 열대 지역이 유럽이 그랬던 것과 같은 발전을 하지 못했는지에 대해 질문을 제기한 유일한 경우처럼 보인다.

식민주의자의 세계 모델

풍부한 열대 이론은 오늘날 유럽의 흥기라는 독특함을 설명하고자 시도하는 일부 이론에서 여전히 사용되고 있다. 나는 우리 시대의 모든 유럽 어린이들이 코코넛 나무 아래에 앉아 열매가 자신들 손위로 떨어지기를 참을성 있게 기다리고 있는 원주민을 보여주는 만화의 어떤 판본을 보고 있다고 생각한다. 이것은 낡은 시대의 사상 혹은 묵시적인 이론의 단순한 유물이 아니다. 에릭 존스는 풍부한 열대라는 이론을 『유럽의 기적』에서 사용하고 있다. 서아프리카에서 '삶은 쉬운 일이다.'[62] 존 홀John Hall도 그것을 사용한다.[63] 때로 그것은 앞서 언급했던, 마르크스의 편지에 충실한 마르크스주의자들에게서도 사용된다.[64] 왜 이 풍부한 열대라는 이론들을 받아들일 수 없는 것인지를 굳이 설명할 필요는 없겠다. 왜냐하면 이것은 ─우리가 살펴본 것처럼─열대 지역들이 풍부하지 않다는 것을 주장한 학자들에 의해 수차례에 걸쳐 부정되었기 때문이다. 오히려 그것은 불모이며 거칠다. 이것도 저것도 모두 말이 안 된다. 그리고 둘 다 동일한 목적을 위해 사용되고 있음을 명심할 필요가 있다. 그것들은 모두 열대 지역이 역사에서 잠재적으로 열등하다는 것을 보여주고자 한다.

마지막으로 우리는 열대 환경이 너무나도 질병에 고통 받고 있기 때문에 그곳에서의 역사적 진보는 느리거나, 멈춰있거나, 혹은 저지된다는 이론과 마주치게 된다. 일부 역사학자들은 이 주장을 특히 아프리카를 근거로 하여 발전시켰다. 일부 다른 학자들은 그것을 모든 열대 지역을 망라하여 적용하였다. 에릭 존스에게 그것은 왜 아시아와 아프리카가 모두 유럽에 비해 후진적으로 남아있었는가를 설명하는 주요한 근거이다. 이전에 열대의 열악함 이론들이 논의한 것처럼, 이것은 유럽적 사고에서 전통적인 것이며 이는 오늘날까지 전해 내려오는 이론의 생존을 이해하는데 있어서 그리고 유럽의 기적이라는 패러다임에서 그것의 용법을 이해하는데 있어서 결정적으로 중요하다.

고전적인 확산론의 원리 가운데 하나는, 우리가 1장에서 살펴본 것처럼, 질병과 다른 사악한 것들이 비유럽으로부터 유럽으로 **자연스럽게** 역확산되었다는 관념이다. 따라서 많은 학자들이 (예를 들어 버클Burkle을 포함하여) 비유럽이 많은—그리고 최악의—질병의 본 고장이자 원천이라고 생각하게 되었다.[65] 그 원리적 신념은 여전히 우리와 함께 하고 있다. 흑사병으로부터 에이즈에 이르기까지의 역병들은 여전히 비유럽 세계로부터 온 것이라 추정된다—증거에 의해 강화되든 아니든 그것은 늘 추정이었다.[66]

이 기초적인 신념은 18세기와 19세기 동안 유럽 외부에서 그들이 발견한, 그들이 보기에는, 더럽고, 혐오스럽고, 병든 공동체에 관한 상류 유럽 여행가들의 보고서에 의해 강화되었다. 그것은 계급적 현상이자 문화적 현상 둘 다를 포함했다. 생소한 삶의 방식은 필연적으로 건강하지 않아 보였다. 그러나 이 신념은 19세기 동안 강력한 원군을 얻었다. 생활 조건의 일반적인 개선, 개선된 위생, 그리고 마지막으로 의학에서의 진보와 더불어, (대다수) 유럽의 증대하는 부와 근대화가 위생 환경에 극적인 개선을 초래했다. 따라서 유럽은 무엇인가 건강해 보였고, 비유럽은 무엇인가 건강하지 않아 보였다. 이 오류는 여전히 널리 퍼져 있다. 저발전 국가들은 빈곤하다. 빈곤과 더불어 질병이 찾아온다. 그러나 질병은 가난으로부터가 아니라 무엇인가 이 지역의 자연환경으로부터 유래하거나 거주민들의 문화로부터 초래한다는 것은 올바르지 않은 생각이다. 하지만 이 시기에 아무리 인도, 아프리카, 중국 등이 질병에 시달렸다고 해도, 유럽 자체도 그 세기 혹은 그 이전 세기는 마찬가지로 질병에 시달렸던 시기였다(이에 대해서는 18세기에 이르기까지 보통의 유럽인들의 기대수명에 대한 인구학적 사실로부터 부분적으로 알려진 바 있다).

바로 똑같은 시기에 유럽 식민지 경계들은 확장되었고 식민지에서 유럽인들의 삶이 다양한 종류의 풍토병에 희생되는 경향이 있었다는 점은 분명했다. 가장 극적인 사례는 서부 아프리카의 경우였는데, 거기는 당시에 '백인들의 무덤'이라 불리고 있었다. 비록 유럽인들은 문제의 근원이 아프리카 자체에 내재하는 건강하지 못함 때문이라고 생각했지만, 여기서 노예들의 이동이 갖는 대규모 효과와 결합된 아주 작은 해안 정착지(많은 이들이 이 정착지에서 사망했다)—아프리카 사하라 남부의 식민지 영토들은 19세기에 후반까지 그리 넓게 확장되지 못했다—의 불안전이 특별히 건강하지 못한 환경을 만들어냈다.

인류와 가축들이 걸리는 중요한 질병 대부분은 열대 지방에 특별한 것이 아니다. 작은 마마, 장티푸스, 폐렴, 디프테리아, 홍역, 림프선종, 탄저병, 그리고 다른 많은 질병들은 많은 물리적 환경을 넘나들며 발견되며, 여기저기서 그것의 가혹함은 다른 어떤 것들보다도 인간의 빈곤, 높은 인구 밀도와 같은 것들을 반영하는 경향이 있다. 어느 정도로 이것은 말라리아(이것은 뉴욕을 포함한 적도외부지역에서는 재앙이었다)와 같은 '열대성 질병'이라고 상정된 것에서조차도 사실이다. 말라리아의 일부 형태는, 대단히 넓은 기후의 범위에서, 정체된 물과 관련되어 있고 따라서 관개 농업과도 관련되는 경향이 있다. 가장 심각한 것을 포함한 다른 형태의 말라리아는 열대

숲과 관련되어 있는데, 주로 나무 자체에서 성장하는 브로멜리아드에서 피를 빠는 매개체인 모기와 관련되어 있다. 이러한 형태의 말라리아들은 특히 습한 열대에서 이동 농경과 관련이 있는 것은 사실이다. 그러나 숲이 있다하더라도 농부들은 상대적으로 숲에서 거의 시간을 보내지 않는다. 그리고 그들은 면역력을 갖추고 있어 말라리아는 그들의 공동체를 황폐화시키지 못한다(그러나 이 말라리아는 무역상, 식민지 군대의 관계자 등의 외국인 공동체를 폐허로 만들 수 있다).

문제는, 그러한 문제들이 모두 고려된 다음에도 '열대에 내재하는 비건강함'이라 불릴 수 있는 것이 남아있는가 하는 것이다. 아마도 대답은 아니다일 것이다.

비록 이 일반화는 이제 널리 받아들여지고 있지만, 일부 역사가들은 집요하게 아프리카가 늘 질병에 시달리는 곳이었고, 또 지금도 그렇다는 관념에 집착한다. 이것은 세계 역사, 최소한 근대 세계 역사에서 아프리카의 (그러리라 생각되는) 주변적인 역할에 대한 하나의 이유로 제시된다. (윌리엄 맥닐William Mcneill에 따르면, 질병이란 '다른 어떤 것보다도 온대 지역과 비교했을 때, 아프리카가 문명의 발전이란 측면에서 후진적으로 남게 된 원인이다.'[67]) 일부 면죄주의 역사가들의 견해에서, 특히 커틴Curtin의 경우, 16세기와 그 이후 서아프리카와 중앙아프리카가 질병에 시달리게 된 특성은 이 지역이 대서양 플랜테이션 경제를 위한 노예의 공급지가 되었던 것과 대서양 경제의 성장과 더불어 이 지역이 '흥기'하는 대신 저발전된 상태로 남게 되었던 것을 설명하는 데 보완적인 사실들로서 중요한 역할을 했다. 이장의 시작 부분에 언급했던 전통적인 유럽 역사가들과 제3세계주의자, 수정주의 학파 사이의 대립이라는 측면의 시각에 이 이론을 개입시키는 것이 중요하다. 전통적인 학자들은(최소한 면죄주의 학파의 학자들은) 16세기에 아프리카는 복합적인 문명과 국가 조직의 발전을 거의 갖추지 못한, 그리고 노예약탈과 노예무역을 그 사회의 중요한 특성으로 가진, 작고 이동하는 인구를 갖고 있었다고 주장한다. 아프리카는 매우 낮은 이러한 문명 수준 이상으로는 일어서지 못했는데, 이는 주로 인간과 동물의 질병이 창궐했기 때문이었다. 추가적인 요인으로, 앞서 논의되었던 것과 같은 종류의 다른 환경적 요인들이 덧붙여질 수 있다. 따라서 아프리카는 꽤나 자연스럽게 플랜테이션 노예의 주요 공급지가 되었으며, 마찬가지로 자연스럽게 노예무역은 아프리카 생활의 현실을 근본적으로 바꾸지 않았다.

제3세계 역사가들은 이 모든 것을 부정하는 경향이 있다. 아프리카는 노예무역 이전에 인구밀도가 높았으며, 노예무역은 국가와 문명을 파괴하고 광대한 지역에서 인구감소를 초래했고, 결국 파멸적인 저발전을 초래하면서 대륙을 황폐화시켰다. 엄청난 이익을 갖다준 아메리카 플랜테이션과—4장에서 논의할—군사와 상업적 측면에서 강력한 서아프리카 국가들이 대부분 어느 정도 해안과 거리가 떨어진 곳에 위치하고 있다는 사실의 결과로서, 노예무역은 주로 17세기와 그 이후로 해안 아프리카 사회들과 연관된 유럽의 권력을 반영하였다. 노예무역에 의해 초래된 황폐화 때문에 질병은 강도가 더 세졌다. 인구감소와 과거에는 농사를 짓고 목축을 하던 거대한 지역(이제 숲과 잡목지가 되어버린)의 포기, 전쟁, 경제적 몰락 등도 작용했다. 이 황폐화의 하나의 결정적 사례는 체체파리tsetse fly(아프리카산 흡혈파리—옮긴이)와 트리파노소미아trypanosomiasis(트리파소노마라는 편모충이 병원이 되는 질병—옮긴이), 또는 아프리카 수면병과 관련이 있다. 전통적인 학자들은 체체파리의 만연이 아프리카인들로 하여금 초기에 확장된 방목의 발전을 막았으며 다른 여러 방식으로 역사적 정체성에 기여했다고 주장한다. 그에 대한 반응은 탄저병처럼 수면병은 많은 포유류 숙주를 갖고 있는 질병이라는 것이다. 인구감소는 불모지의 대대적인 팽창, 야생동물 숙주 숫자의 팽창을 따라서 체체파리가 번성할 수 있는 조건의 확산을 초래했다. 이로 인해 이제 수

면병은 인간과 가축 모두가 일부 면역성과 노출을 갖게 되어 토지를 상대적으로 완전히 점령하여 유지할 수 있었던 풍토병에서, 마지막 세기의 끝 무렵부터는 아프리카의 일부 지역에서 가축 농업의 발전을 가로막았던, 황폐한 질병으로 바뀌어버렸다. 미개간지의 팽창이 체체파리가 만연한 지역의 확장을 초래하고 그래서 경제적이고 사회적인 불행을 초래했다는 상당한 증거가 존재한다.[68] 이를 넘어서는 아프리카인들(식민지 방문자들이 아니라)들 가운데 그리고 아프리카에서 위생 환경의 역사에 관한 확고한 증거들은 거의 없으며, 반면 이 문제에 관해 전승된 확산론적 가정과 편견을 의심할만한 이유들은 많이 있다. 어떤 경우이든, 질병이 아프리카 사하라 남부에서 발전을 '봉쇄'했던 독립 변수라는 것은 말이 되지 않는다.

건조한, 전제적 아시아

아시아는 거대한 공간이며 다양한 환경들을 포함한다. 이해할 만하지만, 전통적인 환경주의적 주장의 매우 길고도 다양한 목록이 존재한다. 그것들 대부분은 아시아의 한 부분에서만 특이한 것들이며, 다른 부분들에는 적용할 수가 없는 것들이다. 19세기 초반으로 돌아가 보면, 환경적 결정론의 경건한 형태가 지리학을 압도했으며, 이 모든 다양함을 하나의 단일한 설명에 호소했다는 점은 두드러져 보인다. 신은 아시아 사람들의 서로 다른 경로에 서로 다른 자연 장애물들─한 곳에는 더위를, 다른 한 곳에는 추위를, 세 번째 공간에는 가뭄─을 배치했다. 오늘날 '유럽의 기적'에 관해 쓰고 있는 역사가들 사이에서, 아시아의 환경적 결점에 대한 목록이 아니라 각각 유럽에 초점을 맞춘, 그리고 유럽 역사에서 각각 특정한 시기를 언급하는 방식으로 서로 분리된 비교적 판단의 틀을 발견하는 것이 더 일반적이다. 특정한 시간의 유럽 혹은 유럽의 일부 지역은 환경적 특성 X와

Y 그리고 Z에서 아시아의 모든 것들보다 우수하다. 더 전형적인 비교는 대단히 절충적인 주장을 하는데 이를 위해 하나는 아시아 지역에 대해, 다른 하나는 정치적 장애물에 대해, 세 번째로는 종교적 장애물을 거론하는 등 여러 가지 환경적 장애물을 불러낸다.

이러한 이유로 나는 왜 아시아가 유럽에 비해 후진적으로 남아 있게 되었다고 상정되는지에 대한 환경론적 이론들 모두를 검토하지 않을 것이다. 나는 기온, 토지형태 기타 등등에 관한 비교적인 판단을 이 장의 이어지는 부분('온화한 유럽')에서 하나하나씩 다룰 것이다.

그러나 열등성에 관한 하나의 거대하고 압도하는 판단에서 전체적으로 아시아를 다루고 있는, 지난 세기에 그랬던 것만큼이나 오늘날 자주 사용되고 있는, 하나의 대단히 크고 응집적인 이론이 존재한다. 이 이론은 다양한 이름으로 알려진 다양한 변종들을 갖고 있는데, 그것들 가운데는 '아시아적 생산양식', '수력 사회', '동양적 전제주의'같은 것들이 있다. 이 이론은 보통 환경적 결정론의 사례로 생각되지는 않는데, 왜냐하면 그것은 관개에 기초한('수력') 사회들은 역사적 발전을 저지하는 확실한 고도로 차별적인 성격들을 갖고 있다고 주장하면서, 자신의 주장을 기술과 관련시켜 시작하는 것처럼 보이기 때문이다. 그러나 이 주장의 뿌리 가운데 하나는 환경적인 것이다. 그것은 아시아의 건조함이 관개를 필수적인 것으로 만들었다는 주장이다. 아마 이런 종류의 이론이 어떻게 전혀 건조하지 않은 아시아의 여러 부분들에게 적용될 수 있는지를 질문할 수 있을 것이다. (그것은 습하고 추운 러시아에서 스탈린주의에 대한 해명으로도 떠올릴 수 있을 것이다.[69]) 이러한 모순을 이해하기 위해, 그리고 왜 이런 이론이 그 형태와 변종들 모두에서 유지될 수 없는지를 이해하기 위해, 우리는 이 교의의 역사를 간단하게 검토해야만 한다.

지난 500년 동안 유럽인 저자들은 아시아 사람들이 선천적으로 자유롭지 못하고 아시아 사회는 선천적으로 변화하지 않는 곳으로 보는 경향이 있었다. 이것은 18세기가 되면 출현하는 확산론적 교의 의 중요한 일부가 되었고 우리로 하여금 상도를 훨씬 벗어나 이러한 신념의 진화로 유도한다.[70] 그것은 공리적 진리, 거의 질문되지 않는 진리로 받아들여졌지만, 모든 것이 신학으로부터 인류와 환경으로라 는 측면에서 선천적인 '동양적 전제주의'(그렇게 불리게 되었다)를 설 명하기 위해 시도되었다. 18세기 후반 인도와 동남아에서 직접적인 유럽 식민주의의 확장이 이 이론에 새로운 기능을 부여하기 전까지, 이 신념은 주로 오스만 제국에 적용되었던 것처럼 보이는데, 오스만 제국은 그 시기에 유럽의 일부 사회에 정치적 군사적 위협이었으며 다른 일부 사회에는 경제적 위협이었다. 동양적 전제주의라는 개념 은 식민지 팽창에 대한 정당화와 합리화에 유용했을 뿐만 아니라 당 시에 유행했던 식민지의 법적 원리의 기초가 되었다. 아시아에서는 토지에 어떠한 사적 소유권도 존재하지 않았는데, 왜냐하면 지배자 가 전제적으로 모든 것을 소유했기 때문이었다라고 결론 내려졌다. 따라서 유럽인들은 이 지배자를 제거하면 모든 것을 소유할 수 있었 다. 만약 우리가 전제적인 국가를 점령한다면, 우리는 처음부터 자유 롭지 못했던 사람들에 대한 전제적인 지배권을 획득하게 된다. (그 러나 유럽인들의 지배는, 그것이 아무리 전제적이라 해도—식민지에는 민주주의가 없었다—'자유'를 부여했다고 묘사된다.)

동양적 전제주의의 근대적 형태는 흔히 성서상의 '동양'으로 되 돌아가 연결된다. 근대 아시아 사회들이 '정체적'이라 묘사될 때, 그 것들이 구약에서 그들을 묘사하기 위해 사용되었던 성격들을 그대 로 유지하고 있다고 주장하는 것은 정당하게 보였다. (우리가 회상하 기에 구약은 위대한 도시들, 제국들, 농업들 등의 존재에 대해 말하였다.) 타지마할과 거대한 근대 아시아 국가들과 같은 근대적 경이들을 설 명할 필요가 있는데, 이것들을 본래의 성서 문명에 대한 상대적으로 사소한 진보로 간주하는 것은 그리 어렵지 않으며 아시아 문명들이 무엇인가 진보하였다는 증거들에 대한 두 번째 설명을 발견하는 것도 그리 어렵지 않다—그러나 오래 전 그들은 진보를 멈추었으며 그래서 본질적으로 성서적 상태로 그리고 본질적으로 정체되어 있는 것이다.[71]

나는 건조성과 '동양' 사이의 지리적 연결이 부분적으로 이러한 원천, 즉 이집트와 메소포타미아와 같은 건조한 지역에 대한 성서적 이미지로부터 기인한 것 같다고 생각한다. 부분적으로 그것은 초기 근대 유럽이 18세기 중반을 거치면서, 건조한 서부 아시아 지역인 오스만 영역과 페르시아–중앙아시아 지역을 주로 '동양'이라고 생각했다는 사실에서 기인했다. 왜냐하면 인도에서 일본에 이르는 더 동쪽 지역은 유럽의 주목을 끌기에는 아직 좀 멀었기 때문이다. 어떤 경우든, 19세기 초기 위대한 칼 리터Karl Ritter와 같은 지리학자들은 하나의 특정한 지리–문화 체제의 유형을 묘사하였는데, 그 형태는 건조한 아시아라는 것에다, 큰 강 계곡의 아시아 문명들과 북동부 아프리카와 결부된 것으로, 저 유명한 나일, 티그리스 유프라테스, 인더스, 그리고 유사한 성격의 더 작은 계곡들을 언급하고 전제주의라는 전통적인 아시아적 특성을 이러한 유형의 지역들이 갖는 속성으로 묘사했다. 건조한 지역과 관련된 강–계곡 문명이란 관념으로부터 아시아 전체와 관련된 강–계곡 문명으로라는 논리적 도약을 통해, 그들은 이 모델을 아시아의 더 습한 부분의 강 계곡을 포괄하는 것으로 확장시켰다.

이집트에서 중국에 이르기까지, 강–계곡 문명과 동양적 전제주의의 일반적인 결합은 19세기에는 상투적인 것이었다.[72] 그러나 건조함과 관개에 관한 전제로부터 동양적 전제주의를 도출한 진보된 이론에 의해 마르크스와 엥겔스는 이 관념을 확실하게 한 단계 도약시켰다.[73] 1850년대 무렵 마르크스와 엥겔스는 처음으로 진지하게 역사적 진화에 관한 자신들의 핵심적인 이론이 세계적인 규모에서 어떻게 적용될 수 있을까라는 질문을 심각하게 마주하고 있었다. 먼저 그들은 그들 시대에서 유행했던 전통적이고 (그들이 주장하듯) 엘리트주의적인 사회 이론들에 대해 가장 회의적인 유럽 사상가들이었다는 점을 말해둘 필요가 있다. 그러나 그들의 회의주의는 불가피한 한계를 갖고 있었는데, 왜냐하면 그들 자신이 엘리트주의적인 독일 교육의 산물이며 언론, 책 그리고 편견에 가득 찬 식민지적 관점을 드러내는 공식문서에서 배운 것을 제외하면 유럽 바깥의 세상에 대해 아는 것이 거의 없었다. 따라서 마르크스와 엥겔스는 동양은 어떤 의미에서 전제적이고 역사적으로 정체되고 진보하지 못했다는 당시의 교의에 대해 심각하게 질문하지 않았다. 그러나 엘리트주의적인 기초와 더불어 유럽의 사회 이론에 대한 그들의 회의주의는 그들로 하여금 아시아적 전제와 정체성에 대한 일상적인 설명으로부터 면역성을 갖게 했다. 아시아인들은 유럽인들만큼 합리적이며, 경제적 착취에 대해 기꺼이 투쟁하였다. 이 합리화는 마르크스와 엥겔스로 하여금 아시아적 전제주의와 비진보성의 원인이 인간 사회가 아니라 자연 환경에 있다고 생각하게 했다. 아시아에서 사회 진화는 사적 소유권을 초래하지 않는다. 지배자는 전제적으로 본래 공동체 소유로서 남아있었던 곳을 제외한 모든 토지를 소유한 것처럼 보였다. 그래서 엥겔스는 이러한 추측을 했다.

토지에서 소유권의 부재는 사실 동양 전체에 핵심적인 것이다. 여기에 정치적 종교적 역사가 놓여있다. 그러나 동양이 토지 소유권 단계, 심지어 봉건적 형태에도 도달하지 못했다는 현실이 어떻게 초래되었을까? 토양이라는 자연 환경과 결합하여 고려해 보았을 때, 특히 사하라로부터 곧장 쭉 뻗어나가 아라비아, 페르시아, 인디아 그리고 타타르를 건너 가장 높은 아시아의 고원에 이르기까지 확장된 사막의 거대한 팽창과 결합하여 고려해 보았을 때, 나는 그것이 기후 때문이라고 생각한다. 여기서 인위적인 관개는 농업의 최초의 조건이다……동양적 정부는 세 가지 부서 이상을 가져본 적이 없다. 금융(영토 내부의 약탈), 전쟁(영토 내부와 영토 외부의 약탈) 그리고 공공 작업이 그것들이다.[74]

이 이론은 마르크스와 엥겔스에 의해 가설적으로 진전된 것이며 이후의 저작에서 수정되었다. 엥겔스는 후기 저작에서 이를 모두 거부했던 것으로 보인다.[75] 비록 마르크스와 엥겔스가 아시아는 건조하다는 잘못된 관념을 갖고 있었던 점이 명백하다고 해도, 우리의 관심은 환경론적 요소가 오늘날에도 여전히 영향력을 갖고 있다는 사실에 맞춰져 있다. 그것은 자본주의의 유럽적 흥기와 (그럴 것이라 상정된) 아시아적 비흥기에 관한 최근의 마르크스주의적 논의에 영향을 미쳐왔다.[76] 보다 결정적으로, 그것은 흥미로운 지식적인 바다의 변화 속에서 유럽의 기적과 관련된 문헌의 주류로 재편되었다.

20세기 초의 막스 베버와 중반의 칼 비트포겔은 낡아빠진 교의가 유럽의 기적에 관한 근대 환경론적 주장으로 변형되는데 있어 핵심적인 인물들이다. 베버는 자연 환경 그 자체에 대해 별로 말한 것이 없다. 그는 19세기에서 20세기로의 전환기에 마르크스주의 관념을 포함하여 유럽에서 유행하던 다양한 학문적 관념들을 종합하면서, 유럽의 고대와 중세에서 사적 소유권의 발전은 자본주의를 향한 사회진화의 기본적인 특성 가운데 하나였다고 주장했다. 그는 완전한 사적 소유권에 가깝고 그것을 향해 움직여갔던 봉건적 소유권의 등장과 아시아적 강−계곡 문명들(그리고 고대 이집트)과 결부시킨 소유권 형태들을 대조하고 양자 사이의 근본적인 차이를 강조했다. 그는 관개의 필요성과 밀접하게 결부된 것으로서의 사회 형태를 추론적으로 환경과 결부되어있다고 보았다. 그는 이 두 번째 사회들은 전제적이며 토지는 일반적으로 완전히 관료들의 수중으로 넘어가는 것이 아니라, 그들에게 임대 소득을 제공하기 위한 수단으로 또는 군사적 징발 등 일정한 봉사를 조건으로 그들에게 일정기간 대여할 수 있도록 하는 형태로 관료들에게 임대되었다고 말했다. 관개는 전제적 지배 하에서 운하와 관개시설의 유지를 위해 집단적인 노동 징발을 요구했다. 유럽의 숲 지대에 사는 농민에 대해서 그런 식의 지배는 필요하지 않았다.[77] 따라서 그리스와 유럽의 다른 곳에서 향신, 농민들, 개인들은 농업 사회의 상징이 되었다. 주로 도시들은 전제적 권력의 공간이 아니라 진정으로 도시가 되었으며 따라서 일반적으로 근대 도시와 자본주의적 사회를 향한 서구적 궤적이 특정하게 존재하게 되었다.

> 근동의 발전을 〔그리스의 발전과〕 그렇게 달라지게 만들었던 결정적인 요인은 관개 시설에 대한 필요성이었는데, 그 결과 도시들은 축조된 운하와 지속적인 물과 강의 통제에 밀접하게 연결되었으며, 이 모든 것들은 통일된 관료제의 존재를 요구하였다. 이러한 발전에는 불가역적인 성격이 존재하며 그것과 더불어 개인의 복종이 따랐다…… 다른 한편 그리스에서……왕의 위치는 쇠퇴하며……그리하여 자신의 무장을 제공하는 향신 농민으로 충원된 군대를 지닌 것으로 귀결되는……발전이 시작되었다. 정치권력은 필연적으로 이러한 단계를 통과하게 되는데 그와 함께 근동의 그것과 차별화되는 그리스 사회의 성격을 규정하고 그리스에서 자본주의적 발전을 초래했던 순수하게 세속적인 문명이 출현하기 시작했던 것이다.[78]

동양 사회들과 서구 사회들 사이의 차별성에 관한 베버의 공식화는 기적 이론의 근본적인 주장들 가운데 하나가 되어 우리 시대까지 내려오고 있다. 그러나 베버는 전체 체계에서 하나의 부분에다 확고한 자리를 내주지 않았다. 이는 다만 왜 관개 사회들이 그들에게 부과된 특별한 성격들을 획득했는지를 보여주려는 문제였다. 그러한 성격들로는 전제주의와 정체성 그리고 그것을 넘어서 사적 소유의 결여, 완전한 도시 문화 발전의 결여 등이 있다. 이 이론에 대한 핵심적인 기술적 그리고 환경적언 역작은 1955년 칼 비트포겔Karl Wittfogel이 발간한 저작 『동양적 전제주의Oriental Despotism』이다.

우리가 이미 논의했던 것처럼, 마르크스적 전제들로 자신의 주장을 시작했던 과거 마르크스주의자였던 비트포겔은 그가 '수리 사회'라 불렀던, 관개에 기반을 두었던 사회들은 필연적으로 전제적이며 필연적으로 초기 저자들이 동양적 전제주의와 결부시켰던 사회적이고 정치적인 특성과 같은 종류의 것을 가져야만 한다는 점을 보여주고자 했다. 확산에 의해 어느 정도 수리 사회의 성격으로부터 얼마간 거리를 두고 형성된 사회들에서도 사정은 마찬가지였다. (비트포겔에 따르면 비非 수리 사회였던 소비에트 러시아도 전제적이 되었다.) 비트포겔의 합리화는 마르크스와 엥겔스보다 물리적 지리를 덜 무시했다는 측면에서 환경론적이지만 그럼에도 불구하고 논리는 꽤나 단순했다. 비트포겔은 토지의 지면을 관개하는 것은 필연적으로 그리고 결정적으로 토지의 생산성을 증가시킨다고 믿었다. 따라서 일부 사회들은 관개농업을 채택하고자 선택할 것이며 이로 인해 아시아의 거대한 강 계곡들은 점유될 수 있었다. 그러나 비트포겔에 따르면 관개는 운하의 건설과 유지를 위해 주요한 공공 작업을 요구하며, 따라서 마찬가지로 물의 분배를 통제하는 기능이었던 명령형 정치 구조를 요구했다—그는 이것이 정치 형태로서의 국가의 기원이라고 말한다.

따라서 수리 사회들은 필연적으로 전제적이다. 많은 학자들이 지적했듯이 이 주장에는 다수의 오류가 존재한다. 그 가운데 세 가지 오류들은 환경론적인 전제들을 염두에 두고 있는데, 그것은 관개는 필연적으로 대량으로 생산성을 높이며 따라서 복합적인 사회적 계층화, 국가 등의 발전을 초래한다는 관념이다. 첫 번째 오류는 곡물 성장에 대해 생태적으로 제한된 요인이 물 부족일 때에만, 관개가 실질적으로 생산성을 높인다는 주장이다. 그러나 종종—다른 곳에서처럼 아시아에서도—이는 그렇지 않다. 이는 거대한 관개 시설을 만드는 노력이 환경에 대한 자연적인 대응이 아니라는 것을 의미한다. 오히려 강—계곡에서 작은 규모의 관개 시설은 정치적·사회적 불평등의 원인이 아니라, 결과로서 확대된다. 그 과정에 잉여적인 노력을 투입시키려는 압력은 관개망을 확장시키고 논리적으로 훨씬 더 큰 불평등을 초래시킨다. 다른 말로 하자면, 거대한 관개 시설은 현존하는 전제주의 혹은 사회적 복합성에 의해 진행되고 설명되는 것이지 환경적 요구에 의해 그렇게 되는 것이 아니라는 말이다. (비트포겔은 이와 반대되는 방향으로 거칠게 주장하였다. 건조한 지역에서 관개의 필요성이 사회로 하여금 관개 시설을 운영하기 위한 강제적인 명령 구조를 발전시키도록 하며, 따라서 계급 탄압과 국가—그리고 전제적인 동양문명—를 초래한다는 것이다.) 의심할 바 없는 상식을 만드는 하나의 생태학적 일반화는 인구 규모와 밀도와 토지 생산성과의 상관관계인데, 그것은 사회적 위계의 노력과 종교적 제의 중심과 국가와 같은 것의 기초를 이룬다. 그러나 관개는 마술적으로 토지 생산성을 창출하지 않는다. 일부 토지는 그것 없이도 대단히 생산적이다. 고전적인 메소포타미아와 나일의 경우, 우리는 지배계급이 생산성의 증가를 강제했는지, 그리고 이것이 거대한 관개 시설을 창조했는지 알 수 없으며 혹은 그와 반대의 과정이 작용했는지의 여부도 알 수 없다. 두 번째 오류는 정말로 건조한 강—계곡의 관개가 전체적으로 이들 계곡들을 엄청나게 생산적으로 만들었다는 믿음이다. 관개는 농업으로 하여금 그렇지 않았으면 사막이 되었을 토지를 쓸모 있게 했지만, 그런 지역에서 물은 늘 공급부족에 시달리고 곡물 수확에 대해 아는 바가 거의 없다. 우리가 아는 것이라고는 진짜로 높은 생산성 그리고 거대한 사회적 실체(인구 밀도는 물론이고 인구 규모라는 측면에서도)들은 물이 풍부한 지역, 주로 쌀농사 지역에서 발견된다는 것이며, 거기서는 공들인 관개 시설이 보통 농업에 불필요했다는 것이다(미얀마의 저지 이라와디Irrawaddy 평원과 북부 루손의 일부 지방처럼, 강우만으로도 논을 충분히 채운다). 세 번째 오류는 아주 오래된 문명들이 관개가 아니라 배수, 즉 보통 거대한 규모의 수리 작업을 포함하지 않는 생태적 대응에 기반하고 있다는 훌륭한 근거가 있다. 초기 메소포타미아 문명에서 배수 시설은 관개 시설보다 앞선 것처럼 보인다. 습지대 강 주변 지역을 열고 사회들이 주요한 토목작업에 종사하게 되기 오래 전에 즉 '수리 사회'가 되기 오래 전에 이미 공을 들인 정치 체제를 만들었는데, 예를 들어 나일, 티그리스 유프라테스, 인더스, 웨이, 황하, 나제르 강 등지에서 존재했던 초기 동반구의 관개 시설들은 본래 배수 시설이었다.[79]

동양적 전제주의와 나머지들 사이의 차이에 관한 베버의 주장과 병행하여, 건조성, 관개, 전제주의 그리고 정체성에 관한 마르크스와 엥겔스의 낡은 이념을 우리 시대까지 가져다 준, 비트포겔의 환경론적 주장은 유럽의 기적을 주장하는, 비록 그들 대부분은 비트포겔의 이론을 중요한 방식으로 수정하였지만, 현재의 많은 역사가들에게 맹아적인 것이었다. 여기서 핵심 개념은 이것들이 명시적이건 묵시적이건 건조한 아시아 강－계곡(그리고 나일)의 자연적 산물로 간주된 수리 사회라는 관념이다. 에릭 존스, 마이클 만, 존 할과 같은 역사가들의 저작에서 '기적'에 관한 주장을 이끌어내는 방법에 대해 잠깐 주목할 필요가 있다.

에릭 존스는 『유럽의 기적』에서 그가 유럽의 '강우 농업' 사회들과 아시아의 관개 사회들 사이의 근본적인 차이라고 인식하는 것에 강조점을 둔다. 그는 비트포겔이 핵심에서는 옳았다고 말한다. 관개 사회들은 '거대하고 강제된 농업 인구를 지니게 된 사회의 정치적 결과'에 시달렸다.

> 유럽 농업 사회는 숲과 강우 농업이라는 제한 없는 생산적 환경의 덕택으로 권위주의—정치적 발육부진과 같은 종류—에 필적하는 역사를 회피할 수 있었다.[80]

그 다음에 존스는 이 모든 것들에다 지속적으로 공급되는 물을 갖고 일하는 농부들이 자유롭게 된다는—우리가 앞서 본 것처럼 환경적 틀의 결과와 가난의 결과를 혼동하는 오류—그의 이론을 덧붙인다.

유럽적 다양성을 지닌 '강우 농업'을 사회적 결과와 결부시킨 요정 이야기는 짧게나마 우리의 주목을 요구한다. 여기서 존스가—그 이전의 비트포겔처럼—관개 사회의 속성이라고 설명했던 예상되는 모든 끔찍한 결과들이, 사실의 측면에서 보면, 고대 계급사회와 고대 문명의 정상적인 속성들이었다는 것이 언급될 필요가 있다. 우리가 발견하듯 그런 속성들은, 그러한 과정의 일부로서 이러한 문명들이 출현할 때 나타나는 농민 자유의 축소, 다양한 목적을 위한 인민 대중들의 충원과 같은 것이다. 자유로운 농민이라는 낭만적 이미지는 전 노예제, 전 봉건제 시대로부터 그려낸 것이다. 프랑코—로마의 식민화 이후 유럽 농민들은 아시아 강—계곡 지역 혹은 다른 어떤 지역의 농민들과 마찬가지로 자유롭지 못했다. 그리고 숲의 변경선을 따라 존재했던 강우 농업은 실지로는 아시아 지역 대부분의 특성이었다.

존 홀John Hall은 『권력과 자유: 서구 흥기의 원인과 결과Powers and Liberties: The Causes and Consequences of the Rise of the West』에서 스스로를 동양 사회의 태생적인 전제적 본성에 관한 비트포겔의 '환

상'(그는 그렇게 불렀다)과 일정한 거리를 두고자 원했다. 그 다음에 그는 곧바로 비트포겔의 이론 가운데 마음에 드는 부분을 유럽의 '기적'에 대한 자신의 합리적 공식으로 흡수한다. 대부분의 기적 이론가들처럼 그는 기적에 관한 전통적인 주장을 최대한 가능한 범위에서 사용하고자 하며, 그 다음에 가장 중요한 것이라고 상정된 것을 향해 어떤 주장을 밀어붙인다. 비록 유럽의 '합리성'이라는 베버적인 개념을 보다 깊은 원천으로 간주하고 있음에도 불구하고, 그는 정치적 힘들과 맬서스적인 인구학적 힘들이 가장 중요하다고 생각한다. 홀은 동양 국가들은 전제적이라는 일반화를 이끌어 내는 공식을 받아들이지는 않는다. 그는 말하기를, 아니다, 그것들은 자의적이고 잔혹하고 경제적 발전을 촉진시킬 수 없거나 그럴 의지도 없으며, 동양 사회를 정체하도록 만든다(똑같은 말이지만 이는 반복되는 순환에 빠져들게 한다). 그러나 그것들은 전제적이지 않다. 이것이 의미하는 바는 강력한 외관과 대조적으로 동양 국가들은 진짜로 강하지 않다는 것이다. 우리는 간략하게나마 그가 어떻게 중세 유럽 국가들이 중세적 형태에서 목적론적으로 예시된 무엇인가 진보적인 변화와 더불어 어떠한 종류의 내적인 강함, 유기적인 질을 갖는다고 말하는지를 볼 수 있을 것이다. 할에 따르면 동양적 전제주의는 존재했지만 전제 자체는 약했다는 것이다.[81] 그런 다음 할은 또 다른 독립 변수로 관개를 도입하고 있다.

'〔유럽에서〕 관개의 필요성은 존재하지 않았다. 이것은 확실히 개인의 주도권에 입각한 탈중심적 농업 문명을 촉진했거나 최소한 허용했던 것 같다.'[82]

따라서 아시아에서 관개의 '필요성'은 환경적 필요이어야만 했다. 그것은 전제주의를 지닌 낡은 비트포겔적 등가물('개인적 주도권'에 반대되는 것으로서)이어야 했다. 그런 다음 할은 아주 긴 등가물의 목록으로부터 다른 변수들로 옮아간다.

마이클 만은 '유럽의 기적'을 주장하는 다른 하나의 현대 이론가인데 그도 마찬가지로 자신이 생각하기에 기적에 기여했던 것들이 대한 매우 긴 목록을 가지고 있다.[83] 그는 고대 유럽의 정치적인 그리고 특별히 군사적인 권력 획득의 중요성을 강조하는 경향이 있다. 만은 스스로를 비트포겔로부터 멀리하기 위해 많은 노력을 했지만, 그러나 결국에는 비트포겔의 모델 대부분을—나는 이를 마르크스-베버-비트포겔 모델로 부르고자 한다—자신의 이론에다 결합시킨다. 마르크스, 베버, 비트포겔, 존스 그리고 할처럼, 그도 자유롭지 못하고 진보적이지 않다는 고대 동양 사회들(이집트로부터 중국에 이르는)의 특성을 받아들인다. 그러나 그는 전제주의는 진정으로 거대한 규모의 거대한 정치 군사적 권력으로 확장되지 못한다는 점을 지적한다. 그리고 비록 관개 농업에 뿌리를 두고 있다고는 해도, 고대 동양 문명들도 강-계곡과 인접한 지역에서 다른 형태의 자원들을 사용했다는 점을 지적한다. 주로 이러한 이유로 인해, 만은 비트포겔이 '그의 모델을 과잉확장'했다고 주장한다.[84] 고대 관개 사회들은 전제적이지만 강력하지는 않았으며, 만에게 이것은 심각하게 고려해야할 것들이었다. 그리하여 만은 모델을 어느 정도 전체적으로 다시 고쳐서 자신의 이론에다 적용한다. 그는 고려해야할 구별은 '관개' 농업 사회와 '강우' 농업 사회 사이의 무엇이었다고 말한다. 아시아 사회들은 압도적으로 전자로 범주화되며 유럽 사회들은 후자로 범주화된다. 만에 따르면 고대 그리스로부터 시작하여 유럽 농부들이 쇠 쟁기를 사용하고 관개 시설이 없는('강우')토지를 경작하였다는 사실은 유럽이 아시아와 북아프리카를 집어 삼킨 가장 근본적인 원인이었다. 이것이 첫 번째 기적이었다. 이것은 유럽을 다른 모든 지역들보다 앞서게 만들었으며 유럽은 그 이후로 계속 앞서게 되었다.

요약하면, 만의 주장은 다음과 같다. 우리는 주로 관개에 기반을 둔 고대 근동 문명에서 시작했다. 만은 관개가 최초로 이러한 문명들을 발생시켰다는 점에서 혁신적이라는 것을 인정하면도 관개 기초가 어느 정도 인구를 '봉쇄'시켰거나 제한시켰다고 주장한다. 이 은유는, 이들이 자유롭지 못하고 그래서 어떤 의미에서 더 진전된 사회적 진보를 성취하는데 제약을 받게 되었다는 관념을 전달하고 있다. (그것은 은유이지 주장이 아니다.) 만은 서기전 약 1800년 무렵 '중동 제국들의 지배는 북으로부터 발생한 두 개의 거대한 도전에 흔들리게 되었는데', 전차를 사용한 전쟁과 철기도구의 사용 특히 철제 쟁기를 사용한 인도 유럽인 침입자들이—이것은 의혹을 받고 있는 '아리아 이민' 이론의 또 다른 판본처럼 보인다—바로 그것이라고 말한다. '권력의 균형은 이제 북쪽을 옮아갔다.'[85] 만은 이 북쪽 사람들이 전차 무기나 철제 도구를 실제로 발명한 것이 아니라는(그것은 아마도 아나톨리아에서 왔을 것이다)점을 간과하고, 인도 유럽인인 북쪽 사람들이 정치 군사적 측면과 생산력이란 측면에서 지배를 획득했다는 명제를 아무런 주저(혹은 논리)없이 받아들이고 있다. 이러한 관점에서 좀 더 나아가, 만은 두 문명 즉 중동의 '관개' 문명과, 북부의 강우 농업과 철제 쟁기를 사용하는 사람들의 문명—그리스, 넓게는 유럽—을 대조시킨다. 유럽인들은 주로 철제 쟁기를 사용하는 강우 농업을 하는 사람들인 까닭에, 그들은 그리스를 시작으로 민주주의, 계급, 사적(다소간) 소유권, 과학 그리고 인간의 이성과 같은 것들을 포함하는 근대 문명을 획득했다.[86] 이 모델의 핵심은 근본적으로 **독립적인** 개인적인 농민 농업 가족의 이미지이다. 이들은 하늘로부터 물을 얻지 전제적으로 통제된 관개 시설로부터 얻지 않는다. 만은 철은 풍부하며 그래서 농민 농부는 도시에 종속되지 않으며 쟁기와 도끼를 얻기 위해 원거리 무역 네트워크에 종속되지 않는다고 말한다. 진정한 자유농민, 이 독립적인 농민들은 (베버도 말한 것처럼) 원형 민주적인,

식민주의자의 세계 모델

문명화된, 열정적인, 앞을 내다보는 유럽인이었다.

　이것들 가운데 말이 되는 것은 아무 것도 없다. 먼저, 중동을 기본적으로 관개된 강-계곡 지역, 쟁기 농업을 하지 않은 지역이라 상상하는 것은 지리학적으로 멍청한 일이다. 쟁기는 관개 농업에 사용되었다. 강우에 기초한 농업은, 이집트나 메소포타미아가 아니라, 아프리카는 말할 것도 없이 레반트, 아나톨리아, 이란 그리고 더 동쪽의 아시아의 대부분에서 지배적인 것이었다. 철제 도구는 유럽인들이 발명한 것이 아니며 유럽인들만큼이나 비유럽인들도 그것을 많이 사용하였다. 철제 쟁기도 마찬가지여서, 예를 들어 그것은 유럽에서 그랬던 것만큼이나 초기 중국에서 매우 중요했다.[87] (인도 유럽어 사용자들인 아리아인들이 쟁기의 사용을 전파했다는 것 그리고 자신들이 정착하거나 정복한 지역에만 그것의 사용을 전파했다는 것은 낡아빠진 신화이다.) 쓸만한 품질의 철광석 매장량은 만이 생각한 것만큼 그다지 풍부하지 않았다(습한 열대의 홍토 매장지 일부와 같은 특별한 지역을 제외하면).

　그러나 만의 이론 체계 가운데 가장 우스운 것은 환경결정론이다. 우리는 건조한 지역이 관개농업 말고는 아무 것도 적합하지 않다는 이미지를 갖고 있으며, 그것은 문명의 발전을 구속하는 것으로 상정되고 있다. 반대로 우리는 좋은 토양, 숲이 우거진 개활지에 대한 이미지를 갖고 있는데, 거기서 철기 사용 농민들은 필적할 수 없이 풍부한 물품을 생산할 뿐만 아니라 근대로 나아가는 민주적이고, 활기차고, 밝은 형태의 사회를 획득할 수 있다. 여기서 이들 각각의 이미지에 대해 간략하게 덧붙여보자.

　많은 기적 이론가들의 눈에 관개는 무엇인가 비생산적이다. 존스, 만, 그리고 다른 여러 사람들은 강수에 의존하는 토지에서 노동자 일인당 더 많은 식량이 생산된다고 주장한다. 하지만 이것은 사실이 아니다. 그 과정의 원천이 마을 주민들 스스로의 열망인지 혹은 정치적이거나 종교적인 상부구조의 잉여에 대한 요구인지는 알수 없으나, 관개는 식량 생산을 증가시키기 위해 발전되었다. 관개시설이 되어있는 지역이 심각한 토지 부족에 도달하게 될 때, 즉 사회적이고 지리적인 발전의 후반기에(발전의 가능한 노선을 따라), 일인당 생산성이 하락하게 된다. 이것은 분명한 것이다. 무엇보다 그것은 농업 노동자들이 일 년 동안 생산하는데 더 많은 시간을 소비하고 마을 문화생활과 기념비 구조물과 같은 것들을 포함한 비농업 활동에는 훨씬 짧은 시간을 소비한다는 것을 의미한다. 따라서 이 상황은 염화 그리고 기타 등등과 더불어 최종적으로는 기아에 직면하게 됨으로써, 농업 체계의 붕괴를 초래할 수 있다. 이를 비 관개 농업과 대조해보자. 보통 토양의 비옥도는 더 척박해진다(관개는 물속에 영양소가 녹아 흘러버리게 하며 대조적으로 충적토는 좋은 영양 상태를 갖는 경향이 있다). 보통 비예측적인 강우에 의존하는 상황에서 습기의 결핍은 더 크다. 따라서 다른 모든 조건이 똑같다면(흔히 그런 경우는 없지만), 자연적인 비옥함은 비 관개 토지에서 더 낮은 경향이 있다. 숲으로 우거진 토지를 개간하고 새로운 농토를 조성했던 초기 철기 시대 농부들은 이 신선한 토지에서 높은 생산성을 획득했지만, 그 현상은 전환기적인 것이며 어떤 경우이든 그리스의 반—건조한 계곡에서는 그다지 효과를 얻지 못했다. 초기 유럽 농부들은 사실 충적토와 저지대 지역에 정착하는 경향이 있었으며 일찌감치 그들은 관개와 배수를 사용하였다—왜냐하면 그것이 노동 생산성을 높여주었기 때문이다.

아시아 농업과 대조해 볼 때 유럽 농업이 무엇인가 독립적인 생활로 이끄는 힘이 있었다는 개념은 이 신화의 또 다른 구성 부분이다. 초기 유럽 농민들은 만이 그들을 묘사한 것처럼 그리 대단하지 않았으며, 숲에 둘러싸여 서로 서로 격리된 채로 살았다. 그들이 살아간 이러한 방식은, 다시 한번 강조하지만, 유럽에서와 마찬가지로 아시아에서도 흔히 존재했던 선구적인 현상이었다. 농민들은 대부분 다양한 환경에 따라 사회적으로 모여 살았고 마을을 이루고 살았으며 크거나 작게 밀집되거나 길게 늘어져 살았다. 아시아의 고지 농업 공동체가 유럽의 그것과 꽤나 유사했다는 점에 대해 의심할 아무런 이유가 없다. 우리는 이 문제를 유럽 가족의 독특함이라는 신화를 논의할 이 장의 뒷부분에서 다시 거론 할 것이다. 여기서 나는 다만 초기 유럽 농업 공동체가 다른 곳의 농업 공동체들 보다 무엇인가 더욱 개인주의적이고, 더 독립적인 정서를 갖고 있고, 더욱 진보적이었다는 주장을 신화적인 관념으로 범주화하고자 한다.

19세기 사상가들과 베버에 의해 만들어지고 이제 존스, 할, 만과 같은 역사가들에 의해 기계적으로 반복되는 가장 근본적인 오류는 한 가지 유형의 환경이 특정한 형태의 사회를 만들고 그렇게 만들어진 사회는 역사를 통해 존속된다고 믿거나 가정하는 것이다. 아시아와 북아프리카의 고대 관개 문명과 이후 시대 유럽—혹은 아시아의 그것—의 비관개 농업 문명을 단순하게 대조할 수 없으며 그런 다음 두 대조적인 문명 유형이 만들어져왔고 역사를 통해 지금까지 존속되고 있다고 상정할 수 없다. 문화는 변한다. 농민들은 하나의 환경에서 또 다른 환경으로 움직인다. 많은 곳에서 농민들은 적절한 토지가 그들에게 주어졌을 때, 서로 다른 토양 유형에 따라 관개와 비관개 농업 모두를 수행하였다.[88] 그래서 건조한 아시아 농업 문명이 이 후로도 계속해서 후대에 이르기까지 정체된, 전제적 형태의 사회를 만들었다는, 근대를 향한 발전을 성취하지 못했다는 이론은 순수하게 신화인 것이다.

온화한 유럽

앞서 우리는 역사가들이 강우가 어떻게 관개와 아무런 연관을 갖지 못하도록 하는 혜택을 갖다 주었는지 또 유럽만이 '강우 농업'을 하고 있다고 상정하면서 어떻게 '강우 농업'을 하는 유럽이라는 신화적인 모델을 구축하였는지를 살펴보았다. 만, 존스, 그리고 할과 같은 역사가들은 이보다 더 나아간 주장을 하고 있다. 강우에 기초한 유럽 농업은, 유럽의 훌륭하고 비옥하다고 상정된 토양과 더불어, 다른 곳에서는 부적합한 농업 생산을 위한 환경적 기초에 근거하고 있다. 비록 이 역사가들이 독특하게 합리적이고 독창적인 유럽적 심성이라고 상정된 것에 많은 점수를 주고 있지만, 그들이 더 높게 평가하는 것은 유럽의 자연 환경이다.

예를 들어, 마이클 만은 농업에다 철기와 강우가 많은 토지와의 독특하게 유럽적인 결합과 더불어, 철기 시대에 출현했다고 생각하는 개인주의적이고 창조적이고 거만한 농민사회의 북서방향으로의 궤적이 중세에 이르기까지의 본질적으로 지속된다고 봄으로써, 유럽 역사의 꾸준한 북서쪽으로의 전진—1장에서 오리엔트 특급 모델로 우리가 서술한 것과 같은—이라는 그림을 그리고 있다. 유럽 사회(그리고 유럽의 '기적')의 진화에 대한 그의 모델은 이보다 훨씬 복합적이지만, 그 모델의 핵심적인 부분은 굽힐 수 없고, 꾸준하며, 역사적으로 풍부한 지리적 운동—지속적으로 북서쪽으로 '선도하는 가장자리'와 더불어, 그가 북서방향으로의 '전진'이라 부르는 것—이다. 그는 철학적 결정론을 회피하지만, 그럼에도 불구하고 그는 전체 과정에다 강력한 헤겔주의적, 목적론적 선호를 덧붙이고 있다.[89] 이 북서방향으로의 운동에 대한 두 개의 주요한 이유가운데 하나는 북서 유럽의 좋은 환경 유인이다. 그리고 이 환경이 그토록 좋은 주요한 이유는 그것이 지닌 '더욱 심원하고, 더욱 촉촉하고, 더욱 비옥한 토양'이다.[90]

유사하게 존 할은 '북서 유럽의 점토질 토양',[91] 북서 유럽의 '강우에 의해 살찌워진 깊고 생산적인 점토질 토양'(거기에는 관개가 전혀 필요 없다)을 극찬한다.[92] 에릭 존스는『유럽의 기적』에서 약간의 검증이 필요하지만 똑같은 주장을 했다. 그는 유럽의 '높은, 심지어 강우가 상당해도 통과할 수 있는 여름'[93] '숲과 강우 농업의 활짝 열려있는 생산적 환경'에 대해 지적했다.[94] (만과 할과는 다르게) 존스는, 토지가 더욱 생산적이라는 것을 함의하는 아시아의 토지가 높은 농업 인구를 지지한다는 사실을 인식하고 있지만, 유럽의 생산적인 토지가 더 적고, 분리된 지역에서 출현한다는 것만을 언급하고 나서는 우리에게 동양적 전제주의의 신화 가운데 하나를 제시하고 있다.

> 수력 농업의 불가능성 자체는 유럽의 에너지 가운데 일부가 다른 목적을 위해 자유롭게 쓰일 수 있도록 했다. 유럽의 강우 농업 농민들은 중국과 인도의 농민들보다 숫자 면에서 더 적을지도 모르겠지만, 그러나 물을 통제하는 작업에서 전자는 후자보다 모든 측면에서 훨씬 적은 시간을 소비한다.[95]

물론 이것이 함의하는 바는 아시아인들이 똑같은 생산물을 얻기 위해 더 많이 노동해야하는 반면, 유럽 농민들이 그들의 필요와 잉여의 몫을 충족시키기 위해 농사일에 그다지 많은 시간을 소비할 필요가 없다는 것이다. 이는 우리가 역사적 방법을 포기하지 않는 한 그리고 극단적인 토지 부족이라는 근대적 조건하에 있는 아시아 농민들을 고대 유럽의 변경지대라는 조건 혹은 근대 유럽의 자본주의적인 농민들을 비교하려고 하지 않는 한 멍청한 짓일 뿐이다. 달리 말하면, 이는 실제적인 농업 기술—관개는 노동자당 생산성을 높이기 위해 고안된 것이며 대개의 경우 그러했다—이라는 측면과 역사적으로 유럽 농민의 모델이 빈곤하고 억압받고 과중한 부역에 시달렸다는 점에서 말이 되지 않는 것이다.

이들 역사가들이 말하는 '촉촉한 토양'은 보통 지나치게 습기가 많다. 그것은 일하기 힘든 산성 회백토이며 상당 정도로 퇴비를 뿌리기 전까지는 비옥하지 않은 토양이다. '높은, 심지어 강우가 상당해도 통과할 수 있는 여름'은 사실 너무 습기가 많아 태양 에너지가 종종 극단적으로 제한되고 때로는 곡물이 잘 자랄 수 없고(1492년 이후 감자의 도입이 얼마나 중요했는지를 상기해 볼 것) 늦은 봄까지도 토양이 마르지 않는 기후인 것이다. 나는 상황을 풍자하고 싶지는 않다. 다만 모든 변형 가능성의 범위를 고려해 볼 때, 북서유럽의 토양이 다른 많은 지역의 토양보다 결코 우월하지 않다는 것이다. 생태학적 측면에서 볼 때, 훌륭한 강우 혹은 관개의 가능성 혹은 배수 가운데 어떤 것을 갖고 있다고 해도 더 따뜻하고 건조한 지역의 토지가 오히려 더 높은 생산성을 가질 수 있다. 나의 초점은 훨씬 더 제한적이다. 소위 기적을 설명하는 이론에서 전체 과정을 통해 유럽의 농업적 환경이 아시아의 역사보다 유럽의 역사에 더 우호적이었다고 믿게 해주는 (내가 인용한 저자들이 믿는 것처럼) 유럽의 농업적 환경이라는 것은 없다.

그러리라고 상정된 유럽의 환경적 우월성은 결코 농업에 제한되지 않는다. 나는 유럽의 '기적'에 관한 현재의 역사가들에 의해 흔히 만들어진 네 가지 다른 비교적인 판단에 대해 간략하게 언급함으로써 환경론에 관한 논의를 마치고자 한다.

첫 번째는 고전적인 '곶과 만capes and bays'이라는 주장인데, 이것은 대부분의 유럽과 영미 학자들에게는 친숙한 것이다. 유럽의 반도와 만의 모습들 그리고 항해 가능한 강들의 존재는 유럽에게 다른 대륙들에게는 거부된 교통, 무역 그리고 접근성에 대한 자연적인 기반을 부여하였다. 그래서 이것은 시장의 등장과 이어서 유럽 자본주의의 등장과 상당한 관련이 있다고 상정된다.[96] 이 주장의 일부는, 황제의 의상처럼, 똑바로 들여다보면 속이 다 들여다보이는 투명한 거짓이다. 예를 들어, 중세에 대서양에서 그랬던 것보다 인도양과 남지나해 대부분의 해안을 따라 바다에 접근할 수 있는 것이 훨씬 더 쉬웠다. (만약 인도양에서 몬순 계절풍이 문제를 안겨줬다면, 북대서양에서는 폭풍이 더 큰 문제를 안겨주었다.) 지중해와 북서 대서양 사이의 정기적인 상품무역에 종사했던 이탈리아 겔리선이 출현하기 오래 전에 인도의 해안에는 무역도시들이 산재해 있었고, 높은 가치를 지닌 상품뿐만 아니라 쌀이나 철과 같이 부피가 나가는 상품들을 운반하면서 무역 선박들은 이 해안을 따라 오르내리고 인도네시아와 아라비아로 향했다. 물론 내가 동시대의 유럽인들이 그랬던 것처럼 다른 지역들이 효과적으로 바다를 활용하고 있었다고 언급한다 해서, 대서양 선원들과 아이슬란드 무역상들, 한자 동맹의 위대한 뱃사람 정신을 폄하하는 것은 아니다.

강에 대해 말하자면, 유럽의 항해 가능한 강의 존재는 인상적이지만 그렇다고 유일한 것은 아니었다. 그것은 인도나 중국의 그것보다 더 훌륭하지 않다. 동남아시아의 군도에서 섬 사이의 항해는 라인강 혹은 다뉴브강을 오르내리는 항해보다 훨씬 쉬웠다. 또 다시 이것은 실체로 비교를 한정하는 문제이다. '곶과 만'이라는 오류는 보통 다른 오류를 낳는다. 유럽이 초기에 육로로 상품을 수송해야만 하는 문명들에 대해 이점을 가졌다는 관념이 그것이다. '기적'을 주장하는 다수의 역사가들은 육로 수송이 불가피하게 수로 수송보다 더 비용이 많이 든다는 이론을 반복한다. 사실 이것은 비교의 중복이다. 만과 다른 사람들이 자기가 소비하는 건초의 무게로 인해 제한된 거리(일부는 이것이 100~150km내라고 한다)에서 수레를 끄는 동물에 관한 낡은 정식을 인용했을 때, 그들은 대부분의 수레를 끄는 동물들이 그 길을 따라 방목될 수 있다는 사실을 무시하고 있다. 이렇게 보면 광활한 거리를 이동하는 중앙아시아의 실크로드와 수단의 카라반들은 쉽게 이해될 수 있다.[97] 유럽에서 순환하는 해안 항해로 보다 중국의 운하는 더욱 효과적이다. 그리고 수로 운송은—특히 바람이나 강을 거슬러 올라가는 운송의 경우—1000년 혹은 그 정도 오래된 육로 수송보다 그다지 이점을 갖고 있지 못했을 것이다.

에릭 존스는 『유럽의 기적』에서 모든 종류의 자연 재해로부터 아시아의 발전이 강력하게 저지되었다는 이 추정된 사실에 의해, 유럽보다 아시아가 훨씬 더 고통을 받았다고 강력하게 주장하고 있다.[98] 그는 너무 높은 자연 재해의 위험이 사람들을 두렵게 만들어 무역의 가능성을 폐쇄하게 만드는 유별난 인구적 행위를 하게끔 만든다고 주장한다. 우리가 이 주제에 대해 역사적 자료를 거의 갖고 있지 않다는 점은 제쳐두더라도, 그가 저지르고 있는 주요한 오류는 단순하게도 규모의 문제이다. 존스의 '유럽'은 진짜로는 서부와 중부 유럽이다. 이 지역의 크기는 대개 인도 아대륙의 크기이며 아마도 아시아에서 인간이 정착해서 사는 면적의 4분의 1정도의 크기이다. 그래서 다른 사정이 같다면 자연재해도 약 4분의 1정도일 것이다. 사람들이 강-계곡에 농사를 짓는 이 지역에서 홍수가 아주 심각한 문제라는 점은 분명하지만, 사람들은 이 하나의 위기가 장기적인 발전에 영향을 미치지 못하도록 충분하게 통제하는데 적응을 했다. 나는 1인당 기준으로 유럽 시골에서 겨울 날씨의 위험이 아시아에서 홍수의 위험만큼이나 크다고 판단한다. 허리케인은 최악의 북대서양 겨울 폭풍보다 더 나쁘지 않다. 전체적으로 이 이론은 지지될 만한 증거가 없으며 유럽의 '기적'에 대한 주장으로는 신뢰성이 전무하다.

기적을 주장하는 역사가들은 유럽의 환경적 차별성이 지역 내부의 무역에 대한 따라서 자본주의에 대한 독특한 잠재력을 초래한다고 주장하면서, 반복해서 유럽의 환경적 차별성을 지적한다.[99] 유럽은 비교할만한 크기를 지닌 다른 지역들과 비교해 보았을 때, 환경, 자연 생산품에서 두드러질 정도로 큰 범위를 소유하지 못했다. 예를 들어 중국은 대략 중간 위도의 환경과 똑같은 범위의 열대 남부 해안을 갖고 있다.

식민주의자의 세계 모델

여기서 논의될 최후의 환경론적 우화는 산맥과 숲에 의해 분리된 많은 작은 '핵심 지역들'을 가졌다는 유럽의 지형적 차별성과 그것들이 독특한 무역 체제와 독특한 중간 크기의 국가 체제의 발전과 그것들로부터 기원한다고 상정되는 많은 혜택들을 포함하며, 무엇인가 고대와 중세 유럽 사회의 독특하다고 상정되는 다수의 특성들을 초래했다는 주장이다. 이 문제는 경제적 정치적 발전에서 상정된 유럽의 독특성을 염두에 둔 '기적'을 주장하는 일부 문헌들과 연관된 까닭에, 나는 이 장의 마지막까지 이 문제의 지리학을 논의하는 것을 미뤄둘 것이다. 현재로서는 이 '핵심부'라는 개념은 부분적으로 신화이며 다른 대륙에서도 '핵심부'와 똑같은 종류의 것들이 발견된다고 말하는 것만으로도 충분하다.

합리성

이제 우리는 그 기반을 생물학이나 환경에 두지 않고 문화에 두고 있는 유럽의 역사적 우월성 혹은 우선성—유럽의 '기적'—에 관한 이론들에 주목하겠다. 우선 나는 유럽인들의 우월한 '합리성'의 개념으로부터 시작하는 이론들을 다룰 것이다. 이론 그 자체로 '합리성'은 늘 창조성과 혁신성(혹은 진보성)을, 보통 추상적 사고의 능력, 그리고 흔히 도덕 혹은 윤리적 판단을 내릴 수 있는 능력을 포함하는 많은 심리적 속성을 갖고 있다. 문제는 그러한 것들이 역사에서 근본적인 원인인지의 여부가 아니라 유럽인들이 다른 모든 인간 공동체보다 더 많은 합리성 혹은 더 높은 합리성을 갖고 있는 지, 그리고 이것이 유럽의 흥기에 대한 중요한 원인인지 혹은 중요한 원인들 가운데 하나인지의 여부이다. 유럽인들이 다른 누구보다 더 똑똑하다는 순진한 주장은 고풍스럽거나 빅토리아 시대의 유물처럼 보이지만 이는 사람을 현혹시키는 것이다. '서구적 합리성'에 관한 이론들이나 그와 유사한 것들은 전 시대 세대의 학자들에게 그랬던 것처럼 오늘날에도 마찬가지로 중요하다. 때로 그것들은 합리성 이론들이라 정의하기가 힘든데 왜냐하면 그것들은 서로 다른 깃털을 보여주기 때문이다. 설명은, 아마도 유럽의 기술적 혁신들이 유럽 역사에서 다양한 진보의 운동을 만들어냈다고 주장하는 방식으로, 기술에 초점을 맞출지도 모른다. 그러나 자세히 살펴보면 기술적 설명은 보통 유럽인들의 창조성, 즉 그들의 합리성에 관한 이론으로 해소되어버린다. 마찬가지로 어떤 설명은 국가, 혹은 자유 시장, 혹은 가족으로 부터 시작할 수도 있겠지만, 보통(늘 그런 것은 아니다) 그것은 그런 구조들을 보다 기본적인 특성이나 합리성으로부터 도출해낸다. 때로 그것은 다른 방식으로 작동한다. 고전적인 인종주의적 이론들은 합리성 이론들이다. 피부색이 희게 된다는 것은 더 지적이게 된다는 것이다. 일부 (전부는 아니다) 마르크스주의 이론들은 합리성 이론들이다. 봉건제의 패배는 기술적인 혁신 등을 초래하는 창조적인 에너지를 해방시켰다. 또 다른 문제는 우월한 합리성이 하나의 결정적인 시기와 장소에 전체 과정을 시작하는 마술 열쇠와도 같이 주어진다는 것이다. 페리클레스 시기의 아테네, 구텐베르크의 작업장 등이 그러한 것들이다. 나는 이 문제들을 우선 '합리성 이론들' 그 자체의 범주들을 다루면서 순서를 매길 것이며 그런 다음 이론들의 다른 순서들인 기술적이고 제도적인 문제로 넘어갈 것인데, 이것들 가운데 일부는 역시나 유럽적 합리성이란 관념 속에 뿌리를 두고 있다.

합리성 교의

20세기가 시작될 무렵 대부분의 유럽 학자들은 유럽인들이 비유럽인 보다 더 합리적이라는 기본적인 전제를 받아들였다. 생물학적 인종주의는 아마도 가장 두드러진 사례이겠지만, 이것은 서로 경쟁하는 아주 다양한 이론들에 의해 설명되었는데, 나는 대부분의 유럽인들이 설명과 상관없이 논쟁의 여지가 없는 올바른 것으로서 이 전제들을 받아들였을 것이라 생각한다. 유럽 나라들이 다른 나라들보다 더 높은 수준의 부와 문명을 획득했고 그것을 주로 자신들의 발명, 혁신 그리고 창조성을 통해 그렇게 했다는 것은 명백해 보였다. 또 유럽인들은 이제 전 세계를 지배했으며 마찬가지로 이것은 지적인 그리고 아마도 도덕적인 우월성을 반영해야만 했다. 이는 고전적인 확산론적 교의의 전성기였으며(1장에서 논의된 바 있다), 교의의 기본적인 전제를 의심하는 사람은 거의 없었다. 유럽은 발전한다. 비유럽은 발전하지 못하며 발전해도 대단히 느리게 발전한다. 유럽의 발전은 궁극적으로 지적인 혹은 정신적인 원리에 기반하고 있다. 비유럽이 근대화하고 진보하는 정상적이고 자연적인 방법은 유럽 식민지 행정가들, 정착민들, 농장주, 선교사들 그리고 상품 조달업자들이 가져다준 합리적인 유럽 사상의 확산을 받아들이는 것이다.

이 시기가 되면 대부분의 유럽 사상가들은 '인류의 정신적인 통일성'이라는 교의, 최소한 모든 인간은 근대를 향해 진보하려는 공통의 능력을 공유한다는 것에 동의하는 정도의 교의는 받아들이게 되었다. 이 교의는 인간의 합리성에 관한 이원적-발전론적 개념으로 불릴 수 있는 이론으로, 이 세기의 초반부에 보편적이지는 아닐지라도 대단히 폭 넓게 구체화된다. 기초적인 이원성은 어린이의 정신과 어른의 그것 사이의 차별이다. 인간의 정신은 정신적 유아기였던 전前역사적 조건으로부터 발전해왔다. 유럽의 역사는 인간의 정신적 발전의 결과물로서 설명되거나 혹은 기본적으로 유아기에서 성년기로의 심리적 발전과 똑같은 과정으로 그러한 정신적 발전에 의해 본질적으로 동반되는 것으로 설명되었다. 개체적 발전 과정에서 어린이들이 합리성을 획득하는 것과 마찬가지로 유럽인들은 역사가 진보함에 따라 더욱 합리적이 되었다. 근대 어린이들의 경우와 똑같이, 고대 사람들은 훨씬 덜 지적일 뿐만 아니라 지성이 아닌 감정과 욕망에 의해 훨씬 더 많이 지배되기도 한다. 적절한 수정을 거친다면, 근대 유럽의 여성의 경우도 마찬가지라고 할 수 있다. 남성보다 여성들은 덜 지적이고 감정에 의해 더 많이 지배되는데 그것은 그들이 남성들보다 덜 합리적이라는 것을 의미한다. 그러나 여성도 마찬가지로 정신적 발전을 경험하게 되며 점차 선거, 공직의 취임 등을 할 수 있을 정도로 합리적이게 된다.

　　동일한 이론 내에서 비유럽인들은 육체적으로 저발전 된, 다소간 유아적인 것으로 간주된다. 그러나 인류의 정신적인 통일성이란 주어진 조건하에서, 주로 식민지라는 학습경험의 틀을 통해 비 유럽인들은 성인, 합리성, 근대화를 성취할 수 있다. 〔'식민지적 교도教導'라는 어구는 이 교의의 상징이며 이 개념은 당시 대부분의 역사와 지리학 교과서에서 만나볼 수 있다.〕 이것은 단순히 '원주민들이 어린이와 같다'는 것이 아니다. 비유럽적 비합리성이란 관념은 널리 받아들여진 한정적이고 추정적으로 과학적인 원리였다. 비유럽인들은 어린이들처럼 생각하며 유럽인들에 의해 어른으로 인도된다. 비유럽인들은 물론 등급이 매겨진다. '야만'은 무조건적으로 정신적인 유아들이다. 인도인, 오토만인들, 그리고 중국인들처럼 문제적인 사람들은 일부 측면에서 유아들이라 간주되며 일부 측면에서는 그렇지 않다. 사실 그들은 유럽인들과 비교해 볼 때 감정과 욕망에 의해 지배된다. (식민지 봉기는 명백하게 비합리적이다—그것은 유아와 같은 감정의 돌연한 분출이다.) 과학적이고 추상적인 철학적 사고에 관한 한, 이 문화들에 속한 사람들은 분명하게도 완전한 성인 기준을 충족시키기 못하지만 어떤 측면에서는 예컨대 예술과 수공업에서 그들은 청년기의 재능을 가지고 있다.

그래서 우리는 핵심에 있어서 합리적 근대 성년 유럽 남성이라는 모델을 갖고 있다. 역사는 정신적 성인기를 향한 그의 진보이다. 그는 고대 유럽 남성, 근대 유럽 어린이, 근대 유럽 여성, 근대 비유럽인들과 대조된다. 또한 이러한 대조는 종종 확대되어 정신병자와의 대조도 이루어진다. 일부 학파들에서 그들은 명백하게도 발전적으로 억제된 정신세계를 갖는 것으로 간주되며 이것은 실제 치료의 원리로 사용되기도 한다.[100] 강조되어야할 것은 이것이 과학적 이론으로 간주되었다는 것이다. 이는 대조의 다양한 차원들을 넘어 원리를 교환하는데 유효했다. 우리의 목적과 관련하여 이 원리들 가운데 가장 중요한 것은 과거와 현재에 걸쳐 유럽 역사에 대한 정신적 발전의 기여이고 비유럽에 대한 정신적 비발전의 기여이며, 유럽인들은 자연적으로 독특한 합리성을 획득했다는 것이다.

이를 수세대 이전의 학문적인 이론을 희화화하는 것으로 환원하는 것은 잘못된 것이지만, 내가 방금 설명한 모델은 그것을 보고 있노라면 일종의 풍자처럼 보인다. 현재 대부분의 학자들은 미국 인디언들이 정신적인 유아라거나 개체적으로 정신적인 발전이 우리 종의 정신적 발전을 정확하게 반복해서 재현한다는 것을 문자 그대로 믿지는 않는다. 그러나 이 모델은 특정하게 분명한 방식으로 유럽인들의 사고에 지배적인 힘을 갖고 있었다. 비학문적 담론(신문, 타잔 소설, 기타 등등)에서 유아, 고대, 그리고 비유럽인에 대한 방정식은 명시적으로 수용되었다. 인디언과 다른 식민지들에 대한 미국의 교육 정책은, 약간은 약화된 판본이었다 할지라도, 명시적으로 이 모델에 입각했다. 역사, 지리학, 그리고 다른 모든 사회과학에서 아주 많은 수의 저작들이 이 모델의 한 부분 혹은 다른 부분을 활용하였다. 그리고 대단히 폭넓게 받아들여진 다양한 여러 이론들은 실지로는 동일한 모델의 형태였다. 세 가지 사례가 도움이 될 만하다.

대부분의 인류학자들은 두 개의 차별적인 정신적 형태가 존재하는데, 하나는 '원초적 정신'이라 불리는 모든 곳(일부는 모든 농민들이라 덧붙인다)에 존재하는 부족민들의 정신이다. '원초적 정신'은 대단히 명시적으로 보다 고차원적인 이론적이고 추상적인 관념의 불가능성, 감정에 쏠리는 것 등으로—가장 대표적인 묘사는 레비 브륄 Levi-Bruhl의 영향력 있는 저작, 『원주민들은 어떻게 사고하는가』에서 발견된다— 묘사된다.[101] 일부 인류학자들은 이 관념에 반대한다(보아스Boas, 라딘Radin, 그리고 아마도 미드Mead가 대표적인 인물일 것이다[102]). 대부분의 인류학자들은 몇 가지 조건을 붙여 그것을 받아들인다. 일부는 그것을 문자 그대로 받아들인다. 이 이론에 대한 오히려 완고한 레비 브륄의 형식은 심리학자들과 모든 사회과학자들에게 커다란 영향을 미쳤다. 이 이론과 밀접하게 연결되어있는 것은 '원초적 언어', 높은 수준의 이론적이고 추상적인 사고를 표현할 수 없는 언어가 존재한다는 관념이다. 이 낡은 관념(한 때 훔볼트Humbolt가 하나의 형태로 사용한 바 있다)은 사람들은 자신의 자연적 언어의 한계를 넘어서서 사고할 수 없으며 마찬가지로 원초적 언어는 원초적 정신을 함의한다는 전제와 결부되어 있다.[103] 그것을 넘어서 인도 유럽 어족의 내재적인 우월성에 관한 낡은 철학적 이론은 여전히 많은 추종자들을 갖고 있으며 이 이론은 원초적 언어라는 개념을 지구상 대부분의 비유럽 언어로까지 확장시켰다. 세 번째 사례는 개인에게 있어 정신적 발전은 인류의 정신적 발전과 상동관계에 있다는 관념인데 이는 때로 비유럽인 일반의 추정적인 심리적 기질(그리고 한계)이라는 개념으로까지 확장되고 근대 원시적 인간들은 유아기와 고대의 정신성을 갖고 있다는 관념을 활용한 심리학에도 존재하는 광범위한 이론 일가이다. 20세기에 이 이론은 칼 융Carl Jung과 그의 제자들의 심리분석적 관점에서 가장 영향력 있는 표현을 갖게 된다. 융은 비유럽 문화들(아랍인, 인도인, 아프리카인, 아프리카—아메리카인, 그리고 여타 다른 사람들)을 포괄적으로 검토하면서 기본적으로 근대 유럽인들만이 개인적 의식, 자아, 사고능력, 자신을 외적 세계와 분리된 개인으로 인식할 수 있는 능력을 완전하게 발전시켰다고 선언하였다. 유럽 남성들만이 합리적이다.[104]

교의는 '근대화' 패러다임으로 흡수됨에 따라 중요한 변화를 거쳤는데 근대화 패러다임이라는 관념의 본체는, 우리가 살펴본 것처럼, 1950년대에 유럽의 사회사상을 지배하게 되었으며 오늘날에도 어느 정도로 여전히 그러하다. '식민지적 교도'는 '혁신을 근대화하는 확산'을 가져다준다. 비유럽인들은 더 이상 '원주민'이 아니며 더 이상 '유아적'이라고 묘사되지도 않는다. '원초적 정신'과 '원초적 언어'라는 개념은 전통적 정신이라는 개념이 되었다. 비유럽인들은 두 가지 의미에서 '전통적'이다. 그들은 이론적이고 과학적으로 사고하는 능력, '근대적 인식 능력'이 결여되어 있는데 따라서 사람으로 하여금 더 높은 것을 획득하도록 촉구하고 과거의 것을 거부하는 등과 같은 '근대적 태도'가 결여되어 있다.

이런 표현은 원초적 정신을 설명할 때도 나타나는 것이지만, 중요한 차이가 존재한다. '전통적인 정신'은 다만 자각되기를, 근대화되기를 기다리고 있는 것이다. 보다 큰 그림은 전통적 사회의 거대한 모습인데, 거기서 사람들을 전통적 정신에 가두어져 있고 근대화는 그 드라마를 움직이도록 만든다. 정신은 변화하게 된다. 사회적 구조는 변화하게 된다. 새로운 사고와 기술은 이미 근대화된 유럽 사회들로부터 근대화하는 사회들로 확산된다. 근대화 교의는 현재와 같은 탈식민 세계에서 유럽적 관념, 태도 등의 공간적 확장이라는 개념만을 의미하지 않는다는 것을 명심할 필요가 있다. 그것은 또한 역사적 개념이다. 역사로서의 근대화가 그것이다. '전통적 사회'와 '전통적 정신'은 초기 유럽을 묘사하는데 사용되곤 했는데, 유럽의 등장은 근대화 과정으로 간주되며 그 과정의 출발점은 언제 유럽이 '이륙'—전통주의의 단계로부터 근대성을 향해 흥기하는—하기 시작했는가를 결정하는, 대단히 논쟁적인 문제이다. 유럽은 근대화되었으며 이제 비유럽이—비록 노예적이지는 않지만— 그 경로를 따르게 될 것이다. 잠시 이 점에 대해 거론해보겠다. 첫째, 나는 다른 방향들로 나아가도록 한다고 생각되는 주요한 인과 법칙에 대해 언급하고 싶다. 나는 무엇이 '전통적인 정신'의 본성인지에 대해 과학적인 증명을 제공해준다고 주장하는 심리학, 사회학, 그리고 다른 분과 학문들에서 일련의 학파들이 등장했다는 것을 보여줄 것이며 그런 다음 이들 학자들로부터 만들어진 결과물들이 다시 유럽의 기적에 관한 보다 새로운 저작들로 나아가는 길을 발견하게 되는 그리하여 역사로 스며드는 과정을 보여줄 것이다.

심리학에서 중요한 인물은 장 피아제Jean Piaget이다. 정신적 발전에 관한 그의 기본적인 이론은 모든 어린이들이 진보해야만 하는 일련의 불변의 발전 '단계'를 정식화했다. 피아제는 레비 브륄과 원초적 정신이라는 교의의 영향을 받았는데, 바로 1971년 무렵 그는 다음과 같이 생각하게 되었다.

> 많은 사회에서 성인들의 사고는 '구체적인' 작업의 수준을 넘어서지 않으며 따라서 우리의 환경에서 12세와 15세 사이에 발전하는 명제적 작업의 그것에 도달하지 못한다는 것은 가능한 일이며 이것이 알려진 민족지적 작업으로부터 우리가 얻은 인상이다.[105]

'명제적 작업'은 거칠게 논리를 의미한다. '구체적'이라는 것은 유아기적인 전前논리적 사고로서 추상적이고 이론적인 것을 다룰 수 없다는 것이다. 피아제는 위대한 심리학자이지만, 그는 비유럽적 심리학에 대해 직접적인 지식을 갖지 않았으며 또 가졌다고 주장하지도 못한다. 그는 유아와 원초적인 것을 동일시하는 전통적인 이중적 −발전 모델에 입각하여 주장을 펼치고 있다. (그리고 민족지학에 대해서 말하자면 그는 약30년이나 지난 낡은 인물이다.) 그러나 그의 제자들 가운데 많은 사람들은 그들의 이론을 근대화 교의와 연결시키고자 모색하면서, 그의 주제를 받아들이고 비유럽 사람들(특히 아프리카인)이 실제로 열등한 인지능력들을 갖고 있는지를 발견하기 위한 연구를 수행하기 시작했다. 실질적으로 이들 연구들 모두가 똑같은 실수를 저질렀다거나 예측 가능한 똑같은 결론을 내리고 있다고 말하는 것은 결코 과잉단순화가 아니다. 그들은 피아제가 유럽 어린이들에게 사용했었던 인지 능력에 대한 시험을 활용했으며, 이를 거의 수정하지 않은 채, 이 시험들을 비유럽인 어린이들과 어른들에게 시행하였고 예측가능하게도 이 사람들이 완전한 성인 인지 능력을 갖고 있지 못하다는 것을 발견했다. 이제 이 오류는 잘 알려져 있고, 현재 대부분의 피아제적 심리학자들은 비유럽인들이 인지적으로 유아와 같다는 주장을 하지 않는 것처럼 보인다. 1960년대와 1970년대의 피아제적인 연구와 더불어, 백인 남아프리카 심리학자들이 백인과 흑인 대상들을 비교했던 연구, 다른 백인들이 다른 아프리카 사람들에 대한 연구, 일부 이스라엘 심리학자들은 아랍인과 유대인의 인지 능력을 비교하는 등의 연구를 포함하여, 이 시기에 낡은 원초적이란 교의를 사실로 받아들였던[106] 다른 생각을 가진 학파들의 심리학자들(하인츠 베르너Heinz Werner학파와 같은)에 의해 많은 연구들이 수행되었다. 극소수의 예외가 있지만, 유럽 심리학자들은 비유럽인 조사 대상들이 인지 능력 면에서 결함이 있으며 그래서 '전통적'이라는[107] 것을 발견했다. 이들 연구들은 거의 모두가 '원주민들'이 기회를 살리지 못하도록 시험을 진행했는데 왜냐하면 이 시험들은 유럽화된 틀 속에서 유럽적인 것, 유럽인들이나 원주민 보조자들에 의해 통제되었기 때문이었다. 이 오류는 너무나 잘 알려져, 1980년대에 그것이 방향을 바꾸기 전까지 '교차-문화적 심리학'의 전 분야는 악명—자민족중심주의에 대한 변명으로서—을 얻게 되었다. 문제는 오늘날 대부분의 교차-문화적 심리학자들은 표면적으로는 비유럽인들이 유럽인들보다 덜 합리적이라는 점을 부정하면서도, 다른 사람들이 그 반대되는 주장을 하기 위해 사용되고 있는 많은 출판물들을 생산해내고 있다는 점이다.

합리성 교의는 근대화 교의에 가장 가까운 사회학과 경제학의 분야들에서, 특히 1950년대와 1960년대에 저발전된 나라들을 발전시키기 위해 마련된 정책들을 만들고 실행하는데 개입되었던 학자들 사이에서, 아마도 가장 영향력이 컸을 것이다. 1장에서 우리가 살펴보았듯이 이 영역의 관념은 최소한 세 가지 이유에서 근대화의 정치학에 결정적이었다. 무엇보다 가장 기본적인 것은 확산론을 유효화할 필요성이다. 둘째, 새로운 관념과 새로운 기술의 확산만을 포함했던 이러한 종류의 발전은 대량의 자본 유입, 산업 발전 등등을 포함하는 발전보다 원칙적으로 훨씬 값이 싸다는 것이다. 그리고 셋째, 똑같은 노선을 따라, 관념, 연구, 확장, 교육 등의 단계에서 발전은 위협적이지 않다. 그것은 권력 집단의 관계를 변화시키고 토지 개혁과 같은 것을 이루기 위해 암묵적인 혁명과 반혁명이라는 위험을 만들어 내지 않을 것이다. 이러한 이유로 관념의 수준에서 주로 영향력을 통해 발전을 갖다 주기 위해 작동 가능한 정책들을 유인할 수 있는 근대화의 분석을 생산하기 위해 이들 학자들은 많은 격려를 받았고 풍부한 연구비를 받았고 좋은 보수를 받았다.

도시 사회학자인 에버렛 로저스Everett Rogers, 사회심리학자인 데이비드 맥클랜드David McClelland, 경제학자인 에버렛 하겐Everett Hagen은 내가 약간의 풍자를 섞어 간략하게 설명할, 대단히 영향력 있는 기여를 했다. 로저스는 이 운동의 지도자 가운데 하나인데 그는 농민들의 정신을 전前발전('세계주의')의 그것과 비혁신적이고 '정체된' 그것으로 구분하였다. 결정적인 개념은 비유럽 농촌 공동체로의 합리성의 확산이라는 관념이었다. 발전에 있어 핵심적인(몇 가지 제한과 더불어) 것은 새로운 사고가 혁신적인 '채택자'로 이전되는 것이다. 관념 대부분이 그 자체로는 작동할 수 없고 (따라서 합리적이지 않고) 그것의 채택이 농민들로 하여금 지식이라기보다는 권력과 토지소유일지도 모른다는 사실은 무시되었다. 맥클랜드는 비서구 사람들 일반은 근대화되지 못했는데 왜냐하면 그들에게는 적절한 '필요-성취' 동기가 결여되어 있기 때문이다. 그들은 그들이 성취할 필요성을 가질 때 혹은 필요성을 가진다면 근대화될 것인데, 이 필요성은 고대 그리스부터 이후로 계속해서, 초기 유럽의 발전에서 결정적으로 중요했던 것이다. 하겐은 아무런 증거에 기초하지 않은 채 실험적 이론을 만들어냈는데, 그것은 비서구 사람들 그리고 특히 농민들이 모든 종류의 변화에 저항하는 전통적인 정신을 갖고 있다고 한다. 이 모델은 비창조적이고 가부장적 권위에 복종적이고(그리고 따라서 혁신적인 유아에 억압적이고) 변화를 주저하는 비의식적 정신을 가진 신화적인 농민이라는 전제로부터 출발한다. 이 세 학자들 모두는 그리고 수십 명의 추종자들은 농민들의 정신에 대한 일반적인 모델을 인지적인 그리고 태도적인(정서적인) 성격 모두에서 결함을 가진 것으로 만들었는데, 그러나 물론 사태는 그렇게 절망적이지는 않다.[108] 이 교의로부터 성장해온 최근의 많은 것들 가운데 하나는 비서구 정신은 전통적으로 기술이나 예술(기예)에 관심을 가졌지 과학에는 무관심했던 반면 서구의 정신적 '에피스테메'는 핵심에 있어서 과학적이고 합리적이고 지적으로 냉정—'에피스테메'—하고 또 역사적으로 그래 왔다고 주장하는, 낡은 '원초적 정신'이란 관념적 전통과 새로운 관념의 결합에 대한 스티븐 마글린Stephen Marglin의 이론이다. 이 낡은 교의에 대한 마글린의 새로운 비틀기는 비서구적 '기예' 일부는 서구적 '에피스테메'와 발전 과정상 합치되어야만 하는데 왜냐하면 과학적 사고와 감정이 실린 구체적 사고 사이의 보다 오래된 이중성과 같은 차별성으로 인해, 덜 지적이지만 더 정서적인 '기예'는 자연 환경을 덜 파괴하는 것 같고 비서구 사람들에게 심적인 피해를 덜 입히기 때문이라고 말하고 싶은 듯하다.[109] 마글린의 관념은 경제적으로 발전하는 세계(하겐처럼 그도 발전경제학자이다)에서 비서구적 비합리성에 관해 많은 이론화의 사례들을 제공한다.

다른 여타의 모든 사회사상 분야에서 유사한 주장을 검토하는 일은 우리로 하여금 애초의 목적에서 너무 벗어나게 만들 것이다. 다음의 것들만으로도 충분할 것이다. 지리학에서 혁신적 관념의 확산이라는 접근법은 1960년대 이래로 중요했으며 오늘날에도 그러하다. 농민과 비서구 전통주의에 대한 똑같은 낡은 가정이 여전히 지배적이다. 일부 지리학자들은 심지어 비유럽인들은 정신적으로 가뭄이나 폭풍과 같은 자연재해를 대처하는데 모든 가용한 수단을 사용할 능력이 없다고 주장한다. 지리학자인 로버트 삭Robert Sack은 공간인지에 대해 고전적으로 유럽중심적인 이론을 채택하고 있다. 대부분의 비유럽 사람들은 (원시적이거나 대부분의 농민들) 공간적 측면에서 근대 유럽 성인들이 할 수 있는 방법을 생각할 수 없다. 그가 사용하는 권위자들—그 주장은 권위로부터 왔지 증거로부터 나온 것이 아니다— 가운데는 레비 브륄과 피아제가 있다.[110] 미국 교육 분야에서 (서구적)합리성에 관한 이중적-발전주의 이론의 보다 새로운 형태는 시험을 포함한 여러 영역에서 그 영향력이 대단히 크다.[111] 데카르트주의와 칸트주의의 전통에서 그리고 특히 근대 신칸트주의에서 그러한 사례를 발견할 수 있듯이. 철학분야에서는 위에서 논의한 합리성에 관한 관념들의 조류와 정신-육체 이중성의 부활 사이에 강력한 관계가 존재한다.[112]

나는 비서구적 비합리성이라는 교의가 근대 학문세계에서 완전히 패권적이었다거나 그 공식에 대해 아무런 도전이 존재하지 않았다고 주장하지는 않는다. 그러나 일반적으로 그 교의는 아마도 인류학과 경제학을 제외한 모든 사상 분야에서 지배적인 것으로 존재한다. 최근 십 몇 년간 인류학은, 일부 착오는 있지만, 원초적 정신이 원초적이지 않다는 주장을 확고하게 지켜오고 있었다.[113] 그리고 경제학 분야의 일부 학자들은, 이론들의 공리로서 보편적 경제적 합리성의 원칙이 너무나 필요한 나머지, 기꺼이 모든 사람들에게 합리성을 부여하고자 했다.

합리성과 유럽의 기적

유럽적 합리성이라는 관념은 흔히 '베버주의'라고 불리는데, 왜냐하면 막스 베버는 다른 사회들의 뒤떨어진 합리성에 관한 다양한 부정적인 판단과 유럽의 사회적 진화에 대한 다양한 설명 과정 속에서 이 관념에 대한 중요한 용법을 만들어냈기 때문이다. 하지만 합리성교의는 이 주제에 관한 베버의 중요한 저작이 출판되었던 20세기 초반 유럽에서 이미 광범위하게 지지받고 있었다. 그러나 기존의 것에다 자신의 것을 일부 보태고 나아가 전통적인 교의를 성문화했다. 따라서 그 교의는 현재적 관점에서 볼 때 베버적인 것으로 불릴 수 있게 되었던 것이다. 이 관념은 다른 측면에서 그리고 아마도 더 중요한 의미에서 베버주의적이다. 베버는 근대화 과정을 강조하고 유럽의 근대화를 그가 가끔 아시아 문명이라고 부른 '전통주의'와 대조시키는 틀 속에다 유럽의 사회 진화를 위치시켰다. 제2차 세계대전이 종결된 직후 학자들 사이에 근대화 패러다임이 자리를 잡게 되었을 때, 막스 베버는 그 패러다임의 기초적인 사회학적 교의에서 가장 뚜렷하고도 가장 논리적인 자원이었다. 그 이후로 유럽의 등장과 합리성의 개인적인 특성, 혹은 베버가 기초적인 것(그리고 주요하게 유럽적 합리성의 결과로서)으로서 취급했던 사회 단계의 특성과 제도를 강조하려고 선택했던 것에 대해 집필한 학자들은 (비록 그들이 베버의 모델 일부를 거부했다 하더라도) 이런 저런 정도로 베버주의자였다. '유럽의 기적'에 관련된 현재 이론들에 대한 우리의 논의에서 베버의 중요성은 현재의 '기적'에 관한 가장 영향력이 있고 지배적인 사상 학파가 바로 베버주의자라는 사실에서 비롯된다. 따라서 합리성에 관한 베버의 관점은 간략하게나마 논의가 필요하다.

비록 그의 통찰력에 중요한 한계는 있었지만, 베버는 19세기 후반에서 20세기 초반의 서구 자본주의 사회를 세심함과 커다란 안목으로 분석하였다. 그는 현대 유럽 자본주의가 그 근저에서 고대에서 현대 사회에 이르기까지의 지적이고 윤리적인 것을 의미하는 인간 합리성의 고양, 지적 진보인 사회적 진화 과정의 축적이라고 생각했다는 점에서 그의 시대, 공간, 계급에 대해 전형적인 자부심을 지니고 있었다. (그는 미래에도 계속해서 그러한 고양이 진행될지에 대해서는 의심했다.) 진보의 각각의 단계에 사람들은, 국가, 법체계, 관료제, 경제, 도시 등등과 같은 새로운 사회적 형태들을 발명했는데, 그러나 이것들은 기본적으로 진보의 기본적인 원인이라기보다는 진화하는 합리성의 산물이었다. 더 합리적인 사회를 향한 진전은 유럽에서 그리고 유럽인들 사이에서 발생했다. 유럽의 시간의 터널 바깥에 존재하는 모든 사회들은 다양한 정도로 전통적이었고 다양한 정도로 비합리적이었다.

베버는 어떻게 해서 유럽인들이 기본 동인으로 이러한 합리성을 최초로 보여주었는지를 묻는 질문에 대해서는 별로 말이 없다. 그는 다양한 변수들을 상기시켰는데, 그 가운데 하나는 우리가 앞서 언급했던 것처럼 인종이며 다른 하나는 자연 환경이었다. 다른 것들은 문화 내에서 깊이 잠들어 있는 것처럼 보인다. 하지만 베버는 이 기본 동인 수준에서 인과성을 논의한 적은 거의 없는데, 말하자면 왜 유럽인들이 독특한 합리성을 갖고 있는지 그리고 프로테스탄트 개혁과 근대 이전의 오랜 기간 동안 어떻게 그것을 갖고 있었는지에 대해서는 거의 설명하지 않고 있다.[114] 하나의 이유는, 사회 과정들,

사회 구조들, 사회 변동의 기본 원인으로서 취급되는 관념들과 가치들 그리고 관념들과 가치들의 진화를 갖고 있는 사회적 인과에 관한 그의 관점에 존재하고 있다. 주어진 이러한 관념에서, 그는 관념들과 가치들에 대한 비이데올로기적 수준의 원인을 돌아보지 않았다. 의심할 바 없이 다른 이유들도 존재한다.

베버가 합리적이고 진보적인 유럽사회와 비합리적이고 전통적인 아시아 사회(아프리카와 아메리카는 거의 언급되지 않는다) 사이에 놓인 차이의 기본적인 원인을 무엇이라고 간주하든, 그는 그러리라고 예상된 차이들을 매우 조심스럽게 묘사했다. 가장 결정적인 주장은 그의 『일반 경제사』와 『프로테스탄트 윤리와 자본주의 정신』에서 발견된다. 유럽인들 사이에서 합리성의 발전—그것이 일어났다 하더라도—은 보다 근본적으로 자본주의를 만들어낸 개혁(특히 칭교도주의)과 관련되어 출현했던 특정한 종류의 경제 윤리, 가치체계, 영감, 그리고 논리적 사고 과정을 촉발시켰다. 여기서 중요한 초점은 기본적인 합리성이 자본주의의 '경제 윤리'와 프로테스탄트 운동 모두를 만들어냈다는 것이다. 베버는 종교라는 협소한 측면에서 (일부 사람들이 생각하듯) 자본주의와 근대성을 설명하지 않았다. 그는 종교를 아시아 사람들의 전통주의라 생각되는 많은 측면들을 설명하기 위해 끌어냈지만, 그러나 여기서도 마찬가지로 원형적 비합리성은 근원적인 종교로 간주되고 있다. (예를 들어 그는 인도인과 중국인들의 '주술적 전통주의'에 관해 쓰고 있다.[115])

유럽인들의 우월한 합리성은 유럽과 비유럽 사이의 또 다른 중요한 역사적 차이를 낳았다. 유럽인들은 기본적으로 자유를 사랑하며 동양적 전제주의에 의해 신음하지 않았다. 베버는 유럽의 도시들이 아시아의 도시보다 훨씬 자유로운 도시 형태로 계승되었으며, 아시아의 도시들은 그 위를 둘러싼 제국에 의해 전적으로 통제되는 (본질적으로) 물리적 실체에 불과한 것으로 반면 유럽의 도시들은 중세에 출현하여 근대를 여는 진정으로 새로운 사회 형태로 인식하였다.[116] (우리가 3장에서 논의한 것처럼, 아시아의 도시들은 베버가 그들을 묘사한 것과는 달랐다. 일부는 자유 도시 국가들이었고 다른 일부는 느슨한 제국의 우산 아래서 사실상 자유를 누리고 있었다.) 마찬가지로 토지보유제도는 합리성의 차이로 인해 서로 달랐다. 베버는 (여기서 순수하게 전통적인 유럽적 관점을 지향하고 있다) 유럽에서만 진정으로 사적 소유권이라는 개념이 출현했다고 말한다. 봉건 영지는 진정으로 사적 소유이다. 아시아의 영지는 고관들의 수입의 원천으로서 국가에 대한 봉사의 대가로 급여의 형태로 주어진 그리고 일반적으로 국가에 귀속되는 단지 일시적인 토지의 할당에 불과한 것으로 간주된다. 그러나 유럽의 봉건 영지도 마찬가지로 법적으로나 실제적으로나 봉사에 대한 대가로 주어졌으며 두 대륙 모두에서 이러한 종류의 영지는 일반적으로 세습되는 경향이 있었고 따라서 점차 사적 소유가 되었다(3장 참조). 물론 베버는 유럽과 비유럽 사이의 다른 예상된 차이에 대해 말하지만 여기서 주어진 사례들은 그의 전체적인 접근방식을 보여주기에 충분할 것이다.

비록 베버는 그것들을 성문화하고 뛰어난 방식으로 발전시켰지만, 베버가 이 주장들의 대부분을 처음으로 만든 것은 아니었다. 하지만 베버는 전체적인 신뢰를 받고 있으며, '베버주의'는 이제 유럽의 '기적'을 설명하는데 가장 중요한 형태의 이론이 되었다. 기초적인 형태는 대단히 단순하게 요약될 수 있다. 합리성은 인과의 근원이다. 유럽에서 차별적 합리성의 효과는 영구한 진보, 근대화 그리고 자본주의이다. 비유럽에서 인과의 근원은 정체성, 전통주의, 그리고 미신과 같은 다양한 비합리적인 문화적 속성이다. 여기서 제시되는 모델은 단순한 확산론이다. 합리성과 근대화는 유럽에서 영원한 것이다. 유럽으로부터의 이러한 특성들의 확산이 아니라면 비유럽은 근대화 될 수 없다.

'서구적 합리성'이란 교의는 오늘날 유럽의 독특한 흥기와 그것의 '기적'을 설명하는데 널리 사용된다. 유럽인들의 우월한 합리성은 인종적 우월성의 특성으로, 묵시적으로라도 더 이상 존재하지 않지만, 역사가들이 어떻게 인종적 우월성 없이 유럽인의 우월성을 주장할 수 있는지는 대답하기 쉽지 않은 질문이다. 일반적으로 막스 베버의 의례적 인용과 더불어 혹은 아마도 동양적 전제주의의 해악 혹은 자유롭게 살아가는 고대 유럽 농민에 관한 이따금씩 등장하는 추측과 더불어, 인과성은 고대 역사의 불가해한 안개로 뚫고 들어갔다. 나는 많은 역사가들에게 유럽적 합리성이란 개념은 단순히 공리적인 것이라고 의심한다. 그 이유가 무엇이든 유럽인들은 그러한 방식으로 만들어졌다.

『유럽의 기적』에서 에릭 존스는 유럽의 역사적 우월성에 대한 설명으로서 합리성에 대해 진지하게 탐구했다. 그의 주장은 아시아인과 아프리카인들에게는 근본적인 합리성이 결여되어 있다는 것이다. 그 주장은 너무나 두텁고 이 추정적인 비합리성에 대해 아무런 설명을 시도하지 않아 근대 '기적' 역사가들 사이에서 존스가 홀로 깊은 선입견에 빠져있다는 의심을 회피하기 힘들다. 아프리카인들은 역사에서 아무런 중요성도 갖지 못하는 것으로 간략한 논의 속에서 쉽게 처리되고 있다. 그들은 다른 인간들보다는 동물에 더 가까운 것이라 쉽게 생각하는 방식으로 특성화되고 있다.

아프리카에서 인간은 스스로를 자연에 적응시킨다. 사냥꾼들은 생태계 안에서 경이로움을 가지고 그것을 보면서 그리고 그것보다 우월하거나 위에 존재한다고 생각하지 않는 방식으로, 스스로를 생태계의 일부로 느낀다. 또 인간을 전리품으로 보는 거대한 육식 동물이 존재한다. 이 생태적 일체성을 가장 상기시키는 상징은 아마도 벌꿀을 알려주는 새……인간과 공생하는 조류일지도 모르겠다. 그들은 시끄럽

179

2
장
유럽의 기적이라는 신화

게 지저귀면서 사냥꾼 무리에 앞장서 그들을 인도하면서, 나무에 있는 야생벌들의 벌통으로 날아다니며 인간이 벌통을 부숴 개방한 다음 밀랍을 먹는다.(154)[117]

이것은 타잔의 이미지이다. 대부분의 아프리카인들은 농부들이지 사냥꾼들이 아니다(우리는 앞서 이에 대해 논의했다). 또 먹을 것을 찾아 헤매는 집 참새는 런던의 외곽에서 인간과 공생하지만 존스는 '공생주의'를 아프리카인들에게만 말하고 있다(우리가 보게 되겠지만, 인종학은 아시아인에게도 비슷한 것을 일깨운다.[118])

> 발전 혹은 발명에 대한 불충분한 유인 혹은 압력……어떤 압력……은 표면적으로 방법의 개선 대신에 노예의 사용에 의해 상쇄된다……그렇지 않으면 부는 사치품을 사는데 소비될 것이다……갈등과 노예 강탈의 결과로서 폭넓은 불안이[존재한다]. (155-156)

따라서 아프리카인들은 발명적이지 않고 공격적이고 사치를 사랑하고 노예상인이거나 노예들이다. 그리고 마찬가지로 사냥꾼들은 그들이 사냥하는 동물들에 가깝다. 그래서 '내생적인 발전이 가능한지는 분명하지 않다'(156).

아시아인들은 논리적으로 생각하지 않는다. '경험적 탐구와 그리스적-유대적-그리스도교적 전통에 입각한 비판의 상대적인 부재'(161)와 '논리적 논쟁의 분명한 전통의 결여'(162)가 존재하는데, 이는 아시아 과학의 '실패'를 설명해 준다. '자연을 해석하는 데 있어서 합의의 개념은 멍청한 것으로 보일 수 있다'(162)—아시아인들은 과학적 검증을 개념화하는, 거짓으로부터 경험적 진실을 구별하는 능력을 가지고 있지 않을 수도 있다. 그들은 창조적이지 못하다. '아시아의 제도들은 창조성을 탄압했거나 그것을 육욕적인 사치품을 생산하는 것으로 전환시켰다'(231).

아시아인들은 진보를 저해하는 태도와 가치를 갖고 있다. 경험적 사고를 희생하면서 '동양 철학은 감정, 가치 그리고 우주론을 〔강조한 다]'(161). 동양인들은 게으르다(163). 그들은 (아프리카인들처럼) '사 치품을 사랑'하며(170), 그들은 '물총새 깃털……값진 보석……근대 의 약 처방이 갖지 못한 약물'(164)과 같은 것들을 구입하기를 좋아 한다. 그들은 '노예근성'을 갖고 있으며 그들의 군대는 '강인한' 사관 들이 없다(167). 그들은 보통 내향적이며, 내부를 들여다본다. 그들 은 스스로 부과한 '고립'(170), 탐험의 유혹을 결여한(168, 177, 203, 231), '호기심어린 경험들을 견뎌내는, 좀처럼 움직이지 않는 사회들' 이다. 그들은 분별없는 전쟁을 하며(169, 188, 197), 명문화된 법적 제 도를 갖고 있지 못하며(164, 188, 197), 정치적 경계라는 개념을 갖고 있지 않다(167, 194). 많은 도둑들과 해적들이 존재한다(189, 199, 209, 229-30).

이러한 유형의 판단 대부분에서(나는 다만 하나의 사례만을 들었 을 뿐이다), 존스는 아시아인들은 일반적으로 그리고 역사의 모든 시 대를 통해 이런 식으로 언급하고 있다.[119] 일부 판단들은 더욱 특정 적이다. 이슬람 사회는 다른 사회들로부터 기술을 빌려오고 고대 그 리스 과학을 보존하여 일시적으로는 혁신적이었다. (이것은 표준적인 유럽중심적 신념이다. 아랍인들은 지적인 임시 수화물 보관소처럼 암흑 기 동안 그리스 과학을 보존했으며 그것을 더 나은 발전을 위해 유럽에 다시 돌려줬다.) (존스에 의해 논의된 이슬람 문화의 유일한 진짜 사례로 서, 전체적으로 그리고 늘 이슬람의 상징으로 대표되는 오명을 지닌) 오 스만 제국은 본래의 사고를 근절시켰다. 그것은 비이성, 후진성, 퇴 보, '반계몽주의적 사고의 안개'를 만들어냈다(183). 오스만인들은 '지리학의 기본적인 사실'조차 알지 못했으며(184) 어지간한 지도조 차 만들 수 없었다(179). (존스 자신은 지리학과 지도에 대해 별로 아는 것이 없었다.) 지배자들은 종종 전제주의와 테러로 지배하는 '타락자,' '술고래,' '정신적 장애자,' '호색가'(186-187)였으며, 그들의 '철학'은 장물이나 약탈품이었으며 그것에 대항하는 '법적 보호막'이 존재하지 않았다(187-189).

인도 사회는 경제적 진보에 유해한 가치들을 가지고 사회적으로 심리적으로 '얼어붙어'(192) 있었다. 종교는 모든 행동에 희생을 요구했지만, 종교 지도자들의 충고는 '악의적이거나 자의적이었다'(195). 오스만의 지배자들과 마찬가지로 무굴의 지배자들은, '주색에 빠진 이기성,' 후궁들, 보석, 동물원, 음모, 배신(196)이라는 조건 속에서, 자신의 이익을 위해 사회를 운영하는 타락한 자들이었다. 국가는 순수하게 약탈로 살아갔다. 기술은 '거의 정체'되어 있었고, 외부로부터 모방조차 하지 않았다(199). 존스는 '문자로 쓰인 법전은 존재하지 않았다'는 기상천외한 잘못된 진술을 하고 있다(197).

중국은 진보가 멈추었던 중세 초기까지는 기술적으로 발명적이고 혁신적이었다. 그 이후 '후퇴'(203)가 일어났다. 일부 기술들은 망각되기까지 했다. 중국인들은 '내면을 들여다보게' 되었다(203, 216, 220). 중국은 기술, 무역, 탐험으로부터 '멀어져 갔다.' 기술적 발전은 농업에서도 중지되었고 숲들을 베어내는 것이 '생태학적 우둔함이라는 인류의 행위들 가운데 하나'였음에도 불구하고 대체 불가능한 숲의 비합리적인 남벌을 했으며, 새로운 토지의 경작, 옥수수, 고구마와 같은, 적절한 시기에 다행스럽게도 신세계로부터 도착한 곡물들이 중국을 재앙으로부터 일시적으로나마 구원했다. 그 우둔함은 '토양의 침식, 침식으로 인한 협곡화, 침적토와 홍수'를 초래했다(213). (유럽과 북아메리카의 산림 벌채는 '우둔하지' 않았다.) 농민들은 '질투와 의심'의 대상이었고(206) 멍청했으며(212-217) '풍요함'보다는 '최대한의 재생산'을 선호했다는 점에서 아둔했다(218). 국가는 전제적이었고 지배자를 위한 '조세-흡수기'였으며 아무런 서비스도 제공하지 않았다(206). 사치품 선호, '공허한 문화적 우월성'(205), 부패, 매수, 기생적인 지배계급이 존재했다. 중국인들은 '반사회적 관습'(7)과 질병에 물들어있었다.

아시아인과 아프리카인의 특성화를 통해, 존스는 비교 동물 행위의 과학인 인종학을 반복적으로 제기했다. 동양의 궁정은 '지배 관계'의 전시장으로 제시되었다(109, 209). '과시를 위한 목적'으로 노예의 '축적'이 있었던 것처럼, 일부다처제는 '인종학적 중요성'을 가졌다. '무릎 꿇음, 부복, 머리 조아림과 같은 복종의 상징에 많은 주의가 기울어졌다'(209). 인도에서, '유사한 배열이……인간의 인구학적 행위와 암소의 숭배에 깔려있다'(19). 아프리카의 '공생관계'를 기억해 보라.

비유럽인들의 지적이고 도덕적인 열등성에 관한 이러한 신념들은 낡은 식민지 시기의 선입견이며 존스는 그것들을 암송했다. 내 생각에, 『유럽의 기적』이 일부 역사가들에 의해 심각하게 받아들여졌다는 사실은 부분적으로 이 낡은 선입견이 여전히 우리의 학문 세계 속에 암묵적인 신념으로 잠복해있는 정도를 반영하는 것이다.

'기적' 계열의 다른 많은 역사가들은 유럽의 합리성을 자신들의 설명적 이론들의 기초로 혹은 그것에 가깝게 끼워 넣고자 한다. 마이클 만은 이러한 장르의 전형적인 대표선수로 간주될 수 있다. 우리는 이미 북부 숲 지대에 살았던 독특하게 개인주의적인, 호전적인, 자유를 사랑하는 인도 유럽인들의 놀랄 만한 철기 시대에 관한 그의 계산된 이론을 논의한 바 있다(이 관념들은 19세기 초기 학문세계로부터 출발했는데, 유럽에 대한 혹은 비교적 관점에서 비유럽에 대한 군건한 증거에 근거하고 있지 않다). 만은 부드럽게 고대 그리스로 움직여가서 그리스를 초기 인도 유럽적 근원적 합리주의의 결과물로 간주한다. 그리스인들은 과학으로부터 민주주의와 윤리학(인간성에 관한 존경)에 이르기까지 대부분의 것들을 합리적인 것으로 발명했다. 다른 지중해 사람들은 북쪽으로부터 아래로 휩쓸고 내려온 인도 유럽인들과 비교해 볼 때 그다지 기여한 바가 없다. (유럽 농민들을 정복했던 로마의 영향조차도 '비유럽적인 것'으로 간주된다.[120]) 그래서 북 유럽인들이 숲 지대를 정복하고 만이 유럽 사회의 '선도적 변경'이라 불렀던 영국으로, 운명 지워진 목적지로 간주되는 지역을 향해 움직여감에 따라, 역사는 북서쪽으로 움직였다.[121] 중세 초기, 기원 후 약 800년 무렵, 옛 문화와 새로운 그리스도교가 결합한 합리성의 새로운 단계가 출현했다. 유럽인들은 이제 혁명적인 농업 체계와 더 많은 것들을 만들어내면서 그들의 '합리적인 활동성'과 독창적인 창의력을 과시하였다. 설명은 고대적 합리성, 더 새로워진 그리스도교적 합리성, 놀랄 만한 유럽적 환경이라는 틀을 갖추었다.[122] 이것은 만에게 유럽의 기적에 있어서 핵심적인 것이었다. 더 많은 언급을 요구하는 이 구성물의 유일한 일부는 중세적 기술혁명이라는 이론이었다. 이것은 우리가 다음 부분에서 논의할 것이다.

린 화이트 2세Lynn White Jr.는 중세 유럽인들의 기술적 창의력에 관한 그의 이론으로 합리성 교의의 영향력 있는 형태를 덧붙였는데, 이 또한 다음 부분에서 논의할 것이다. 존 홀은 또 다른 판본을 더했는데, 유럽인들에 의한 합리적 정치의 발명에 대한 강조를 제외한다면 그리고 아시아 역사에 관한 다양한 부정적 판단에서 에릭 존스를 따르는 경향이 있다는 것을 제외한다면, 만의 논지와 거의 유사하다. 이 자리에서 나는 유럽의 기적에 관한 자신들의 이론에 대한 기반으로서 다른 일부 현재 역사가들이 주장하고 사용하는 서구 합리성에 관한 이론을 검토할 충분한 여유는 없다. 다만 그들 가운데 일부가 마르크스주의자들이거나 그것에 가까운 사람들이라는 점은 언급되어야만 할 것 같다. 예를 들어 페리 앤더슨Perry Anderson은 고대 그리스의 합리성으로부터 유럽의 중세적 진보까지를 주장한다. 핀리M.I. Finley, 로버트 브레너Robert Brenner는 매우 차별적인 마르크스주의적

합리성 이론을 제시하였다. 합리성은 영국의 요맨 농부들 사이에서 자본주의가 꽤나 갑작스럽게 출현하기 이전까지는 존재하지 않았다. 요맨들은 놀랄 만큼 창조적이 되었고 아직도 끝나지 않은 기술혁명을 시작했다.[123]

기술

역사를 좁은 시야에서 바라보는 방법들 가운데서, 기술 결정론은 유럽중심적인 터널 시각에 가장 잘 들어맞는 것 가운데 하나이다. 그것은 외관, 환싱, 닁철한 과학적 사실을 갖고 있다. 'X는 여기서, 이 시점에 발명되었고 이러한 결과들을 산출했다.' 자민족중심주의는 기술에 관한 문제를 거론하게 되면 전체적인 그림에 끼어들 여지가 없다고 주장할 수 있을 것이다. '이것은 확고하고, 논란의 여지가 없는 사실이다.' 그리고 기술의 중요성 또한 똑같이 논란의 여지가 없어 보인다. 새로운 사회형태는 역사적 중요성을 가질지도 모르는데 반해, 새로운 도구는 정말로 더 많은 식량을 생산하고 새로운 무기는 더 많은 사상자를 낸다. 하지만 그렇지 않을지도 모른다. 기술 결정론은 '망원경 역사'로 알려진 오류로부터 커다란 강점을 갖게 되는 것처럼 보인다. 우리가 정신적으로 중세 유럽으로 되돌아가는 여행을 할 때, 우리는 유럽이 분명하게도 기술적으로 다른 누구보다도 우월했던 시기를 지나서 과거로 돌아가게 되며 그래서 우리는 그 우월성이 모든 앞선 시대들에서도 그러했었을 것이라 기대하는 경향이 있다. 그러나 유럽은 기술적으로 아시아와 아프리카보다 뒤늦게 발전했으며 그것도 주로 산업혁명이 시작된 이후에 그러했다. 유럽은 17세기나 혹은 이후까지도 기술이나 과학에서 다른 문명들에 앞서 나가기 시작한 적조차 없었다. 망원경 역사에 따르면 우리는 근대 유럽의 뛰어난 기술적 기여를 중세에다 물들였던 것이다. 너무나 **명백하게도** 역사에서 기술이 강력한 동인인 까닭에, 그리고 유럽은 늘 그토록 기술적이었던 까닭에, 여기가 유럽의 기적의 뿌리라는 것은 결론에 도달하는 작은 발걸음에 불과한 것이다.

그러나 도구는 그 자체로 스스로를 창조하거나 재생산하지 않는다. 만약 기술 결정론을 주장한다면, 기술이 출현했고 이러저런 효과를 갖고 있다는 것을 보여주어야만 할 뿐 아니라 왜 그리고 누구에 의해 그것이 발명되었는지를 설명해야만 한다. (내 생각에) 거의 모든 기술 결정론적인 주장들은 유럽의 역사적 진보를 설명하기 위한 일부로서 만들어졌으며, 기술적인 주장들은 발명자에 관한 주장으로 끝이 나지 기술에 관한 것으로 끝이 나지는 않는다. 그것들은 유럽인들이 비유럽인들보다 더욱 창조적이고, 혁신적이고, '합리적'이라는 베버적 주장으로 끝난다. 기술 결정론은 합리적인 유럽인들이 새로운 정치 체제, 새로운 형태의 사회조직, 새로운 종교 혹은 다른 무엇을 발명함으로써 그렇게 한다기보다는, 새로운 기술을 발명함으로써 그들 사회를 전진시켜간다고 주장하는 점에서 다른 종류의 터널-역사 이론들과는 구별된다.

유럽중심적 역사가들은 기술이 후기 신석기 시대 이래 지금까지 모든 시대에서 기본 동인이었다고 주장한다. 오늘날 농업, 교통, 그리고 다른 영역에서 고대에 가장 위대한 기술적 혁신이 남쪽과 동쪽에서 유럽으로 들어왔다는 증거를 무시하기는 대단히 힘들며, 그래서 기술적 주장은 중세로부터 시작하는 경향이 있다. 그러나 예외는 있다. 마이클 만은 우리가 앞서 언급했듯이 철의 발명이 다른 지역에서는 그렇지 않았던 방식으로 어느 정도 유럽의 농민 사회를 혁명적으로 발전시켰고, 그것이 철제 쟁기질을 하는 인도 유럽어족 농민들에 뿌리를 둔, 놀라울 만큼 창조적이고 탐욕적인 (등의) 사회형태를 만들어냈다는 오랜 관념을 복원시켰는데, 그는 이와 병행하여 고대 중동의 동양적 전제주의는 기술적 창조성의 발목을 잡고 있었고 거기서 농민들은 관개기술을 필수적으로 수반하는 정치체제에 의해 강력하게 통제된다고 주장했다. 그러나 이 이론은 많은 증거들과 모순된다. 중세의 기술적 진보에 대해 많은 것들이 알려졌는데, 이 시기에(후기 신석기시대로부터 철기시대에 이르기까지 그리고 그 이후로) 비창조성이란 관념은 비논리적이다. 그러나 철기 작업은 유럽에서 발명되지 않았다. 아마도 그것은 중동에서 왔는데, 더 먼 곳(서 아프리카를 포함하여)에서 왔다는 증거도 있다. 쟁기는 유럽 농업에서 뿐만 아니라, 관개 농업이든 비관개 농업이든 상관없이, 중동의 농업에서도 사용되었다. 쟁기는 유럽에서보다 중국에서 먼저 사용되어졌다. 그래서 만(그리고 다른 사람들)이 제기한 기술적 주장은 근거가 불충분하며 심리적이고 사회적인 연역은 허위인 것이다.

다른 많은 '기적' 역사가들은 고대 그리스와 더불어 시작하고 있으며 설화의 원본에서 그들은 독창적인 유럽인들이라고 규정되는데, 그러나 그리스인들이 기술적인 진보에 기여했다기보다는 남쪽과 동쪽으로 그들의 이웃이 더 많은 기여를 했으며 따라서 이러한 종류의 주장은 우리가 앞서 논의한 대로 실재성이 아니라 잠재적인 '합리성'이라는 추상적 관념으로 되돌아가야만 한다. 반대로 로마인들은 어느 정도 창조적이었지만 그러나 그들의 이웃들도 창조적이었다. 모든 사람들이 동의하듯 유럽의 암흑시대에 기술적인 진보는 그다지 인상적이지 않았으며, 사실 기술적인 진보는 아프리카와 아시아의 일부에 존재했던 더 건강한 지역들에서 진행 중이었다. 비록 유럽의 고대적 기원을 주장하는 관점이 수십 년 전까지만 해도 꽤 널리 퍼져있었지만, 나는 오늘날 역사가들의 대다수가 중세 이전의 유럽에서 독창적인 기술적 진보를 발견했다고 주장하는 마이클 만과 다른 여러 사람들의 견해에 기꺼이 동참하고 싶어 하지 않을 것이라 생각한다. 인간 사회에서 일어났던 이 과정에 관해 별로 이상한 것이 없기 때문에, 대부분의 사람들은『유럽의 기적』에서 유럽이 늘 '기술에 관한 지식의 방해받지 않은 축적 속에서 나타난 돌연변이의 문명'(45쪽)이었다는 에릭 존스의 견해에 동의하지 않는다.

기술적 주장이 돌출하게 된 것은 중세와 더불어 그렇게 되었다. 유럽의 '기적'을 논의하는 역사가들이 가장 빈번하게 기술적인 '근대로의 이륙'이라는 관념에 직면하게 되었던 것은 바로 이 지점이었다. 공통적인 주장의 형태는 다음과 같다. 북유럽인들은 암흑기의 후반, 초기 중세까지만 해도 오히려 후진적인 인종이었다. 그런데 계몽과 같은 종류의 것이 발생했을 때 북유럽인들은 이제 갑자기 우리가 현재 알고 있는 사람—세계에서 가장 역동적이고, 가장 진보적이고, 가장 혁신적이고, 가장 급속하게 흥기하는 사람—으로 등장하게 되었는데, 이런 역사가들의 주장에 의하면 이러한 흥기에서 핵심적인 것은 초기 중세의 기술적 혁신, 주로 **유럽적인** 발명이었다는 것인데, 이러한 주장은 비유럽을 무시하고 우리에게 전형적인 종류의 유럽중심적 터널 역사를 제시하는 것에 기초하고 있었다.

린 화이트 주니어는 미국 역사학자인데 그는『중세 기술과 사회 변동』이라는 책에서 기술적으로 결정되어진 터널 역사의 주장을 가장 순수한 형태로 제기하였다. 1962년에 출판된 이 책은 큰 영향력을 미쳐왔다. 그의 주장은 만, 존스, 홀(이들은 이 책을 자신들의 저서에서 반복적으로 인용할 뿐만 아니라 자신들의 이론을 지지하기 위해 인용하는 많은 기술적 주장들을 이 책에 의존하고 있다)을 포함한 많은 '기적'이론가들의 이론에 영향을 미쳐왔다. 이 책은 기술적 발명과 혁신이 중세 동안 유럽의 흥기의 핵심적인 원인이었다는 점을 보여주려고 노력한다. 화이트는 유럽적 발명이라고 상정되는 일련의 것들을 나열하고 각각에 대해 그것이 얼마나 유럽 역사에 커다란 영향을 미쳤는지를 보여주고자 한다. 여기서 제일 원인에 대한 하나의 사례가 있다. 초기 중세에 철 마구의 발명은 '역사에 대해 촉매적……영향력'을 갖고 있었다. 그것은 새로운 형태의 기병 전술을 가능케 했고 중세 기사라는 현상을 만들어냈으며, 봉건제를 만들어냈다(기사들은 장원의 영주가 되었다). 그리고 '과거 천 년 동안 우리가 알고 있는 것처럼 말 등위에 앉은 사람은 이 마구에 의해서 그렇게 할 수 있었던 것이다.'[124]

그러나 화이트의 결정적인 주장은 생산적 기술을 염두에 두고 있으며 특히 농업 기술을 중시한다. 그는 유럽에서 농업 혁명은 초기 중세에 발생했으며 이것은 유럽 사회를 꽤나 혁명적으로 변화시켰으며, 근대화와 자본주의의 흥기에 대한 설명에서 중요한 부분이 되었다고 주장한다. 그는 유럽의 세 가지 발명이 문제의 핵심이라고 믿는다. 큰 생기, 마구(따라서 마력의 사용), 그리고 삼포 윤작이 그것들이다.

화이트는 (전형적으로는) 여덟 마리 수소 무리가 끄는 중重쟁기는 6세기에 시험적으로 중부유럽에서 시작된 것으로 설정한다. 그리고 그것은 빠르게 북서유럽으로 확산되었으며, '8세기 카롤링거 치세 하에서 활짝 핀 역동성을 상당부분 설명해준다.'[125] 화이트 이전에 다른 사람들이 그랬던 것처럼, 화이트가 유럽의 습지와 추운 지역에서 농업 혁신의 하나로 중 쟁기의 중요성에 대해 주목을 촉구했다는 점은 옳다. 그것은 깊고 무거운 북유럽 평원의 토양을 가는데 상당한 이점이 있으며 땅을 깊이 파는 것은 북유럽의 습한 기후라는 측면에서 볼 때 결정적인 것이다. 사실 그것은 농업 지역이 보다 습한 곳으로 확산되는데 필수적이었다. 따라서 중쟁기는 중세 농업 생산에서 전체적인 증가와 상당한 관련이 있다. 그러나 사실 중쟁기는 중세 유럽에서 발명된 것이 아니다. 24마리의 수소 무리가 끄는 쟁기는 기원전부터 북인도에서 사용되었다.[126] 남부유럽은 보다 가벼운 쟁기를 사용했는데, 왜냐하면 토양이 일반적으로 더 가볍고 더 건조했기 때문이었다. 그러나 기술은 그다지 중요한 차이가 없었다. 중쟁기는 다른 지역으로부터 북유럽으로 확산되었거나 널리 사용되는 도구 형태로 지역적으로 변형되었을 것이라는 점은 분명하다. 그래서 이것은 유럽의 기술 혁명이 아니다. 그리고 북유럽에서 이 혁신의 효과는 아마도 기술 자체가 아니라 중쟁기를 도입하도록 했던 사회적 힘에 돌려져야만 할 것이다. 예를 들어 우리는 봉건제도의 성장은 엄청난 경지의 확장을 초래했는데 그것은 부분적으로는 영지의 확장으로 부와 권력의 확장을 원했던 영주의 유인에 의해, 부분적으로는 농민들이 전체 생산량을 증대하는 방법을 발견하지 않고서는 다른 말로 농민 가족의 생계를 위협하지 않고서는 도저히 충족될 수 없을 정도로 요구가 증가했다는 점, 따라서 영주들로부터 요구된 잉여 생산물의 지속적인 증가에 대한 농민들의 대응으로서 나타났음을 알고 있다. 화이트가 쟁기에게 부여한 역사적 결과가 무엇이든지 간에 그것은 오히려 사회 체제로서의 봉건제의 속성으로 돌려져야만 할 것이다. 그리고 그가 주장한 결과는 사실 꽤 기적적인 것이다.

화이트는 중쟁기의 채택 덕분에 인구의 엄청난 증가가 존재했다고 말한다. 그리고 경작에서 '개활지' 체제로의 변화가 있었고, 화이트에 의하면 이것은 인간 협동의 '공동체적 패턴'을 창조했다(비록 공동체적 삶이 이전에는 알려지지 않았고 다른 곳에서도 알려지지 않았지만). 이것은 사회 혁명, '농민 사회의 재구성'이다. 이것은, 장원이 마을 주민들이 아니라 영주에 의해 소유되었다는 사실을 무시한, '장원경제의 핵심'이다.[127] 여전히 더욱 중요한 것은 그래서 '자연과 따라서 농민들 자신(저자 강조)에 대한 북부 농민의 태도에 변화'가 초래되었다는 점이다. 왜? 왜냐하면 많은 가족들은 쟁기에 올라타기 위해 한 팀이 되도록 협력해야만 했으며, 그들의 배당은 이제 그들의 필요가 아니라 그들의 사회적 기여에 따라 배당되었다. ('인간의 토지에 대한 관념에서 근본적인 변화는 더 이상 상상될 수 없다. 한때 사람은 자연의 일부였다. 이제 그는 자연의 착취자가 되었다.'[128])

그러나 이 모든 것들은 말이 안 되는 이야기다. 기술적 주장도 사회적 연역도 다 말이 되지 않는다. 토지대장을 보면 쟁기 무리에 묶인 가계의 비율이 2:3에서 3:5사이라고 한다.[129] 개활지 체제는 꽤 낡은 것처럼 보이는데, 그것은 유럽에서도 널리 퍼졌지만 아시아와 북아프리카에서는 일찌감치 알려졌던 것이다.[130] 큰 무리와 무거운 쟁기를 사용했던 북부 마을들이 가벼운 쟁기를 사용했던 남부 마을보다 더 협동적이었던 것은 아니었다. 일부 사회들에서 토지의 공동체 소유는 유럽의 개활지 체제에서 발견되는 것보다 더 커다란 협동을 함의했다. 장원 경제는 사회체제이지 기술적 발명품이 아니다. 기타 등등.

화이트의 두 번째 혁명적인 진보는 '마력의 발견'으로 명명된다.[131] 물론 말은 오랫동안 사용되어 왔다. 화이트에게 핵심적인 혁신은 근대적인 마구인데, 그것은 그가 생각하기에 아마도 9세기 이전 서양에서 발전된 것이었다. 화이트에 따르면 마구는 쟁기와 수레를 끄는데 말이 소를 대체하면서 북유럽에서 농업과 곡물 운송을 변화시켰다. 말은 소와 똑같은 무게를 끌지만 그러나 그 속도는 약 50%나 빨라졌다. 이 사실로부터 화이트는 놀랄 만한 결론을 끌어냈다. 그는 농업 생산이 엄청나게 증대했다고 말한다. 말의 힘을 이용한 수송은 소의 힘을 이용한 것보다 대단히 값쌌기 때문에 상업이 강화되었다. 집에서 들로 움직이는 반경이 훨씬 넓어질 수 있었기 때문에 마을들은 훨씬 커져서 거의 도시처럼 되었다. 마을의 확장은 마을로 하여금 교회, 선술집, 학교(이제 소년들은 '철자를 배울 수 있었다')를 가질 수 있게 함으로써 '보다 도시적인 삶의 미덕'을 낳게 했다.[132] 그리고 이제 '먼 곳으로부터 소식'을 들을 수 있었다. 전체적으로 교통수단은 심오한 중요성을 갖게 되었다. 그것은 농민들에게

'시골에서 도시로 서구 문화의 변화'를 위한 '심리적 준비'를 시키면서 마을을 '도시화시켰다.'[133] 이 모든 것들이 하나의 혁신으로부터 나타났다. 마구가 바로 그것이다.

그러나 마구는 유라시아에서 아주 초기부터 널리 퍼져있었으며 아마도 말이 아니라 낙타를 부리기 위해 발명되었다.[134] 그리고 쟁기 사용과 운송에서 말이 소에 대해 이점을 갖고 있다는 가정은 논쟁거리이다. 말은 훨씬 효율적이지만 사육하는 비용이 훨씬 많이 들었고, 일반적으로 경작에 사용되어야 할 것을 요구했다. 영국에서 말은 소를 대체하지 않았다. 마을의 크기는 말의 힘과 아무런 관계가 없었다. 말이 사용되지 않았던 세계 여러 곳에서 마을들은 북유럽에서 그랬던 것보다 훨씬 컸다. 중국과 같은 나라에서 원거리 운송은 운하에 의해 이루어졌으며 이것은 말이 끄는 마차보다 훨씬 효과적이었다. 다시 강조하자면 기술적 주장이나 사회적 연역 모두가 말이 되지 않는다.

마지막으로 화이트는 삼포제의 도입이 가져온 놀랄 만한 결과를 강조한다. 이 주장의 일부는 유럽의 모든 학생들에게 아주 친근한 것인데, 학생들은 (주로) 삼포제가 대략 1/2에서 1/3정도로 휴한지의 비중을 감소시켰기 때문에 삼포 윤작이 낡은 이포제보다 훨씬 큰 진보였다고 배운다. 그러나 화이트는 추가적인 풍요로운 축복을 덧붙인다. 귀리는 널리 파종될 수 있었고 거기에 말의 힘을 활용할 수가 있다. 그는 『중세 기술과 사회 변동』의 한 부분인 '삼포 윤작과 개선된 영양'에서 삼포제가 농부들로 하여금 콩을 기를 수 있게 했으며, 이것은 유럽인들의 영양을 크게 개선시켰으며, 이것은 다시 '인구, 도시의 성장과 증가, 산업 생산물의 흥기, 상업의 확장, 그리고 그 시대를 활기차게 해주는 영혼의 새로운 풍부함의 놀라운 확장……을 설명해주는 것으로까지 나아간다.' 요약하면 린 화이트 주니어는 '중세는 콩으로 가득 차 있었다'[135]고 말한다.

그러나 이 가운데 (모든 결말 가운데 어느 것도) 어느 것도 심각하게 받아들일 만한 것이 없다. 인구가 불균형한 영양으로 인해 감소했다는 화이트의 주장은 아무런 근거가 없다(그는 탄수화물의 과잉공급, 단백질의 과소공급을 거론한다). 이포제를 사용하는 농부들은 단백질이 결핍되지 않았다. 왜냐하면 콩 재배는 삼포제보다 훨씬 오래된 것이며 곡물류들도 단백질을 갖고 있으며, 과일, 육제품 등이 널리 소비되었기 때문이다. 삼포제는 기술적인 혁명이 아니다. 첫째, 묵히지 않는 농법을 포함하는 훨씬 집중적인 윤작은 중세 이전부터 오랫동안 세계 여러 부분에서 사용되었으며, 유럽의 여러 지역(포 평원의 일부와 같이)에서 일반적인 것이었다. 거기서는 깊고 영양소가 풍부한 토양과 훌륭한 토양-물 관계가 발견된다. 둘째 방목을 위해 휴한지가 필요했던 지역에서, 다양한 많은 환경적 상황 속에서, 이포제가 선호되긴 했지만 대체되지는 않았다. 상황은 복잡하지만 일반적인 모습은 분명하다. 삼포제는 기술적 혁명도 아니었고 사회 변화를 위한 원천도 아니었다. 그리고 그것은 다른 대륙에서도 밀접한 관계를 갖고 있었으며, 따라서 유럽에만 독특한 그 무엇이었다고 말할 수 없다.

『중세 기술과 사회 변동』에서 화이트는 혁명적인 기술의 원인에 대해서는 거의 언급하지 않는다. 그러나 다른 곳에서 그는 그 부분에 대해 언급하고 있는데, 우리는 그의 기본적인 주장이 정말로 베버적인 것임을 발견한다.[136] 기술 결정론은 유럽의 창의성—합리성—에 초점을 맞추면서, 이념 결정론으로 해소된다. 화이트는 기본적으로 이것을 종교, 부분적으로는 '유대교-기독교적 목적론'에, 상당한 부분은 '서구 기독도교'에 귀속시킨다. 전자는 유럽의 독특한 '영속하는 진보에 대한 신앙'을 기초 짓는데, 이것은 창의성과 기술의 미덕이라는 믿음을 낳았다.[137] 후자는 '자연에 대한 인간의 초월성, 그리고 자연에 대한 그것의 올바른 주인성이라는 기독교 교의의 서구적, 자발주의적 현실화'를 낳았다—그것은 인간과 자연의 분리이다. 서구 기독교인들에게 자연은 비활성적이고 가치 없는 것이다. '자연에 정신이 있다고 가정하는 것은' 신성모독이다.[138] 이것은 서구 기독교 교인들에게 자연을 조작하고 사용하고 변형할—새로운 기술을 발명할— 권리와 욕망을 부여했다. 오류는 명백하다. 첫째, 다름 아닌 기독교의 종교적 가르침에 대한 무시이다. 둘째 화이트는 고대 이교도와 근대 비기독교적인 종교의 추종자들이 인간을 자연에게서 분리시킬 수 없었고 정신이 만물에 깃들어있다는 원초적 관점을 공유한다는 자민족중심적 신화를 부활시킨다. 실질적으로 중세 기독교는 만물에 정신이 깃들어 있다고 생각했다. (그것은 신의 방법이다.) 그것은 인간을 절대적으로 자연으로부터 분리시키는 방식으로 취급하지 않았다. 이원성은 근대 시기의 산물, 주로 자본주의의 흥기와 결부된 자연의 상품화의 결과물이다. 이원성은 탈 데카르트적 사고의 교의이지 '서구 기독교'에 깊숙이 자리하는 그 무엇이 아니다. 중세 기독교는 세계가 하나이며 충만하고 방해받지 않는 존재의 연쇄라고 믿었다. 중세 사람들은 일반적으로 화이트가 그들이 그랬다고 주장하는 것처럼 '영속하는 진보'를 믿지 않았다. 그들은 인간의 타락을 믿었으며 전체적으로 창조가 완전하고 충만하다고 믿었다. 화이트는 기술과 기술적 변동에 관한 근대 유럽의 태도가 실질적으로 유럽인들, 단지 유럽인들만이 갖는 기본적이고도 고대적인 문화적 속성임을 주장하기 위해, 역사를 망원경으로 보았을 뿐이다. 그의 핵심적인 주장은 기본적으로 터널 역사이다. 즉 유럽인들은 독창적으로 창의적이며 따라서 그들은 독창적인 기술을 창조했고 그래서 그들은 진보한다는 것이다.

　　나는 중세에서 유럽의 기술적 우월성에 관한 모든 주장이 똑같은 방식으로 반박될 수 있으며 따라서 논박될 수 있다고 생각한다. 반구의 문명 모두가 새로운 기술을 발명했고 그것을 공유했다는 관넘은 점점 분명해질 것이라고 생각한다. 여기서 '공유'란 두 가지 현실적 영역에서 그것들이 작동되면서 확산되는 일반적인 기제인데, 하나는 농부로부터 농부에게로 전달되는 농업 기술이며 다른 하나의 기술은 (상업적 농업에 결부되어있는 일부를 포함하는) 주로 도시의 무역과 운송망을 통해, 혹은 때때로 (일부 군사 기술처럼) 정복을 따라 지도 위를 이동해 간다. 나는 유럽, 아프리카 그리고 아시아에서 기술의 성립을 목격한다. 전적으로 혁명적인 결과와 더불어, 유럽의 기술이 아시아와 아프리카에 대해 우세함을 갖게 된 것은 1492년 직후였다. 중세 기술적 혁신은 원인으로서 주요한 중세적 사회변동을 창출했는가? 나는 이 질문에 대한 답을 다음 기회로 남겨두고자 한다. 이 책에서 나의 목적은 사회변동의 다른 이론을 방어하는데 있는 것이 아니라 다만 그 과정들이 유럽만의 독특한 것이 아니었음을 보여주는데 있다.

3장에는 나는 기술적이고 경제적인 변화가 중세 유럽, 아프리카, 아시아에서 어떻게 출현하는지를 그리고 세 대륙 모두에서 그 변화의 과정이 기술이나 경제라는 측면에서 매우 유사했음을 보여주면서, 이 문제를 더 깊이 있게 논의할 것이다.

기술이라는 주제를 검토하기 전에, 하나의 매력적인 주제에 대해 무엇인가를 말해두지 않으면 안 되겠다. 나는 이것을 '중국 공식'이라 부를 것이다. 제2차 세계대전이 끝난 이래 중국의 기술의 역사에 관한 많은 것들이 알려지게 되었는데, 대부분은 조셉 니덤Joseph Needahm과 그의 동료들의 작업을 통해서였다.[139] 이전 시대에, 유럽의 기적 이론가들은 중국의 기술적 성취를 무시하는 경향이 있었다. (베버는 전적으로 그렇지는 않았다.[140]) 일반적인 패턴은 일부 발명에 대해서는 중국의 우월성을 받아들이지만 전체적으로 주요한 기술적 진보는 유럽에서 그리고 지중해에서 발생했다고 주장하는 것이다. 진짜로 주목할 만한 중국의 발명이 있었던 부분에서는, 유럽인들이 이러한 것들을 쓸모 있게 이용했음에 반해 중국인은 이것들을 발명은 했지만 바보 같은 기질을 발휘했다고 종종 주장된다. (하나의 패러다임이 화약에 대한 것인데, 중국인들은 그저 불꽃놀이를 위해 이것을 발명했다고 상정된다.) 그러한 전제들을 중국의 고전적인 확산모델로 묶어낼 수 있다. 이전 시기에 그들은 어느 정도 진보했지만 그런 다음에 그들은 서서히 멈추어버렸고 유럽인들이 새로운 관념을 갖고 왔을 때 비로소 다시 시작할 수 있었다.

의심의 여지없이, 중세 이전과 중세에 일부는 서구보다 우월하고 일부는 서구보다 열등한 방식으로, 중국의 기술이 구세계의 서쪽 부분의 그것과 동등하다는 것이 알려지게 되었다.[141] 이 새로운 지식은 고대와 중세 유럽의 기술상의 진보가 '기적'의 결정적인 원인이었다고 주장했던 많은 유럽의 기적 이론가들을 곤혹스럽게 하고 있다. (만약 중국인들이 똑같은 시기에 똑같은 것을 하고 있었다면, 유럽의 독창성이란 주장은 허무하게 사라져 버린다.) 그 결과는 이 새롭게 알려진 사실을 고려하여 기적 이론의 많은 부분을 전체적으로 수정하는 것이었다. 전형적으로 공식은 다음과 같이 나타났다.

1. '우리가 만약 중세 중국에서 기술의 발전이 그 정도였다면 왜 중국은 자신의 기적을 갖지 못했는가라고 질문 받는다면, 최소한 우리는 중국이 그러한 질문이 제기되도록 하는, 유럽 바깥에 존재하는 유일한 문명이라는 점을 주장할 수 있다.' 다시 말하면, 모든 다른 지역들에 대한 유럽의 우월성은 의심의 여지가 없다. 이것은 예를 들어 인도, 아프리카, 중동, 그리고 기타 등등의 지역들이 발전의 잠재력이 없음을 보여주고자 하는 사람들에게 대단히 편리한 것이다.

2. '중세 중국에서 어떠한 기술적 진보가 발생했다하더라도 중요한 것은 그것이 멈췄다는 것이다.' 이런 식의 주장은 기술의 상이한 영역에 대한 상이한 방식으로 표현되지만, 이 공식에서 핵심적인 주장

은 꽤나 표준적이다. 중국 중세 문명의 어떤 특성은 그것으로 하여
금 발전을 멈추도록 그래서 정체되도록 강제한다. 다른 말로 하자
면, 여기서 접속되는 것은 동양적 정체성이라는 오래된 교의이다.
가장 전형적으로 베버가 이런 논점을 만들곤 했다. 중국에서 진보
가 결여된 이유에 관한 베버적 주장은 모두 정기적으로 이 점을 과
시하는 것이었다. 일부 역사가들은 모든 것을 망쳐버리는 유교의
효과에 관한 베버의 가느다란 주장을 사용하기를 주저한다. 다른
일부는 중국의 개인적 특성을 묘사할 때 베버의 자민족중심주의를
언급하기를 꺼려한다. 그러나 도시, 토지소유, 관료제, 그리고 제국
에 관한 베버의 주장은 여전히 정기적으로 적용된다. 중국의 도시
는 '자유롭지' 못하며 진정한 부르주아를 갖고 있지 않았다. 중국의
토지 소유는 사적 소유와 거리가 멀다. 중국의 관료제와 중국의 제
국 국가는 '합리적'이지 않으며 따라서 사회의 발목을 잡아 진보하
지 못하게 한다.

이러한 주장에 대해 두 단계로 대응할 수 있다. 첫 번째 단계는
퍼셀Purcell이 지적했듯, 정말로 중요한 질문은 어떻게 그리고 왜 중
국의 진보가 **발생했는**가이지 어떻게 그리고 왜 그것이 **멈추게 되었는**
가가 아니라는 것이다(만약 그것이 정말로 멈췄다고 해도). 다른 말로
하자면, 역사가들은 어떻게 중국이 그토록 수세기 동안 다양한 기술
의 영역에서 다른 문명들을 추월하는 기술적으로 혁신적인 사회가
될 수 있었는지를 반드시 설명해야 한다. 베버는 이 과정에서 하나
도 도움이 되지 않는다. 전체적인 베버의 틀은 정체성을 설명하는
것이며 우리가 말하고 있는 것은 정체성이 아니라 인상적인 진보에
관한 것이다.

두 번째 단계는 유럽의 기적 이론가들에 따르면 중국의 진보가
정지되었다고 상정되는 정확한 시기에 초점을 맞출 것을 요구하는

것이다. 엘빈Elvin에 따르면 넓은 스펙트럼을 가지고 있었던 중국의 기술적 진보는 14세기 초반 이후에 종식되었다. 이 시기에 중국은 전 세계적으로 가장 진보적이고 가장 고도로 상업화된 농업을 갖고 있었다. 중국의 산업적 기술은 직조 공업과 같은 분야에서 타의 추종을 불허했다. 기계적인 시계는 이미 잘 알려져 있었다.[142] 중국의 상선은 동남아시아와 인도양으로 부지런히 오고갔다. 중국의 총은 타의 추종을 불허했다. 운하 기술은 인상적이다. 기타 등등. 비록 일부 기술 영역(선박 건조, 대포, 이동식 금속 인쇄—약 1400년경 한국에서 발명되었던[143]— 그리고 더 많은 부분)에서 진보는 계속 발생했으나, 넓게 보면 명 왕조의 홍기와 곤란과 결부되어 있었던 변화는 기술적인 진보의 침체와도 결부되어 있었다. 그러나 당시 유럽 또한 주요한 기술적 진보를 경험하지 못하고 있었다. 1350년 이후 유럽은 경제적으로 기술적으로 정체되어 있었다. 유럽의 기술이 1492년보다 앞서서 진보하고 있었다는 증거는 거의 없다. 역사가들이 오랫동안 깨닫고 있었던 것처럼,[144] 르네상스는 기술 혁명이 아니었다. 1492년 이후 중요한 유럽의 진보는 일부 기술적 영역(분명하게도 선박 건조부분)에서 다시 시작되었다. 진정으로 혁명적인 기술적 변화가 정말로 18세기 이전에 시작되었는지의 여부는 유럽 역사가들 사이에서 여전히 논쟁적인 문제이다.

중국에 대해 비교적이라고 말하는 것은 무슨 의미인가? 그것은 '정체성'의 문제가 없었다는 것을 제기한다. 대신, 모든 인간 문화에서 잘 알려진 시나리오 속에서 불균등 발전은 지극히 정상적인 것이었던 것처럼, 2세기 동안 진보의 침체가 있었다. 오히려 이것은 제3세계 역사가들은 일부 주목하지만 그러나 유럽 역사가들은 무시하는 문제가 있음을 뜻한다. 16세기에 유럽의 상업적 확장의 결과—우리는 이 책에서 1492년이 이 과정의 진정한 탄생이라고 주장한다—로서 호전적인 유럽의 상인 공동체들이 여러 곳에서 특히 마닐라와 일부 남지나해의 항구에서 중국인들과 경쟁하고 무역하기 시작했다. 중국 상인 공동체는 왜 이 무역에서 중국의 지배적인 위치를 주장하지 않았는가? 왜 상업적 이점은 꾸준하게 중국인(그리고 다른 아시아인들)이 아니라 유럽인들에게로 그 방향을 움직여갔는가? 다른 말로 하자면, 설명해야할 정체성은 없었다. 오히려 문제는 어떻게 그리고 왜 유럽인들이 약 1600년 이후에 아시아에서 원거리 무역에 대한 실질적인 통제를 획득했는가에 관한 것이다. 다음 장에서 이 문제가 다시 논의되기를 기대하면서, 나는 다만 이 과정은 어떤 아시아 문명에서도 그것이 내적인 문화적 '장벽'을 반영하는 것이 아님을 언급하는 것으로 그치고자 한다. 차라리 그것은 1492년 이후 해외 유럽 기업들의 이윤 가능성, 규모, 조직에서의 압도적인 급속한 성장을 반영하는데, 유럽 기업을 제외한 어느 누구도 진정으로 그러한 것들을 누릴 수 없었다. 왜냐하면 신세계의 지금이 지속적으로 증가하면서 유럽 상인들의 금궤로 들어왔기 때문이었다(이 점은 4장에서 자세하게 언급될 것이다).

15세기 전반부에, 군대, 외교관, 상인의 성격이 혼합된 다수의 중국 선단이 동남아시아와 인도양으로 파견되었다. 선단 가운데 일부는 수백 명이 탑승하고 있었다. 일부는 너무나 커서 함상에 채소밭을 꾸릴 수 있을 정도였다. 우리는 다음 장에서 이 위대한 항해의 중요성을 논의할 것이다. 여기서 나의 초점은 유럽의 기적 역사가들이 이러한 사실들을 중국의 비진보에 관한 자신의 이론에 적절하게 수용하려고 시도하는 방식에 맞춰져 있다. 표준적인 언급은 다음과 같다. '그러나 그들은 멈추었다.' 사실상 마지막 항해는 1440년에 종결되었다. 그러나 항해의 목적은 성취되었다. 중국 상선들은 동남아시아에서 계속 무역에 종사하였다. 멈춰진 것은 아무 것도 없다. 황제들이 일시적으로(주로 16세기 초기에) 중국의 상업 활동을 금지시킨 것은 사실이지만, 그러한 금수조치는 부패를 척결하기 위한 수단이었으며 어떤 경우에도 강제되지는 않았다. 하지만 '기적' 역사가들에게 제국의 금수조치라는 사실은 중국이 진보를 멈추었다는 증거였으며, 유럽만이 '기적'에 대한 잠재력을 갖고 있었다는 증거였다. 이것은 사실과 부합하지 않는다.

중국인들은 총을 발명했다고 추측된다. 어떤 경우든 그들은 중세의 끝 무렵까지는 총포류 기술에서 다른 어떤 문화들보다 진보했다. 유럽의 기적 역사가들이 이 기술적 영역(다른 영역들에서도 마찬가지로)을 다루는 전형적인 방법은 카를로 시폴라Carlo Cipolla가 유명하고 영향력인 저작인 『총, 항해 그리고 제국: 기술적 혁신과 유럽 팽창의 초기 단계, 1400-1700』에서 그 과정을 설명했던 것에 근거한다. 그는 우선 '15세기가 시작될 무렵까지 중국의 총기류가 더 좋지는 않더라도 최소한 서구의 총기류만큼 훌륭했다'[145]는 점을 인정한다. 그러나 한 세기 후에(1517년) 포르투갈인들이 광동지역에 출현하여 예포를 발사했을 때, 중국인들은 마술처럼 후퇴하고 있었다.

> 유럽 화기의 포효가 중국인을 깨웠고……우월하고, 가공할 무기의 위협으로……보호를 받으면서 해안을 따라서 예상치 못하게 출현했던 이상하고 이국적인 사람들의 놀랄 만한 실체를 깨닫게 했다……어떻게 '외국인 악마들'을 다룰 수 있을까? 그들과 싸워야 할까 아니면 그들을 무시해야 할까? 그들의 기술을 모방하고 채택해야 할까 아니면 지역적 습관과 전통을 포기해야 할까 혹은 그들과의 모든 접촉을 유지해야 할까 아니면 고립의 꿈속에서 도피처를 찾아야 할까? 죽느냐 사느냐? ……이는 비극적이게도 대답될 수 없는 딜레마였다.[146]

그래서 아시아적 정체성과 유럽의 기적이라는 신화 속에서 수사학이 사실을 대체했다.

'중국 공식'은 그 신뢰성을 점차 상실해가는 듯하다. 그러나 1492년 이전에 인도, 중동, 아프리카의 기술적 발전에 대해 우리가 더 많이 공부할수록 '인도 공식', '이슬람 공식', '아프리카 공식' 등등이 유럽중심적 역사를 떠받치기 위해 고안될 것이다.

사회

3장에서 우리는 중세 유럽 사회를 검토할 것이며 자본주의와 근대성을 향한 변화 과정에서 중요한 것처럼 보이는 사회적 범주라는 측면에서 그것을 중세 아시아와 아프리카 사회들과 비교할 것이다. 이러한 범주들(규범, 사실)은 계급, 국가, 토지소유, 무역, 그리고 도시화 등이다. 우리가 당면한 과제는 이러 저러한 사회적 범주들이 1492년 이전, 중세가 끝나기 전에 다른 모든 문명들보다 유럽으로 하여금 먼저 흥기하게 만들었다는 주장을 하고 있는 이론들을 비판하려는 보다 조심스런 것이다. 이를 위해 우리는 유럽의 기적에 관한 오늘날의 역사가들이, 역사적 지도력, 소위 '근대성으로의 이륙'이라는 것을 추동한 인과적 동력의 역할에 대한 설명에서 선호하는 후보들로 주장하는 몇 개의 범주들을 선택할 수 있다. 선호되는 것들은 국가, 교회, 계급 그리고 가족들이다. 가장 흔히 이러한 범주들은, 그 자체로서 보다 기본적인 힘이라는 측면에서 설명되어진다. 유럽의 합리성, 유럽의 기술, 유럽의 인구적 독창성, 혹은 유럽의 환경적 우월성 등. 이들은 이미 충분히 길게 논의되어왔다. 따라서 이후의 논의에서는 간략하게 서술될 것이다.

국가

전형적인 형태의 주장은 근대 유럽의 국민국가 모델, 즉 중간 정도의 크기, 잘 통합된, 자본주의의 등장 이후에, 근대화 이후에, 프랑스와 미국 혁명 이후에 출현한 적절하게 민주적인 국가와 더불어 시작한다. 아무도 이 형태가 독창적인 것임을 부인하지 않는다. 그러나 유럽의 기적 역사가들은 이 국가 형태에 대한 두 가지 주장 가운데 하나를 선호하는 경향이 있다. 그것은 유럽 역사에서 매우 초기에, 근대화에서 인과적 역할을 수행할 정도로 충분히 일찌감치 출현했거나 혹은 유럽 문화에서 내재적인 중세 혹은 그 이전 시기에 자유를 사랑하고, 개인주의적이고, 반전제적인 유럽인들에 의해 자연적이고 합리적으로 창출된 국가형태이다. 때로 두 주장 모두를 들고 나오기도 한다. 유럽적인 도덕적 합리성으로의 연역 그리고 동시에 국가 자체의 수준에서 전체주의적인 주장이 그것들이다.

예를 들어 에릭 존스는 『유럽의 기적』에서 분명히 그렇게 말한다. 존스는 유럽의 중세 정치체제는 '유럽의 기적에서 심장'에 가까운 것이라고 말한다.[147] 여기서 그의 주장은 유럽에 내재하고 독창적인 자유에 대한 사랑에 관한 전통적인 편견을 무엇인가 매우 우연한 환경론적 주장과 결합시키고 있다. 먼저 후자를 검토해 보자. 존스는 유럽이 초기에 비옥한 핵심적인 지역들을 가졌고 그것들 각각은 지역 문화의 심장이 되었다는 익숙한 주장을 한 다음 유럽의 생태적 핵심 지역들이 아시아 사회의 '제국적인 패턴'과 달리, 자연스럽게 중간 크기의 국가라는 패턴을 이끌어 낸다는 흥미로운 주장을 제기한다. 존스의 관점에서 제국들은 내재적으로 전제적이며 경제 발전을 방해하도록 되어있다. 유럽의 지리는 유럽을 이러한 운명으로부터 구원했다. 만약 다수의 유럽 근대 국가들이 생태적 '핵심 지역들'을 갖고 있다면, 이들 핵심 지역들 가운데 대부분은 그리고 극소수만이 국가가 되었을 것이다. 이 모델은 환경론적이고 유효하지 않다. 어떤 경우이든, 비교적인 관점에서 볼 때, 핵심적인 지역들은 세계의 다른 많은 부분들에서도 발견된다. 중간 크기의, 생산적인 농업환경의 분리된 단위들은 예를 들어 이라와디와 차오 프라야 분지, 메콩강 중류, 그리고 홍강, 그리고 수마트라(둘 혹은 셋), 자바(셋), 발리, 롬복, 수라베시, 루손 그리고 기타 등등의 핵심 지역 내에서 오히려 군도 지역과 같은, 본토의 핵심지역과 오히려 분리된 지역을 포함하는 것으로, 동남아시아에서 전형적인 경우이다. 인도와 중국도 마찬가지로 이러한 방식으로 적절하게 구분되어진다. 아프리카에서 독특한 핵심지역들은 여러 것들 가운데서도 니제르강 중류, 차드, 그리고 콩고를 포함하며 서아시아에서는 메소포타미아, 이란고원 등등을 포함한다.[148]

다음으로 존스는 이 자연적인 유럽의 원형적 국가들의 이미지를 무엇인가 자연적인 것으로 대략 똑같은 크기를 지닌 독립적인 국가들의 격자, 즉 그가 '국가 체제'라고 부른 것으로 형성된다는 방식으로 공식화한다. 중세에서 이것들은 회원제 클럽과 같은 종류의 것으로서 근대성을 향해, 다함께 행진하고 경쟁하고 협력하는 헤겔적인 개인들처럼, 서로 서로를 향해 행동한다. 그리하여 존스는 중세에서 무엇이 근대 국민국가와 국제 연맹에 해당하는지를 깊이 있게 식별한다. 역사를 목적론적으로 보는 것이다. 그는 중세 유럽의 정치체에다 근대 국가의 미덕을 불어넣고 있다. 그것들은 공공 서비스를 제공하며, 경제의 자유로운 발전을 장려하며, 시원적인 민주주의이며 등의 방식으로 말이다. 이 모든 것은 그들의 환경적 기반 때문이며 자유를 사랑하는 유럽인들이 거기서 살고 있기 때문에 가능했다. 실제에 있어 그가 묘사하는 국가의 종류, 국가 체제는 대략 17세기까지도 출현하지 않았다. 존스는 이미 근대화한 유럽의 정치적 특성을 발견했으며—일부는 환경적인 것으로 이미 존재하고 있었다— 그래서 유럽의 근대 민주적 정치체제는 유럽에서 늘 존재했다(다른 곳에서는 존재하지 않았다)는 주장은 자명한 것으로 증명되어졌다. 사실 중세 유럽은 준주권 봉건 정치 단위들의 뒤범벅이었고 지도는 너무나 혼란스러워 그 자체로서 국가는 늘 파악되기가 힘들었던 까닭에, 근대 국가의 특성 가운데 존스가 제시한 이러한 정치 체제들에 귀속될 수 있는 특성은 거의 없었다.

그러나 정치사에서 이러한 모델의 불합리함을 이해하기 위해, 우리는 존스가 비유럽의 추정적인 야만, 전제적 국가에 대해 논의하는 방법에 주목해야한다. 비유럽에서 자연적인 비합리성은 환경적 불리함과 결합하여, 놀라운 유럽의 국가와 국가 체제와 정반대되는 것을 만들어낸다. 거대한 동양 제국이 그것이다. 왜 아시아는 정치적으로 유럽이 그랬던 것을 발전시키지 못했을까? 존스는 아시아의 정치적 '발육부진'을 다음과 같은 측면에서 설명한다. (1)지적인 활발함이라는 문제에서의 비합리성 그리고 동물적 쾌락에 앞서려는 의지, 지배에 대한 저항, 진보를 위한 열망과 관련된 태도에서의 도덕적 타락 등과 같은 종류의 것들과 비혁신성으로 구성된 심리적인 정신박약 (2)열등한 자연 환경이 그것이다. 이러한 타락(그리고 그보다 더 못한 무엇들)의 결과, 그리고 그에 따른 아시아의 정치적 비발전과 비진보에 대한 효과적인 근거는 (1)통제되지 않는 인구 성장 그리고 (2)나쁜 정부, '동양적 전제' 혹은 존스가 선호하는 이름인 제국이다. 『유럽의 기적』을 통해, 유럽의 국가 체제가 어떻게 발전에 우호적인지에 대한 이 이론을 지지하는 주요한 주장은 아시아의 제국 국가의 사악한 본성에 대한 존스의 반대 이론이다. 하지만 결국에는, 반대 이론은 이론으로서 공허한 것으로 드러난다. 존스는 사실 왜 그렇게 커다란 제국이 유럽에서가 아니라 아시아에서 존재했는지에 대해 어떠한 신뢰할만한 설명도 하지 못하고 있다. 또한 그는 왜 거대한 국가들이 중간 크기 혹은 작은 국가들보다 진보에 더 나쁜지에

식민주의자의 세계 모델

대해 신뢰할 만한 주장도 하지 못하고 있다(그리고 그는 아시아에서 발생했던 진정한 진보와 아시아의 많은 비제국적 국가들에 대해서는 눈을 감고 있다). 아시아의 제국에 대한 존스의 이론을 검토해 보면, 그것이 국가의 종류나 크기와는 아무 관련이 없고 오히려 모든 것이 비유럽 사회들에서의 정치의 기초적인 본질에 관한 개념과 관련이 있음을 알 수 있다. 이것은 아시아의 그리고 실제로 모든 비유럽 세계의 '동양적 전제주의', 즉 자연스럽게 불쾌하고, 전제적이고, 변덕스럽고, 무책임하고, 사악한 정부로 인해 고통 받고 있다는 낡은 관념에 다름 아니다. 다만 유럽인들만이 자유를 이해하고 따라서 향유하는 것이다.

이것은 유럽의 정치 과정과 형태가 중세의 '기적'을 낳은 인과적 힘이라고 주장하기를 바라는 역사가들 사이에서는 결코 비전형적인 이론이 아니다. 이론의 기본적인 형태는 전통적인 것이다. 그것은 주로 세 가지 전제로 구성된다. 유럽인들은 그들로 하여금 근대적이고 묵시적으로 민주적인 정치적 형태를 향하게 (혹은 덜 직접적으로 개인주의적 경제적 행위와 따라서 최소적인 국가를 선호하게끔) 추동하는, 오래되고 깊숙이 자리 잡은 합리성을 갖고 있다. 비유럽인들은 기꺼이 그리고 자연스럽게 전제적인 제국적인 형태의 국가를, 때로 강력하지만 늘 자의적인 국가를 감내한다. 그리고 유럽의 자연 환경은 정치적 근대화에다 이러 저러한 독특한 형태의 지지(생태적 중심들, 비옥한 토양, 곶과 만의 접근성, 혹은 그 무엇이든)를 제공한다. 다른 전제들은 대부분 주장의 형태를 하고 있지만, 이 세 가지는 가장 널리 사용되는 것처럼 보인다.

그것들은 대단히 중요한 방법론적인 원리와 결부되어 있다. 어떤 인과적 힘이 작동하고 있든 그것들은 일찌감치 작동하고 있었다— 즉 그것들은 중세가 끝나기 오래 전부터 근대화의 과정을 틀 지웠다. 물론 이것이 바로 문제의 핵심이다. 이 책에서 나는 근대화(혹은 무엇이라 부르든 간에)는 중세 유럽에서부터 진행되어왔지만, 중세 유럽에서만 그랬던 것은 아니었다고 주장한다. 1492년 이후의 사건들은 근대화를 시작한 것이 아니라 유럽으로 하여금 그것을 양적으로 증대시키도록 영향을 주고 점차 독특하게 '흥기하는' 사회를 만들도록 변화를 가능하게 했다는 것이다. 중세 유럽에서 민주화와 근대 국가를 향하도록 밀어붙였던 힘이 있었다는 사실은 우리에게 유럽의 독특함에 대해 어떠한 것도 말해주지 않는다.

존 할은 그가 중국, 인도, 이슬람의 중동으로 하여금 근대 국가형태를 발전시킬 수 없도록 막은 '장애물'이라 부른 것을 강조하면서, 기본적으로 존스의 모델을 이용한다. 요약하면 중국은 제국 하에서 고통 받았다. 인도는 카스트제도 하에서 고통받았다(그래서 정치라고는 가져본 적이 없었다).[149] 이슬람 지역의 정치는 부족주의를 반영한다. 할은 그들이 동결되고 영원한 것으로 상정하면서, 매우 오래되었지만 이들 문명들 각각에 대해 진짜로 전형적인 형태가 아닌 것들을 묘사하고, 이것들도 역시 오랫동안 최소한 배아상태로 현존해 왔다는 함의를 갖고서 이것들을 후기 탈중세 유럽의 형태들과 대조하고, 그런 다음 비유럽은 늘 '기적'에 대한 잠재력이 결여되었고 반면 유럽은 늘 그것을 가져왔다는 주장을 만들어 낸다.[150]

마이클 만은 보다 가시적인 '국가' 대신에 추상적 실체인 '권력'을 강조하지만, 그의 주장은 근본적으로 다르다. 다른 다수의 '기적' 역사가들처럼, 만은 정치체와 주권체들의 조각들과 더불어 초기 중세 봉건주의의 정치적 혼란을 시원적 근대성에 대한 주장으로 해석하고자 한다. 이 정치사회적 단위들의 작은 규모는 그것들이 비유럽의 거대한 제국적인 정치 체보다 더욱 '강열하고', 더욱 의미 있고, 더욱 발전 잠재력의 함축성을 갖고 있다는 것을 함의한다. 만의 '강열함'이라는 개념은 기본적으로 가치적 개념이지 사실적 개념이 아니다.[151] 이러한 맥락에서 우리는 마그나 카르타의 신화를 떠올릴 수

식민주의자의 세계 모델

있다. 비록 당시의 귀족들이 거의 민주적이지 않았다고 하더라도 그리고 빈민들이 그들의 머리위로 왕에게 호소할 수 있는 것을 선호했다 하더라도, 왕으로부터 귀족으로의 권력의 이양은 전통적으로 민주주의를 향한 운동으로 묘사된다. (그리고, 그것을 두 가지 방법 어느 것으로도 얻을 수 없다는 점을 제외하면, 나중에 왕권의 흥기는 민주주의를 향한 발걸음으로 묘사된다.[152]) 진 베츨러Jean Baechler는 하나의 추가적인 주장을 하면서 대략 똑같은 모델을 사용한다—할과 만과는 다르고 오히려 존스와 더 유사하지만, 그는 정치적 진화에서 기독교의 역할을 경시한다. 베츨러는 역사를 흥미롭게 해석하는 가운데 귀족들이 서로에게 민주적으로(존경하면서) 문제를 다루었을 뿐만 아니라 농민들의 권리를 존중하기도 했다고 주장하면서, 중세 유럽의 귀족정(본래 인도 유럽어로 '전쟁 귀족')은 그 자체로서 민주주의의 본래적 원천이라고 믿는다.[153]

하지만 중세에 민주주의는 존재하지 않았다. 유럽 국가들은 다른 곳에서 발견되는 여느 정치체제처럼 전제적이었다. 우리가 고대 그리스에 대해 언급했던 것과 마찬가지로 유럽에서 발견되는 정치 형태들은 그와 유사한 것들을 다른 곳에서도 발견할 수 있다. 만약 도시국가가 (아마도) 민주주의에 가장 근접해 있다고 한다면—그들 가운데 일부는 공화주의자였고, 핵심적으로는 상인—과두제였다—많은 종류의 도시국가들이 인도양과 태평양의 해안을 따라 존재했다는 언급만으로도 충분할 것이다. 물론 아시아와 아프리카에 알려지지 않은 공화주의 형태도 존재하지 않았다.

교회

많은 이론가들은 유럽의 근대화와 자본주의의 등장 과정에서 사회적 제도로서 교회에다 이런 저런 인과적 역할을 부여한다.[154] (많은 다른 이론들은 그러한 역할을 기독교 자체에다 부여하는데 그러나 나는 여기에 대해서는 언급하지는 않을 것이다.) 물론 교회는 분명 그러한 역할을 수행했다. 그들 대부분은 교회(혹은 교회들)가 유럽, 유럽인들에게 자신들의 종교적 제도나 자신들 문화에서 비유럽인들에게는 제공되지 않았던 그 무엇을 제공했는가라는 질문에 관심을 표명한다. 예를 들어, 중세 가톨릭교회는 다른 곳에서는 발견할 수 없을 정도로 유럽을 문화적 측면에서 통일시켰다는 주장이 있을 수 있다. 그러나 다른 곳에서도 이와 비교할 수 있거나 병렬될 수 있는 과정들이 작동하고 있었다. 예를 들어, 이슬람교가 무슬림 세계에 그것을 제공했듯, 중국 제국과 같이 흔히 비난받는 제국도 다양한 방식으로 통일성을 부여받았다. 중세 교회는 당시 강력한 국가들의 분명한 패턴이 결여되었음에도 불구하고 범유럽적 발전이 발생하도록 하는 방식으로 유럽의 정치적 분절화에 대한 대체물이었다고 주장될 수 있다. 이는 사실이다. 그러나 문제는 비교적인 것이다. 교회는 유럽에게 다른 문명들 보다 더 많은 발전적 이점을 주었는가? 그러한 다른 문명들에서는 흔히 대부분의 역사적 시기를 통해 정치적 단일성이 존재했었다. 나는 앞의 질문에 대한 대답은 다음과 같아야 한다고 생각한다. 즉 교회는 유럽에게 어떤 특별한 문화적 특질, 예를 들어 다른 문명들에서는 결여된 특별한 문화적 특질, 유럽이 사회적 진화의 전면에서 도약할 수 있었을 정도의 문화적 특질을 결코 주지 않았다.

나는 따라서 중세 교회가 다른 문명에서 다른 종교적 제도들이 하지 못했던 방식으로 유럽의 역사적 우월성을 창출했다는 지적은 사실상 근거를 찾기 힘들다고 본다. 예를 들어 존 할은 '기독교가 국가의 출현에 대한 최고의 외피를 제공했다'[155]고 주장한다. 마이클 만은 중세 교회가 '세속적인 권위에 대항하면서까지도 도덕적이고 사회적 개선에 대한 공세를 고무시켰다'고 주장하는데, 이는 유럽의 교회에 의해 수행되었던 역할에 대한 비교로서 뿐만 아니라 사실적인 주장이기도 한 언급이라 할 수 있다.[156] 할람H.E. Hallam에게 '중세 라틴 교회는 자본주의의 초기 근대 이념의 온상이었다.'[157] 베르너K.F.Werner는 '유럽의 기적은 서구에서 가톨릭 교의에 지배되는 기독교 세계의 존재 때문에.....〔발생했다〕'[158]'는 견해를 유지한다. 그러한 언급들은 다른 지역들, 다른 문명들과의 비교라는 측면에서도 잘못된 것일 뿐만 아니라 그러리라 가정된 유럽의 흥기가 중세에서 발생한 것이 아니라 그 이후에 발생했기 때문에 잘못된 것이기도 하다. 기독교가 그와 같은 종국적인 흥기에 도움을 주었다는 것은 잘못된 것이다.

여기서 유럽의 흥기에서 종교가 수행한 역할에 대한 막스 베버의 공표된 주장 혹은 자본주의의 흥기에서 프로테스탄트 종교 개혁의 특별한 역할에 대한 그의 공표된 주장을 논의하는 것은 필요하지 않다. 물론 베버는 내가 위에서 비판한 관점을 유지하고 있다. 하지만 종교의 인과적 역할, 유럽과 비유럽 문명과 그것들의 역동성에 대한 균일론적 관점을 고려하는 것은 이 책의 주제가 아니다.

계급

우리의 논의와 관련이 있는 계급에 관한 주장은 세 가지 종류가 있다. 이 가운데 첫 번째는 다음과 같이 요약될 수 있는, 유럽의 고대와 중세의 역사적 우월성에 관한 두 층위를 가진 주장이다. (1)계급 없는(혹은 '계급 이전의') 종교와 사람들은 유럽의 우월성과 세계의 역사적 진보를 설명하는 문제에서 그다지 적실성이 없는데, 왜냐하면 계급 없는 사회들은 불가피하게 비진보적이거나 원초적이기 때문이다. (2)따라서 설명을 요구하는 진정한 문제는 왜 다른 사회들은 (원칙적으로 아시아의 사회들) 정체되고 후진적인데 반해 일부 계급-

층위를 가진 사회들(유럽과 같은 사회들)은 진보적인지에 대한 질문인 것이다. 사하라 남부 아프리카는 전반적으로 계급 없는 사회이며 따라서 세계사와 적실성을 갖지 못한다고 선언된다. 이 주장은 일부 분석적 작업(그 가운데는 에릭 존스의 『유럽의 기적』이 있다), 일부 세계사 교과서(1장에서 언급되었듯이), 그리고 일부(아마 대부분) 세계사를 다루는 근대 지도에서 여전히 널리 사용되고 있다. (다수의 지도들은 구석기 시대부터 1492년 이전까지의 전체 세계사에서 아프리카 지도를 넣지 않고 있다.[159]) 이 문제에 관한 보다 확대된 논의의 자리에서 나는 다음과 같은 문제를 제기할 것이다. 즉 아프리카는 1492년 이전까지 계급 없는 사회가 아니었고(3장에서 우리가 다시 언급할 요점이다), 계급 없는 사회들은 정체된 사회가 아니었으며[160] 무계급성에 대해 정기적으로 이러한 종류의 주장을 하는 역사가들은 고대와 중세의 계급 없는 유럽 사람들—독일, 켈트, 슬라브 등의 '야만 부족'—이 대단히 진보적이었다고 주장함으로써 스스로 모순에 빠져있다. 이러한 주장은 로마인들로부터 계급 개념과 여타 다른 것들을 빌려온 이후, 이 원시적인 그러나 진보적이고 혁신적이고 적극적이고 호기심 많은, 성취 지향적인 유럽인들이 근대성을 향해 달려가게 되었다는 것이다.

역사적 사회의 계급구조와 상이한 계급들이 어떻게 변화에 우호적으로 혹은 저항적으로 행동했는가, 그리고 어떠한 방향으로 그렇게 했는가를 검토하는 것은 관례적이고도 적절한 것이다. 그러한 검토가 부재하다면, 우리는 보통 인과관계를 왕과 엘리트들에게만 찾게 되는, 경도된 분석을 하게 된다. 유럽중심주의는 주어진 계급이 유럽에서는 무엇인가 역사적으로 효과가 있는 역할을 수행했지만 그러나 이 계급은 유럽 바깥의 문명에서는 존재하지 않았다는 주장을 할 때만 문제가 되는 것이다. 이러한 종류의 주장은 유럽의 기적에 관한 문헌에서는 대단히 일반적이다. 보수적 역사가들 사이에 특별히 선호된 것이지만, 그것은 또한 '계급 사회의 단계들'에 관한 공식에 집착하는 마르크스주의 역사가들 사이에서도 흔히 발견될 수 있다. 후자를 대표하는 것으로 순수한 형태의 노예제 생산양식—상품생산에서 노예제가 지배적인, 경제 발전과 사적 소유권, 그리고 계급투쟁의 발전에서의 함의와 더불어—이 고대 그리스와 로마 시대에만 존재했으며 아시아에서 이러한 현상의 결여는 부분적으로 아시아 사회들을 '정체시키는'[161] 경향을 설명해 준다는 파국Padgug의 주장이 있다. (이와 똑같은 주장이 노동하는 자들이 노예들이지 임금노동자들이 아니기 때문에 이후의 노예-플랜테이션 체제는 자본주의적이지 않다고 일부 마르크스주의자들이 주장하는데 사용되었다. 우리는 이것을 4장에서 검토할 것이다.) 이 문제는 중요하지만 나는 먼저 다른 문제를 다룬 다음에 이것을 섬토할 것이다. 나는 아시아에서보다 고전적인 지중해에서 노예 계급이 더 중요했다고 주장하는 학자들이 매우 기초적인 오류, 아마도 그 학자가 지리학자가 아니라면 가장 쉽사리 저지를 수 있는 오류를 범했다고 믿는다. 그것은 지리학적인 규모의 문제일 뿐이다. 아테네 제국은 아마도 중국 진 제국의 백분의 일 정도의 크기였을 것이다. 중국의 작은 지역들, 고도로 발전된 지역들에서 노예들은 아티카나 로마 제국의 이탈리아 농장 지역에서와 마찬가지로 중요했을 것이다.

　프랑스 역사 사회학자인 장 베츨러Jean Baechler는 독특한 유럽적 계급, 중세 귀족들은 유럽의 기적에서 핵심적인 인과적 힘이었다고 주장해왔다.[162] 그는 아프리카를 깊이 생각하지 않고 제쳐둔 다음, 왜 아시아가 아니라 유럽에서 근대성이 등장했는가를 질문한다.[163] 부분적인 설명으로서 표준적인 주장의 많은 것들을 받아들이면서, 그는 기적이 발생했던 가장 중요한 이유는 유럽에서 귀족이 존재했기 때문이라고 주장한다. 베츨러는 고대 인도 유럽 사회가 전쟁 귀족에 의해 특징 지워진다고 설명한다. 인도에서 귀족은 부패했지만 유럽에서는 그렇지 않았다.[164] 그는 귀족을 단순한 지주 계급 혹은 영주권이 부과된 지주 계급과 구분하는 방법으로 중세 귀족과 그것의 특별한 사회적 성질을 '봉건성'이라고 조심스럽게 정의한다. 귀족은 동료들의 무리이며 봉건적 충성심의 틀에 의해 가입된 동등한 집단이며 자신의 권리에서는 민주적이다. 그는 귀족이 사회에서 정치 권력을 갖고 있지 않으며 이것은 그것의 독특한 특성에서 핵심적인 것이라고 말한다. 다른 곳에서 귀족제는 (제국적, 전제적) 정치체에 의해 묻혀버리든지 혹은 인도에서처럼 카스트 형태로 부패되어 버린다. 그러한 경우에 근대화는 존재하지 않게 된다. 유럽의 귀족은 자본주의 권력의 기원적 원천의 하나인, 특별한 종류의 사적 권력을 갖고 있었다. (베츨러는 여기서 스스로의 주장과 모순되는 주장을 하는데 왜냐하면 봉건 시대에 귀족은 실제로 정치권력이었기 때문이다. 그는 정치적 혼란기가 존재했다고 간단히 언급한 다음 다른 문제로 넘어가 버린다.[165]) 요약하면 귀족은 민주주의와 맹아적인 자본주의 소유권을 발명했다. 또 유럽 농민들은 일찌감치 맹아적인 자본가들이었다. 베츨러는 중세 유럽의 농민들이 자유롭지 못하고 억압받는 공동체였다는 관념을 버려버리고 그것에다 주목할 만한 특성을 부여한다. 농민 마을은 도시적 삶의 추억의 특성을 지닌, 자치되는, 일종의 '공화국'이었다.[166] 농민은 기업가의 축소 모형이었다.[167] 14세기가 되면, 이 시초적인 자본주의적 농민이 유럽의 진정한 농민이 된다. 농민 마을은 작은 민주제이다. 농민들은 자율적인 결정자들이다. 베츨러는 농노제를 무시하며, 마찬가지로 지주들이 토지를 소유했고 농민들을 착취했으며 그들의 삶을 통제했다는 사실의 중요성을 무시한다. 봉건제는 귀족들이 민주적 역할을 수행하고 농민들이 자유로운 인간으로 살아가는 민주적 사회와 같은 종류의 것이 된다. 나아가 이들 농민들은 중세의 한 가운데서, 우리가 18세기와 그 이후 시대와 결부시키는 자본주의적 농민들의 속성들 예를 들어 투자, 이윤

지향성, 자본 축적 등을 모두 갖고 있었다. (그리고 그들은 확대 가족을 피할 만큼 똑똑했다고 베츨러는 말한다.) 이 모든 것은 환상이다. 이것은 근대 세계(그리고 특히 근대 자본주의적 농민)를 중세로 돌아가게 하면서 역사를 망원경으로 보는 것이다.

베츨러는 이 모든 것을 인도와 대조시킨다. 인도에 대한 그의 그림은 기상천외하다. 인도는 카스트 제도의 결과로서 역사를 통해 귀족이 없었으며 이것은 역사 전체를 통해 발전에 실패했던 '가장 뿌리 깊은 원인'이다.[168] (인도는 대단히 가공할 귀족제를 갖고 있었다.) 인도사회는 정치적 차원이 존재하지 않았다. '정치체는……인도에서 실체가 아니었다.' 따라서 '인도에서 정체성의 이해는 결코 정치적이지 못했다'—민주적이지 못한 것은 말할 것도 없다.[169] (말이 안 된다.) 카스트는 상실된 정치체의 자리를 대체하기 위해 발명되었다. (더 말이 안 된다.) 인도는 농민들을 가져본 적이 없으며 다만 '농업노동자들'을 가졌을 뿐이다.[170] 이것이 어떻게 진실일 수 있는가? 왜냐하면 진정한 농민은 기업가적인 결정자들이며, 이것이 인도에서는 부재하다고 상정된 것이다(그러나 실제적으로 유럽도 마찬가지였다). 바슐라르는 신화적인 인도를 그의 기본적인 주장에 대한 대응물로 사용한다. 유럽에서 귀족들(그리고 그들의 동맹자인 농민들)에 의해 창조된 자유로운 사회는 '기적'의 기본적인 자원들이다. 그러나 유럽의 귀족제와 농민들은 이러한 낭만적인 특성을 가져본 적이 없으며 그리고 보다 결정적으로 우리가 3장에서 보게 될 것처럼, 같은 시기에 다른 많은 지역들에서 존재했던 비교될만한 계급들을 가져본 적이 없다.

마르크스주의 이론에서 계급 개념은 보다 거대하고 보다 인과적인 개념, 즉 계급투쟁이라는 개념의 일부이다. 계급으로 분화된 모든 사회에서 계급투쟁은 진보의 동력이라고 마르크스와 엥겔스는 말했다. 가장 최근의 마르크스주의자들은 문화혁명을 이보다 훨씬 복잡한 것으로 간주하는데, 그러나 그들은 계급투쟁이라는 관념과 과정을 계속해서 강조한다. 다시 한 번 우리는 진정한 계급투쟁 혹은 그것의 일부 단계 혹은 형태가 유럽에서만 발생했다고 주장한다면 이 개념에 있어 전승된 유럽중심주의가 존재한다는 것을 알아차려야만 한다. 그러나 많은 마르크스주의자들은 확실히 그러한 방식으로 주장한다. 예를 들어 고들리에Marurice Godelier에 따르면 서구는 '계급투쟁의 가장 순수한 형태'를 보여주고 '유럽만이 계급 기구……를 초월하는 조건을 창조해왔다.'[171] 아마도 이러한 종류의 주장 가운데 가장 영향력 있는 공식화는 자본주의 흥기에 관한 브레너Robert Brenner의 이론일 것이다.[172] 브레너는 1492년 이전의 자본주의 흥기는 계급투쟁, 유럽에서만 존재했던 계급투쟁의 결과임을 보여주고자 노력한다. 그는 이러한 주장을 그가 '제3세계주의'라고 부른 것, 즉 비유럽은 역사적으로 대단히 중요했으며 (정치적으로) 현재에도 매우 중요하다는 믿음에 대항하는 증거로 사용한다. 이 결론은 마르크스주의자들에게 뿐만 아니라 사학, 지리학, 사회학, 그리고 경제발전이론에서의 보수적인 사상에도 강력한 영향을 미쳤다. 확실히 브레너 이론은 이 책에서 우리의 주목을 받을만한 가치가 있다. 그리고 그것은 결코 복잡한 이론이 아니다.

브레너에 따르면 인구 감소에 영향을 받은 농노와 지주 사이의 계급투쟁은 북서유럽의 봉건제의 쇠퇴를 야기했다. (브레너는 비유럽을 언급하지 않으며 남유럽은 거의 부분적으로만 언급한다.) 북서유럽 대부분의 지역에서, 농민들은 이 계급투쟁에서 승리했으며 핵심적으로 소지주가 되었고, 그리하여 목가적인 존재에 만족하고 혁신에 대해 주저하게 되었다. 잉글랜드에서만 지주들은 토지에 대한 장악력을 유지했다. 거기서 농민들은 차지인으로 남게 되었다. 농민들은 토지 없는 노동자 계급과 실제적인 보유를 임대할 정도로 부유하고 상업화를, 기술적 혁신을 강제(왜냐하면 그들은 지대를 지불해야만 했기 때문에)했고 결국 자본가가 되는, 흥기하는 거대 차지 농민 계급을 만들어내면서 분화되었다. (브레너는 농노, 지주, 토지소유 농민들이 혁신적이지 않으며 읍들은, 심지어 잉글랜드의 읍들마저도, 자본주의의 등장에서 미미한 역할을 수행했을 뿐이라고 생각한다.) 잉글랜드의 요맨 자치 농민들은 따라서 자본주의의 창시자들이다. 다른 식으로 말해보자. 자본주의는 영국 농민들이 계급투쟁에서 패배함으로써 등장했다. 그러나 실체적으로 농민들은 다른 나라의 여러 지역들에서 우월한 토지소유자들이 아니었다. 자본주의는 농촌 지역이 아니라 읍에 가깝거나 읍 지역에서 훨씬 빠르게 성장했다. 그리고 브레너가 14세기와 15세기 잉글랜드 농민들에게 부여한 기술적 혁신은 훨씬 이후에 발생했으며, 그의 이론에 들어맞기에는 너무 늦게 발생했다. 보다 중요하게 상업적 농업과 도시 원형 자본주의는 이 시기에 남부유럽과 (앞으로 주장하겠지만) 다른 대륙에서 발전하고 있었다. 브레너의 이론은 틀렸다.[173]

가족

유럽 가족들이 어떤 근본적인 의미에서 다른 곳에서 발견되는 가족 유형보다 훨씬 합리적이고 훨씬 문명화되었다는 믿음에 대해서는 그리 새로운 것은 없다. 근대화 교의가 지배적이 되었을 때 이 믿음은 땅속에 묻혀버리는 것처럼 보였다. 사회과학자들 사이에서 가족 유형의 차이는 '전통'에서 '근대'로의 연속, 혹은 하나의 변형으로서 '향촌'에서 '도시'로의 연속과 붙어가야만 한다는 데 거의 합의가 이루어진 것처럼 보인다. 전통적인 가족들은 핵가족보다 규모면에서 훨씬 크고 확대된 강력한 가족적 유대를 반영하는 경향이 있다고 주장된다. 그들은 크고 확대된 가족을 형성하는 경향이 있다. 그들은 높은 출산율과 관계되는 경향이 있다. 중세 유럽 가족과 가계들과 관련한 증거가 부재한 탓에 초기 유럽 가족들은 전통적인 모델에 부합한다고 널리 가정되어왔다. 전통적인 모델은 작은 가계와 가계를 넘어서는 가족 유대의 느슨함, 소수의 어린이를 가진 근대적, 탈산업 혁명적 핵가족과는 대조되는 '전산업적' 가족으로 간주된다. 이러한 전환은 '인구적 전이'라고 불리는 것, 즉 높은 출산율과 높은 사망률과 같은 전산업적 조건을 특징으로 하는 '전통적' 인구 패턴으로부터 낮은 출산율과 낮은 사망률을 가진 탈산업적 인구패턴을 특징으로 하는 '근대적' 인구 패턴으로의 변화 과정과 연관된 것으로 생각된다.

가족에 대한 근대화 이론에서 저발전된 나라들의 비유럽 세계는 근대화됨에 따라 본질적으로 똑같은 전환 과정을 경험하게 된다. 확장된 가족 가계는 핵가족 가계에 의해 대체된다. 이것은 근대적 발전에 우호적인 태도를 확산시킨다. 사람들은 소수의 어린이를 갖게 되며(그래서 인구과잉과 투쟁하게 된다) 보다 개인주의적이고 기업가적으로 생각하는 경향이 있다.

이 모든 것들이 가정의 묶음이다. 출산율과 가계 규모(혹 핵가족을 넘어서는 혈족망의 강도) 사이의 인과적 연결에 대해서는 어떤 증거도 존재하지 않는다. 부와 근대 사회 내부의 상호관련성이 존재할 뿐이다. 핵가족과 낮은 출산율 모두는 이들 사회들의 특성이다. (뛰어난 인구학자 가운데 하나는 핵가족은 원칙적으로 확대된 가족보다 부부 당 더 많은 어린이를 가지려는 경향이 있다고 지적한다.[174]) 덧붙여, 생업에 종사하는 성인은 보다 기업가적이고, 보다 자본을 축적하는 경향이 있고, 보다 경쟁적이고 등등의 관념은, 만약 그가 (남자라고 가정하자) 그의 부인과 아이들을 위해서만 일하지 부모, 사촌, 다른 친척들을 포함하는 대가족을 위해 일하지 않는다면, 대단히 빈약한 가설일 뿐이다. 예를 들어, 대가족이고 서로 밀접하게 연결된 가족들은 상업에 종사하는 많은 이민 집단들 가운데서도 가장 강력한 축적 집단이라는 것은 증명되어왔다. 사실 왜 성인은 부모, 형제 등이 아니라 부인이나 아이들을 위해서만 더 열심히 일하기를 원해야만 하는가? (사실 복수의 노동하는 성인을 갖고 있는 확대 가족은 발전하는 경제에서 확실한 경제적 이점을 갖고 있다는 주장을 할 수 있다.[175]) 근대화 교의 자체가 발전함에 따라, 약 1960년 쯤이 되면 이러한 관념은 사라져버렸다. 다양한 형태의 사회 조직들은 동등하게 근대적이고, 변화와 비변화의 근원은 가족 구조에 있지 않다는 점은 명백해졌다.

1960년대 중반 부분적으로 존 하즈날John Hajnal의 영향력 있는 논문[176]이 발표된 결과, 특정하게도 유럽의 가족적 패턴이라는 개념이 역사가들의 공통된 담론에 극적으로 다시 끼어들었다. 우리가 이 장의 앞부분에서 언급했듯이 '기적'에 대한 인구학적 주장의 논의에서 역사인구학은 전 산업 시기의 유럽(혹은 유럽의 일부)이 보통의 '전통 사회'에 기대할 수 있는 것보다 더 낮은 출생률을 갖고 있다는 증거를 밝혀냈다. 유럽인들은 맬서스적 통제와 결부된 따라서 최대치의 출생률과 결부된 전통 사회에서, 기대되는 것보다 훨씬 더 인생의 후반부 즉 나이가 들어 결혼하는 것처럼 보였다. 맬서스적 모델 자체를 검토하는 대신 그리고 결혼 연령을 조정하는 전술을 구사하여 모든 인간 사회가 활동적으로 자신의 인구 동학을 통제한다고 주장하는 대신, 이들 역사가들은 유럽의 독특함을 주장하기 시작했다. 다른 전 산업사회들은 높고 통제되지 않는 출생률(그리고 따라서 '이행기'에 사망률이 감소하면 인구가 초특급으로 성장하게 되는)을 지닌 '전통적' 패턴을 보여준다. 완전히 대조적으로, 전 산업 시기의 유럽은 합리적인 인구 통제를 지닌 합리적인 가족제도를 갖고 있다. 아무런 증거 없이 전 산업 시기의 유럽은 비유럽보다 상대적으로 높은 수준의 생활과 낮은 사망률을 갖고 있다고 추정되며, 그것으로부터 유럽이 주로 늦은 결혼이라는 방법을 사용하여, 출생률을 적절하게,

합리적으로, 낮은 사망률에 맞춰 유지한다고 연역되었다. 이러한 주장을 내세우는 사람들은 다른 사회에서도 가족들이 유사한 방법으로 행동해왔을 가능성을 고려하는 데 실패하고 있다. 하지만 이러한 결과를 입증하는 증거들이 다수의 비유럽사회들로부터 출현하기 시작하고 있다. 일부 사회들은 고전적인 모델로부터 기대되는 것보다 아주 낮은 출산율을 갖고 있었다. 다른 사회들은 경제적이거나 다른 조건들에서의 변화에 대응하여, 상승하거나 하강하면서, 출생률에서 주요한 변화를 보여주었다.[177]

하즈날은 1965년의 논문을 다음과 같은 언급으로 시작한다.

> 현재 우리가 말할 수 있는 한, 1940년에 이르기까지 최소한 2세기 동안 존재해 왔던 유럽적 결혼 패턴의 대부분은 세계에서 독특하거나 혹은 거의 독특한 것이다. 유사한 패턴을 가졌던 비유럽 문명의 인구적 사례들은 알려진 바 없다. '유럽적 패턴'의 두드러진 표현은 (1)높은 결혼 연령과 (2)전혀 결혼하지 않는 사람들의 높은 비율이다.[178]

하즈날의 주장은 어떤 면에서는 대단히 주의 깊고 다른 어떤 면에서는 대단히 인과적이다. 그는 주의 깊게 유럽에서 17세기 이전의 일정 기간에 늦은 결혼과 낮은 결혼율에 대한 증거는 결론을 내릴 수 없으며 유럽의 중세에 대한 '조각난' 증거는 '비유럽적 패턴'을 상기시킨다고 언급했다.[179] 그는 비유럽 지역에 대해서 절대적으로 비역사적인 자료를 소개하면서, 역사적인 유럽을 20세기 비유럽과 인과적으로 비교하고 있다. 이론적인 주장은 매우 분명하다. 비유럽적 패턴들은 '전통적'이며 영구하고 그래서 17세기 유럽과 20세기 중반의 아시아 혹은 아프리카와의 비교는 완전하게 받아들여질 수 있다.[180]

늦은 결혼과 낮은 결혼율이라는 독특한 유럽적 패턴에 대한 주장은 광범위하게 그리고 빠르게 유럽의 역사적 '기적'에 대한 더 넓은 이론으로 혼합되어진다. 지지하는 별다른 증거도 없이, 주장은 확고하게 중세로 되돌려진다. 로렌스 스톤Lawrence Stone이 1977년에 집필한 책에 따르면, 대부분의 북서유럽에서 중간 그리고 하위 계급들은 '확실하게 15세기 이후부터 현저하게 늦게 결혼했다……이러한 늦은 결혼의 관습이 북서유럽 문명에서 예외적이고 독특한 모습'[181]이라는 것은 '의심의 여지가 없다.' 여기서 특히 '현저하게'라는 단어에 주목하려 한다. 이는 그것과 비교할 만한 무엇인가가 존재할 때만 '현저하다.' 하지만 비유럽의 역사적 자료들은 주어지지 않았고 그럴 생각조차 없다. 마이클 만은 철기시대 인도·유럽 농민사회로부터 그러한 패턴을 빌려왔다. 패트리샤 크론Patricia Crone은 이것이 아마도 고대 게르만적 특성일지도 모른다고 생각한다. 에릭 존스는 이것이 3천년에서 4천년 전까지 거슬러 올라간다고 생각한다. 알란 맥팔레인Alan Macfarlane은 이것이 '기독교와 게르만적 관습의 특정한 합성물'에 뿌리를 두고 있다고 생각한다.[182] 그리고 기타 등등. 한마디로 이런 패턴은 유럽에서 매우 오래된 것이다.

날짜 혹은 시대의 문제는 확실히 결정적이다. 서유럽은 17세기부터 주요한 변형이 진행 중이었으며 늦은 그리고 낮은 결혼률은 더 새로운 다수의 사실들, 엔클로저에 기인한 가진 것의 상실, 도시화 그리고 나중에는 잘 이해된 산업혁명의 인구적 사회적 결과에 의해 잘 설명될 수 있다. 16세기조차도 서유럽에서는 무엇인가 혼란스럽다. 그러나 결혼 패턴은 이러한 붕괴가 시작되기 이전인 1492년 이전에 출현했으며, 이때 비로소 단지 '전 산업적' 혹은 '전통적' 패턴이 아닌 분명한 '유럽적 패턴'을 말할 수 있게 되었다. 그리고 그 결과로 발생하는 변화—'유럽의 기적'—에 대한 일반적인 인과적 이론을 만들기 시작할 수 있게 되었다.

여기에다 추가적인 주장들이 보태진다. 핵가족 가계와 친지들과 멀리 떨어져 사는 주거형태(결혼한 부부는 부모의 그것과 분리된 가계를 만든다)는 최근 세기 동안 서유럽의 특성이었고 따라서 이것이 근대화의 모습으로 기대되어진다는 것은 오랫동안 알려져 왔다. 그것은 표준적인 근대화 이론에 잘 들어맞는다. 그 과정은 대가족으로부터 핵가족으로 이끈다고 상정된다. 그러나 유럽의 기적 역사가들은 핵가족들이 친지들과 멀리 떨어져 사는 주거가 독특한 '유럽 가족 체계'(라슬렛Laslett)[183]의 일부라고 주장한다. 그리고 다시 이들은 그것의 근원을 역사에서 한참 거슬러 올라가 위치시킨다. 그리고 다시 비유럽 사회들에서는 이러한 패턴이 결여되어있다고 주장한다. 사실 핵가족 가계가 비유럽의 많은 부분에서 공통적이었다는 훌륭한 증거들이 있다. 벅Buck의 자료를 분석하면서 토이버Taeuber는 20세기 초 중국에서 농민 가계의 60%이상이 핵가족이었음을 발견했다.[184] 이것들은 역사적 자료들이 아니지만 근대화 이론에 따르면 여기서의 초점은 중국은 가족과 다른 많은 것들에 관해 특별히 '전통적'이라고 상정된다. 사실 중국의 계보 혹은 '십'—베버에 의해 유명해진—이라는 관념과 대가족이란 관념 사이에는 공통된 혼란이 존재한다. 더 커진 대가족은 라틴아메리카에서는 공통점이 없다. 중국과 마찬가지로 인도에서 대가족이란 개념은 애매한데 왜냐하면 '친지들과 멀리 떨어져 사는 주거'(비좁은 마을에서 주거 공간은 문제가 될 수 있다)라는 개념의 애매성 때문이며, 때로 친지들과 멀리 떨어져 사는 것과 보유가 시작된 가용한 토지 사이의 결합이 발견된다. 계속되는 혼란이, 대(그리고 혹은 결합)가족과 전승된 권리, 권력, 이동성 등등, 사이의 관계를 두고 추가된다.[185] 다른 한편, 유럽으로 돌아가 보면 상정된 특정한 핵가족에 대한 질문—친지들과 멀리 떨어져 사는 주거 패턴의 모델은 중세에 대단히 심각한 질문이었다—에 직면하게 된다. (그보다 훨씬 일찍 독특한 패턴이라는 관념은 대단히 사변적이며, 고대 게르만 부족들에게 그리고 그들의 독특한 개인주의, 진보성과 같은 다른 오래되고 의심받는 관념—이 장의 나중에 논의될 것이다—에 속해있다). 중세 혼인 주거지 패턴은 농노와 비안정적 임대차라는 상황에서 때때로 문화적 주거라기보다는 장원 규칙(보유지의 할당과 같은)을 보다 더 반영하는데, 예를 들어 이것과 농장외의 고용(남동부 잉글랜드의 양모지역과 같은)과 같은 '개척지'적 특성을 지닌 농촌 지역의 상이한 유형 사이에는 구별이 존재한다. 따라서 지속적인 서유럽적 결혼 패턴이란 관념에 대해 의문을 가질 이유도 분명 존재한다.[186] 그러나 서유럽에 관한 일반화를 인정한다고 해도, 유럽적 패턴을 역사적으로 독특하다고 간주할만한 근거는 존재하지 않는다.[187]

마지막으로 이 모델은 어떤 번지르르한 장식으로 윤색되었다. 독특한 유럽적 패턴은 친지들과 멀리 떨어져 사는 주거, 핵가족, 나이 그리고 결혼 빈도의 문제만은 아니라는 주장이 있다. 서유럽의 결혼은 사랑에 기초해 있다. 다른 곳에서 결혼은 정해진다. (그러나 중매 결혼은 고도의 이동성과 사회적인 붕괴가 발생했던 시기 이전에 전근대 유럽에서 하나의 규칙이었던 것으로 보인다. 여기서 정기적으로 일깨워지는 것으로는 비유럽인 부부들은 결혼으로 묶이기 이전까지 서로 알지 못했다는 개념은 다수의 비일반적인 문화적 상황에 의해 지지되는 식민지 시대의 편견이다. 이 주장에서 로마적인 사랑은 유럽적 합리성의 속성으로 간주된다. 그러나 비유럽인 부부들도 확실히 유럽 부부들만큼이나 서로 사랑한다.) 다음으로 핵가족이기 때문에 독특한 유럽 가족은 독특한 유럽적인 인간성의 유형을 만들어낸다고 주장된다. 이 이론은 작은 (유럽) 가계는 불가피하게 행위에 주의하면서 개인주의적, 경쟁적, 획득적이 되도록 유도한다. 앞서 우리가 본 것처럼, 만과 존스는 이 개인주의적 패턴의 역사적 원천으로서, 깊은 숲속의 헨젤과 그레텔의 집과 같은 고대 농민 가계의 이미지를 추구한다. 아마도 이 이론의 가장 극단적인 형태를 제시했던(그리고 그의 동료 일부로부터 그가 이론에 대해서가 아니라 그의 주장을 주로 잉글랜드에 적용했다는 것 때문에 불평을 들어야만했던) 맥팔레인은 초기 중세 잉글랜드 가족은 (핵심적으로) 베버의 자본주의적 개인성이라는 심리적이고 행위적인 특성을 지닌 사람을 만들었다고 주장한다. 또한 인과적 연쇄는 부족적인 관습과 종교로부터 가족에 이르기까지, 가족으로부터 개인성에 이르기까지 그리고 개인성으로부터 자본주의의 시작(아래에서 좀 더 살펴볼 것이다)에 이르기까지 진행된다고 주장한다. 이 주장은 주로 맥팔레인이 농민 가족과 농민 정서를 지닌 '농민 사회'라 간주한 모델을 수립하는 과정에서 발전되었다. 초기 잉글랜드 농촌 사람들은 이 모델에 들어맞지 않는다. 따라서 전통적인 가족 유형과 전통적인 정신성과 같은 농민 특유의 전통적인 특성을 갖고 있지 않는 그들은 농민들이 아니다.[188] 이미 많이 언급된 것처럼, 맥팔레인의 '농민' 개념은 허수아비이며, 비유럽의 근대적 특징들이며, 역사적인 비유럽보다 못한 것으로, 비농민으로서의 중세 잉글랜드 농장 사람들에 대한 그의 관점은 역사적으로 유효하지 않다.[189]

독특한 유럽 가족이라는 이론은 오늘날 선전되어지고 있듯이 유럽의 기적 이론에서 중요한 부분을 차지한다. 그것은 두 개의 차별적인 주장으로 사용된다. 첫 번째는 가족 이론을 맬서스주의와 결합시키는 것이다. 주장은 다음과 같다. 인간은 일반적으로 그들의 성적 행위를 통제하고 식량 공급의 압도적인 조건에 적합하도록 자손의 수를 제한할 정도로 충분히 합리적이지 않다. 따라서 보통 인간들은 영구적인 혹은 일시적인 위기를 경험하는데, 그 위기란 인구과잉이 기근과 전쟁 그리고 역병을 낳게 하는 것으로 그 이후에 다시 회복된 인구는 다시 후손들을 과잉 생산하기 시작한다. 근본적인 원리는 **비합리성**이다. 사람들은 지적으로 행동하지 않고 (맬서스가 200년 전에 말한 것처럼) 헛간 앞마당의 야수와 같이 행동한다.[190] 이러한 과정의 역사적 결과는 **발전을 저해하는** 것이다. 예를 들어 생산적인 기술에서의 어떠한 개선이 있다 해도 인구 성장, 위기, 인구감소, 그리고 다시 현상 유지―정체의 순환―를 초래한다. 이것은 비유럽사회들 일반에서 비발전이 초래되는 하나의 그리고 가장 결정적인 원인이다. 대조적으로 유럽인들은 늘(혹은 아마도 단지 천년동안) 인구와 관련된 모든 문제에서 **합리적인** 행위를 보여주었다. 이것은 결혼에 관한 그리고 임신에 관한 결정을 포함한다. 독특한 유럽의 늦은 결혼, 핵가족, 결혼 후 친지들과 멀리 떨어져 사는 것, 애정을 가진 가족은 이러한 합리적 결정과정이 발생하는 결정적인 제도이다. 따라서 유럽 가족들은 유럽인들(혹은 서유럽인, 혹은 북서유럽인)로 하여금 인구 성장을 보증했고 그렇지 않았으면 지나치게 많은 아이들을 먹이는데 소비해버렸을지도 모르는 물질적 부를 축적하도록 했다. 이 시원적 축직은 유럽의 영원한 진보를 기초한다. 이러저러한 형태로 이 이론은 그동안 우리가 논의했던 많은 역사가들에 의해 개량되었다. 그들 가운데는 크로네, 할, 존스, 라슬렛, 맥팔레인, 그리고 만 등이 있다.[191] 할은 다음과 같은 언급에서 이론의 한 가지 형태를 표현한다(그것 중 일부는 우리가 이전에 인용했다).

> 유럽 가족은 오랫동안 작았고, 늦게 결혼했고, 핵가족이었고, 맬더스적 압력에 아주 민감했다……유럽 경제의 팽창은 후반기 전통적 중국에서처럼 **측면에서** 발생하지 않았는데, 왜냐하면 개선된 산출물들이 인구의 대량 성장에 의해 다 먹어치워지지 않았기 때문이다. 유럽에서 인구와 경작지간의 비율은 유럽 가족의 상대적인 절제로 인해 궁극적으로는 우호적인 것으로 남아있었다.[192]

맬서스의 이론은 인간을 동물로 취급한다. 그러나 맬서스주의를 받아들이는 학자들에게도 유럽의 가족이 맬서스의 재앙을 피했다는 개념은 거의 믿기가 힘들다.

'독특한 유럽 가족'이론이 유럽의 '기적'을 주장하기 위해 사용하는 두 번째 방법은 유럽의 일부에서 유럽의 가족이 다양한 종류의 독특하게 진보적인 태도와 행동 그리하여 기적을 낳게 하는 태도와 행동으로 문제를 연역하는 방법이다. 이러한 주장에서 매우 널리 사용되는 형태는 라슬렛에 의해 다음과 같이 표현된다.

유럽 가족 제도는 경제적 진보와 아마도 혁신으로 전달되게끔 하는 전체적인 모습에 책임이 있는 것 같다. 그 조건들은……저축, 축적의 필요성 등……모든 개인들에게 부과된 결혼과 출산의 전제가 된다. 유럽 가족 제도는 축적과 절약의 정신을 촉진한다.[193]

그리하여 가족은 맹아적 자본가의 개인적 특성을 발생시키는데, 중세에서도 그러한 성향은 아주 강했다. 이것은 거의 믿을 수가 없는 것이고 1492년 이전의 삶의 실체(그리고 심리)와도 부합하지 않는다. 맥팔레인과 다른 여러 사람들처럼 라슬렛은 전형적인 중세 유럽의 가족은 저축, 축적 등을 허락하는 선택을 할 수 있었다는 거짓 진술을 만들었다. 이 주장은 농민 가족이 실체적인 토지소유자이거나 최소한 확실하게 안전한 차지인이어서 자본 축적이 발생할 수 있고 주인이나 지주에 의해 잘리지 않아야 할 것을 요구한다. 중세 후기 서유럽에서 토지소유권의 정도에 대해 많은 논란이 있지만, 라슬렛이 묘사한 종류의 가족 행위는 농노제 하에서 공통적일 수 없었으며 농노제가 몰락한 이후에도 농민들이 토지를 소유하지 않는 곳에서 공통적일 수 없었던 것도 확실하다. 그리고 이는 예외 없이 일반적인 경우였던 것으로 보인다.[194] 말하자면, 18세기의 기업가적 요맨 농민은 중세로 돌아가고 결과는 원인이 된다.

다른 많은 유럽의—기적을 낳은—가족이라는 주장은 오늘날 학문적인 담론에서 흔히 있는 일이지만, 여기서는 하나의 추가적인 사

레만을 덧붙이고자 한다. 로렌스 스톤Lawrence Stone은 다음과 같이
말한다.

늦은 결혼 패턴으로부터 따라오는 여러 결과들이 존재한다……오늘
날의 많은 젊은이들에게 이러한 만혼이 최적의 시기에 성인 남성이
성적으로 충실하지 못하도록 하는 상황을 낳는다고 추측하는 것은 합
리적이다……만약 프로이트의 이론을 따른다면 이것은 노이로제를
야기할 수 있다……이것은 높은 수준의 집단적 공격성을 설명하는데
도움을 줄 수 있는데, 당시 서구 국민 국가의 예외적인 확장주의적 폭
력에도 이런 것이 깔려있었다. 그것은 또한……결혼을 위한 축적을
자극하고 적극적인 사회적 경제적 역동성을 촉발시키는……자본주
적인 경제적 사업에 자극이 될 수 있다.[195]

또 다시 강조하면,

젊은 청년 남성들 사이에서 섹스의 승화는 예외적인 군사적 공격성,
도둑질, 고된 노동에 대한 열정, 그리고 근대 서구 남성의 기업가적이
고 지적인 성취를 잘 설명해준다.[196]

유럽은 그들의 젊은이들이 성적 욕구불만이었기 때문에 세계를
정복했다.

여기서 소위 유럽의 기적에 대한 흔해 빠진 설명이나 다른 상식
들 모두를 논의하거나 열거할만한 공간은 없다. 물론 이 책의 후반
부에 다양한 맥락에서 일부 추가적인 설명이 언급될 것이다. 그러나
나는 이 장에서의 논의가 1492년 이전의 어떤 시기에도 유럽의 환
경, 유럽의 인간, 혹은 유럽 문화의 어떤 특성들도 다른 문명들이 그
렇게 하지 못한 반면 유럽 문명은 발전했다는 사실과 아무런 연관이

없다는 점을 설득력 있게 충분히 보여주었기를 희망한다.

나는 다음 두 장에서 전체적인 질문이 상이한 방식으로 놓여야 하고 상이한 방식으로 대답되어야 함을 보여주고자 한다. 유럽은 1492년 이전에 다른 문명들과 관련하여 결코 홍기하지 못했다. 1492년 유럽이 홍기했을 때, 그것은 '유럽다움'이라는 어떤 특성을 반영하는 것이 아니라 16세기와 그 이후에 식민주의의 결과로서 유럽으로 유입된 막대한 부를 반영한다.

Chapter 3

1492년 이전

Before 1492

들어가며

이 장과 다음 장에서 나는 다음과 같은 세 가지 광범위한 명제를 주장할 것이다.

1. 1492년 이전, 유럽의 일부에서 발생하고 있던 근대화와 자본주의를 향한 진보는 아시아와 아프리카 일부에서도 마찬가지로 발생하고 있었다. 기본적인 과정은 규모면에서 반구적半球的이다. 또한 그 것은 전자본제, 농업 형태의 계급 구조적인 사회로부터의 시원적 자본주의 형태로의 변화 과정이었다. 이 과정에 대해 목적론적 것은 없다. 운명이 미리 결정된 목적, 자본주의 사회를 향한 진화적 투쟁과 같은 것은 없었다. 나는 다만 유럽에서 발생한 것이 무엇이든 그것은 마찬가지로 동반구의 다른 부분에서도 발생했다고 주장하는 것이다. 나는 '봉건제'라는 단어를 유럽은 물론 아프리카와 아시아에 존재하는 계급 구조화된 농업사회를 설명하는데 사용할 것이다(그리고 이러한 방식으로 이 단어를 사용하는데 대한 근거를 제시할 것이다). 새롭게 출현하는 사회 구성을 나는 '원형자본주의'라 부를 것이다. 1492년 동반구 각 대륙에서 절반 이상의 사회가 기본적으로 봉건적인 사회 구성에 의해 지배되었던 것 같다. 원형자본

주의의 중심들은 서유럽으로부터 남아프리카 그리고 동아시아에 이르기까지 확장되면서 세 대륙 모두의 다양한 부분에서 등장하고 있었으며 단일한 연결망 혹은 네트워크 속에서 서로 연결되어 있었다.

2. 아메리카에서 유럽인들에 의해 획득된 부와 권력으로 인해 이 반구(半球)적 규모의 체제는 1492년 이후 짧은 사이에 분절되기 시작했다. 아메리카는 유럽인의 발전에 대한 '잠재력' 혹은 발전 수준이나 비율에서의 어떤 우월성 때문이 아니라 유럽이 차지하는 지구상의 위치 때문에 아시아나 아프리카에 의해서가 아니라 유럽에 의해 정복되었다.

3. 미국에서 그리고 나중에는 아시아와 아프리카에서 식민지로부터의 축적으로 엄청난 규모의 부가 유입된 것은 유럽이 자본주의 사회로 급속하게 변형된 것과 아시아와 아프리카의 원형자본주의 중심들이 최초에는 상대적으로 그리고 나서 절대적으로 쇠퇴하기 시작했다는 보완적인 사실을 설명해주는 하나의 기본적인 힘이었다. 유럽에서 발전이 시작되었고 다른 곳에서는 저발전이 시작되었다. 유럽 내부적인 많은 과정들은 유럽 대륙 자체에서의 변화와 발전의 중요한 원인들이었지만, 변형을 촉발시켰고 그리고 나서 지속적으로 연료를 제공했던 하나의 기본적인 과정은 식민지로부터의 부였다.

첫 번째 명제는 이 장의 주제이며 두 번째와 세 번째는 4장의 주제이다.

나는 이 전제들의 진실을 보여주지 않을 것이며 보여 줄 수도 없다. 나는 다만 이 전제들이 응집적인 이론—내 생각에 말이 되는 이론—속에서 이미 알려진 다른 사실들과 잘 들어맞는다는 것을 보여 줄 것이다. 내가 갖고 있는 지식으로 증명될 수 있고 또 이 장에 들어맞는 상당한 양의 세부적인 주장이 있다는 조건 속에서, 나는 할 수 있는 한 '진실의 증명'을 시도할 것이다. 이러한 주장 가운데 일부는(1492년 이전의 아프리카의 발전과 같이) 가용한 증거들을 넘어서 이론화를 시도할 것인데, 내가 보기에 그 이유는 이 주장의 일부를 확인하거나 부정하는 데 필요한 사실들이 아직 충분히 획득되지 않았으며, 확산론적 학자들에 의해서도 충분할 정도로 충실하게 모색되지 못했기 때문이다. 그러나 대부분의 경우 이론화는 강력한 경험적 증거에 입각할 것이다. 이 증거들에 덧붙여 1492년 이전과 이후에 비유럽의 중요성을 부정했던 다양한 반대 이론들에 대해 앞의 장에서 제시된 바 있는 증거의 무게들도 존재한다.

이것은 우리에게 아래에서 논의될 주제들을 고려하기 위한 논의의 장이 갖고 있는 수준을 제시해주고 있다.

중세의 풍경

1492년 이전, 아시아와 아프리카 그리고 유럽의 다양한 문명들은 여러 가지 방식에서 서로 아주 달랐지만 다른 측면에서는 서로 매우 유사했다. 나는 그들이 매우 달랐던 방식은 문화적 진화에 있어서는 그다지 중요하지 않다고 믿는다.[1] 2장에서 나는 유럽과 다른 문명들 사이의 특별한 차이를 강조하여 유럽의 독특한 흥기를 설명해준다고 주장하는 다양한 이론들을 검토했으며, 이들 이론들이 그다지 신빙성이 없다는 것을 보여주고자 했다. 다음의 논의에서 나는 문화적 진화에 대해 분명하게 결정적인 문화의 일부분을 다루려고 하며, 중세 유럽에서 발견되는 패턴들이 다른 문명들에서 발견되는 패턴들과 그리 중요하게 다르지 않다는 것을 보여주고자 한다. 생산양식, 계급구조, 공간 교환의 체제, 도시화는 광범위한 여러 문명들을 통 틀어 서로 유사하며, 상당히 동일한 방법으로 진화했으며, 그리고 어느 정도 반구적 범위의 과정에서 공통적인 부분이 있었다고 주장할 것이다.

1492년에 이르는 세기 동안 대부분의 인류는 계급적으로 분화된 농업사회에 살고 있었다. 이들 사회에서 대부분의 사람들은 농민들이었으며 자신들의 생존을 위해 생산하고 있었고 자신들의 산출물

(혹은 노동, 혹은 현금수익)들 가운데 상당한 부분을 엘리트들 혹은 지배계급들 대개는 토지에 대한 권리를 주장하고 늘 농민들에 대해 공식적이고 실질적인 권력 모두를 갖고 있었던 계급에게 바쳐야만 했다. 여기서 내가 묘사한 것은 생산양식인데, 그것은 토지, 물질 문화(도구와 같은 것들), 생산과 소비에 고용된 노동, 물질적 자원에 대한 접근과 생산물의 분배를 통제하는 사회적 규칙 그리고 일부 관련된 특성들과 같은 비물질적 자원을 포함하는 특성들의 복합이다. 중세유럽에서 이 생산양식은 '봉건제'라 불린다. 그것은 '봉건 사회'라는 보다 넓은 개념의 일부이다. 유럽 봉건 사회의 중요한 모습 가운데 하나는 국가와 정치권력의 본질이었다. 또 다른 하나는 지위, 기사도, 기타 등등을 지닌 지주계급의 문화였다. 세 번째는 일부 지역과 시대에서 차지하는 농노제의 중요성이었다. 그러나 이러한 모습들의 틀을 만드는 (혹은 어떻든 그것들을 동반하는) 것은 생산양식으로서의 봉건제의 일반적인 사실들, 지주계급이 농민 생산자들로부터 (늘 어느 정도의 강제력으로)잉여를 추출하여 살찌는, 지주-농민으로 계급 분화된 농업 사회였다. 다양한 변종과 더불어 이 생산양식은 늘 동반구의 다른 계급 분화된 모든 농업 사회의 기본적인 모습이기도 했다.[2] 나는 따라서 '봉건 생산양식'이란 용어를 그러한 모든 사회들에 사용할 것이다.

다른 이들도 이 용어를 이런 방식으로 사용하지만 다양한 반대에 직면해 왔다. 특별히 유럽적인 모습이 변화의 진화적인 엔진이라고 주장하는 학자들은 자연스럽게 유럽과 다른 종류의 사회를 '봉건적'이라 설명하는 것을 거부할 것이다. 예를 들어 막스 베버는 유럽의 봉건 국가들은 독특하고 진보의 결정적 원인(혹은 조건)이라고 생각했다. 농노제를 진화적인 측면에서 결정적인 모습이라 간주했던 마르크스주의자들은 농노제를 갖지 않았던 사회들(비록 유럽 바깥의 많은 사회들이 그랬지만)에 '봉건제'라는 용어를 사용하고 싶어 하지 않을 것이다.[3] 그러한 현실이 사람들로 하여금 다른 대륙에서 다른 유사한 사회들을 규정하는데 반대되는 하나의 모델로서 유럽의 봉건제를 사용하도록 요구하는 경향이 있다는 입장에서 사미르 아민 Samir Amin은 '봉건제'라는 용어를 광범위하게 사용하는 것을 거부한다. 따라서 그는 올바르게도 이 생산양식에서 잉여 착취의 다양한 형태들(조세와 지대, 현금, 노동, 그리고 현물)은 공납적 지불이라는 개념에 동화될 수 있다고 주장하면서, '봉건제'보다는 '공납제'를 더 선호한다.[4] 나의 관점은 유럽중심적 역사가들이 '봉건제'라는 용어에 대한 지적 소유권을 갖고 있지 않으며 따라서 봉건제라는 용어의 사용은 유효할 뿐만 아니라 어떤 의미에서 어떤 대륙이거나 어떤 사회 구성에서도, 우리가 그러한 생산양식을 목격할 수 있는 곳이라면 이 용어를 쓰는 것이 정당하다는 것이다. 다른 반대도 존재한다. 이 시기 동안 지도를 넘나들며 여기저기에서 목격되는 도시화된 작은 사회들은 어떤가? 우리는 이 문제를 이 장의 뒷부분에서 검토할 것이다. 기본적인 지주-농민 모델로부터 크게 벗어난 사회들은 어떻게 묘사해야만 하는가? 계급 위계화된 목축 사회들은 어떤가? 생산 계급과 지배 계급 사이에 친족관계가 존재하는 계급 위계화된 사회들은 어떤가? 이러한 규정의 문제들은 중요하며 이 장에서 논의되는 맥락에서 그것들을 다룰 것이다.

농업적 그리고 봉건적 생산양식 둘 다의 기원과 진화에 관한 대답되지 않은 질문들은 상당히 많다. 최근까지도 대부분의 학자들은 농업, 계급 위계화, 그리고 문명의 다른 많은 속성들이 고대 근동과 중동에서 기원했다고 믿어왔다. (우리는 이것을 1장에서 논의했다.) 아시아와 아프리카의 문화적 후진성과 비진보성에 관한 명시적이고 묵시적인 신념이 혼합된 주어진 이러한 전제의 틀에서, 봉건 유럽의 농업적 풍경이 중세 아시아와 아프리카의 많은 부분들보다 혹은 모든 부분들 보다 질적으로 더 높은 수준의 발전을 획득해야만 했다는 것

—혹은 대안적으로, 급속한 변화에 대한 훨씬 더 큰 잠재력을 갖고 있어야만 했다는 것—은 거의 자명한 것이었다. 그 자체로서 농업은 그 기간에 반구의 일부 주변부에서 바깥으로 확산되는 과정에 있었다고 믿는 것은 논리적인 것처럼 보인다. 예를 들어, 우리가 2장에서 언급한 것처럼, 역사가들은 남부 아프리카의 대부분이 근대 초기에서조차 '전농업적'이었다고 믿는 경향이 있다. 학자들은 농업 일반이 그리고 특히 식물과 동물을 길들이는 각각의 형태가, 일반적인 확산 과정 속에서 각각의 주변 지역에 최초로 도달하는 시기에 대해 검토하여, 정당하게도 그것을 기본적인 모델로 생각했다.

아주 최근에 이 모델은 허무하게 무너지기 시작했다. 농업 (신석기) 혁명은 가장 빨리 동남아시아의 일부에서 출현하기 시작했는데 아마도 약 9000년 전으로 추정된다(일반적으로 받아들여지는 생각은 중동에서 농업은 1만년에서 1만 2천년 정도였다는 것이다). 도기들은 동북아시아와 일본에서 아마 그 정도로 오래되었을 것이라 추정된다. 곧이어 인도, 뉴기니, 그리고 다른 지역들에서 농업이 출현했다.[5] 오늘날 비록 대다수의 관점은 여전히 농업은 중동에서 최초로 발생했다는 것처럼 보이지만, 아주 많은 학자들은 다르게 믿고 있다. 많은 이들은 농업이 중동과 동남아에서 독자적이고도 동시적인 기원을 가졌다고 주장한다. 일부는 여기에다 서아프리카를 덧붙인다. 그러나 농업 혁명이 모든 곳에서 한꺼번에 발생했다는 것 또한 가능하다.[6] 여기서 내가 뜻하는 것은 곡물, 동물, 도구 그리고 사고의 복합은 많은 사회들에도 동시에 발달해 왔고(아마도 매우 오랜 기간을 두고), 내가 '교차 확산'이라 부르는 전반적인 과정 속에서, 유용한 혁신이었던 그런 특성들이 반구의 다른 부분들에게로, 각각의 새로운 특성들이 서로 급속하게 확산되는 경향이 있었다는 뜻이다. 이 과정은 우호적인 기후와 토양을 획득했던 적도와 중위도 토지의 전체 연결 부분으로 확장되면서 (그리 중요하지 않은 격차를 가지면서) 점차

반구의 거대한 지역에서 농업적인 풍경을 만들어냈다.[7]

　어떤 경우이든 농업의 확산은 꽤 오래 전에 발생했고 중세 무렵이면 동반구에서 환경적 조건이 농업에 적합한 대부분의 지역들에 도달하게 되었다는 것은 이제 일반적으로 받아들여지고 있다. 농업은 현재에도 여전히 확산 중에 있지만, 그러나 그것은 더 이상 농업혁명이라 간주되지는 않는다. 농업은 현재 위도의 한계에 거의 가깝게 양 극지방까지 도달했다. 서반구에서 1492년에 옥수수의 북위 한계는 현재 중앙 캐나다에서 곡물 재배의 한계선 남쪽에서 그리 멀지 않는 곳까지 도달했다. 비록 변종 개선이 여전히 진행 중이지만, 두 반구에서 오늘날 중요한 모든 곡물과 목축 대부분은 이미 사용되게 되었다. 일반화하자면, 반구적인 가축화의 긴 목록으로 미루어 볼 때, 각각의 농업 지대는 이 시기까지 각각의 환경적 조건과 문화에 가장 적합한 곡물과 목축의 결합을 스스로를 골랐다고 주장될 수 있다. 반구의 어떤 한 부분에서 관련된 재배 곡물 형태의 대부분은 마찬가지로 다른 많은 부분에서도 알려지게 되었다.

　가장 극적인 증거 가운데 하나는 1492년 이후 서반구 곡물이 동반구로 신속하게 전파되었다는 것이다. 옥수수, 카사바, 담배, 고구마, 감자 그리고 다른 여러 곡물이 극도로 빠르게 확산된 것은 그리고 이 재배 작물이 문화적으로 중요해지는 급속한 방식은, 그 과정이 이전에 알려진 바 없는 혁신적인 확산이라는 측면에서 재배 작물의 확산이 어떻게 급속하게 발생하는지를 보여주었다. 우리는 동반구의 가장 동쪽에서 재배되는 작물은 더 이상 그 정도로 급속하게 확산되지 않는다고 추측할 수 있다. 농업이 확산되고 있는 곳에서 그것은 주로 이민, 정복, 그리고 토지 부족과 같은 사회적 과정의 결과로서 고지대, 일부 산림지역, 먼 섬지역과 같은 주로 주변지역에서 발생했다.[8] 1492년 이전에 농업은 남부 아프리카에서 북유럽, 북아시아, 동남아시아, 그리고 하와이를 포함한 태평양 대부분 지역에 이르기까지 이루어지고 있었다. 대부분의 지역에서 우리가 '비농업적'이라고 설명하는 문화들은 농업을 하지 않도록 선택된 지역들이었다. 그것들은 따라서 '전농업적' 사회들이 아니었다.[9]

아마도 농업 기술의 보다 복잡한 형태들도 마찬가지 경우일 것이다. 관개에 관한 지식, 쟁기, 퇴비의 사용, 복합적인 윤작(휴한지 없는 윤작), 그리고 집약적 농업의 다른 모습들은 이 시기에 농부들이 산출물을 증가시키거나 노동 수요를 감소시키거나 잉여의 요구를 만족시키거나 혹은 어떤 문화적 이유를 위해서, 그것을 사용하는 것이 바람직하다는 것을 발견하게 된 농업적 풍경의 모든 부분으로 확산되어졌을 것이다.[10] 이 풍경의 대부분에서 중요한 혁신들은 널리 확산되어, 인간의 노동 생산성은 반구의 다른 어떤 부분에서 다른 농부들에게 사용할 수 있는 종류의 기술적 지식의 결여로 인해 한계에 부닥치는 경우란 결코 없었다.[11] 그러나 이것은 사변적이다.

농업 사회들이 늘 계급 위계화 되지는 않았다. 그러나 반구를 뛰어넘어 대부분의 농업 지역들은 이 시기에 농업과 지주-농민이라는 위계 체제의 복합을 보여주었으며, 그래하여 내가 '봉건적'이라 명명한 생산양식을 보여주었다. 이 지점은 두 가지 측면에서 의문시 될수 있다. 반대 가운데 하나는 보통 (일부) 마르크스주의자들이 제기하는 것으로, 중세 비유럽적 농업 생산양식은 우리가 유럽적 봉건양식과 결부시키는 변화를 위한 잠재력을 무엇인가 결여하고 있다고 주장한다. 이 주장('아시아적 생산양식,' '동양적 전제주의,' 등등)은 2장에서 충분히 논의된 바 있다.

두 번째 난점은 공간적 패턴의 문제이다. 중세 동반구의 지도 위에서 우리는 어디에서 계급 분화된 농업 사회들을 발견할 수 있으며 어디에서 계급 없는 농업 사회들을 발견할 수 있는가? 두 부분으로 대답이 가능하다. 첫째, 우리는 논란의 여지없이 지주-농민 갈등의 분명한 패턴을 가진 계급 위계화된 양식이 아시아의 거의 모든 농업 지역에서 지배적이었다는 것을 알고 있다. 주장은 아프리카에 집중되는 경향이 있다. 그러나 북동부 아프리카(예를 들어 에티오피아), 차드호 너머 대서양 동쪽으로부터 수단 지역, 동아프리카의 호수지역의 일부, 짐바브웨 제국 지대 주위의 남동부 아프리카, 그리고 동부 아프리카 해안지대의 많은 부분에서 지주-농민의 착취적 관계는 지배적이었다. 또한 이제 많은 밀림지대와 서부와 중부 아프리카의 건조한 밀림 지역 국가들(아칸, 요로바, 콩고, 등등)이 이런 생산양식을 보여주거나 혹은 그와 유사한 것을 보여주고 있다는 것을 알게 되었으며, 이렇게 커다란 지역의 역사지리학에 대한 연구는 본질적으로 이제 막 시작되었다.[12] 따라서 아프리카에서 봉건적 생산양식의 지도는 매우 넓다. 둘째, 나는 (아민을 따라) 국가로 조직된 거의 모든 사회들이 계급 사회들이었으며 중세 국가는 착취적 과정과 지배 계급 정치에 밀접한 관련을 갖고 기능했다는 것을 주장하고 싶다. 중세 아프리카의 절반 이상이 지역과 인구라는 측면에서, 국가로 조직되어 있었고 따라서 다소간 계급 위계화되어 있었다. 농업, 기술적으로 복합적인 농업, 계급의 중세적 공간 패턴에 대한 이러한 매우 개괄적인 검토로부터 나는 봉건적 생산양식이 이 시기에 아프리카, 유럽 그리고 아시아의 절반 이상, 그리고 오세아니아의 일부에서 지배적이었다고 결론을 내린다.

비록 계급에 의한 토지의 통제는 다양한 법적 형태를 취할 수 있었겠지만, 봉건 사회에서 지배계급은 거의 모든 곳에서 지주 계급이었다. 이 계급의 일부 구성원들은 다양한 직위로 화려하게 장식되었겠지만, 귀족과 향신 사이의 구별은 진화적 관점에서 결정적이지 않았으며 (다른 것들은 물론) 두 형태는 반구를 통 털어 널리 퍼져있었다.[13] 이러한 계급은 결국 자기-영속적이고 계급 구성원의 상징으로서 물려받은 직위를 사용할 수도 있었고 혹은 똑같은 효과를 내는 다른 도구들을 사용할 수도 있었고 혹은 양자를 다 사용할 수도 있었다. 사실 직위가 없는 향신계층의 구성원은 다양한 시간대의 중국에서 그랬듯이, 국가 정치의 변화하는 바람 한가운데서 지배계급의 지위와 부를 보유하려는 가족들의 기회를 향상시킬 수 있었다. 이러한 맥락에서 높거나 낮은 귀족 등급 사이에도 그리고 지주와 정부관리(유사하게 토지로부터 자신들의 부를 만들어내는)사이에도 결정적인 차이는 없었다. 우리가 1장과 2장에서 논의한 것처럼, 유럽의 중세 지주계급들이 다른 장소의 지주계급들보다 순수하게 사적인 토지소유권에 더 가까웠다는 전통적인 시각은 실체가 없다. 마르크스는 이 전통적인 시각을 받아들였다는 점에서 잘못되었는데, 왜냐하면 그는 비유럽적 계급 구조에 대해 아는 바가 없었기 때문이었다. 마찬가지로, 베버는 더 높은 영주나 왕의 동의와 같은 종류 아래서, 지주에 의해 확고하게 장악된 토지를 지닌 영주적 보유의 유럽적 패턴이라고 상정되는 것과 그가 대부분의 다른 사회들에서 특징적이라고 생각했던 '봉사 보유' 사이에 분명한 구별을 만들었던 것은 잘못된 것이다.

세습적인 보유와 봉사적인 보유 사이의 구별은 분명하지가 않다. 유럽에서 봉사 보유는 엄격한 의미(충성 서약, 군사적 후원 등등에 대한 조건적 양도를 지닌)에서 전형적인 형태였지만 이런 양도는 세습되는 경향이 있었다. 넓게 보아 다른 사회에서도 상황은 비슷했다. 봉사 보유에 대한 봉 혹은 양도의 보유자는 봉에서 봉으로 이동할 수 있었지만(혹은 봉의 자산구성을 변화시키는 것을 보유하거나), 중요한 초점은 누군가가 지배계급의 자격을 유지하는 한, 계급 자격이 그로 하여금 봉을 보유하도록 그리고 그것(그리고 그것의 점유자)으로부터 부를 회수하도록 허용했다는 것이다. 결정적인 의미에서 개인 혹은 친족 집단이 유효한 통제를 보유하고 있는 한, 소유권은 사적인 것이며, 간헐적인 변고나 대체에도 불구하고, 많은 지역에서 상황은 유사했다. 그러나 토지는 다른 의미에서 즉 토지 시장에서의 가치에서 사적인 것이라 불릴 수 있었다. 그러나 이것은 1492년 이전 유럽과 비유럽의 고도로 상업화된 농촌 지역에서만 발견되는 것으로 기본적으로(혹은 거의) 자본주의적인 상황을 함의한다.[14] 봉사 보유에 대해 봉의 양도를 받아왔고 그것들을 재빨리 임대했던 혹은 그것을 사적인 것, 상속 가능한 소유권으로 전환시켰던 중국의 향신, 힌두의 봉 보유자, 심지어 무굴의 자기다스(jargidars)는 모두 봉건 지주 계급의 고전적인 모습을 보여주었다.[15] 유럽의 봉건 시기 지주계급들은 다른 많은 지역들의 지주계급들보다 더 진보된 것도 또는 자본주의나 근대로의 이행을 위해 더 잘 준비된 것도 아니었다.

소위 유럽의 장원 체제는 때로 봉건제의 차별적인 모습, 특히 사적 소유권과 거대 규모의 노동의 사용, 비유럽 지역에서는 무엇인가 부재한 것 그리고 자본주의를 향한 진화에서 결정적인 유럽의 거대한 걸음이라고 논의되어 왔다. 거대 영지는 반구 전체로 널리 확산되었지만 비지불 농민 노동에 의한 장원 농업의 특별한 조직적 형태는 소수의 지역에서만 발견된다. 물론 농민 보유지와 집단적 부역 노동을 동반한 그리고 장원에 대한 농업 생산물과 더불어 일부의 가내공업을 동반한 통합된 장원 농업을 포함하는, 용어상 협의의 의미에서 장원 체제는 유럽 바깥의 여러 지역에서 발견된다. 그것은 중국과 남부 인도에서 중요했다.[16] 그러나 장원 농업은 유럽에서 지배적이지 않았으며(그것은 지중해지역에서 일반적이지 않았다) 자본주의적 농업과 별로 닮지도 않았으며, 어떤 경우에도 14세기 무렵이면 서유럽에서 거의 사멸되어 버렸다. 그래서 다른 대부분의 지역들(북부 인도와 같은)보다 유럽에서 이러한 특성이 한참 후에 상대적으로 더 강하게 발전했다는 것은 한 지역에서는 그렇고 다른 지역에서는 그렇지 못한 까닭에 자본주의로의 이행에 대한 설명이 될 수 없다.

이 질문과 관련된 것은 불행하게도 마르크스에 의해 수용되었던 것으로 폐쇄적이고 협동적 실체(그래서 마르크스에게 원시 공산 사회의 생존으로 간주되었던)라는 인도 마을에 대한 유럽의 낡아빠진 잘못된 규정이다. 중세 인도 마을은 협동적인 성격을 갖고 있긴 했다. 그것은 용익권의 공동체적 통제(표면적으로 공동체적 소유는 아니었지만)를 행사했다. 그것은 마르크스가 대단히 중요하게 보았던 것으로 마을의 응집성, 식민지적 자본주의로부터 가해지는 외부적 충격에 직면하여 변화하지 않고 남아있을 수 있었던 능력, 똑같은 의미에서 사회적 변동에 저항할 수 있었던 능력을 설명해주는 것처럼 보였던, 농업과 수공업의 긴밀한 결합을 보여주었다. 그러나 마찬가지로 유럽의 마을들도, 카스트 공동체들이 마을 정착 패턴과 대단히 느슨하게 상관되어 있었던 힌두 마을의 그것보다 더 확고했던 특정한 협동적 성격을 보여주었다.[17] 이 문제에 있어서 우리는, 자본주의 등장 이후 유럽 마을의 붕괴를 염두에 두면서 그리고 따라서 이들 마을들이 몇 세기 이전에 협동적 실체로서는 해체되어 왔다는 것을 상정하면서, 망원경 역사의 고전적인 오류에 직면하고 있다. 나아가 공동체적 토지 소유는 이 시기 인도와 유럽 모두에서 상대적으로 중요하지 않았다. 마을들은 보통 대표되는 권리(공동 토지에 대한 권리를 포함하여)만을 갖고 있었는데, 그것은 지주들에 의해 폭력적으로 침해당할 수 있었고 실지로 자주 침해당했다. 두 지역 모두에서 생산력이 높은 토지 대부분의 진정한 소유자이며 세습적이고 양도 가능한 영지의 보유자들은 지배계급이었다. 마지막으로 농업과 수공업의 결합은 유럽의 마을들에서도 존재했었다.[18] 언뜻 보기에 1492년 이후 자본주의의 등장과 함께 그것은 해소되었다. 요약하면, 비록 인도 봉건제는 어떤 의미에서도 유럽 봉건제의 변형들과 동일하지 않지만, 그것은 생산양식으로서 똑같은 일반적 특성들 그리고 자본주의를 향한 진화에서 똑같은 잠재력을 갖고 있었다. 이 주장은 아마도 아시아와 아프리카의 많은 지역들에도 해당될 수 있을 것이다. 중세 유럽의 마을들은 반구를 통 털어 사회적 형태와 마을 정착의 배열 가운데 그다지 유별나지 않았던 것으로 보인다.

봉건제에서 생산 계급들은 보통 농민들로 구성되는데 그들은 가계 규모 단위에서 지주의 영지를 경작했고 지대로서 노동, 생산물, 혹은 현금을 제공했다. 유럽적 모델인 농노제는 흔히 봉건제의 특징적인 노동형태로 생각된다.[19] 비록 후기 로마시대 유럽에서 농노화의 특정한 역사는 독특하며 그것의 법적 형태는 다른 곳에서는 대단히 드물지만, 유럽적인 종류의 농노들은 기본적으로 아프리카와 아시아 여기저기서 발견된다. 오히려 우리가 발견한 것은 비자유노동 형태들의 파노라마인데, 말하자면 세 대륙 모두에서 농민 노동은 지주의 영지에 묶여있었던 것이다.[20] 다른 한편, 일부 학자들은(그들 가운데는 마르크스주의자인 브레너, 보수적인 베뜰러가 있다) 서유럽의 14세기와 15세기 유럽 농민을 이상화했으며 그들에게서 기업적인 정신 등에 고취된 자유 보유 농민을 보았다.[21] 이것은 역시 망원경 역사이다. 그들 농민들은 차지농들이었고 다양한 방식으로 토지에 묶여 있었다. 1492년 이후 그리 오래지 않아 주요하고도 강력한 토지의 자유 보유, 자본 축적, 부농양식의 계급, 농업 자본주의가 출현했다. 유럽 농민들은 특별히 독특하지 않았다. 지주의 지배로부터 자유롭게 떠날 수 없었던 그리고 그 신분이 나중 세대에 전승되었던, 지대 혹은 공납, 혹은 세금(지주에게 지불하는)으로 노동, 현물, 또는 현금 봉사를 제공하도록 강제된 농민들은 유럽뿐만 아니라 중세 아시아와 아프리카의 여러 부분에서 발견되었다.

봉건 농업 사회들 사이의 상호연결성도 존재했는데, 그것은 우리가 계급에 입각한 농업 사회들의 전체적인 반구 크기의 지역을 분리된 사회적 실체들로서가 아니라, 때로는 확실한 경계선을 포함하는 그리고 때로는 그렇지 않은 지역적 변이들을 가진 단일한 봉건적 풍경으로서 생각해야만 한다고 제시하기에 충분할 정도였다. 분명하게도 이들 지역에서 상당한 교차 확산이 존재했는데, 그 증거로 예를 들어 넓은 지역에 걸쳐 농업적 기술의 공통성이 존재했다. (중세 유럽농업은 기술적 수준에서 독창적이며 그래서 자본주의로의 진보를 촉발했다는 일부 유럽 역사가들이 제기한 주장은[22] 우리가 2장에서 본 것처럼 유효하지 않다. 유럽 농업은 대부분의 특징들을 다른 지역들과 공유하고 있으며 독창적으로 진보하지도 않았고 특정하게 사회 변화를 배태하지도 않았다.) 반구적 풍경의 많은 부분에서 봉건제의 진화는 더욱더 많은 잉여가 요구됨에 따라 농민에 대한 탄압이 꾸준히 심화되었고 이에 대한 농민들의 대응은 도시나 주변지역으로의 이주는 물론이고 기술적인 발전과 차용(확산)을 포함하고 있었다. 동시에 지배계급들은 잉여를 생산할 신민들의 잠재력이 소진됨에 따라 내적 영역의 착취는 물론이고 외적 영역의 착취를 위해 다른 생산자들의 공동체를 정복하거나 착취하고자 했으며 이는 지역 간의 상호연결성이 더욱 높아지도록 했다.[23] 하지만 동시에 봉건적 지배계급 공동체들은 친족의 연결망, 관료제, 카스트 속에서 단결했는데, 그러한 기제들은 때로 대단히 넓은 영역으로 확대되었다. 우리는 사회들이 국민-국가로 말쑥하게 포장되는 일이 그 시기에 존재하지 않았다는 것, 언어 지역들이 느슨하게 정의되었고 언어 장벽이 아무런 중요성이 없었다는 것, 심지어 종교적 차이가 이념, 사물, 사람들의 이동에 하등 장애가 되지 못했다는 것을 알고 있다. 그래서 우리는 모든(혹은 대부분의) 봉건 사회들이 사회 세력들과 압력들이 모든 방향으로, 상당한 거리를 유지한 채, 쉽사리 국가의 경계를 넘어 확산되면서, 공동의 공간을 공유하고 있다고 생각해야만 한다. 이러한 주어진 개념 하에서 왜 생산양식으로서 봉건제의 일반적인 발전이 반구의 대부분에서 똑같은 방법으로 진행되고 있었는지를 이해하기는 그다지 힘들지 않다.

후기 중세에 세 대륙 모두의 많은 농업 지역들에서 근본적인 변화의 징조가 존재했다. 두 가지 종류의 지표가 존재한다. 봉건 체제의 쇠퇴의 징조 혹은 임박한 붕괴의 징조, 그리고 상업화된 농업으로의 그리고 도시 자본주의로의 변화의 징조가 그것들이다. 반구 대부분을 통해 생산양식은 쇠퇴 상태에 처해있었는데, 우리는 가혹한 세금의 증가, 농민 반란, 농업적 변경과 도시로의 이민, 생산자 인구에 대한 접근을 위한 지배계급 사이의 격렬한 전쟁 등을 목격하게 된다. 14세기에 이르면, 유럽에서 봉건제는 위기의 단계—비록 붕괴까지는 아니었지만—에 진입하게 되지만, 아시아의 여러 부분에서도 그리고 아마도 아프리카에서도—앞으로의 연구로부터 의심할 바 없이 배우게 되겠지만— 유사한 위기가 나타났다.[24] 세 대륙 모두에서 아마도 개괄적으로 비교해 보건데 비슷한 비율로 농민들이 도시로 이동했다. 유럽에서든 비유럽에서든 15세기 후반 즈음에 모든 곳에서 도시 인구는 여전히 전체 인구에서 비율이 그다지 크지 않았던 까닭에, 이것은 농촌에서 도시로의 이민의 홍수를 초래했다. 그것은 농촌 지역에서 발생한 위기의 결과였다. 이 위기들이 기존의 생산양식이 진정으로 붕괴에 가까이 도달했다는 것을 가리키는지 혹은 이것이 내적 모순으로부터 초래되었는지는 모르겠으나, 아마 아직도 결정될 수 없겠지만, 많은 경우에 유럽에서 봉건제는 1492년 이전에 많은 유럽 바깥 지역의 봉건제들이 그랬던 것보다 마지막 소멸에 더 가까이 있었다.

이 주장의 바로 이 지점에서 기권과 추측이 존재한다. 나는 지주–농민 생산양식이 그것에 할당된 역사적 길이를 이미 지나갔고 그리하여 붕괴될 시점에 도달했다거나 혹은 그 자체가 자본주의로 변형될 시점에 도달했다고 주장하는 것은 아니다. 자본주의가 시골에서건 도시에서건 초기 성장을 달성했는가라는 것은 매우 복잡한 질문이다. 나는 이 문제를 아래에서 좀 더 다룰 것이지만 그러나 어떤 일반적이며 인과적이고 역사적 이론화도 시도하지 않을 것이다. 다만 나는 이행 혹은 쇠퇴 혹은 우리가 무엇이라 부르든 그러한 것이

1492년에는 결코 완성되지 못했지만, 아메리카로부터의 부는 자본주의의 등장을 촉진시켰으며 동시에 유럽에서 봉건 생산양식의 최종적인 쇠퇴를 촉진시켰다고 주장할 것이다.

　나는 다음과 같이 추측한다. 극도로 빠른 농업(곡물, 가축, 도구, 수리체계 등)의 문화적 특성의 혼란스러운 확산이라는 전체적인 모델과 중세 동반구에서의 계급 조직화된 농업 사회들에서 나타나는 긴밀하고 뒤얽힌 착종이라는 주어진 병렬적인 개념 하에서, 특성들이 확산되고, 사회적 압력이 공간에서 이민, 정복에 의해 전이되고, 마찬가지로 지배계급의 동맹이 확산되는 등에 따라, 사회의 계급 분화적인 농업 형태의 일반적인 성장과 진화는 하나의 지역에서 다음 지역으로 상대적으로 원활하게 진행되었을 것이라 기대할 수 있을 것이다. 아마도 이 중세적 생산양식의 진화는 모든 곳에서 하나의 공통적인 사회적 사실에 의해 틀 지워진다. 그것은 바로 더 많은 부를 향한 꾸준하고도 양보 없는 지주계급과 그 동맹계급(상인, 귀족, 등등)의 요구, 농민에 대한 지속적인 압력으로 전환되어 그들이 잉여를 확대할 수 있도록 만드는 생산 증가에 대한 요구가 바로 그것이다. 나는 이것을 농민 부분에서 기술적인 발전, 기술의 혼란스런 확산, 개간과 개척, 농민 반란, 도시-농촌 이민, 지배 계급의 군사적 모험에의 동참 등과 같은 특정한 대응을 초래시키는 장기적인 세속적 조류로 간주한다. 그리고 나는 이러한 기제들이 잉여의 확충에 대한 지배계급의 증대되는 요구에 의해 많은 곳에서 창출되는 사회적 긴장을 완화시킬 것이라 추측한다. 이것은 우리로 하여금 만약 반구의 일부에서 생산양식이 쇠퇴하거나 위기에 처해있다면, 다른 반구에서도 상황은 매우 유사할 것이라고 주장할 수 있게 할 것이다. 요약하면, 생산양식은 반구적 규모에서 흥기하고 쇠퇴하며 1492년 유럽에서 발생했던 것은 마찬가지로 아프리카나 아시아에서도 발생했던 것이다.

그러나 왜 우리가 봉건적 생산양식이 쇠퇴했거나 몰락했다고 기대하는 것일까? 이것은 추측의 마지막 초점이다. 우리는 단순하게 일부 기계적 마르크스주의자들이 주장하는 것처럼, 봉건제가 진화의 '단계'이며 반드시 다음 단계, 더 높은 진화의 '단계'(자본주의)로 나아가야만 한다고 단언할 수 없다. 또 이러한 주장의 보수적인 형태를 받아들일 수도 없는데, 그것은 사회적, 지적, 그리고 도덕적인 인류의 불가피한 진보의 결과로서 봉건제를 더 높은 그리고 더 '근대적'인 형태의 사회(자본주의)로 가는 경로로 간주한다. 또한 우리는 불가피하게 인구 압력을 강조하는(2장에서 허위로 드러난, 인간 문화들이 늘 인구학적 행위를 다소간 합리적으로 통제한다는 입장을 갖고 있는 주장) 맬서스의 힘을 상기할 수도 없다. 나는 다음과 같은 설명 모델을 제시하고 싶다. 이러한 사회 형태에 대해 두 가지 핵심적인 사실들이 존재한다. 첫째, 삶의 방식으로서의 가족 규모의 농업이라는 사실, 둘째 농민들로부터 절대적 잉여를 계속해서 확대시켜 착취하려는 혹은 착취하고자 노력하는 지주계급이라는 사실이 그것들이다. 농민들은 이러한 압력에 대해 우리가 앞서 언급한 것처럼 다양한 방식으로 대응한다. 그들은 공동체 내에서 각각 추가적인 인구가 요구되는 잉여를 생산할 수 있는 한, 즉 증식된 공동체의 수가 소비하는데 필요한 것 보다 더 많이 생산할 수 있는 한, 그리고 개인들의 잉여 생산에 대한 기여가 더 크다고 할 수 있는 한, 확실히 인구를 증대시키고자 노력한다. 그들은 경작을 위한 추가적인 토지를 확장하고자 노력하며 때로는 농업과 다른 토지를 찾아 다른 곳으로 이동하려 한다. 그러나 그들은 주로 노동을 강화한다. 즉 그들은 새로운 곡물 다양성, 새로운 도구, 새로운 기술과 같은 것들을 지속적으로 실험하여 농업 생산성을 증대시키고 다른 곳—옆 마을, 다른 계곡, 다른 섬—에서 성공적으로 시도된 혁신에 대한 소식에 늘 주의를 기울이고 있다.

기술적인 향상 과정은 한계가 없지만 문제는 세대에 따라, 세기에 따라, 노동 생산성이란 측면에서 **성장률**이 하락하는 지점에 도달하게 된다는 것이다. 의심할 바 없이, 성장률은 많은 새로운 곡물과 가축형태가 급속한 비율로 길들여지고 주요한 도구인 철이 체제내로 도입되었을 때 최고의 지점에 도달했다. 중세가 되면 생산성의 비율이 전체적으로 하강하여 농민들로 하여금 지주들의 지속적인 잉여에 대한 요구를 만족시키기에 불충분하도록 하락하게 되었을 것이다. 만약 개척과 농촌−도시 이민과 같은, 일부에서는 가능하고 일부에서는 불가능했던 대안적인 대응 가운데 일부를 제쳐둔다면, 우리는 다음과 같은 상황에 처하게 될 것이다. 봉건적 생산양식의 일반적 위기가 그것이다.

이 논의는 하나의 가정에 기반하고 있다. 즉 농업 생산에서의 개선은 주로 농업 자체에서의 혁신을 통해 발생한다. 이것은 중세와 중세 이전 시기 가족 규모의 영농에서 일반적인 경우였다. 물론 생산은 또한 관개 혹은 배수를 통해 물과 영양분을 농장으로 끌어들임으로써 개선되었다. 그리고 농장 밖에서 판매와 생산물을 교환할 수 있었으며 생산물의 판매와 교환은 비료, 종자, 노동과 같은 투입을 위해 사용될 수 있었다. 개별적인 농민 농장 혹은 가족 농장은 절대적으로가 아니라 상대적으로 자기 충족적인 미시 지리적인 체제였다. 농민 농장과 같은 미시 지리적인 체제로부터 생산성을 극적으로 증대시키데 기여할 수 있는 최선의 전략은, 그것을 보다 전적으로 더 큰 거시 지리적 체제에 통합시키는 것이라는 점을 우리도 매우 잘 알고 있으며 당시 농민들도 마찬가지로 잘 알고 있었다. 이것은 주로 물과 석회와 비료와 같은 영양분 요소의 투입을 증대시키는 것이며 곡물과 가축의 패턴을 기본적으로 농장 가족을 먹여 살려야만 하는 것에서 팔수 있고 농장의 생태적 조건에 적합한 생산에서의 어떤 전문화와 같은 변화를 포함하고 있다. (이것은 보통 하나 혹은 몇몇 곡물 생산에서의 전문화를 의미하거나 팔거나 소비되기도 하고 혹은 면과 같이 산업 생산에서의 전문화를 의미하기도 한다.) 오늘날 최근 세기의 '농업혁명'이라 말할 때, 우리는 바로 이 거시 지리적 수준에서의 혁명을 묘사하고 있다. 근대적 가족 농장은 큰 규모의 비료를 수입하고 많은 도구와 농약 그리고 다른 곳에서 생산된 여러 가지들을 수입(구매)한다. 그들은 실질적인 비가족 노동력을 사용한다. 그것들은 (때로) 생태적 최적화를 포함하는 방식으로 전문화한다. 이 목록은 현 세기 이전에 발생했던 혁명적 변화에 모두 포함되며, 내적, 미시 지리적 개선이—발생을 멈춰본 적이 없는—농업의 발전에서, 그것은 이 단계에서는 이차적인 역할을 수행했음을 제시한다.

앞으로 발생할 거시 지리적 개선을 성취하기 위해서는 농업 분야에서 상당한 수준의 **상업화**가 존재해야만 한다. 왜냐하면 농장의 미시체계로 유입되고 유출되는 것은(혹은 마을 수준의 미시체계) 주로 구매와 판매의 과정이기 때문이다. 그것으로부터 봉건적 생산양식의 위기가 둘 가운데 하나의 가능한 결과를 갖게 될 것으로 생각할 수 있다. 하나는 상대적으로 원활한 경제로의 이행인데 그 경제는 지대에 대한 현금 지급과 더불어(혹은 현금에 대한 몫을 판매하는 지주에게로 소득의 몫을 지불하는 것) 농장 생산물에 대한 요구와 구입 가능한 투입물의 공급을 위한 지출로 인해 대량의 농장 현금이 빠져나가는 것이다. 이 시나리오는 커다란 비농업 인구의 존재라는 배경 속에서 일어나며 따라서 도시화 혹은 주요한 원거리 무역에 참여하는 그러한 상황 속에서 일어난다. 다르게 언급하면 만약 상업화와 도시화가 발생하면 위기가 닥칠 수 있다는 것이다. 이와 다르게 다른 종류의 혁명적인 변화와 같은 종류가 존재할 수 있다. 농민 반란, 온건하든(지대의 지불 거부와 같은 것) 폭력적이든, 사회적, 정치적 혹은 종교적 생활에서의 주요한 문화적 변동, 혹은 혁명에 필적하는 무엇인가가 그것들이다. 아마도 위기가 해소되기 위해서는 두

식민주의자의 세계 모델

대안들 모두 어떤 조합 속에서 발생할 것이다. 나는 잉여에 대한 요구는 증가하고 잉여의 수준을 증가시키는 데 있어서 농장 가족들의 능력은 저하한 결과 봉건적 모순이 강화되면서, 차라리 분명한 패턴이 어떤 종류의 혁명적인 변화를 초래했음이 분명하다고 결론내리고자 한다. 내가 언급했던 변화들 대부분은 사실 유럽에서는 중세 후기에 발생했던 것들이며 정치·사회체제로서의 봉건제를 전복시키고 잉글랜드의 '명예혁명'의 모델 이후 근대 체제에 의해 대체되었던 것들을 포함한다. 그러나 나는 농촌적인 틀에서 일어난 이러한 일련의 과정들이 자본주의의 등장을 설명한다고 주장하는 것은 아니다. 확실히 그것은 반구 전체를 통 털어 중세 후기를 특징짓는 것으로, 내가 '시원적 자본주의'라 명명한 과정 그리고 우리가 다음 부분에서 논의할 자본주의의 등장과 특히 도시화와 팽창하는 원거리 상품 이동의 과정에 기여했다.

아시아, 아프리카, 그리고 유럽에서의 시원적 자본주의

나는 기술적 용어를 소개하기 위해서가 아니라 다른 용어인 '자본주의'를 정의하는 문제를 회피하기 위해 '시원적 자본주의'라는 단어를 사용한다. 명백하게 우리가 보통 자본주의라고 생각하는 경제체제와 같은 종류는 중세에는 존재하지 않았다. 우리는 그것의 선조를 다루는데 그것은(내가 주장할 것처럼) 자본주의의 기본적인 속성을 보여주긴 하지만 그러나 공간적이고 사회적으로 작은 규모이며 일반적으로 봉건적 생산양식과 결부된 보다 큰 지배적인 경제체제 내에 혹은 경계에 존재했다. 따라서 시원적 자본주의는 초기 자본주의 혹은 자본주의에 가까운 혹은 미숙한 자본주의이다. 그것은 근대 자본주의를 존재하게 한, 두 혁명적인 변동에 앞서 존재했던 체제였다. 두 혁명적인 변동 가운데 첫 번째는 보통 그리고 관습적으로 '부르주아 혁명' 혹은 '부르주아 혁명들'이라 불리는 정치적 변동—봉건 지주 계급에 의해서가 아니라 도시 엘리트(뷔르거 혹은 부르주아)에 의해 그리고 농촌 지역의 상업적 동맹자들에 의해 지배되는 거대한 정치 체제의 창출—이었다. 가장 유명한 사례는 그리고 부르주아 혁명을 그러한 방식으로 규정하도록 만든 사례는 영국의 1688년의 '명예혁명'이며, 나는 1688이라는 년도를 자본주의의 정치적 승리에 대한 상징 혹은 보증으로 사용할 것이다. 두 번째 변형은 물론 산업혁명으로서 그것은 18세기 마지막 4분기까지는 큰 규모로 시작되지 않았다. 4장에서 우리는 이 변형들 모두에서 식민주의에 사로잡힌 비유럽이 수행한 역할을 검토할 것이다.

세 대륙 모두에서 우리는 몇몇 고도로 상업화된 농업과 광업 지역을 따라 존재하는 상대적으로 작은 농촌 지역들(그것들은 일반적으로 주요한 항구 도시들의 배후지들이었다)을 발견하게 되는데, 그것들은 1492년 직전에 분명하게 자본주의—시원적 자본가들—에 물들어 가고 있었다. 이것들 가운데는 플랑드르, 남동부 잉글랜드, 북부 이탈리아, 모로코의 설탕농장지역, 나일 계곡, 황금 해안, 킬와Kilwa, 소팔라Sofala(그리고 가설적으로 짐바브웨의 일부), 말라바르Malabar, 코로만델Coromandel, 벵갈, 북부 자바, 중국 남부 해안지대가 있었다. 토지는 상업적 지향을 가진 지주들이나 도시의 시원적 자본가들에 의해 소유되었다.[25] 지대는 일반적으로 푸키엔Fukien지역과 같은 곳들을 제외하면 현금으로 지급되었는데 푸키엔 지역은 지주들이 농장 작물을 거둬 스스로 판매할 경우 훨씬 많은 현금을 얻을 수 있었다.[26] 농업 생산은 다양한 방식으로 조직되었는데 소농 규모의 농업에서 플랜테이션에 이르기까지 다양했으며 상당한 정도로 많은 수의 농업생산물(쌀, 면화, 사탕, 후추 등)이 재배되고 팔리고 수출되었다. 세 대륙 모두에서 산업 생산은 시골지역으로 확대되어 갔다. 길드의 통제가 느슨해짐에 따라 초기 생산 체제는 북서부 유럽에서 산업을 실질적으로 탈도시화 시켰다. 아마도 아시아와 아프리카(중세에 상업과 수공업 길드가 역시 매우 발전되었고 강력했던 지역들에서)의 일부에서도 똑같은 상황이 발생했을 것이다.[27] 훨씬 더 광범위한 지역에서 상품 생산은 충분히 농촌경제를 침식해 들어갔는데, 유럽 바깥 지역들인 중국과 인도의 많은 부분에서 그랬던 것보다 서유럽 농업이 훨씬 더 고도로 상업화되었는지는 대단히 의문스럽다. 아마도 우리는 도시화의 수준이 이 시기의 농업적 상업화 수준의 좋은 비교지표라고 생각할 수 있다. 왜냐하면 그것은 농업적 생산물에 대한 주요한 비농업적 요구를 표현하기 때문이다. 이 수치에 의하면 중국과 인도의 농업은 유럽 농업보다 훨씬 더 고도로 상업화되었음에 틀림없다. 왜냐하면 이들 지역에서는 전체 인구 가운데 훨씬 큰 부분이 도시에 거주하고 있었기 때문이다.

북부 유럽에서부터 남부 아프리카와 동부 아시아에 이르기까지 도시들은 점점이 흩어져 있었다. 이 도시들 가운데 일부는 주요한 봉건 사회들에서 권력의 중심지였다. 이들 사회들에서 다른 도시들은 사회적으로 지리적으로 주변적이었으며, 보통 해안지대에 자리잡고 있었는데, 거기서 그것들은 주로 보다 거대한 봉건 사회들 사이에 놓여 있던 간극을 연결시키는 역할을 하고 있었으며 봉건 사회들 사이의 상품 무역과 이동 그리고 그것들을 위한 수공업 제품들의 생산에 종사했다. 아마도 도시 지역의 내적이고 경계적인(혹은 주변적인) 두 차별적인 계급들을 거론하는 것은 정확하지 않을지도 모른다. 왜냐하면 거기에는 많은 변형들과 계층들이 존재했기 때문이며, 또한 내적인 권력의 소재지들은 많은 경우 사회들 간의 무역과 비농업적 생산을 위한 주요한 중심지였기 때문이다. 그럼에도 우리는 제조업과 무역에게 강력하게 경도된 도시들에서 특정한 집단을 구별할 수 있는데, 그것들은 다소간 강력한 봉건 국가들(일부는 이들 국가들 내에 도시가 존재했으며, 일부는 도시 자체가 지배적인 작은 국가들 혹은 도시 국가들이었다)에게 주변적인 존재였으며 원거리 해양 무역에 구속되어 있었다. 이러한 종류의 도시들은 서유럽, 지중해, 동아프리카, 남아시아, 동남아시아 그리고 동아시아의 해안 지대를 따라 뻗어있었다. 이 도시들에 대해 그것들의 생산양식은 아마도 임금 노동자의 존재, 표면적으로 가장 커다란 노동계급 부분, 상인, 상인지주, 혹은 상인 제조업자 지배계급, 무역업(상품의 이동, 은행 등), 제조업(거대 혹은 중소규모 모두), 그리고 상업적 농업을 뒤섞어 놓은, 경제적 활동 초기 자본주의 혹은 시원자본주의로 묘사될 수 있을 것이다―확실히 그것은 봉건적이지 않았다.

이 상업적-해양 도시들 가운데 일부는 상당히 작았으며 다른 일부는 꽤 컸지만 그것들 대부분은 시원적 자본주의 제도, 계급, 기술의 발전 수준에서 거의 비슷한 수준을 갖고 있었던 것으로 보인다. 이는 그리 놀라운 것이 아니다. 왜냐하면 그것들은 무역의 단단한 연결망 속에서 서로 긴밀하게 연결되어 있었는데, 그 무역망을 따라 이념, 기술, 상품, 그리고 사람들이 지속적으로 모든 방향으로 흘러들어갔으며 종횡으로 교차 확산되었다.[28] (예를 들어 포르투갈이 최초로 도착했을 때, 말라카는 지중해, 중앙아시아, 동아프리카, 중동, 인도, 중국 그리고 동남아뿐만 아니라 아마도 일본과도 무역을 하고 있었다. 연대기 작가인 피레Tomé Pires는 16세기가 시작될 무렵, 84개의 서로 다른 언어가 말라카에서 사용되었고 포르투갈인들에게 그것이 갖는 중요성을 상기시켰음에 틀림없다고 확신하면서 '말라카의 주인이 누구이든 그의 손에 베니스의 목줄이 달려있었다'[29]라고 지적한다. 두 번째 사례로 그 보다 훨씬 이른 시기인 10세기 경 칼라Kalah의 테나세림Tenasserim 항구는 중국과 아라비아와 무역을 하고 있었다. 이븐 알 파키Ibn al-Faqih에 따르면 칼라의 앵무새는 페르시아어, 아랍어, 인도어, 그리스어를 말했다.[30])

상업-해양 중심지의 네트워크는 진주의 끈처럼 발틱해에서 지중해 동쪽까지, 그리고 거기서부터 남쪽으로는 소팔라까지(혹은 그것을 넘어서―동부 아프리카와 남부 아프리카의 역사는 여전히 식민지의 무기력감에 묻혀 있다) 그리고 동쪽으로는 일본까지 뻗어있었다. 연결망은 마찬가지로 세 대륙 모두에서 내부로 확장되었지만, 자본주의의 등장에서 내부 중심지들보다는 상업-해양 도시들과 대양 항로가 점차 혁명적으로 중요해졌다. 이것은 두 가지 (중요한) 이유에서 진실이다.

첫째, 해외 무역은 시원적 자본주의 활동의 가장 주변적인 것이었다. 그것은 문자 그대로 법의 바깥에 놓여있었다. (사막과 경계하고 있는 내부 도시들은 또한 어느 정도는 이러한 주변적 특성을 갖고 있었을 지도 모른다.) 그리하여 시원적 자본주의 항구 도시들은 국가-조직화된 영토들을 통과할 필요 없이, 따라서 관세를 지불할 필요 없이, 중개 무역 중심지에서 외국 상인들에게 상품을 사거나 팔 필요도 없이, 혹은 특정 국가에 입국을 거부당하는 일도 없이, 다른 어떤 해양 항구들과 생산물을 주고받을 수 있었을 것이다. 이러한 측면에서 1492년 이전 유럽 시장에서 아시아 향료들의 가격이 높았던 까닭은, 인도로부터 육로를 거쳐 들어오는 상품들이 보통 여러 무역 중개 통로의 지점들에서 상인으로부터 상인으로 이어져서 통과해야만 한다는 따라서 각각의 중개 시장에 일정한 이윤을 남겨줘야만 한다는 사실로부터 초래되었다는 점은 언급할 가치가 있다. 16세기에 포르투갈인들이 운송한 아시아 향신료의 싼 가격은 상당한 정도로 향신료들이 아시아의 항구로부터 선적될 수 있고 그런 다음 어떠한 중개 행위도 없이 유럽의 항구로 직접 운송되었다는 사실을 반영했다. 아마도 이 요인은 일반적으로 대륙 운송보다 대양 운송의 비용이 더 낮다는 것(이 요인은 흔히 과대 강조되어왔다) 이상의 중요성을 갖는다.

둘째, 사치품은 물론 중요한 일상용품의 운송을 포함하게 되면서 바다를 통한 장거리 상품 이동은 후기 중세의 시원적 자본주의 활동들 가운데서 그리고 당시의 도시 경제 가운데서 산업 자본주의에 가장 가까운 것이었다. 그것은 상품의 교환뿐만 아니라 섬세한 기술, 많은 노동력, 복잡한 상호행위, 그리고 대량의 자본 축적과 결합된 배를 포함한 많은 상품들과도 결부되어 있었다. 이 문제는 우리를 '시원적 자본주의'를 정의하는 회피할 수 없는 문제로 되돌려 놓는다.

마르크스주의자들이 흔히 직면하는 것이지만 단지 그 학파의 사

식민주의자의 세계 모델

상에만 결코 한정되지 않는 광범위한 경향이 존재하는데, 그것은 다음과 같은 입장을 주장한다. 화폐, 현금교환, 그리고 무역은 천년동안이나 진행되어 왔지만 그것은 자본주의의 전조가 되지 않았거나 심지어 자본주의의 맹아조차도 되지 않았다. 이는 자본주의가 **교환**이 아니라 **생산**의 문제이기 때문에 그렇다. '진정한' 자본주의는 임금노동의 적용과 상품생산을 요구한다. 교환은 단지 사거나 파는 것이다. 그것은 가치를 생산하지 않는다. 마르크스에게 그것은 주로 불평등 교환의 결과로서 부를 만들어내지(하나의 시장에서 다른 시장에서보다 더 비싼 가격으로 교환되는 등등) 투입된 노동의 결과나 사용 가치를 생산한 결과로서가 아니다.

이 모델로부터 매우 중요한 일련의 테제들이 도출된다. 하나는 중세 유럽 도시들은 자본주의의 등장에 핵심적이지 않았는데 왜냐하면 그것들의 주요한 행위는 무역과 교환이지 생산이 아니었기 때문이라는 주장이다. 따라서 자본주의의 등장은 반드시 중세 도시에서가 아니라 중세 농업에서 발생해야만 했다.[31] 그러나 두 번째 테제는 여기서 논의된 주제에 대해 보다 결정적이다. 이것은 위대한 중세 무역 도시들과 아시아의 무역로들은 유럽의 그것과 지중해의 그것들보다 규모면에서 훨씬 인상적이지만 이것이 그것들로 하여금 자본주의의 발전에 더 중요한 것으로 만들지는 못한다는 점—왜냐하면 결정적인 과정은 교환(무역, 상업)이 아니라 생산이기 때문에—을 인정하는 것으로부터 주장을 시작한다. 아시아의 무역로와 도시들이 아무리 고도로 발전되었다 하더라도 (이 주장에서 보자면) 유럽의 봉건적 농업 생산이 비유럽 세계의 도시나 농촌 가운데 어느 것보다도 자본주의에 더 가까우며, 왜 아시아(혹은 아프리카)가 아니라 유럽에서 자본주의가 발생했는가를 설명할 때, 더 결정적인 것은 바로 이—비유럽 농촌 사회와 대조되는 것으로서의 유럽 농촌 사회의 본성—때문이다. 농촌 생산에 관한 오류는 앞서 논의된 바 있다. 그러나 마찬가지로 오류인 것은 아시아(그리고 아프리카) 항구 도시들이나 상업-해양 중심지들은 어쩐지 순수하거나 혹은 상당한 정도로 교환이나 '상업'과 관련되어 있다는 관념이다. 여기에는 사실상 세 가지 오류가 존재한다. 첫째, 생산은 형태의 변화뿐만 아니라 장소의 변화를 포함한다. 자연을 '물건' 즉 하나의 상품으로 만들어내는 과정에 대한 존재론적으로 차별적인 무엇인가가 존재한다고 주장하는 것은 형이상학적이다. 농부가 농업적인 '물건'을 생산할 때, 그 혹은 그녀는 그것을 성장시킬 뿐만 아니라 그것을 토지에서 농장으로 그리고 나서 시장으로 운송해야만 하며, 물이나 비료나 노동력을 농장의 바깥에서 갖고 들어와 투여해야만 한다. 따라서 농장 생산은 형태의 변화와 장소의 변화 모두를 포함한다. 자동차 조립 라인은 형태와 장소 모두의 변화과정이다. 따라서 전체적으로 **공간적 운동은 생산의 일부이다.** 그것이 무엇이든, 상품들이 구매되고 판매됨에 따른 전적으로 차별적인 과정과는 아무런 관련이 없다. 사실 농부의 곡식은 농장 바깥의 시장에서뿐만 아니라 농장에서 바로 교환될 수도 있다. 따라서 장거리에 걸친 상품의 이동을 포함하는 중세적 행위들은 존재론적으로 '교환'이 아니다. 그것들은 **공간적인 이동**이다. 그것들은 거대한 노동력과 대량자본투자, 주요한 기술과—항해, 조선, 은행과 보험 그리고 더 많은 것들—중요한 무게를 포함한다. 출발지에서는 사용가치가 없거나 혹은 거의 없었던 상품들이 목적지에서 도달하면 사용가치를 생산한다. 요약하면 '중세 무역'이라 불리는 것은 생산과 매뉴팩처가 교환에서 그랬던 것처럼 커다란 역할을 하는 복잡한 과정인 것이다.

두 번째 오류는, 오늘날 역사가들이 대단히 광범위하게 유지하고 있는 관념, 즉 도시들, 상품 이동, 그리고 복잡한 나머지들은 소수의 사치품들이 한 줌의 지배계급에게 이동해가는 것을 포함하는 평범한 과정이라는 관념이다. 사실 중세 해상무역 가운데 대부분이 일상용품, 예를 들어 천연 면직, 철기, 쌀, 밀, 고무, 배(그것들은 흔히 건조한 장소로부터 그것들이 팔리는 다른 어떤 항구로 운송된다) 등과 같은 상품들이었다. 그러나 그것을 넘어서 후추, 설탕, 양질의 면직물, 도자기 등과 같은 일상용품으로 간주되지 않는 생산품의 무게와 가치들은 본래 그리고 자연스럽게 아주 중요했다. 왜냐하면 그러한 생산물을 위한 시장은 대단히 컸기 때문이었다. 중세 엘리트들은 결코 하찮은 것이 아니었다.

세 번째 오류는 중세 도시들과 그들의 배후지에서 산업생산이 얼마나 중요한지를 알아차리는데 실패한 것이다. 그래서 나는 유럽은 물론이고 아시아와 아프리카에서 중세 상업-해양 체계는 자본주의의 온상이라고 결론내리고자 한다.

유럽의 시원적 자본주의 항구 도시들은 15세기에 아프리카와 아시아의 그것보다 훨씬 더 발전했다고 할 수 없다. 이것은 발전의 척도로서 어떠한 범주가 선택되는가에 상관없이 진실이다. 첫째, 유럽의 도시들은 상대적 혹은 절대적 인구에서 더 크지 않았다. 사실 유럽에서 도시화는 아마도 중국, 인도 그리고 아랍지역보다도 그리고 의문의 여지없이 다른 많은 비유럽지역들보다도 덜 발전되었다. 청초기의 도시 인구는 전체 인구의 10% 정도였다.[32] 남인도의 비자야나가 제국도 최소한 그 정도는 되었을 것이다. 내륙의 수도 하나만으로도 전체 인구의 3%를 차지하고 있었으며—파리와 같은 유럽의 비교될 만한 도시들은 그 비율의 절반 정도였을 것이다— 해안 항구 도시들은 인구 숫자가 더 많고 규모도 더 컸을 것이다.[33] 둘째, 유럽의 그것만큼이나 아시아와 아프리카의 상인들과 금융가들 사이에서 사업 기술의 발전은 충분히 진보했고 충분히 복잡했고 또 공간적으로도 충분히 넓었다. (피레Tomé Pires는 1515년에 구자라트 사업가에 대해서 다음과 같이 언급했다. '그들은 상업을 이해하는 사람들이다. 그들은……그것의 건전성과 조화에 흠뻑 젖어 있었다.' 그리고 '점원이나 도매

상이 되고 싶은 사람들은 거기 가서 배워야만 할 것인데, 왜냐하면 무역 사업은 과학이기 때문이다.'[34]) 셋째, 기술적이고 물질적인 생산 수단은 생산과 무역의 크기, 상품의 종류 그리고 기타 여러 측면에서, 세 대륙 모두의 많은 상업-해양 중심지들에서 똑같은 발전 수준에 도달했던 것으로 보인다. 항해기술도 반구를 넘어 비교할 수 있다. 비록 바다에 따라 달랐지만, 한 바다의 배가 기술적으로 다른 바다의 배들 보다 기술적으로 더 진보했다고 말할 수 없다.[35] 항구 도시들에서 매뉴팩처와 유럽, 아프리카, 그리고 아시아의 다른 산업 중심지들도 규모면이나 발전 수준에서 서로 비교될 만했다.[36] 넷째, 아시아와 아프리카 지역의 농촌 계급 구성은 유럽 중심부의 그것과 매우 유사했던 것으로 보인다. 모든 지역에서 시원적 자본주의의 강력한 계급이 존재했고 봉건 영주, 노예 등과 같은 다른 계급들과의 관련이 있든 없든, 임금 노동자 계급이 존재했다. 그리고 마지막으로, 베버에 의해 편찬된 낡은 유럽의 신화—유럽 도시들은 비유럽 도시들보다 더 자유로운데, 비유럽 도시들은 정치체제의 강력한 통제 하에 놓여 있었다—는 본질적으로 고전적인 유럽중심적 확산주의로부터 물려받은 것이다. 고전적인 유럽중심적 확산주의는 유럽인들이 도착해서 자유를 가져다주기 전까지 아시아(아프리카는 말할 것도 없이)에서 중요한 모든 것은 어리석은 '동양적 전제주의' 하에서 신음하고 있었던 반면 유럽 초기에 모든 중요한 것들은 자유에 물들어 있었다고 상상한다. 소위 중유럽의 '자유 도시들'은 규범을 갖고 있지 못했고 자본주의의 등장에 중심적이지도 않았다. 이탈리아에서 발틱해에 이르는 유럽의 많은 상업-해양 항구 도시들의 부분적인 자율성은 물론 실체가 있었고 보통 상대적으로 작은 정치체(도시 국가들)들에 의해 지배되었으며, 이는 권력이나 이윤을 이유로 봉건국가들은 도시 부분에 상당한 정도의 자율성을 허용하면서 이들을 점진적으로 수용하고 있었던 현실을 반영했다. 그러나 이것들 모두는 아시아와 아프리카의 다양한 부분에서도 마찬가지로 사실이었다. 작은 도시 국가들은 인도양의 해안지대, 마그레브, 그리고 동남아에서 흔히 볼 수 있었다. 또한 더 큰 국가들에게 느슨한 충성을 맹세하면서 유지 되었던 유사-독립 도시들도 흔히 볼 수 있었다. 이 점은 앞 장에서 논의된 바 있다.

현재의 논의는 자본주의의 등장에 관한 이론이 아니다. 나의 목 적은 다만 아시아와 아프리카의 진보적 도시화의 예상된 결여를 바 탕에 깔고 있는 유럽에 대한 인과적 우월성을 주장하는 이론들 혹은 일반적으로 도시화 과정이 농촌화 과정—유럽의 농촌적 봉건제—과 비교하여 별다른 중요성을 갖지 않기 때문에 유럽 바깥의 도시화 과 정들은 중요하지 않다고 주장하는 이론들이 그다지 믿을 수 없다는 점을 보여주는데 있다.

단일한 시원적 자본주의 체제로서의 상업-해양 도시들의 전체 네트워크를 설명하는 것은 과장이 아니다.[37] 계급적으로 조직된 농 업 사회들의 주변 공간은, 앞서 내가 주장했던 것처럼, 서로 분리된 지역에서 서로 분리된 사회들과 정치체들로 구성되었지만 그럼에도 불구하고 지속적인 엇갈린 확산과 다른 운동들이 어떠한 정도의 통 일성을 갖고 있었고, 아마도 심지어 어떤 정도로는 대륙 간의 균형 을 만들기에 충분할 정도로 통합적이었다. 통일성은 시원적 자본주 의 도시들의 네트워크라는 점에서 훨씬 더 강력했다. 내가 이것에 대해 품고 있는 이미지는 야외 파티를 밝히는 다양한 크기와 색깔의 전기 조명의 배선 망이다. 말하자면 그런 항구 도시들 사이에 흘러 들어간 물결들이란 인간들(선원, 노동자, 상인 등), 물질들(상품, 배, 비료와 곡물수확기, 악기, 그리고 더 많은 것들), 그리고 관념들—기술 적 관념들, 혁신적인 사회적, 경제적, 종교적 관념들 그리고 기타 등 등—로 구성된 것들이다.

이 모든 것들이 질적인 측면에서는 잘 알려져 있지만 그것의 집중도, 공간적 확장, 가장 결정적으로 그것의 **통일성**이란 측면에서는 완전히 알려져 있지 않다. 전체적인 체제는 단일한 실체로 간주될 수 있으며 너무나 강하게 통합되어 있는 까닭에 이러한 사회형태의 경제적, 기술적, 생태적 진보와 관련 있는, 본질적으로 모든 물질적 혹은 비물질적 문화적 특성을 **통해**, 급속하고도 거의 즉각적인 교차적 확산이 존재했다는 것은 분명하다. 나는 문화와 문화적 차이를 개념화하는 우리들의 방식에서 만들어진 것으로, 이 체계를 구성하는 다양한 사회들 사이의 근본적인 문화적 차이가 문화의 기술적–경제적–생태적 차원에 관련된 문제에서 문화적 경계를 넘어서는 통합의 결여를 초래했다고 주장하는 것은 오류라고 믿는다. (스튜어드와 같은 인류학자의 이론적 전통 속에서 문화의 진화적이고 비진화적인 혹은 부분적으로 비진화적인 측면들 사이의 구별에 관한 앞의 논의를 상기하자.[38]) 그 시절에 언어의 차이는 체제 내에서 상인들과 다른 참여자들 사이에 이윤의 추구를 저해한 것 같지 않다. (그리스어를 할 줄 아는 칼라의 앵무새와, 말라카에서 84개의 언어가 사용되었다는 점을 기억하라.) 또한 종교의 차이도 장애가 되지 않았다(중세 지중해에서 무슬림–기독교도–유대교인들의 무역을 위한 상세하게 기록된 문서들처럼[39]). 확실히 제한된 사회적 네트워크, 종교 혹은 인종 혹은 심지어 종족의 문제에서 제한된 구성원들이 존재하긴 했다. 비록 그녀의 자료와 주장이 모든 지역들이 사실상 하나의 시원적 자본주의 체제의 하위 지역들이라는 나의 현재 주장과 일치하긴 하지만,[40] 아부 루고드는 연결과 차별의 패턴이 8가지 중첩된 사회적 지역들의 틀을 만들어냈음을 보여주었다—그녀는 '13세기 세계체제의 8가지 회로'에 대해 저술한 바 있다. 정치적 갈등 혹은 특정한 제국적인 정책과 관행이 하나 혹은 또 다른 정치적 장벽을 통해 무역을 중단시킬 때와 같은 제한적인 기간을 제외한다면, 국가 경계들은 체제를 넘나드는 흐름에서 어떠한 중요한 역할도 하지 않은 것처럼 보인다. 자본주의적 기업들의 진정한 국민주의적 형태는 한참 후에야 비로소 중요해졌다. 그러한 일이 발생한 것은 1492년 이후의 일이었다.[41]

네트워크 혹은 체제는 주로 10세기에서 15세기까지 수 세기 동안 진화해왔다. 원인에 대해 더 설명하지 않은 채, 나는 이 시스템이 규모와 강도에서 가장 급속하게 성장했던 기간은 공간 혁명으로 간주될 수 있는, 대양 항해 기술이 폭발적으로 증대되었던 기간이었다는 사실을 강조하려 한다. 농업 혁명에 대해 옳든 아니든 대부분의 학자들이 농업을 원인으로 사회 변동을 결과로 취급하는 경향에도 불구하고, 사회적 변동과 관련하여 기술적-생태적 변동이 사회 변동의 원인인지 혹은 결과인지, 혹은 양자 모두인지는 알 수 없다. 중세 공간 혁명의 경우 기술적-생태적 측면은 경제적 사회적 과정의 원인이라기보다는 출현하는 시원적 자본주의와 도시 발전과 결부된 경제적 사회적 과정의 반영인 것처럼 보인다. 그럼에도 불구하고 중세 공간 혁명은 결정적인 방식으로 농업 혁명에 대한 하나의 귀착점이었다. 그것은 초기 혁명이 정위치 생산을 강화시킨 것처럼 공간적 흐름을 대단히 강화시켰다. 초기의 조선 기술과 땅이 보이지 않는 초기의 장거리 항해가 하찮은 것이라고 말하려는 것이 아니다. 문제는 그것의 강도이다.

최종적인 생각으로, 우리는 공간 혁명을 봉건적 생산양식의 성숙과 쇠퇴에 대응하는 더 커다란 과정의 일부로 간주할 수 있을 지도 모르겠다. 분명하게도 엘리트들에 의해 요구되는 증대하는 상품이 주요한 자극이었다는 점은 진실이지만, 봉건제의 출현하는 위기—잉여에서 절대적인 증가가 농민 생산자들로부터 추출 될 수 있는 비율의 감소, 그리고 스트레스와 혹사를 초래하는—가 대륙 간 시원적 자본주의 체제의 등장과 상당한 관계가 있다는 점 또한 가능하다. 어떤 경우이든, 후기 중세의 극적인 장거리 항해의 발견, 중국인, 인도인, 폴리네시아인, 유럽인 그리고 다른 사람들에 의한 항해는 진정한 공간 혁명에서 발생한 계기들로 개념화되어야만 한다.

    이것들 대부분은 경험적인 자료들을 넘어서는 의견이다. 그러나 우리는 하나의 도시 체제에서 다른 하나의 도시체제로의 발전, 그리고 하나의 무역 지역으로부터 다른 하나의 무역 지역으로의 발전에 필적하는 것에 대한 중요한 자료들을 갖고 있다. 또한 우리는 거의 순간적인 확산의 극적인 사례들도 갖고 있다. 예를 들어 중세 지역에서 그리고 중국에서 대포의 출현은 거의 동시적이었는데, 아마도 10년 안팎의 일이었다.[42] 이 책의 주장을 확실히 하기 위한 하나의 결정적인 일반화는 다음과 같다. 내가 시원적 자본제라 부른 과정들이 중세 후반에 동반구를 넘어서 진행되고 있었던 것은 결코 놀라운 일이 아니었다. 아프리카, 아시아, 그리고 유럽은 거의 똑같이 자본주의와 1492년의 근대성에 가까워져—혹은 멀어져—있었다. 1492년 이후 발전의 속도는 유럽에서 더 빨라졌고 아프리카와 아시아에서는 더 느려졌는데, 그것은 아메리카에서 유럽으로 들여온 부로 인한 것이었다.

식민주의자의 세계 모델

Chapter 4

1492년 이후

After 1492

1492년을 설명함

우리가 본 것처럼 1492년에 자본주의는 아시아, 아프리카, 그리고 유럽의 여러 부분에서 천천히 출현하기 시작했다. 그 해에 유럽에서 자본주의가 승리하게 될 것이라고 그리고 2세기 이후에 승리하게 될 것이라고 예측할만한 아무런 이유도 존재하지 않았다.

현재의 맥락에서 '자본주의의 승리'란 낡은 봉건 영주 엘리트로부터 부르주아(뷔르거, 자본을 축적하는 새로운 엘리트)로 권력이 이전되었다는 정치적 혁명, 즉 부르주아 혁명을 의미한다. 이것은 진정으로 혁명적인 순간이며 하나의 짧은 사건이 아니지만, 나는 전통적인 관례를 따라 1688년 잉글랜드의 '명예혁명'이 발생한 해를 이것의 기점으로 잡을 것이다. 그 해에(사소한 검증을 제쳐두고) 부르주아는 확고하게 잉글랜드에서 권력을 장악했다. 비록 봉건 정치체와의 갈등이 국가 권력의 수준에서는 아직 승리하지 못하고 있었지만, 유럽의 일부 다른 지역에서(프랑스처럼) 부르주아는 활기차게 '부상하고' 있었고, 네덜란드에서 그리고 남부 유럽의 일부 작은 국가들에서는 이미 권력을 차지했다. 그러나 승리했던 자본주의는 산업자본주의가 아니라는 점이 강조되어야만 한다. 이 전산업적 자본주의가 어떻게 개념화될 수 있는지는 어려운 질문이다. 왜냐하면 그것은 초기의 '단순 상품 생산'과 '상업 자본'보다 훨씬 큰 그 무엇이기 때문이다. 그러나 산업혁명은 한 세기 이후인 18세기까지도 시작되지 않았으며 산업혁명을 단순한 부르주아 혁명의 지속으로 개념화하는 사람들은 유럽의 안과 밖 모두에서 역사의 중요하고도 거대한 걸림돌을 무시하고 있다.

(상징적인) 1688년에 유럽에서 정치권력을 향한 자본주의의 등장에 대한 해명은 (1)아시아나 아프리카가 아니라 유럽인들이 아메리카에 도착하고 정복했던 이유, 그리하여 식민주의의 첫 번째 과실을 축적했던 이유, (2)정복이 성공적이었던 이유, (3)16세기에 유럽의 변형에 미친 아메리카 노동의 착취와 아메리카 자원 약탈의 직간접적 효과, (4)17세기에 아메리카, 아프리카, 그리고 아시아에서 식민지와 반식민지적인 유럽 기업들이 이후 유럽의 변화에 미친 그리고 점차 부르주아 혁명에서 자본주의의 정치적 승리에 미친 직간접적 효과를 이해할 것을 요구한다.

다음의 문단에서 우리는 이 과정들 각각을 순서대로 요약할 것이며 그리하여 '1492년을 설명'할 것이다. 그런 다음 우리는 1492년 ~1688년의 시기에 나타난 이 획기적인 변환에서 식민주의와 유럽 외부 세계의 중요성을 설명하고자 노력한다는 의미에서, 유럽에서— 보다 적절하게 유럽의 일부에서— 정치권력에 대한 자본주의의 등장을 해명하는 문제로 되돌아 갈 것이다. 마지막으로 우리는 산업혁명의 시작 단계, 거칠게 18세기 후반부터 19세기 초에 이르는 기간에 식민주의의 중요성, 비유럽의 역할을 검토할 것이며 보완적인 과정들, 예를 들어 아프리카와 아시아에서 저발전의 시작이라는 문제를 검토할 것이다.

이 질문은 자본주의가 유럽에서 집중되었다는 근본적인 사실에 대한 해명을 요구한다. 나는 이 책의 결정적인 이론적 주장을 강조하기 위해 '집중하다centrate'라는 단어를 사용했다. 이는 자본주의 체제의 등장이 1492년 이전에는 세계의 여러 부분에서 진행되고 있었으며, 1492년 이후에는 유럽의 바깥에서는 그 진보가 늦어졌고 멈춰버렸으며 유럽 내부에서는 빨라졌다는 것이다. 그리하여 1492년 이후 자본주의의 등장은, 단순한 진화적 의미에서는 '등장'이 문제인 것과 마찬가지로, 유럽으로 주요 지휘부가 바뀐 문제이기도 하다.

왜 아메리카는 아프리카나 아시아인들이 아니라 유럽인들에게 정복되었나

유럽중심적 확산론의 핵심적인 신화 가운데 하나는 아메리카의 (소위) 발견에 관한 것이다.[1] 전형적으로 그것은 다음과 같이 진행된다. 후기 중세에 아프리카인들이나 아시아인들보다 훨씬 진보적이고 모험적이고 성취지향적이고 근대적이었던 유럽인들은 보다 진보된 경제는 물론이고 우월한 기술과 더불어 세계를 탐험하고 정복해나갔다. 그리고 그들은 15세기 중반에 아프리카 해안을 따라 항해했고 1492년에 대서양을 건너 아메리카로 갔다. 이 신화는 두 가지 이유에서 확산론적 이데올로기에 결정적이다. 그것은 내적인, 내재적 힘이란 측면에서 유럽의 근대적 팽창을 설명하며 사람들에게 정복과 그 이후의 일들이(멕시코 광산, 서인도제도의 플랜테이션, 북아메리카 정착 식민, 그리고 나머지), 전개 과정에서 비유럽인들에 대해 어떠한 점수를 주지 않고서도, 유럽의 역사에서 근본적인 중요성을 갖게 된다는 점을 주지시키고 있다.

실제로 유럽인들은 반구적 규모의 시원적 자본주의, 상업-해양 중심지의 네트워크에 걸쳐 다른 모든 사람들이 하고 있었던 일과 똑같은 일을 하고 있었으며 유럽인들은 특별한 성질, 이점, 특정한 모험심, 특정하게 진보된 항해술 등을 갖고 있지 않았다. 그들이 가졌던 것은 기회였다. 접근성이라는, 넓은 의미에서 지리적인 이점의 문제가 그것이다. 이 점은 매우 강하게 강조될 만한 가치가 있다. 말하자면 서반구가 유럽 중심지보다 남인도 중심지에서 훨씬 더 쉽게 접근할 수 있었다면, 인도가 자본주의의 고향, 부르주아 혁명의 장소, 세계의 지배자가 되었을 것이다.

후기 중세에 장거리 대양 항해는 다른 지역의 상업-해양 공동체에 의해 수행되어졌다. 15세기에 아프리카인들은 동남아시아로 항해했고, 인도인들은 아프리카로, 아랍인들은 중국으로, 중국인들은 아프리카로 항해했다.[2] 이 항해의 대부분은 대양을 개방했으며 대부분 탐험을 포함했다. 두 개의 비유럽적 사례가 잘 알려져 있다. 1417년과 1433년 사이에 인도와 아프리카로의 정화의 항해와 1420년 대서양이 있는 서쪽으로 약 2,000마일이나 나아갔던, 희망봉을 도는 인도인들의 항해가 그것이다.[3] 이 시기에 시원적 자본주의의 일반적인 전진, 무역의 팽창, 해양 기술 발전의 기능으로 항해의 반경은 더 길어졌다. 해양 기술은 지역마다 틀렸지만 어떤 하나의 지역이 혁명적 이점을 함의하는 의미에서 우월성을 가졌다고 할 수는 없으며 새로운 이념과 기술은 급속한 교차적인 확산에 의해 모든 방향으로 확산되어갔다. 모든 반구들이 공간 혁명에 참여하고 한 몫을 했다.

확실히 유럽 상업 경제의 성장은 포르투갈과 스페인으로 하여금 지리상의 발견을 위한 항해를 하게 했다. 그러나 그 과정의 핵심은 유럽 공동체들이 아시아와 아프리카의 시원적 자본주의 공동체들을 따라잡는 문제였는데, 당시 유럽인들은 반구 규모의 체제에서 주변적이었으며 체제의 다른 일부분과 관련하여 하락하는 추세에 놓여 있었다. 이베리아 그리스도교 국가들은 마그레브 국가들과 갈등 중이었고 유럽 상인 공동체들은 유럽과 동 지중해에서 상업적인 어려움을 겪고 있었다. 고대부터 알려져 있었던 항로를 따라 그리고 유럽인들뿐만 아니라 비유럽인들에게도 알려진 항해기술을 사용하여, 서아프리카 금광 지역으로 해양 항로를 확장한 것은 명백하게 전략 적이었다.[4] 15세기 후반이 되면 여행 반경은 더욱 확대되어 인도로 의 해양 항로는 적절히 수행되었다(아프리카와 인도인 선원의 안내 도 움을 받으면서.) 1492년에 대서양으로의 도약은 확실히 인간 역사에 서 위대한 모험들 가운데 하나였지만, 그것은 반구적 관점에서 볼 때, 유럽인들에 의한 것만큼이나 쉽사리 비유럽인들에 의해서도 수 행될 수 있었던 그 무엇으로, 공유된 기술적 지리학적 지식과 상업 적 성공에 대한 높은 잠재력 그리고 그것을 자리 잡게 만든 다른 요 인들이라는 보다 광범위한 맥락에서 관찰되어야만할 것이다.

유럽인들은 하나의 이점을 갖고 있었다. 아메리카는 장거리 해양 항해를 할 수 있는 능력을 지녔던 어떤 비유럽 상업–해양 중심지보 다도 이베리아의 항구에서 훨씬 더 접근하기가 쉬웠다. 접근성은 부 분적으로 항해 거리의 문제였다. 당시 동아프리카에서 가장 남쪽에 위치해있었던 항구로 간주될 수 있었던(아마도 더 남쪽으로 다른 항구 들이 있었을지도 모르겠다) 소팔라는 아메리카의 도착지점으로부터 카나리 군도(콜롬부스의 출발 지점)보다 대략 3,000마일이나 더 멀었 으며 무역이나 약탈의 가능성을 가진 인구가 밀집된 해안으로부터 는 대략 5000마일이나 떨어져 있었다. 중국으로부터 아메리카의 북 서부 해안까지의 거리는 그보다 훨씬 더 멀었고 멕시코의 부유한 사 회까지는 그보다 좀 더 멀었다.

이 모든 것에 대해, 우리는 이들 다양한 항로에 대한 항해 조건 들을 덧붙여야만 한다. 인도양으로부터 대서양까지의 항해는 거대한 바람과 맞서 항해해야 한다. 북태평양의 태풍과 바람은 믿을 만하지 못했다. 다른 한편, 카나리제도로부터 서인도제도까지는 무역풍이 불고 있었고 돌아오는 항해는 북쪽 방향으로 편서풍을 탈 수 있었다. 분명하게도 탐험가들은 알려지지 않은 대양으로 항해를 할 무렵에 이러한 정보를 지니고 있지 않았을 것이다. 그러나 15세기 대서양 어업 공동체들이 가졌던 지리적 정보가 어느 정도인지는 아직 알려지지 않은 당혹스런 질문으로 남아있으며 이 사람들이 1492년 이전에 뉴펀들랜드와 그랜드 뱅크 근처에서 조업을 했다는 추측은 있다. 보다 구체적으로 카나리아, 마데이라 그리고 아조레스를 왕래하던 이베리아 항해자들은 콜롬부스가 대서양 전체를 횡단했을 때처럼 기본적으로 똑같은 바람의 순환을 활용했다. 콜롬부스는 무역풍(혹은 편동풍)이 그를 바깥으로 나가게 도와줄 것이며 편서풍이 돌아오는 항해를 도와줄 것이라고 믿을 수 있었던 근거를 갖고 있었다. 여기서 초점은 강력한 개연성의 문제였다. 전체적으로 이베리아의 배가 15세기 후반 아프리카나 아시아의 배보다 아메리카로의 여정을 달성할 수 있는 개연성이 더 컸으며, 만약 아프리카나 아시아의 배가 그러한 여정을 달성했다하더라도, 브라질에 도착했을 아프리카의 배나 캘리포니아에 도착했을 중국의 배가 그랬을 것보다 서인도제도에서 콜롬부스의 대륙 발견이 촉발시킬 역사적 결과가 아마도 개연성이 훨씬 더 높았을 것이 분명하다.

이것은 환경 결정론적인가? 이것은 중동 사회들에 미친 유전의 효과에 관한 어떤 언급보다도 덜 환경 결정론적일 것이다. 나는 다만 장거리 해양 여행을 장려하거나 저해하는 환경적인 조건만을 언급했을 뿐이다. 어떤 경우든 만약 환경론적인 설명과 유럽중심적 확산론이 그랬던 것처럼 다른 모든 것들에 대한 한 집단의 우월성을 주장하는 것 가운데서 선택을 해야 한다면, 우리는 분명 환경론을 선택하게 될 것이다.

이 주제에서 벗어나기 전에 두 개의 중요한 질문이 더 남아있다. 첫째, 서아프리카인들은 이베리아인보다 아메리카에 더 가까웠음에도 불구하고 왜 아메리카를 '발견'하지 못했을까? 그 대답은 서부과 중부 아프리카에서 상업적, 시원적 자본주의 중심지들은(동아프리카가 그랬던 것처럼) 바다를 이용한 상업을 지향하지 않았다는 것이다. 장거리 무역로는 수단을 거쳐 나일과 중동으로, 사하라를 거쳐 마그레브와 지중해로 뻗어갔다. 문명들이 주로 내륙지대에 있었고 무역상대들이 북쪽과 동쪽으로 놓여 있었던 조건하에서 해양 무역은 서쪽 해안선을 따라 존재하긴 했지만 규모면에서는 그리 크지 않았다. 둘째, 왜 마그레브의 무역 도시들은 아메리카에 도달하는데 실패했을까? 이 지역들(이븐 칼둔이 얼마 전에 언급했듯이)은 정치적이고 상업적인 슬럼프에 빠져 있었다. 1492년에 이 지역들은 이베리아와 투르크로부터 압력을 받고 있었다. 바로 그 역사적 국면에서 이 지역은 주요한 장거리 해양 탐험을 할 수 있는 역량을 결여하고 있었던 것이다. 마찬가지로 수단과 황금 지역과 직접적으로 교역을 하고 있었던 이들 도시들은, 유럽인들이 새로운—즉 훨씬 싼— 금의 원천을 찾는 과정에서 사하라 내부 교역로를 지나쳤던 것과 마찬가지로 아메리카와의 교역에서 경제적 유인을 갖고 있지 못했다.

정복은 왜 성공적이었나

아메리카는 1492년 최초의 접촉 이래 곧바로 유럽의 등장, 자본주의의 등장에 중요한 것이 되었다. 유럽인들은 즉각적으로 아메리카 국가들과 문명들을 파괴하고 보석을 수탈하고 노동을 착취하고 토지를 점유하면서 정복을 시작했고 이어 폭발적으로 확장했다. 만약 우리가 유럽(그리고 자본주의)에 대한 이 모든 것들의 영향을 이해하려면, 우리는 그것이 어떻게 일어났고 왜 그토록 빨리 일어났는가를 이해해야만 한다—한마디로 왜 정복은 성공적이었나라는 것이다.

우리가 정복의 인과성을 이해해야 할 필요가 있는 두 번째의 결정적인 이유가 있다. 비확산론적인 역사는 모든 인과적 주장을 유럽인들이 문화의 어떤 차원에서라도 비유럽인에 대하여 태생적인 우월성, 진보를 향한 선험적인 '더 높은 잠재성'을 갖고 있지 않다는 작업가설로 부터 시작한다. 이것은 첫째, 1492년 유럽이 아시아와 아프리카에 대해 이데올로기적이고 사회적인 혹은 물질적인 어떠한 특별한 이점도 없었다는 것을 깨닫게 한다. 그러나 그것은 우리가 모든 인간 공동체들에 관해 똑같은 작업가설을 만들 것을 요구한다. 그러면 왜 아메리카인들이 유럽(혹은 아시아, 혹은 아프리카)을 발견하는 대신 유럽인들이 아메리카를 발견하게 되었는가? 그리고 유럽인들은 최초의 접촉 이후에 어떻게 아메리카 해안에서 쫓겨나거나 패배하지 않고 아메리카 문명들을 정복할 수 있었을까? 여기서 문화적 일체성론—혹은 인류의 심적인 일체성—의 작업가설은 아메리카 사람들을 원시적이라 폄하하는 확산론적 경향에 직면하게 된다.[5]

왜 아메리카 문명이 굴복했는지에 대한 많은 이유들을 당장 제시할 수 있는데, 그것들 가운데 하나는 압도적으로 중요하며 아마도 질문 그 자체에 대해 충분한 인과성을 구성한다. 그것은 유럽인들이 아메리카에 들여온 동반구 질병의 전 대륙적인 유행으로 인해 초래된 대량의 인구 감소이다.[6] 두 번째 요인은 군사 기술면에서 유럽인들이 보유한 상당한 정도의 이점인데, 그러나 이 이점은 나중에 가서야 비로소 그렇게 되며 그 전까지는 그리 확실하지 않았다. 기술적 간극은 그다지 크지 않아서 규모가 더 컸을 뿐만 아니라 얼마지 않아 적의 기술을 채택했던 아메리카 군대에 대항하여 자신들의 힘만으로 군사적 승리—초기의 전투 이후—를 거두기가 힘들었다. 아메리카는 광대한 지역이며 1492년에 거대한 규모의 인구를 지니고 있었는데, 그 숫자는 최소한 5천만 정도이며 최대 2억 정도까지로 추산되며, 이 인구들 가운데 상당수가 중요한 군사적 능력을 가진 국가로 조직화된 사회에 살고 있었다.[7] 역사적으로 군사 기술은 한

식민주의자의 세계 모델

진영에서 반대 진영으로 상대적으로 짧은 시간 안에 확산되는 경향이 있다. 나아가 스페인의 원시적인 소총은 아메리카의 활과 화살과 비교해 볼 때 그다지 엄청난 것이 되지 못했다. 따라서 문제가 그저 군사적 능력의 문제였다면 유럽인에게 저항하는 거대한 물결을 절대로 감당하지 못했을 게 틀림없었다는 것이 내 생각이다. 정복도 없었고, 있었다 하더라도 제한된 영토에서만 그것이 가능했을 것이며, 중앙 안데스의 거대한 문명이 존재했던 한, 남쪽을 휩쓸 수도 없었을 것이다. 초점은 질병의 도입으로 인해 믿을 수 없이 가혹하게 그리고 믿을 수 없이 급속한 영향으로 인해 역사가 다른 방향으로 흘러갔다는 것이다. 아메리카인들의 저항은 붕괴되었다. 왜냐하면 아메리카인들은 전투가 시작되기도 전에 유행병으로 인해 죽어갔기 때문이다.[8] 아마도 중앙 멕시코의 인구 가운데 90%가 16세기 동안 죽어나갔을 것이다. 대다수의 인구가 너무 빨리 죽어, 정치적 정복에 일조를 했다. 유사한 과정들이 이 반구의 다른 부분에서도 발생했는데, 특히 인구가 집중된 주요한 지역들에서, 다수의 경우는 고도의 문명과 국가기구가 지배했던 지역에서 그런 일이 발생했다. 아마도 아메리카 전체 인구의 4분의 3이 그 세기에 사망했을 것이다.[9] 수백 만명이 스페인과 포르투갈과의 전투에서 죽었고 멕시코와 페루의 광산과 같은 강제노동 중심지에서 죽었지만, 더 많은 숫자가 전염병으로 죽었으며 이것이 대부분의 지역에서 정복에 대한 저항이 급속히 붕괴되었던 이유인 것이다.

이 문제와 관련된 증거가 부분적으로 간접적이긴 하지만, 동반구 질병에 아메리카 인구가 감염되기 쉬웠다는 점과 서반구 사람들의 낮은 수준의 군사기술 둘 다, 문화 진화론적 측면에서 간단하게 설명될 수 있다. 서반구는 구석기시대 후반기까지 인간이 거주하지 않았다. 인간이 최초로 도착한 시점에 대해서는 논란이 있지만, 대부분의 학자들은 지금부터 30,000년 전에 아메리카에 사람이 살았다는 것을 믿지 않는다. 최초의 이민은 농업을 하지 않았다. 동반구에서 가장 빠른 이민이 농업 혁명을 선도하였다. 덧붙여, 오늘날조차도 그러하지만 이민이 나갔던 지역인 북동부 시베리아는 일반적으로 농업을 하기에는 너무 추웠으며, 일부 저위도 문화들이 그렇게 했을지는 몰라도 이들 문화들이 20,000년 전후에 시초적인 농업을 영위했다고 기대할 수는 없다. 아메리카로의 이민은 구석기 시대의 사냥꾼, 채취자, 어부, 조개 채집하는 사람들이었다. 그들 가운데 소수가 아메리카로 건너갔고 표면적으로 그리고 상대적으로 소수의 인구 이동의 연속으로 넓은 지역에 흩어져 살았는데 이들은 북아메리카와 남아메리카 모두로 흩어져 갔다. 수 천 년이 지난 이후에야 인간들 간의 중요한 압력으로 각기 사냥, 어업, 채취, 조개 채취에 종사하는 종족 무리들이 나뉘어졌을 것이다. 어떤 사람은 인구 성장은 늦었지만—물론 이것은 추측이다— 점차 진행되어 나갔었으며, 아마도 농업 혁명에 적합한 환경이 조성된 지역에서 그 지점에 도달했을 것이라고 생각한다.[10] 동반구에서 농업 혁명은 대략 10,000-20,000년 전에 발생했던(질적인 변화로서) 것으로 보인다. 서반구에서 그 지점은 그때보다 약 4,000년 이후에 도달했던 것으로 추측된다.[11] 따라서 서반구에서 문화적 진화는 동반구의 그것과 병행하여 진행되었을 것이다. 농업 사회의 발전, 기념 의례, 과학, 쓰기, 도시들, 봉건적 계급 구조, 그리고 상업적 무역과 같은 것들이 그러하다. 사실 서반구 사회들은 그 간극을 가깝게 줄였던 것으로 보인다. 그러나 1492년 가장 진보적이고 강력한 국가에서 군사 기술은 여전히 동반구 국가들의 그것보다 뒤처져 있었다. 이 지역에서 금속은 막 쓰이기 시작했고 총은 아직 발명되지 않았다. 그리하여 목테주마의 군대에 대해 코르테스의 군대는 우월성을 가졌고 마찬가지로 잉카 군대에 대해 피자로의 군대도 우월성을 가졌다. (코르테스가 아즈텍의 테로치티란에 도착했을 때 유럽의 질병으로 인해 이미 많은 수의 사람들이 죽어가고 있었는데, 질병은 쿠바에서 멕시코로 무역하는 아메리카인들이 옮긴 것이었다. 유사하게, 잉카는 피자로가 도착하기 전에 이미 이 질병들에게 굴복하고 있었다.[12])

동반구의 질병에 아메리카 사람들이 감염되기 쉬운 것, 그로 인한 아메리카 정착민의 황폐화, 국가의 붕괴, 유럽인들에게 패하고 복종하는 것은 똑같은 일반적 모델 내에서 설명될 수 있다. 소수의 인구가 아메리카로 들어갔지만 아마도 그들이 출발할 시점에 동반구의 질병들 가운데 작은 부분 집합 정도에 대해 내성을 갖고 있었다. 덧붙여 그들 가운데 일부는 고립된 지역 출신이었고 동반구의 인구가 희박한 부분에서 살았고 일부는 추운 날씨 지역 출신이라 따뜻한 지역에 특수한 일부 질병을 갖고 있지 않았다. 더욱 중요한 것은 질병의 역사 그 자체일 것이다. 많은 질병들은 농업 혁명이후 혹은 그 시기로부터 기원하거나 역학적으로 중요하게 되었으며 인간의 토지 이용에 의해 강력하게 중화된 생태 체계 내에서 농업, 도시화, 동물학적이고 식물학적인 변화와 생태적인 연결을 갖게 되었다. 동반구에서 인류는 서반구로 최초의 이민이 떠난 다음에야 이러한 생태적 상황에 돌입했으며, 따라서 아메리카로의 이민자들이 이러한 질병들을 옮기지는 않았을 것이다. 아마도 이후의 이민이 그렇게 했을지도 모른다(비록 그들이 아시아의 춥고 고립된 지역으로부터 왔기 때문이거나 아주 소수만이 왔기 때문에 그렇지 않을 수도 있었겠지만 말이다). 그러나 우리는 수 천 년 동안 아메리카에서 간헐적인 이민, 사냥−채집−어업−조개 채집의 삶의 방식, 그리고 농업적 정착과 도시화의 부재로 인해 이민자들이 아메리카로 가져온 동반구 질병의 일부가 소멸되었다고 추측할 수 있다. 얼마 후에 아메리카 사람들은 더 이상 존재하지 않는 질병에 대한 그들의 물리적 면역성을 상실했으며 마찬가지로 이전에 조우해보지 않았던 질병에 대해서도 면역력이 없었을 것이다. 이러한 측면에서 아메리카인들은 질병으로 참혹한 재앙을 겪게 되었는데, 동반구 인구들은 그것들에 대해 고도의 면역력을 갖고 있어서 사소한 만성병 정도로 취급했다는 것은 잘 알려진 사실이다.

따라서 1492년 아메리카 문명에 대해 비합리성 혹은 미신숭배 혹은 다른 고전적인, 흔히 인종주의적인 신화에서 비롯된 어떤 것으로 인한 측면에서 아메리카인들의 패배를 설명하는 다양한 신화들을 더 이상 심각하게 검토할 필요가 없다. (이런 신화들 가운데 가장 널리 알려져 있는 것은 멕시칸들이 코르테스와 그의 부대를 신으로 생각했고 싸움을 하는 대신에 두려움에 떨면서 그들 앞에서 항복했다는 관념이다. 이런 일은 결코 일어나지 않았다.) 두 공동체 사이에 기술적인 측면의 상대적으로 사소한 차이, 동반구 질병이 서반구 공동체에 미친 영향은 서반구 정착의 역사와 그것의 결과라는 측면에서 설명될 수 있다. 아메리카인들은 정복당한 것이 아니었다. 그들은 감염된 것이었다.

1492년의 유럽

1492년에 유럽 사회는 봉건제에서 벗어나 자본제를 향해 완만하게 움직여갔다. 그러한 장면 속에서 혁명적인 변동이 임박했다거나 혹은 심지어 발생했던 사회적 경제적 변화가 매우 급속했음을 시사해 주는 것은 아무것도 없었다. 15세기에 잉글랜드 양모 무역의 성장은 (흔히 묘사되는 것처럼) 혁명적인 경제적 변동의 징조가 아니었다. 그것은 경쟁했던 남부 유럽에서 양모 산업이 쇠퇴하여 유지될 수 있었다.[13] 앞선 세기의 흑사병 이후, 이 세기에 농촌의 성장은 주로 인구 회복(일부 지역에서)을 반영했으며 얼마 동안은 당시 발생하고 있었던 농업의 상업화도 인구 회복에 일조했다.[14] 도시들은 성장했지만 대단히 느리게 성장했으며 (이탈리아와 저지대 국가들을 제외하고) 도시 인구는 여전히 전체 인구에서 작은 부분일 뿐이었다. 그리고 유럽의 도시 인구는 다른 많은 비유럽 지역의 도시 인구보다 더 작았다.[15] 성장 대신에 경제 위축의 강력한 징조가 있었다.[16] 경제적인 측면에서 이탈리아 르네상스는 가까이는 이슬람 나라들(예를 들어 카이로)을 포함하는 많은 비유럽 중심지들의 수준보다 이탈리아의 중심지들을 더 높게 만들지 못했으며, 르네상스는 결코 기술적인 혁명이 아니었다.[17] 이 모든 것들은 무대를 꾸미는 방식으로 말해질 필요가 있다. 1492년 이전에 유럽에서 성장은 완만했으며 아마도 하향곡선을 그렸을 것이다. 확실히—이것은 유럽 역사가들 대부분이 받아들이고 있다— 1492년에 진정한 혁명적 변동이 진행된 적은 없었다.

1492년 이후 수십 년 내에 성장률과 변화가 극적으로 빨라졌으며, 유럽은 급격한 변형의 시대에 들어가게 되었다. 이 사실에 대해서는 논란의 여지가 없는데, 가격, 도시 성장, 그리고 다른 여러 부수적인 것과 관련되어 알려진 통계 수치에서 잘 관찰된다.[18] 논쟁할 만한 것은 이 폭발적인 16세기의 변화와 아메리카에서 (그리고 중요하게도 그러나 부차적으로, 아프리카와 아시아에서도) 경제적 착취가 시작되었다는 것 사이의 인과적인 연관이다. 그 결과는 근본적이었다는데 광범위한 동의가 존재한다. 그러나 그것이 진정으로 유럽 경제에서 질적인 변형을 발생시켰는가? 혹은 그것은 이미 잘 진행되고 있던 과정을 갑작스럽게 빨라지도록 만들었는가? 혹은 그것은 이 과정에다 인플레이션과 같은 가벼운 효과를 갖게 했는가? 이러한 질문은 우리가 1492년과 유럽 부르주아혁명의 상징적인 날짜인 1688년 사이에 아메리카, 아시아 그리고 아프리카에서 진행되었던 것을 보지 않고서는 그리고 유럽의 역사적 터널을 돌파하지 않고서는 대답될 수 없는 것들이다.

식민주의와 유럽의 흥기, 1492~1688

16세기 식민주의와 자본주의

아메리카에서 사업이란 처음부터 이윤이 아니라 자본축적의 문제였다. 중세 법의 일부 요소가 신대륙에서(유럽인들을 위해) 법적 그리고 양도 체계와 얼마나 통합되었던지, 그리고 보통 과대평가되긴 했지만, 이베리아 정부가 이윤의 실체적인 부분을 갖고 갔는지에 상관없이, 성직자들을 제외하면 사업에 개입되어있는 유럽의 모든 개인들과 집단들의 목적은 자신들과 자신들의 나라(주로 전자였다)를 위해 돈을 버는 것이었다.

  거의 모든 곳에서 주도 세력들은 유럽의 시원적 자본주의 계급이었는데 여기에는 상인들뿐만 아니라 산업가들 그리고 이윤지향적인 지주들─이베리아인들뿐만 아니라 이탈리아인, 플레미시인, 네덜란드인, 독일인, 잉글랜드인 등등─이 포함되어 있었다. 토지를 사들이고 상업화된 농업을 발전시키고 성장하는 식민지 사업들과 연결된 산업(선박건조, 제당 등등)을 발전시키고 성장하는 유럽 경제에 봉사하는 이윤이 남는 사업 영역들(예를 들어 성장하는 대서양 어업)을 발전시키고 농촌 구조를 건설하는 등, 이 계급 공동체는 아메리카 사업에서 이윤을 획득하여 그것의 일부를 유럽에 투자했다. 부분적인 이윤은 아메리카 그리고 남아시아, 아프리카, 그리고 레반트의 새로운 무역 사업과 같은 추가적인 식민지의 위험한 사업에 투자되었다. 그 과정에서 사람을 현혹시키는 미묘한 측면들 가운데 하나는 이들 상인들은 이제 믿을 수 없는 양의 귀금속과 귀금속에 바탕을 둔 화폐를 자신의 수중에 갖게 되었고 이전에는 들어보지 못한 가격을 제시할 수 있었던 사실로부터 도출되는 것으로, 유럽 상인들이 유럽의 안과 밖을 포함한 모든 시장에서 상품들을 구매하는 양이 엄청나게 증대했다는 것이다. 16세기 아메리카에서 가져온 금과 은의 절반은 밀수된 것이었지만, 이런 종류의 사업을 위해 직접적으로 가용한 것이었는데, 이베리아 정부가 금과 은을 상품과 서비스에 지불함에 따라 세관을 거친 다음 나머지는 재빨리 유통되었다.[19]

16세기 식민지 사업은 다양한 방식으로 자본을 생산했다. 하나의 방식이 금광과 은광이었다. 두 번째는 주로 브라질에서의 플랜테이션 농업이었다. 세 번째는 아시아와의 향신료, 의복 등의 무역이었다. 네 번째, 그리고 결코 사소하지 않은 요소가 멕시코, 페루 그리고 다른 여러 곳에서 지역적 수요를 위한 생산에서 발생한 이윤을 포함하여 아메리카에서의 다양한 생산적 상업적 사업에 유럽이 투자한 것에서 나오는 이윤이었다. 유럽으로부터 수입한 상품의 판매로부터 얻는 이윤, 아메리카로부터의 다양한 부수적인 수출(가죽, 염색재료 등)에서의 이윤, 아메리카에서 토지 판매에서 얻는 이윤, 멕시코와 다른 지역에서 토지 임대사업체와 가족들에 의해 유럽으로 들어오는 이윤 등이 그것들이다. 다섯 번째는 노예판매였다. 여섯 번째는 해적질이었다. 이 모든 것들이 정상적인 자본 축적이었음을 명심하라. 이것들 가운데 어떤 것도 '시원적 축적'이라 불리는 신비스러운 것에 해당하지 않는다.[20] (강제된 노동은 말할 것도 없고 임금 노동으로부터의 가치가 포함된 그리고 그것들 가운데 많은 것들이 생산으로부터의 가치였으며 단순히 무역으로부터 얻은 것이 아니다.) 이러한 자원들로부터의 축적은 거대했다. 그것은 너무나 거대하여 유럽 자체에서도 그 과정들을 시원적 자본주의적 축적의 부차적인 것으로 처리할 수 없었는데, 그것은 유럽의 주요한 변형에 그리고 전산업적 자본주의의 엄청난 융성과 부르주아의 권력의 흥기에 충분한 연료를 제공했다고 나는 믿는다. 그 방식들은 앞으로 논의될 것이다.

귀금속

우리는 첫째 아메리카로부터의 금과 은의 수출과 그렇게 수입된 금과 은은 직접적 혹은 간접적으로 거의 모든 시장에서, 이미 가치의 공통적인 척도를 제공했던 동반구 시장 경제의 회로 내에 투입되었음을 알 수 있다. 귀금속의 흐름은 유럽의 아메리카 발견 이후에 즉각적으로 시작되었으며 1640년이 되면 적어도 180톤의 금과 17,000톤의 은이 유럽에 들어온 것으로 알려져 있다.[21] (진짜 수치는 최소한 이것보다 두 배는 되어야 하는데, 왜냐하면 어떤 지역과 어떤 기간에 대해서는 기록이 너무 빈약하고 밀수가 엄청나게 많았기 때문이다.[22]) 추가적인 양의 금은 아프리카의 식민지 활동으로부터 왔다. 1561년에서 1580년 사이에 전 세계 은 생산의 약 85%가 아메리카로부터 왔다. 동반구 경제 전체에서 유통되는 금과 은의 단순한 양은 근본적인 영향을 미쳤다. 아메리카로부터 도입된 지금(地金)의 결과로 16세기 동안 동반구의 은괴는 세배가 되었고 금괴는 20%가 증대되었다.[23]

직접적으로 혹은 간접적으로 화폐로의 전환이 허용되지 않으면서 용도 면에서 기존의 자본금 가운데 대부분이 동결되어야만 했다는 사실에 비추어 볼 때, 아메리카의 지금(地金)은 전체적으로 동반구의 금 그리고 은 본위에 입각한 화폐공급을 두 배나 증대시켰을 것이라고 생각된다. (유럽에서 금속 동전의 유통은 그 세기 동안 약 8-10배 증대했다.[24]) 이 과정은 전체적인 전망 속에서 고찰되어야만

한다. 화폐의 흐름을 보면, 그것은 지속적으로 그리고 대량으로 유럽으로 들어왔고 유럽을 통하여 유럽으로부터 아시아와 아프리카로 흘러갔으며, 더 많은 아메리카의 공급물자들을 유럽의 특정 입구(세르비아, 안트와프, 제노아 등등)에다 지속적으로 새롭게 보충했으며, 그것을 가지고 있는 자들은 지속적으로 모든 시장에서 모든 상품들—노동과 토지뿐만 아니라—에 대해 이전 시기에 제공할 수 있었던 어떤 것보다도 훨씬 더 나은 가격을 제시할 수 있었다.

이러한 금과 은의 흐름이 갖는 중요성은 주로 세 가지 이유에서 (비유럽에서 인과적인 사건을 폄하하는 단순한 경향인 암묵적인 확산론은 제외하더라도) 일상적으로 학자들에게 과소평가 되어 왔다. 첫째, 그 과정은 무엇인가 순수하게 시원적인 축적으로 간주된다. 그러나 금속은 노동자들에 의해 채굴되고 노동자들에 의해 운동된다. 사업은 전체적으로 위험부담을 지닌 자본과 그 당시의 특징(부분적으로 국가가 통제하는 사업이었다는 것은 이러한 주장을 바꾸지 못하며 노동의 일부가 자유롭지 못했다는 사실도 마찬가지이다)인 시원적 자본주의적 생산 기업과 같은 종류의 다른 익숙한 특성들을 포함하고 있었다. 그리고 주요한 경제 사회 체제들이 멕시코, 페루, 그리고 아메리카의 다른 부분들에서 광산을 둘러싸고 건설되었다.

둘째, 귀금속의 흐름이 유럽 경제에 중요하게 영향을 미쳤다는 주장은 일부 학자들에 의해 '통화주의'(개괄적으로 통화의 변화가 경제 전반의 변화에 중요하다는 이론)로 취급되어 간단히 처리된다. 이 공격에서 오류는 16세기 경제를 그 자체의 적절한, 지리적이고 사회적인 맥락에서 보지 못하는 실수, 그리고 당시 경제를 교환의 유동성과 우리 시대의 자본주의적 경제를 특징짓는 공간적 분할의 상대적인 결여 탓으로 돌리는 실수이다. 여기서 두 요인은 기본적인 것이다. 무엇보다 귀금속의 점유는 공간적으로 고도로 지방화되어 있었다. 하나의 공동체로서 유럽 상인들은 그것을 획득했고 그것을 농업

유럽으로 향하도록 그리고 유럽의 바깥시장을 향하도록 외부적으로 틀 지웠다. 두 번째로, 귀금속의 공급은 본질적으로 지속적이었고 따라서 그들이 상품, 노동 그리고 토지에 대해 제공할 수 있는 가격이란 측면에서, 유럽의 시원적 자본주의에 의해 유지되는 이점은 다른 어떤 곳에서 제공될 수 있는 경쟁자들의 가격보다도 지속적으로 유리했다는 것이다. 그래서 시원적 자본주의 공동체는 꾸준하게 동반구 전체에 걸쳐 모든 시장에서 경쟁력을 획득했으며 유럽내부와 외부에서, 점차 소팔라에서 칼리컷과 말라카에 이르는 상업-해양 중심지들 대부분에서, 국제적인 해상 수송 무역에 대한 통제를 획득하게 되었다.[25] 이러한 시장들의 침투, 무역 기지의 획득, 그리고 소수의 작은 그러나 중요한 생산 지역(모루카스와 같은 일부 섬들)의 통제는 유럽적 합리성과 모험심의 문제가 아니라 아메리카의 금과 은 그리고 리스본, 안트워프, 아카풀코('마닐라 상선'에서) 등을 통한 환승 무역에 대한 유럽인들의 활용 가능성을 반영하는 것이었다.

아메리카의 금과 은의 중요성에 대한 세 번째 종류의 의문은 귀금속 공급이 유럽 경제에서 생산 요소들, 생산된 이윤의 횡재와 그리하여 불안정하게 된 경제와 자본주의로의 움직임 사이의 불균형을 낳았다는 해밀턴Earl Hamilton의 고전적인 이론에 대한 비판과 관련되어 있다.[26] 해밀턴은 이러한 변화를 가져온 기제에 대해 (부분적으로) 틀렸음에도 불구하고 아메리카의 금과 은이 유럽에서 결정적이고 핵심적인 변화의 원인이었음을 간파한 소수의 경제사가 가운데 하나였다. 금속은 직접적인 의미에서 경제를 변형시키지 않았다. 오히려 그것들은 시원적 자본주의 계급을 부유하게 했고 따라서 그들에게 정치적 사회적 체제로서의 자본주의에 대해, 이미 진행 중이었던—유럽에서뿐만 아니라— 변형을 엄청나게 가속화시킬 수 있는 그리고 비유럽 자본가들로 하여금 이 과정에 한 몫을 하지 못하도록 할 수 있는 힘을 주었던 것이다. 아메리카의 지금(地金)은 자본주의의 등장을 촉진시켰으며 유럽에 집중됨에 따라 그 과정에서 결정적이었다.

플랜테이션

유럽의 경제에 미친 노예 플랜테이션 체제의 영향은 17세기와 그 이후에 주로 감지되었다. 그러나 초기 식민주의—유럽 바깥의 세계—의 중요성에 대한 일반적인 저평가로 인해 플랜테이션 체제가 16세기에도 상당히 중요했다는 것을 알아차리지 못하는 경향이 있다. 나아가 대서양 설탕 플랜테이션 경제의 초기 역사는 시원적 자본주의의 식민지 경제가 봉건 경제를 침식시키는 방식에 대한 윤곽을 보여준다. 설탕 사탕수수는 새로운 사업은 아니었다. 설탕(신화와는 반대로)은 희귀한 상품이 아니었으며 설탕 사탕수수는(마찬가지로 신화와는 반대로) 자본주의 발전의 가장자리에서 하찮은 경제적 흥밋거리도 되지 못했다. 상업적이고 봉건적 사탕수수 설탕 생산은 15세기 지중해 전 지역에서 발견된다.[27] 비록 이식이 어떻게 조직되는지에 대해서는 알려진 바가 거의 없지만 상업적 설탕 생산이 2,000년 전 인도에서 중요했다는 것(그것은 마우랴국의 산업이었다) 그리고 중세에 상업적 설탕 사탕수수 이식은 다양한 봉건 제도 하에서 그리고 아마도 다양한 시원적 자본주의 체제의 조직 하에서 동아프리카, 서아프리카 일부, 모로코, 이집트, 키프러스, 레반트, 지중해 유럽의 다양한 부분, 그리고 다른 여러 지역에서 발견된다.[28] 꿀과 같은 달콤함의 그것에 반대되는 것으로서, 만약 사탕수수 설탕이 북유럽에서 중요한 상품이 아니었다면 이는 그것의 가격 때문이었다. 유럽인들은 최초로 새롭게 정착한 대서양 군도로 즉 마데이라에서 사오 톰으로 상업적 플랜테이션 체제를 옮겼으며 그런 다음 아메리카에서 생산을 엄청나게 확장했다. 그러나 16세기 내내 새로운 플랜테이션은 단지 오래된 지중해 사탕 생산 지역을 밀어냈을 뿐이었다. 유럽 지중해 시장을 위한 전체적인 생산은 이후까지 일어나지 않았다.[29] 이것이 빈 토지와 값싼 노동력이라는 식민주의의 쌍둥이 이점을 활용한, 봉건적 그리고 반봉건적 플랜테이션 생산을 대체한 자본주의적 생산이었다. 19세기 이전에 자본주의의 등장을 위한 플랜테이션 체제로서 이것만큼 중요한 산업은 없었다.

1600년경 브라질은 2백만 파운드의 전체 판매가를 지닌 약 30,000톤의 설탕을 수출했다. 이것은 당시 잉글랜드가 세계 전체로 1년간 총 수출하는 상품 가치의 약 두 배에 해당한다.[30] 당시에 영국의 수출품들은, 기본적으로 양모는, 초기 근대 유럽의 '잠을 깨우는,' 실제로 경제를 '부흥시키는' 모범으로 간주되었음을 기억되어야 할 것이다. 마찬가지로 1600년경 인도인들을 제외하면, 브라질에서 설탕으로부터 얻는 1인당 수입은 그 세기 후반 영국에서의 1인당 수입에 필적하였다.[31] 브라질 플랜테이션 산업에서 축적률은 매우 높아서 16세기 후반이 되면 매 2년마다 그것의 능력을 배가시키는 충분한 자본을 발생시킬 수 있을 정도였다.[32] 17세기 초반 네덜란드의 시원적 자본주의 공동체(주로 선적과 판매 차원에서 브라질 설탕 사업과 밀접하게 연결되어있는)는 그 분야의 산업에서 이윤율이 일 년에 56%, 모두 합쳐 1년에 거의 1백만 파운드라고 계산했다. 16세기가 종결될 무렵, 노예를 구입하는 비용을 포함하여 생산 비용이 설탕 판매로부터의 수입 중 5분의 1을 상회했을 때에도 이윤율은 여전히 초기보다도 높았다. 이 통계 수치들은 이미 성장하고 있던 유럽에서 어떤 새로운 상품을 위한 새로운 요구에 대응하지 않는 것이 아니라, 단지(본질적으로) 고도로 중요한 상업적 생산의 공급에서 스페인, 이탈리아, 모로코, 이집트, 그리고 다른 곳의 전자본주의적 지중해 지역 생산자들을 제거해버리는 방식으로 그 지역 산업의 성장에 반대되는 것으로 간주되어야만 할 것이다.

식민주의자의 세계 모델

사탕은 물론 18세기에 이르기까지 플랜테이션 체제의 중심이었다. 그러나 농업에서뿐만 아니라 브라질 플랜테이션 체제와 같은 자본주의에 충분히 근접했던 다른 종류의 식민지 생산은 16세기 후반 이전에도 중요했다. 예를 들어 모루카스에서 향료의 직접적인 생산 그리고 남인도에서 조직화된 후추 생산에서 인도 상인 자본가와 유럽인의 결합과 같은 것들이 있다. 염료, 담배, 그리고 상업적으로 가치 있는 다른 상품들이 아메리카로부터 유럽으로 흘러들어갔다. 매우 거대한 농업 경제들이, 음식, 섬유, 가죽 그리고 탄광 정착지와 다른 정착지에 필요한 필수품들을 생산하기 위해, 아메리카의 여러 곳에서 존재했다. 1492년 이후(혹은 이전) 즉각적으로 서유럽 어부들과 고래잡이들은 북아메리카 연안의 다른 곳과 뉴펀들랜드에서 거대한 산업을 발전시켰다.

이 모든 것에다 동반구가 식민지 그리고 반식민지 활동의 여러 종류들로부터 얻은 이익이 덧붙여져야만 한다.[33] 노예무역은 16세기에도 대단히 이윤이 높았다. 모든 국가의 유럽 상인 자본가들은 동아프리카와 아시아와의 리스본 무역으로부터 면과 특히 향료에서 상당한 이익을 얻었다(포르투갈인들에 의해 운반된 아시아의 향료는 주로 안트워프를 통해 판매되었는데, 이것은 전통적인 지중해 무역을 대체하지 않고 오히려 거기에 덧붙여졌으며 따라서 새롭고 중요한 축적의 자원을 제공하였다). 덧붙여 포르투갈에 의한 동아프리카, 인도 그리고 동남아시아에서의 장거리 해양 무역의 지배로부터 초래된 아시아 내부 무역에서 상당한 이윤이 발생했다(여기에 스페인이 참여했고 나중에는 네덜란드가 참여했다). 그러나 광범위하게 말해 16세기에 서반구 식민지 활동으로부터 추출된 축적은 동반구의 그것보다 훨씬 중요했다. 전체적으로 그 세기에 식민지와 반식민지 지역에서 생산과 무역의 양적인 중요성과 사업의 거대한 이익률 모두는, 즉 직간접적으로 유럽을 살찌웠던 급격한 자본축적은, 주요한 벡타 값이었으며, 유럽에서 경제적 변동 과정을 완만한 진화로부터 급격한 혁명으로 쉽게 변화할 수 있도록 만들었다.

결과

아메리카, 아시아, 아프리카에서 그리고 다른 일부 지역에서 무역과 해적을 따라, 16세기 식민지 생산이 자본주의의 등장에 기여했던 정말로 중요한 점을 평가하는 두 가지 특정한 방식이 존재한다. 하나의 방식은 유럽 사회에 직간접적인 영향을 미친 식민주의를 추적하는 것인데 여기에는 상품과 자본의 운동을 찾는 것, 식민지 사업에 의해 창조된 혹은 자극받은 노동의 산업과 지역으로의 흐름을 추적하는 것, 식민지(그리고 보다 일반적으로는 유럽 바깥의) 사업과 결부된 혹은 밀접하게 연결된 도시들에서 나타났던 도시화의 방법을 찾는 등이 포함된다. 유럽 자체에서 유럽 외적인 활동의 직간접적 영향으로부터 분명하게 결과한 변화가 경제적 사회적 변화를 위한 가장 중요한 동인인지를 결정하기 위해, 이 과정은 전체적으로 그 세기에 유럽에서 발생했던 변화의 총체성과 연결하여 검토될 수 있을 것이다. 하지만 이 과제는 여전히 완수되지 못하고 있다. 두 번째 방식은 유럽 외부의 기업들이 벌인 활동에 고용된 유럽 자체의 노동 총량과 함께 지구적 규모로 전개된 아메리카, 아프리카, 아시아에서 유럽 기업들에 고용된 노동 총량(자유노동이든 아니든)을 계산하는 것이며, 그런 다음 이 총량을 자본주의의 등장과 관련된 것으로 간주될 수 있는 경제적 활동에 대한 유럽에서의 총 노동시장과 관련시켜 살펴보는 것이다. 이 과제 또한 수행되지 않았다. 사실 내가 아는 한, 아메리카 정착지에서 혹은 유럽에서 16세기 노동력과 노동 시장에 대한 연구는 거의 이루어지지 않고 있다. 마찬가지로 여기서 내가 강조하고 있는, 유럽에서 자본주의의 등장을 위한 16세기 식민주의(그리고 관련된 유럽 외부지역의 활동들)의 중요성에 관한 것도 아직 검증되지 못했을 것이다.

여전히 참조할 만한 지표들이 있다. 이들 가운데 일부는 이미 언급된 바 있다. 유럽으로의 식민지 수출의 가치와 양에 대한 평가 문제가 그것이다. 우리는 또한 노동에 대해서도 추측할 수 있다. 하나의 접근법은 인구를 통해서이다. 16세기 중반 스페인과 포르투갈의 인구는 약 9백만 정도였을 것이다.[34] 아메리카에 대한 16세기 인구의 추정치는 광범위하게 서로 다르게 나타나며 인구 쇠퇴율과 수준에 관해서는 여전이 논란이 많으며,[35] 현재로서는, 추측이지만 그리고 본질적으로 방법론적인 주장이지만, 나는 이 논쟁들을 무시하고 지구적인 추정치와 씨름하고자 한다. 세기 중반까지 멕시코의 인구는 약 6백만 정도였을 것이며, 그것은 정복 전 아마도 3천만 명 정도에서 1600년 무렵이 되면 그 수치의 10분의 1정도로 계속해서 감소하고 있었다.[36] 스페인 사람들을 위한 광물과 직물 생산에 종사하고 있었던 안데스 지역의 인구는 (추측하건대) 16세기 후반에 아마도 모두 합해 5백만 정도였을 것이다. 우리는 유럽 통제 하의 지역 내에 있는 그리고 어느 정도 유럽이 지배하는 경제에 포함되어있는 이베로-아메리카의 다른 부분들의 인구로 2백만 정도를 더 추가할 수 있을 것이다. 그런 다음 16세기 중반에서 후반까지 유럽인에게 잠재적으로 잉여를 양보한 아메리카 인구를 대강의 어림으로 1천 3백만 정도로 잡아보자. 인구는 이베리아의 그것보다 더 컸을 것으로 짐작된다. 저지대 국가들은 이 시기에 아메리카(그리고 아시아)의 착취에 밀접하게 관련되어 있었다. 이탈리아의 일부와 다른 나라들과 더불어 저지대 국가를 포함하는 유럽의 더 큰 부분과 비교가 이루어져야 할 것이다. 그러면 유럽의 2천만 인구와 아메리카의 1천 3백만 인구가 비교될 수 있을 것이다.

아메리카 인구—우리는 아메리카의 1천 3백만 인구가 유럽이 지배적인 지역에 있었다고 추측한다—보다 유럽 인구가 자본주의의 등장에 훨씬 더 본질적으로 개입되어있다고 주장할 근거를 찾을 수 없다. 임금 노동으로, 노예노동을 포함하는 강제된 노동으로, 조공 혹은 지대와 같은 종류로서 상품을 제공하는 농민 노동으로, 유럽인들을 위한 노동에 종사하는 아메리카 인구의 일부분은 스페인과 포르투갈의 상업화된 부분을 위해 노동에 종사하는 이베리아인들 일부보다 더 하위계층에 속했다. 나아가 인디언 노동에 대한 착취 수준은 이베리아인 노동에 대한 그것보다 훨씬 높았음이 분명한데 왜냐하면 당시 인디언 노동력은 문자 그대로 죽을 정도로 일했기 때문이며—인구 감소는 부분적으로 강제 노동 때문이었다— 각각의 아메리카 노동자들에 의해 만들어진 자본은 각각의 유럽인 노동자들에 의해 만들어진 것보다 훨씬 높았다. (우리는 다시 우리가 유럽에서 전산업적인, 기본적으로 중세적인 경제를 취급하고 있음을 상기할 필요가 있다. 생산에서 기술 혹은 고정 자본이 아메리카인 노동의 그것보다 유럽인의 그것이 훨씬 진보했다고 주장할 수 없으며 따라서 최종 분석에서 착취는 인간 노력의 기능물이었다)

다음으로 우리는 유럽에서 대부분의 노동자와 농민들이 본질적으로 여전히 경제의 중세적 부분과 연결되어 있었던 한편, 아메리카인들의 노동으로 축적된 자본이 직접적으로 자본주의를 건설하고 있던 유럽의 경제 부분으로 옮겨갔다는 사실을 설명해야만 한다. 그런 다음 여기에 아프리카인과 아시아인의 노동을 덧붙여야만 한다. 그리고 마지막으로 유럽과 다른 곳에서 유럽 외부 경제의 일부로 간주되어야만 하는 유럽 노동자들을 고려해야만 한다. 이러한 받아들일 수 있는 추측적인 설명을 통해, 16세기 후반 식민지와 반식민지 경제에서 자유롭거나 자유롭지 못한 노동자들은 유럽의 노동자들 자체가 그랬던 것처럼, 유럽의 시원적 자본주의, 부상하는 부르주아를 위해 잉여가치와 축적된 자본을 제공하고 있었던 것이다.

16세기 아메리카 노동력에 대해서는 알려진 바가 거의 없지만 일부 추측은 가능하다. 라스 카사스는 16세기 전반기 동안 약 3백만 이상의 인디언들이 스페인령 아메리카 북부에서 스페인 사람들의 노예가 되었다고 했는데, 이 수치는 한때 폐기된 적이 있었지만 이제 진지하게 받아들여지고 있다.[37] 니카라과 하나만 해도 40만 명 이상이 노예가 되었다고 알려져 있다.[38] 당시 아메리카의 유럽 경제에서, 브라질 사탕 농장에서, 메소 아메리칸과 안틸리안 광산에서 그리고 다른 곳에서, 인디언 노예 노동이 대단히 중요했다는 것은 잘 알려져 있다. 16세기 중반, 한 해에 10만 명의 인디언들이 스페인 사람들을 위해 노예로 노동했다고 추측해보자. 아마도 16세기 후반에는 2만 명의 인디언들이 멕시코와 안데스 광산에서 자유 혹은 강제 노동으로 일하고 있었을 것이며,[39] 그 숫자의 5배가 전체적인 광산 경제에 연루되어 있었다고 추측하는 것이 안전할 것이다. 안데스의 은광 도시인 포토시Potosi는 1570년대에 12만 명의 인구를 갖고 있었다(이는 파리, 로마, 마드리드, 세비야보다 큰 숫자이다). 훨씬 더 크지만 알려지지 않은 숫자의 인디언들이 아시엔다와 다른 유럽 기업의 노동자들이었거나 혹은 정기적인 강제 노동을 제공했거나 혹은 조공이나 임대와 같은 종류의 것을 제공했다. (멕시코에서 코르테스 앙꼬미엔다는 5만 명의 인디언을 보유했다.[40]) 그 세기의 마지막 해에 아메리카와 사오 또메 섬에는 10만 명 정도의 아프리카 노예가 있었다.[41] 1570년경에 아메리카에서는 30만 명의 유럽인, 뮬라토, 메스티조들이 있었는데, 그 가운데서 노동자의 수는 약 25만 정도로 추측된다.[42]

16세기의 마지막 해에 백만 명 정도가 서반구의 유럽 경제에서 일하고 있었고, 그 가운데 절반이 자본주의적인 기업에서 생산 노동에 종사하고 있었다고 추측하는 것은 비합리적이지 않을 것이다. 이 숫자가 동 시대의 유럽 시원적 자본주의 노동력보다 더 많았을까?

어느 정도 추측에 근거했지만, 이 모든 것들은 아메리카 노동이 전체 노동에서 정말로 커다란 부분이었다는 결론을 내리는 방향으로 나가게 하는데, 여기에 세 가지 수치가 덧붙여져야만 한다. 아프리카 대륙 내부의 노예무역을 포함하는 노동,[43] 유럽경제와 결부된 혹은 유럽인들과의 무역을 위한 상품 생산에 종사하는 다른 유럽 외부 지역(상 토메, 테나테, 칼리컷, 등등), 그리고 유럽 외부 경제의 일부나 유럽 내부와 외부에서 유럽인 노동—선원, 병사, 하역인부, 점원, 십장 그리고 나머지들.

16세기 마지막에 이르자 유럽의 흥기가 시작되었다. 유럽으로 자본이 흘러들어옴에 따라, 식민지 기업의 다른 결과물들도 유럽 체제 혹은 지역으로 흘러들어옴에 따라, 이차적인 인과 관계가 나타났다. 농업의 확장과 변형, 시원적 매뉴팩처, 도시화 그리고 농촌 정착지와 상업 경제의 확장이 그러한 것들이었다. 후자들은 주의 깊게 관찰되었지만 주로 터널-역사적 틀 속에서 그러했다. 그 결과 16세기 유럽의 흥기는 전적으로 유럽적인 공간 체제 내에서 발생한 과정으로 나타났으며 전적으로(혹은 주로) 자생적인 힘에 의해 초래된 것으로 나타났다. 우리가 살펴 본 것처럼, 이것은 부적절한 그림이며 미완성 작품이다. 도시화는 발생했지만, 주로 유럽 외부 경제와 연결된 지역에서였다. 인플레이션 또한 (일정한 조건 속에서) 이 지역에서 대단히 극심했다.[44] 한편으로 그 경제에 밀 생산과 북대서양 어업과 같은 것들이 직간접적으로 자극을 받으면서, 16세기에 성장하고 있었던 유럽 경제의 일부들에서 해적과 선박건조와 같은 것들은 일부가 유럽 외부 경제와 직접적으로 연결되어 있었다.[45]

나는 다음과 같이 일반화하고자 한다. 시작하는 조건은 16세기가 시작될 무렵에—동 시대에 아시아와 아프리카의 많은 지역에서 그랬던 것처럼— 자본주의로 천천히 그러나 확실하게 변하고 있었던 것은 서부와 중부 유럽 경제이다. 아메리카의 정복과 유럽 바깥의 다른 사건들로 인해 경계적인 과정들과 충돌함에 따라, 주로 자본과 물질적 생산(그리고 물론 이와 결부된 노동)들로 구성된 과정들의 개입이라는 새로운 힘이 유럽으로 밀고 들어왔다. 그래서 이것들은 지속적으로 진화하는 경제적, 기술적, 인구적, 그리고 다른 여타의 변화와 교차했다. 유럽 외부 세계로부터의 직접적인 자극이 아니라 이미 진행 중에 있었던 변화의 결과로부터 많은 새로운 변화들이 나타났는데, 그러한 변화는 그 자체로 주로 유럽 바깥의 과정들이 낳은 결과였다. 유럽 내부의 변화는 아메리카, 아시아, 기타 지역에서 진행되는 과정들의 강화를 부채질했고 거꾸로 이것들은 유럽 내부의 더 많은 변화를 만들어 냈다.

우리는 이 모든 것에서 일정한 지리적 패턴을 볼 수 있다. 주요한 경제적 변화는 처음에는 유럽 바깥지역의 과정들에 참여하는 상업-해양 중심지에 가까운 곳에서 발생했다. 이 지역들은 유럽 외부 지역의 과정들에 참여하는 중심지들은 아니다. 분명히 1492년에 존재했던 중심지들 모두가 똑같이 그 과정에 참여했던 것은 아니었는데, 이베리아, 이탈리아, 그리고 플레미시 항구 도시들 일부가 주도권을 가졌다. 그러나 연결망은 충분히 단단해서 아우스부르크나 파리와 같은 특별한 경제적 성격을 지닌 내부 도시들처럼, 한자와 잉글랜드 항구들은 초기부터 이에 참여했다. 이 많은 중심지들로부터 발생했던 과정은 유럽 내부로 확산되었는데, 처음에는 밀과 같은 기초상품을 공급하던 지역으로—그 당시 발트해 밀 무역의 성장과 동부와 중부 유럽 일부의 장원에서의 밀 생산은 잘 알려져 있다— 그리고 나서 다른 지역으로 확산되었다. 주어진 시간대에 내부 유럽으로 지형을 따라 움직여 보면, 도시화와 상업 생산이 내려가는 수준이 광범위하고 비규칙적인 공간 패턴을 갖고 있음을 알 수 있다.

다른 과정들도 마찬가지로 진행 중이었고, 내가 여기서 지도에 그려놓은 지나치게 단순한 패턴 또한 그러했다. 일부 지역에서 인구

성장은 유럽 외부 지역의 사건들과 결부된 16세기 경제적 변동을 반영하지만 다른 지역에서는 그것은 14세기와 15세기 인구 감소로부터의 회복을 의미했다. 농민 봉기와 같은 다른 변화들은 후기 봉건경제의 일반 위기를 반영했는데, 16세기 가격과 지대의 상승(최소한 일부 지역에서)은 이러한 소요에 기여하는 하나의 요인이었다. 종교개혁과 관련해서, 나는 독립적인 원인이 아니라 16세기에 유럽에서 발생했던 경제적 변동들의 광범위한 결과라는 토니적Towneyan 전통을 따르고 있다.[46] 그러나 어떤 변화인가? 봉건제의 내적인 붕괴인가? 유럽 외부 세계로부터의 영향력인가? 둘 다인가? 아마도 16세기에 종교개혁의 공간적 확산은 주로 유럽 세력들 간의 문제를 반영한 것이지만,[47] 17세기 부르주아 혁명기에 오면, 유럽 외부 지역의 활동에 가장 깊이 개입되어있었던 지역들이 프로테스탄트의 중심지가 되는 경향이 있었다. 요약하면, 16세기 유럽의 변화에서 공간적 패턴은 어느 정도 아메리카 그리고 이차적으로 아프리카와 아시아와의 유럽의 통합을 반영하지만 그 패턴은 여전히 분명하지는 않다.

전체적으로 16세기의 변형과 근대화 과정은 대륙의 대부분에서 시간과 공간에 따라 다양하게 나타나며 너무나 복합적이다. 그러나 그럼에도 불구하고 일반화는 꽤 분명하다. 1492년 이후 유럽 외부적 요소들은 유럽에서 거대한 변화의 자극을 선도했는데, 그것들은 한편으로 유럽의 경제적 변화와 성장률의 증가를 낳았고 다른 한편으로 유럽에서(이 과정은 앞으로 논의될 것이다) 자본주의의 집중이 시작됨을 알렸다. 16세기 말 이 유럽 외부의 힘들은 (전산업적) 자본주의의 정치적 사회적 승리를 위한 기초를 놓았고, 1688년에 명예혁명이 발생했던 사실 그리고 이집트나 짐바브웨 혹은 인도나 중국이(혹은 어느 시점에서 이 모두가) 아니라 영국에서 발생했던 사실의 기초를 놓았다.

17세기 식민주의와 자본주의

17세기 중반 무렵, 유럽에서 변화가 빠른 속도로 그리고 엄청난 규모로 일어났으며 이 시기에 대한 내적이고 외적인 인과관계를 순서에 따라 배치하는 문제는 매우 복잡하다. 똑같은 시기에 장소와 강도 면에서 아메리카에서 그리고 아프리카와 아시아의 해안 주위에 공식적이거나 비공식적인 식민주의가 거대하게 팽창했으며, 이 유럽 바깥의 과정들에 대한 복잡성의 문제는 유럽 내부에서 발생했던 변화 속에서 식민주의의 역할(넓은 의미에서)을 판단하는데 도움을 줄지 모르는 다른 정보와 자본축적, 노동력에서의 숫자, 생산의 크기에 관한 양적인 자료 부족과 혼합되어 있다. 이러한 문제들은 너무나 복잡해서 여기서 만족할 만한 논의를 하지 못하게 한다. 나는 나의 작업을 차라리 이에 대한 스케치나 (독자가 원한다면 하나의) 모델을 만드는 것으로 한정하고자 한다.

17세기가 시작될 무렵, 네덜란드와 잉글랜드는 유럽에서 자본주의 발전의 중심부들(혹은 중심부)로 등장했다.[48] 비록 스페인은 이 세기 초반 유럽에 금과 상당한 양의 은을 지속적으로 공급했고 브라질의 포르투갈 플랜테이션과 아시아에서의 무역 활동으로 축적의 중요한 원천을 제공했지만, 1600년 이후 식민지 기업의 주요한 팽창은 네덜란드와 잉글랜드의 것이었다. 결정적인 구성요소는 서인도 플랜테이션 체제였는데, 그것은 1640년 이후 폭발적으로 확대되었다. (바베이도스 하나만 해도 이어지는 50년 동안 5만 명의 노예가 수입되었으며, 17세기 전체로 아메리카로 수입된 노예들의 수는 아마 2백만에 달했을 것이다.)[49] 우리가 네덜란드와 영국의 설탕 식민지들을 중심부 나라들 자체와 동일한 경제적 공간에 위치시켜 본다면, 가족농을 제쳐두면 설탕 플랜테이션 경제는 이 확장된 유럽 경제(혹은 흔히 대서양 경제라 불리지만)에서 단일한 가장 커다란 생산 부분으로 보이며, 그때까지 가장 커다란 가치를 생산하는 단일한 발생 인자로 보인다. (17세기 중반에 네덜란드 자본을 위해 부분적으로 생산하는 브라질의 플랜테이션은 서인도의 그것보다 훨씬 거대했다.) 못지않게 동반구에서 영국과 네덜란드의 기업들은 대단히 급속하게 사업을 확장하고 있었다. 동인도 회사는 1600년 무렵에 만들어졌고 1650년이 되면 네덜란드와 영국은 함께 아프리카 노예무역은 물론이고 아시아와의 대륙간 무역—불평등하고 어떤 의미에서는 반식민지적인 무역—의 대부분을 통제했다. 다른 한편 스페인 기업들은 아메리카에서 실질적인 축적을 양보하고 있었다('17세기 불황'이 있었던 없었던). 그리고 추가적인 축적에 대한 유럽 외적인 자원의 다양성을 무시해서는 안 된다. 북대서양에서의 거대한 어업, 북아메리카에서 유럽인 정착지의 시작과 자원 추출, 노예무역, 해적질, 시베리아의 러시아 기업들 그리고 더 많은 것들이 바로 그러한 것들이다.

핵심적인 질문은 이것이다. 유럽 내에서 자본주의의 흥기와 17세기 유럽의 흥기에서 식민지와 반식민지 기업들이 수행했던 역할은 얼마나 중심적인가? 내가 만들고자 하는 모델은 두 가지 요소를 포함한다. 첫 번째는 16세기 과정의 확장과 지속인데, 내가 주장한 것처럼, 그것은 완만하게 성장하고 있던 유럽경제가 1492년 이후 유럽 외부의 힘에 의한 급속한 발전으로 그 속도를 빠르게 했다는 것이다. 다음 세기 중반이 되면서 유럽의 부르주아들은 그들의 계급적 지위를 강화시켰고 (핵심적인 장소에서) 봉건 귀족들로 하여금 부르주아 기업들에 참여하도록 유혹했고[50] 아메리카로부터(그리고 이차적으로 아프리카와 아시아로부터) 자본이 유입된 결과, 유럽 바깥에 있는 시원적 자본주의 기업들을 파괴하기 시작했다.

이제 귀금속 축적과 별개로 1500-1650년 사이에 유럽 바깥의 기업들로부터 축적된 자본이 유럽에서, 나아가 훨씬 진보된 유럽의 지역들에서, 자본이 다소간 유동적인 경제 부분에서, 투자된 자본 총량의 적절한 몫에 도달하는 일이란 있을 법 하지 않았다. 그것이 한 일은 바로 결정적인 자본 증액이었다. 모든 곳에서 그것은 상인-기업가적 공동체로 하여금 제품, 노동 그리고 토지에 대해 더 높은 가격을 제시하였다. 모든 곳에서 그것은 사회적 필요를 넘어서서 축적할 것 같지 않은 집단, 새로운 모험에 이윤을 재투자할 것 같지 않은 집단인 전통적인 엘리트들과 자신들과 전혀 다른 계급과 공동체의 수중에 투자 자본을 쏟아 부었다. 요약하면 식민지 자본은 새로운 자본이었다. 그것이 없었다면 1492년 이전의 완만한 후기 중세 경제는 봉건제로부터 벗어나 자본주의로(혹은 자본주의와 유사한 그 무엇으로) 향하는데 있어 매우 더딘 진보를 계속했을 것이며 17세기 부르주아 혁명과 같은 것은 존재하지 않았을 것이다.

아마도 노동자-자본가 계급 관계의 집합물이라는 수준에서 볼 때, 자본주의의 핵심은 생산 능력을 확장하기 위한 이윤의 재투자이다. 자본주의적 기업들은 기술적으로 원시적이거나 진보적일 수 있지만, 늘 생존하기 위해 자본을 축적해야만 했다. 그것은 결코 균형 상태에 있지 않다. 이 점은 우리로 하여금 지속적인 성장을 그리고 16세기와 17세기에 급속한 성장을 허용하는 조건에 초점을 맞추게 한다. 이 성장은 중요한 방식으로 기술적인 변화를 수반하지 않았다. 생산 증가는 주로 더 많은 산출을 만들어내기 위해 더 많은 노동자들과 더 많은 생산 물질을 전통적인 생산 과정에 투입하는 문제였다. 유럽 외부 기업들과 다른 것들로 인해 확장을 위한 자본 투자가 가능했다는 주어진 사실 하에서, 17세기의 핵심적인 문제는 시장 혹은 수요를 갖고 있어야만 했다는 것이다. 자본가들은 자본에 접근하고 노동에 접근하고—생산 수준에서 대규모의 프롤레타리아화를 지배하는 것은 불필요했다— 그리고 (일부는 유럽에서, 일부는 식민지에서) 기초 자원에 접근했다. 당시 자본주의적 기업의 성장을 가장 심각하게 제한했던 것은 아마도 새로운 시장을 개척해야할 필요성이 없을 것이다. 더 많은 생산물을 팔기 위해 더 많은 것이 생산될 수 있었고 더 많은 자본이 창출되었다.

이 시장들 가운데, 일부는 봉건 경제 하에서 압도적이었던 방식으로 생산된 것들보다 더 싼 가격에 전통적인 생산품(설탕과 같은)을 팔 수 있었던 자본주의적 기업의 능력을 반영하였으며, 유럽 자체에 국한된 것이었지만 점차 대륙의 도시화와 상업화를 만들어내는 반응을 낳았고 이런 방식으로 자본주의의 흥기에 의해 촉발된 보다 새로운 생활방식 자체가 자본주의를 위한 보다 내적인 시장을 창출하였다. 그러나 17세기 시원적 자본주의 기업을 위한 주요한 시장의 성장은 그리고 자본주의의 흥기를 위한 주요한 자극은 체제 바깥에 존재했다. 이것은 동유럽과의 무역 사례를 통해 잘 알려져 있다. 아메리카, 아프리카 그리고 아시아에서의 시장 사례들도 알려져 있지만, 이들 유럽 바깥 시장들의 양적인 중요성은 충분히 평가되지 않았다. 잉글랜드 부르주아에게, 잉글랜드의 농업과 비농업 제품 그리고 외부로부터 재수출된 상품을 포함하여, 자본주의 기업의 주요 시장은 발틱의 비전통적인 시장과 더불어 아메리카, 아프리카, 그리고 아시아에 광범위하게 존재했다. 네덜란드로서는 유럽 바깥의 상업이 훨씬 중요했다. 이탈리아 공동체들은 계속해서 동지중해에 상당 정도로 의존하였다.

17세기에 지금地金의 공급자로서 그리고 다른 상품의 공급자로서 16세기 보다 훨씬 중요해진 유럽 바깥 세계의 결정적인 역할은 그에 더하여 자본주의적 생산품에 대한 수요—노예 플랜테이션과 같이 강제된 요구를 포함하여—의 팽창을 낳았는데, 그러한 수요는 자본주의적 기업의 생산 능력과 생산물이 믿을 수 없이 빠른 비율로 성장을 지속할 수 있을 정도로 충분히 컸다. 이러한 생산물의 성장은 자본주의의 흥기에서 두 개의 핵심적인 17세기 동력 가운데 하나였다. 두 번째 동력은, 정치적 승리 그 자체, 즉 부르주아 혁명이었다. 이것은 부르주아에게 축적 요구에서 사회 구조를 갈라놓는 위한 법적 그리고 정치적 권리를 제공했다. 새롭게 축적하는 엘리트들이 염두에 둔 거의 모든 전략을 정부가 지지함에 따라, 강제된 프롤레타리아화가 가능해졌다. 이로써 산업혁명, 산출물이 훨씬 거대한 비율로 증대될 수 있는 생산 방법의 변형이 불가피했다.

자본의 집중

'자본주의의 흥기'라는 어구는 흔히 공장, 증기 엔진, 대규모의 임금 노동자, 석탄 먼지에 찌든 더러운 도시와 같은 이미지를 떠올리게 한다. 산업 자본주의가 그것이다. 우리의 논의는 산업 자본주의—산업혁명—의 흥기를 다루는 것이 아니라 그 기념비적 사건의 선구자를 다루고 있다. 먼저 이 선구자들의 일부를 검토할 필요가 있다.

1492년 이전에 산업 자본주의의 점진적인 흥기에 있어서 결정적인 대부분의 전제조건들은 유럽의 일부에서 뿐만 아니라 아시아와 아프리카의 일부에서도 출현했다. 1492년 이후, 16세기와 17세기에 유럽은 세 가지 추가적인 전제조건들을 획득했다. 하나는 아메리카의 플랜테이션과 광산으로부터 그리고 아시아와 아프리카의 무역으로부터 상당한 부의 축적이 있었다. 첫째와 밀접하게 연결된 것으로 둘째는 서유럽에서 생산되었거나 수입된 다음 재수출된 생산품에 대해 서유럽 외부 시장이 엄청나게 확장되었다는 것이다. 즉 거대하고 끊임없이 성장하는 수요가 그것이다. 셋째, 무엇보다 가장 주요한 것으로서, 다른 곳에서는 아주 작은 지형을 제외하면 발생하지 않았지만, 서유럽에서는 자본주의와 결부된 사회 부분들이 커다란 정치적 권력을 갖게 되었다는 것이다. 부르주아 혁명은 출현하는 자본가

계급 공동체로 하여금 흥기를 향해 국가권력을 동원하도록 허락했고 그리하여 전체 사회가 식민지 모험에 동의하도록 했고 도시와 길과 같은 기본 시설을 준비하도록 했다. 국가의 경찰과 군대는 사람들로 하여금 토지에서 쫓겨나 임금노동자가 되게 강제하도록 그리고 모험 가득한 해외 전쟁을 위해 사람들과 자원들을 징집하도록 동원될 수 있었다. 이 전조들 셋은 모두, 내가 주장한 것처럼, 식민지로 인해 출현했다―즉 그것이 없었으면 출현하지 못했을 것이다.

역사가들은 산업혁명의 인과관계에 관해 극심한 논쟁에 빠져있다. 후보 원인들 혹은 '사실'들 대부분은 2장에서 우리가 논의했고 거부하고자 했던 '유럽의 기적' 범주 내에 속해 있는 이론들이다. 예를 들어 유럽 경제와 정치 체제의 일반적인 중세적 근대화, 중세 기술혁명, 중세와 이후 시대의 '합리성' 같은 것들에 관한 전제들은 산업혁명의 뒤늦은 출현에 대한 공통적인 설명으로 구축된다. 바라건대 우리는 이 모든 과정들이 유럽 내부뿐만 아니라 외부에서도 작동되고 있음을, 그래서 이것들이 유럽에서만 발생했던 사건의 인과로서 편입될 수 없음을 보여주었으면 한다.

사건의 결말과 날짜가 극도로 중요한 곳에서 이것은 문제적인 것이다. 산업혁명이란 개념은 보통 두 개의 보다 특정한 변형과 묶여져 있다. 증기력의 발전과 산업 생산에서 일반적으로 새로운 기술 그리고 임금노동의 발전이 그것이다. 그러나 시점이 잘못되었다. 산업혁명의 기술적인 부분은 이 과정에서 매우 늦게 중요해졌는데, 너무나 늦은 나머지 혁명 자체를 설명할 수가 없을 정도이다. 유럽의 매뉴팩처에서 기술적 진보가 1492년부터 1750년에 이르는 시기에 발생했다는 것은 확실하지만, 그러나 우리가 본 것처럼, 이 기술 가운데 유럽에만 독특한 것은 거의 없으며 가장 결정적으로 매뉴팩처 생산을 증대시키는데 그리고 그 생산에서 노동의 효율성을 증대시키는데 점차 중요하게 된 기술적 진보는 훨씬 뒤에야 발생했다. 그것은 18세기 후반에, 훨씬 풍부하게는 19세기에 와서야 그러했다. 농업에서 주요한 기술적 진보는 쇠퇴하는 농업 노동이라는 환경 속에서 단위 면적당 생산성을 증가시키는 문제였지만, 이 과정에 포함되어있는 핵심적인 기술적 변화의 모든 것은 전통적이었고 유럽 바깥에도 알려져 있던 것들이었다. (다수 학자들은 순무와 같은 새로운 작물들에 상당한 비중을 두지만 그러한 문제는 자본 사용의 증대와 구매된 투입 영양소들과 같은 것들과 비교해 볼 때, 아주 사소한 문제일 뿐이다―그보다 훨씬 이전에 도입된 감자를 제쳐두면 말이다. 서유럽에서 농부들이 어떻게 노동 투입을 줄이면서 생산을 증대시킬지를 학습했다는 사실은 농업의 역사와 지리학에서 결코 새로운 것이 아니다. 그리하여 17세기와 18세기의 농업 혁명은 산업화와 도시화 과정의 원인이 아니라 결과로 간주될 수 있다.) 따라서 우리가 앞서 논의한 것처럼, 산업혁명의 기술적 측면은 대단히 완만한 변형을 거쳤고, 반구적 규모에서는 일차적인 원인이 될 지도 모르겠지만, 유럽에서는 일차적인 원인이 아니었다. 그것은 매우 늦게 나타났다.

매뉴팩처 생산에서 자본에 의한 대량의 임금노동의 발전이 산업혁명의 일차적 원인이었다는 주장에 대한 대응으로 이와 유사한 주장이 제기 될 수 있다. 앞의 주장은 일반적으로 마르크스의 『자본』에서 제기된 주장 가운데 하나를 엄격한 구성물로 간주하는 마르크스주의 경제학자들에 의해 제기된 것이다. (상대적으로) 자유로운 노동시장인 임금 노동에 기초하지 않고서 완전히 성숙한 산업 자본주의를 가질 수 없다는 것은 논쟁의 여지가 없다. 자유로운 노동 시장에서 노동자들은 고용주를 바꿀 수 있다. 그러나 이러한 조건은 18세기 후반 이전에는 존재하지 않았다. 임금 노동은 압도적이었지만 거의 매뉴팩처에 고용되었으며, 고용 장소와 관련하여 노동자들이 정말로 자신들이 선택할 수 있는 자유노동 시장을 대면했던 적은 거의 없었다. 이러한 것들은 산업혁명 이후에 등장하여 작동했던 산업 자본주의의 모습이었다.

산업혁명의 원인에 대한 모든 이론들은 어떤 의미에서는 그리고 어느 정도로는 확산론적인데, 그것들은 산업혁명의 과정들을 유럽 역사와 사회내부에서 내적인 진화로 간주하였다. 2장에서 우리가 언급한 것처럼 반확산론, 반유럽중심적 역사이론의 틀은 지난 50년 남짓한 시기에 발전해왔으며 이론의 틀은 주로 유럽 바깥 세계의 학자들에 의해 발전되어왔다. 산업혁명의 기원에 대한 논쟁에서 그랬던 것처럼, 역사적 논의의 다른 장에서도, 이 출현하고 있는 비판적 학파들은 커다란 영향을 주었다.

유럽에서 산업혁명의 발전은 많은 방식에서 식민지 과정에 종속되어있다는 명제는 18세기와 19세기 초반에 널리 받아들여졌다.[51] 이 명제는 나중에 유럽이 신보의 자율적인 원천이었다는 지도적인 전제를 수반한 확산론적 이데올로기의 성장으로 인해 유럽 역사가들이 그리 선호하지 않게 되었다.[52] 그것은 1930년대와 40년대에 다수의 식민지 학자들에 의해 억지로 발전하게 되었다. 이해할 만하지만, 고도로 발전한 인도 면직물 산업은 영국의 산업에 특히 염색분야에 새로운 기술을 제공했으며, 18세기 후반과 19세기에 영국 산업을 발전시키기 위해 영국에 의해 강제적으로 억압되었다—일부 인도 학자들이 '인도의 탈산업화'라고 불렀던 과정—는 사실을 주장했던 학자들은 바로 인도 학자들이었다.[53] (면직물 산업은 초기 산업 혁명에서 주도적인 부분이었다.) 또한 1930년대에 서인도 학자들은, 대표적으로 제임스C.L.R. James와 에릭 윌리엄스Eric Williams가 있는데, 노예 노동에 기초한 산업과 노예무역은 영국과 프랑스 산업화에서 결정적인 원동력이었다는 명제를 발전시키기 시작했다. 이 주장은 이제 카리브해의 학자들과—그것은 때로 너무나 협소하게 '카리브 역사학파'로 불린다— 다수가 아프리카계 미국인 그리고 아프리카 학자들로 구성된 다른 학자들 양자에 의해 널리 주장되는 광범위한 이론으로 발전하게 되었다. 이 이론은 대단히 중요한데, 이를 지지하는 사람들 일부의 부차적인 반대를 무시하고, 그것을 간단하게 요약하겠다.

제임스C.L.R. James와 에릭 윌리엄스Eric Williams에 의해 최초로 발전된, 가장 기본적이고 일반적인 주장은, 17세기와 18세기에 서인도제도의 노예 노동에 기초한 플랜테이션 제도는 산업 체계의 고도로 발전된 형태이며 당시 존재했던 것들 가운데서 가장 진보적인 형태였다는 것이다. 그들은 그리고 이후 똑같은 학문적 전통을 지닌 연구자들은, 플랜테이션 제도가 대단히 무거운 자본화, 복합적인 기업 조직, 진보적인 산업 기술(공장, 럼 매뉴팩처, 수송 등), 농장은 물론이고 설탕 공장에서의 거대한 노동력, 노예는 물론이고 자유노동자들과 자문가들의 상당한 노동력, 그리고 가장 중요하게는 거대한 이윤—플랜테이션과 그것의 생산에서의 이윤뿐만 아니라 노예무역과 윌리엄스가 '삼각 무역'이라 불렀던 많은 부수적인 구성물로부터의 이윤—을 포함하고 있음을 보여주었다.[54] (제임스는 아이티 혁명에 관한 그의 고전적 역사책인 『검은 자코뱅』에서 '노예무역과 노예들은 프랑스 혁명의 경제적 기초였다……18세기 프랑스에서 발전된 거의 모든 산업들은 기니 해안이나 아메리카 둘 중에 하나로 팔려갈 상품이나 제품에서 그 기원을 갖는다'[55]고 말했다.) 나는 이 주장을 보다 일반적인 명제로 확장하고자 한다. 유럽이 17세기와 18세기에 통제하고 있었던 경제적 공간 전체 내부에서 전체적인 체제로서의 산업 생산의 전진이 충분히 발전하여 노동력이 생활임금을 받을 수 있게 되었을 때까지, 임금이 노동 계급의 재생산과 생존을 허락했을 때까지, 그리고 체제가 집중화되어 유럽에 그것이 수입될 수 있었을 때까지, 유럽인들은 주로 노예노동을 이용한 플랜테이션 제도에서 자본주의적 산업—대규모의, 조직화된, 반半기계화된— 생산 체제를 가장 높은 수준으로 발전시킬 가능성을 발견했다.[56] 다른 방식으로 언급하자면, 산업혁명의 가장 초기 국면에서 생산물이 이윤을 남길 수 있기 위해서는, 너무나 조야하고, 저발전되고, 사실상 야만적인 상태에서, 자유노동은 허용될 수 없었다. 따라서 생산을 위해서는 포획되고 강제된 노예 노동이 필수적인 것이었는데, 달리 말하면, (인도에서처럼) 다른 곳에서 식민 지배는 매우 낮은 가격에 상품을 만들어내는 것을 강제하기 위해 반드시 필요했던 것이다.

제임스나 윌리엄스는 모두 이 복잡체로부터의 이윤은 산업혁명의 초기 단계에서 요구되는 자본의 상당 부분을, 아마도 대부분을, 제공하는데 결정적이었다고 주장한다. 윌리엄스의 저서 『자본주의와 노예제』는 이 명제에 대한 고전적인 언급과 주장을 제공하고 있다. 그는 아주 자세하게 노예무역, 노예 플랜테이션, 그리고 부수적인 경제적 부분으로부터 어떻게 이윤이 잉글랜드로 흘러들어 왔는지 나아가 산업혁명과 그것의 기반시설(운하, 항구 등)에 연료를 공급했던 투자의 형태로 흘러들어 왔는지를 보여주었다. 학자들 가운데 대부분의 주류(유럽) 집단들은 이 이론적인 입장을 거부해왔다. 그들이 취하는 일반적인 관점은 산업 혁명은 거의 전적으로 유럽 내부의 현상이었고 노예무역, 노예 플랜테이션, 이것으로부터의 이윤과 같은 문제들은 그저 시시콜콜하거나 각주로 처리되어야만 한다는 것이다.[57] 정기적으로 이 이론을 거부하려는 시도가 있었지만, 정말로 경험적인 비판을 받아야 할 부분은 다만 부분적이고 제한된 부분일 뿐이며 결정적인 부분은 거의 없다. 앵거만Engerman과 다른 사람들은, 만약 신고전주의적 경제학의 다양한 가정들이 18세기 영국 경제에 대해 적용된다면 그리고 아메리카로 실려 온 노예숫자에 대해 전통적으로 낮은 통계가 사용된다면, 노예무역은 많은 이윤을 발생시키지 못한 것처럼 보일 것임을 드러내고자 했다. 그러나 사실 노예무역 자체는 윌리엄스와 다른 사람들이 관찰했던 전체적인 복합체의 일부일 뿐이었다. 산업 제도로서 플랜테이션은 대량 상품을 만들어내는데 사용되도록 노동이 투입되는 장소였기 때문에 그들이 주목하는 중심에 훨씬 가까웠다. 이니코리Inikori와 다른 사람들은 아메리카로 운송된 노예의 숫자가 저평가되어왔음을 보여주었다. 마지막으로 신고전주의적 가정들(그것들 가운데서 산업 혁명과 그 요인 그리고 생산 시장이 이미 성숙했고 18세기 산업에서 '정상적인' 이윤이 있었다는 주장)은 많은 의문을 받고 있다.

비판의 다른 조류는 일부 마르크스주의자들로부터 왔는데, 그들 가운데는 브레너와 라클라우가 있다. 그들은 방금 논의했던 전통적인 역사학파의 유럽중심적-확산론적 관점을 공유하고 있다.[58] 그들의 전제는 두 개의 주장에 입각하는 경향이 있는데, 그것들 가운데서 하나는 독단적이며 다른 하나는 오류이다. 첫째, 그들은 비자유 노동은 정의상 자본주의의 일부로 간주될 수 없다고 주장한다. 이에 대해서 마르크스가 묘사한 것처럼 성숙한 경쟁적인 자본주의의 시기인 19세기 중반의 기준으로 17세기와 18세기 노동 제도를 판단하려는 시도가 오류임을 보여주고자 했던 제임스가 이미 대답을 제시한 바 있다. 그보다 훨씬 효과적인 대답은 대안적인 생산 환경 하에서 자본주의가 대안적인 노동 제도를 사용하며 강제된 노동은 이러한 대안적인 제도 가운데 하나임을 보여준 임마뉴엘 월러스틴에 의해 제시되었다.[59] 둘째, 마르크스주의적 비판은 유럽 바깥에서 발생한 그리고 유럽에 상품과 자본의 수입을 포함하는 과정들은 '생산'이라기보다는 '교환'이라고 명명되어야 하며 따라서 산업 발전 혹은 자본주의에 결정적인 것으로 간주되어서는 안된다고 주장한다. 이 명제는 잘못된 것이다. 노예 플랜테이션에 입각한 생산도 버밍엄 바늘 공장에서 생산한 것과 마찬가지로 생산인 것이다.

베일리Baily, 버클즈Beckles, 다리티Darity, 민츠Mintz, 세리던Sheridan, 솔로우Solow, 로빈슨Robinson, 로드니Rodney, 그리고 (지구적 규모에서) 아민Amin, 월러스틴Wallerstein, 프랑크Frank와 같은 학자들은 최근, 내

식민주의자의 세계 모델

가 여기서 제시했던 비판적인 이론을 강력하게 지지해왔다.[60] 전통적인 역사가들은 그것을 '윌리엄 명제'라고 딱지 붙인다. 나의 초점은 이 '명제'가 훨씬 더 큰 무엇이라는 것이다. 그것은 산업 혁명에서 식민주의가 수행한 역할에 대해 적절한 주목을 하고 있는 이론의 현 상태이다.

논쟁에서 다른 하나의 초점은 수요의 중요성에 대한 고려이다. 모든 집단은 집단적으로 산업혁명을 이끈 결정, 생산 능력을 증대시키기로 한 결정은 생산된 추가적인 상품이 팔릴 수 있는가라는 판단 근거 위에서 만들어졌다는데 동의한다. 전통적인 역사가들은 보통 수요의 증대를 유럽 근대화 과정의 자연적인 산물로 취급한다.[61] 비판적인 역사가들은 오히려 수요의 수준을 증대시키기 위해 그 자체로 식민주의가 요구되고 그리하여 산업가들이 생산 능력을 증대시키고자 노력한다고 주장한다. 그러한 노력이란 진정으로 혁명이 진행되는 것, 강력한 새로운 생산 기술의 사용을 포함하는 것이다. 비판적인 역사가들은 거대한 양의 수요가 노예무역, 플랜테이션(식량, 의복, 기계, 배 등등), 그리고 18세기와 그 이후에 유럽의 상품들이 움직여갔던 무역 영역의 전체적인 확장으로 창출되었다는 것을 보여주었다. 나는 다음과 같이 이 사례를 일반화시키고자 한다. 유럽인들이 식민지에서 창출할 수 있었던 거대한 수요가 없었다면 산업 혁명은 존재하지 않았을 것이며 산업혁명을 견인한 것은 다른 어떤 것들보다도 바로 이 요인이었다는 것이다.

자본주의는 세계적 규모의 과정으로 즉 세계체제로서 발생했다. 자본주의는 유럽에 집중되었는데 왜냐하면 식민주의가 유럽인들에게 자신들의 사회를 발전시키고 다른 곳에서 발생하는 발전을 막을 수 있는 힘을 주었기 때문이었다. 근대세계를 설명할 수 있는 것은 바로 이 발전과 저발전의 동학인 것이다.

이 장에서 그리고 앞선 두 장에서 나는 경험적인 증거와 더불어

'유럽의 기적'이 존재하지 않았음을 보여주고자 노력했다. 1492년 이전, 아프리카, 아시아 그리고 유럽은 공평하게 자본주의의 흥기를 나눠가졌다. 그 시점 이후부터 유럽이 앞서 나갔다. 이 장에서 내가 보여주고자 했던 것처럼, 이는 아메리카에 가까운 유럽의 위치와 아메리카에서 그리고 이후에는 아시아와 아프리카에서 유럽인이 획득했던 거대한 부 때문에 가능했다—유럽인들이 더 똑똑하거나 용감해서 혹은 비유럽인들보다 더 나아가서 혹은 더 근대적, 더 진보적, 더 발전적, 더 합리적이어서 그랬던 것이 아니었다. 이것들은 유럽중심적 확산주의의 신화이며 망각되어야할 것들이다.

식민주의자의 세계 모델

Chapter 5

결론 Conclusion

The Colonizer's Model of the World

이 책은 두 가지 기본적인 주제 혹은 주장을 제시하고 있다. 첫째, 1장에서 나는 관념의 실체로서 유럽중심적 확산론이 무엇인지를 설명하고자 했고 이 이론—초이론 혹은 세계 모델—이 어떻게 1세기 전에 유럽의 학문적인 사고를 지배하게 되었고 왜 오늘날에도 여전히 상당한 정도로 그런지를 보여주고자 했다. 그리고 둘째, 2장에서 4장까지 나는 확산론의 단일한 가장 중요한 부분인 유럽의 역사적 우월성 혹은 우수성에 관한 이론, '유럽의 기적'에 관한 이론을 주의 깊게 검토하였고 그것을 거부하고자 했다.

확산론은 내가 이 책에서 할 수 있었던 것보다 더 전면적으로 분석될 필요가 있다. 오늘날 많은 확산론적 이론들과 프로그램들은 여기서 미처 언급되지 않은 많은 사상과 행동 분야에 중요한 그리고 불행한 영향을 미쳤다. 다른 저작에서 나는 민족문제 혹은 민족주의에 관한 이론과 실천에[1] 그리고 농민 농업의 발전에 대한 이론과 실천에 관한 이론에[2] 미친 확산론의 영향을 검토한 적이 있다. 다른 저자들도 물론 확산론의 많은 측면들과 확산론에 의해 야기된 문제들을 검토했다.[3] 그러나 전체적으로 확산론에 대한 비판은 이제 막 시작되었을 뿐이다.

비판은 많은 학문 분야와 실천을 포괄하는 것이어야만 할 것이다. 여기 비판되어야 할—이 점을 분명히 해야 하겠다— 네 가지 사례가 있다.

1. 철학적 이원론, 데카르트로부터 칸트 그리고 신칸트학파에 이르기까지의 유럽적 사고에서 발전해온 형이상학과 존재론적 교의의 실체는 부분적으로 내부와 외부의 이원론에 관한 투사로서 존재한다. 이성은 내부적이다. 단순한 물질, 단순한 오성은 외부적—비유럽 세계와 그 거주자들의 비합리적 지적상태—이다.

2. 소위 빅뱅이론, 모든 것이 하나의 시-공간에서 시작되었고 그 지점이 바로 여기라는 이론은 가장 커다란 화폭 위에 그려진 확산론인 것처럼 보인다. 빅뱅 우주발생론은 경험적 증거에 의해서라기보다는 전체적인 관념이 '합리적'이라는 예감에 의해 강화되는 것처럼 보인다—(우리가 1장에서 언급한 것처럼) 문화가 그것의 편견을 과학에다 투사시킴으로써 내려지는 핵심적인 판단.[4]

3. 아프리카로부터 에이즈가 확산되었다는 이론은 이론들의 역사적 고리를 생각나게 하는 바, 각각의 이론들은 일부 역병을 비유럽으로부터 유럽으로의 역확산으로 설명하고 있다. (우리는 이 문제가 가진 여러 측면들을 1장과 2장에서 논의했다.) 『AIDS, 아프리카와 인종주의』라는 제목의 최근 저작은 아프리카로부터 발생한 에이즈라는 교의는 인류 질병의 확산론적 관점의 새로운 육화일 따름이라는 중요한 증거를 제시하고 있다.[5] 만일 사태가 그러하다면 HIV-레트로바이러스가 발생시키는 질병의 인과성 문제는 다시 생각해 봐야만 할 것이다. 아프리카의 외부에서 발견되는 형태들은 아프리카 내부에서 발견되는 그것들보다 설명이나 치유에 더 적합할지도 모르겠다.

4. 산업 혁명이 시작된 이래 경제사에 관한 그리고 오늘날 경제적 발전에 관한 많은 이론들은 확산론에 흠뻑 젖어있는 것 같다. 산업 혁명은 유럽으로부터 비유럽으로, 외적으로 확산되지 않았다. 산업화는 유럽은 물론이고 비유럽에 기원을 갖고 있으며(우리는 이 문제를 4장에서 논의했다), 산업화가 비유럽 세계로 확산되어간다는 관념은 대부분 잘못된 생각이다. 제3세계에서 **마퀼라도라** 형식으로 조립된 플랜트 활동의 확산은 진정한 산업화가 아니며, 세계적 규모의 생산 체제와 같은 종류이다. 외부는 값싼 노동력을 제공하고 내부는 원재료와 소비의 대부분을 제공하며 영구적인 기반시설은 물론이고 거의 모든 이윤을 저장한다. 일본의 산업화는 오래전에 시작되었고 확산의 효과가 아니었다.[6] 한국의 산업화와 최근 하나 혹은 둘 정도의 아시아 소국가들의 산업화는 다른 곳에서는 모방될 수 없다.[7] 따라서 산업화의 확산은 단순한 그리고 자연스런 확산 과정이 아니라 정치적 의제인 것이다. 그리고 그 아젠다야말로 학문적인 탐구의 대상이다.

이 책에는 어떤 분명한 결론이 없다. 이 책 자체는 다만 하나의 서론, 연구를 위한 서론, 마음의 심각한 질병의 진단과 처방에 관한 서론인 것이다.

Chapter 1. 내부와 외부의 역사 History Inside Out

1) 이 책에서 언급하는 '유럽'이라는 단어는 유럽 대륙과 유럽 문화에 의해 지배되었던 지역들, 예를 들어 미국과 캐나다를 포함한다.
2) 물론 약 150년 남짓한 세계사 교과서의 역사에 대한 이 짧은 개관은 대단히 개략적이고 인상일 뿐이다. 여기에 대해 좀 더 언급할 필요가 있겠다. 1850년 무렵(10년 정도를 더하거나 뺀)의 첫 번째 시기의 교과서에서, 인간의 고향은 흔히 에덴의 정원이라 언급되었고 그것은 서로 다른 교과서 저자들에 의해 서아시아의 서로 다른 부분에 위치하는 것으로 나타난다.

예를 들어 가나안의 동쪽과 메소포타미아에 가까운 어디(Robbins, *The World Displayed in its History and Geography*, 1882, p.13.), 카스피해와 카슈미르(Kashmir) 혹은 티베트 사이의 '건강한' 산맥 어디(Müller, *The History of the World to 1783*, 1842, pp.27, 43-44), 아마도 지중해에 가까운 경계 지역(Tytler, *Universal history, From the Creation to the beginning of the Eighteenth Century*, vol.1, 1844, p.17), 카슈미르 골짜기(Willard, *Universal History in Perspective*, 1845, p.34), 코카서스 산맥과 히말라야 산맥 사이의 어디(Keightley, *Outlines of History*, 1849), 히말라야(Weber, *Outlines of Universal History*, 1853, p.6), 아르메니아(Collier, *Outlines of General History*, 1868) 등이다.

코카서스 산맥 가까운 중간 지점 어딘가에 에덴과 같은 지역이 있는데, 그곳은 결코 우연의 일치가 아니라, '코카서스 인종'의 기원적 장소로 상정된 곳이다. 물론, 아르메니아(마찬가지로 대략 코카서스 지역 근처)에서 노아는 아라랏(Ararat) 산에서 홍수 이후의 역사를 시작했다. 이후 노아는 유럽으로 (Whelpley, *A Compound of History, From the Earliest Times*, vol.1, 1844, p.10) 혹은 메소포타미아(Robbins, 1832, p.20)로, 혹은 팔레스타인으로 혹은 다른 성서의 땅 어딘가로 이주했다고 추측된다. 그런 다음 노아의 세 아들은 흩어져 인류의 세 집단을 기초했다고 추측된다. 이것은 최초의 확산 과정이었다. 당시 대부분의 역사 교과서들은 문명의 중심이 서쪽으로 이동하는 경향이 있다고 했다. 일부 교과서들은 역사가 해를 따라 가장 서쪽에 위치한 미국이 세계 문명의 다음 중심지로서 유럽을 대체할 것이라는 함의 속에 불가역하게 서쪽으로 진행한다는 헤겔적 관념을 드러내고 있다.

당시 비백인 비백인非白人들은 진정한, 그리고 완전한 인간이 아니라는 점이 널리 믿어졌다. 이 이론의 한 판본인 '다원발생설(polygenesis)'이라는 관념은 신이 에덴의 정원에서 진정한 인간을 창조했고 다른 인종들—혹은 최소한 '흑인종'—은 다른 시간과 장소에서 창조했다고 주장했다. 이 이론은 구약의 표준적인 해석(즉 모든 사람이 아담과 이브의 후손이라는)에 의문을 제기하고 있으며, 따라서 그리 놀랍지도 않지만, 내가 참조한 교과서들에서는 구약을 진실이라 말하지 않고 있다(그러나 나는 전쟁 전 남부에서 사용된 교과서는 참조하지 않았다. 다원발생설은 인간이 아니라 물건으로서 흑인들을 취급하는 데 대한 이데올로기적 기반으로 사용되었으며, 주로 노예 보유 지역에서 대단한 인기를 끌었다). 하지만 다원발생설은 대단히 중요해서 언급될 만한 충분한 이유가 있음에도 불구하고 그 세기가 끝날 때까지—모든 인간이 아담과 이브의 후손이라는 관점에 우호적인— 일부 교과서에서는 거부되었다(예를 들어 Dew, *A Digest of the Laws, Customs, Manners, and Institutions of the Ancient and Modern Nations*, 1853; Fisher, *Outlines of Universal History*, 1885; Duruy and Grosvenor, *A General History of the World*, 1901을 참조할 것). 그러나 굳이 다원발생설이 필요했던 것은 아니었다. 비백인들이 백인들보다 열등하다는 믿음은 이러저러한 방식으로 내가 검토한 모든 교과서에서 주장되고 있었다.

'퇴보(degeneration)'이론은 다원발생설과 똑같이 사용되고 있었다. 함의 후예들, 그리고 다른 성서상의 인간들은 성서의 땅으로부터 남쪽과 동쪽으로 멀리 이동했는데, 그들은 그리스도를 받아들이지 않았기 때문에, 혹은 열등한 환경으로 이주해 갔기 때문에, 혹은 다른 여러 가지 이유로 인해, 문명으로부터 야만으로 퇴보했거나 혹은 흔히 그들이 그렇게 했던 것처럼 보다 더 타락했다(예를 들어 Keightley, 1849, 5-6을 볼 것: '야만은 문명 생활로부터의 퇴보이다,' 그리고 아프리카인들은 원숭이에 가깝다). 퇴보론은 일부 교과서에 실려 있는데, 백인들의 우월성은 언급만 되어 있을 뿐 설명되지는 않고 있다.

세계 역사는 일반적으로 백인종의 역사 혹은 셈족과 아리아인의 역사이다 (아래를 볼 것). 로마시대 이후 얼마동안 십자군과 식민제국의 건설과 같은 것들에 관한 논의에 등장하는 배경들을 제외하면, 비유럽인들은 거의 거론되지 않았다(Harris, *The Rise of Anthropological Theory*, 1968을 볼 것, 여기에는 다원발생설와 퇴보론에 관한 훌륭한 논의가 실려 있다).

약 1900년(수년의 오차는 있다) 무렵의 거의 모든 교과서들은 지구의 나

이와 생물학적 진화의 사실에 관한 새로운 과학 이론을 받아들였다(비록 다윈의 진화론은 아니었지만). 비록 공식적으로 표준적인 구약성서의 연대기를 받아들이는 숫자는 많이 줄어들었지만, 인류 역사의 성서적인 설명은 여전히 많은 교과서에 그대로 남아있었다(예를 들어 모든 것이 기원 전 4004년에 시작되었다는 등의 설명). 이 시기의 책들은 소위 '아리아인 이론', 즉 철학으로부터 도출되어 문화사의 이론으로 확장된 이론을 드러내는 경향이 있었다. 초기 철학자들은 '아리아인' 혹은 '인도유럽'어족 그리고 '셈'족을 동일시했다(교과서 집필자들을 포함한 많은 저자들이 이들을 노아의 아들 야벳과 셈과 동일시한다).

백인종들은 이 두 인종들로 구성되어 있다. 아리아인의 한 분파는 서쪽으로 이주하여 유럽으로 들어갔는데(코카서스의 남서쪽 혹은 북서쪽의 어느 곳인 '아리아의 고향'으로 가정되는 곳으로부터), 이들은 애초에 진보적이고 정열이 넘치는 인종들이었고 최초의 야만적 문명과 일신교를 발명했지만 그런 다음에는 정체되어 망상적이고, 세기말적이고, 야심적이지 못한 문화로 빠져들었고 그 이후로 진보적 문명이기를 그친 셈족으로부터 기독교를 받아들여, 유럽 문명을 정초했다. 이 둘을 제외하면 다른 어떤 문화도 역사와 그다지 관련이 없다(Freeman, *General Sketch of History*, 1872, p.2에 따르면 '가장 탁월하고 진정한 의미에서의' 역사는 유럽의 아리아 민족의 역사이다: Collier, 1868; Swinton, *Outlines of the World's History*, 1874; Gilman, *First Steps in General History*, 1874; Anderson, *New Manual of General History*, 1882; Steele and Steele, *A Brief History of Ancient, Medieval, and Modern Peoples*, 1883; Fisher, 1896; Quackenbos, *Illustrated School History of the World*, 1889; Thalheimer, *Outline of General History for the Use of Schools*, 1883; Sanderson, *History of the World from the Earliest Time to the Year*, 1898; Duruy and Grosvenor, 1901. Ploetz 와 Tillinghast는 이 이론을 Ploetz and Tillinghast, *Epitome of Ancient, Medieval, and Modern History*, first published in 1883에서 제시했는데 1925년에 이르기까지 많은 교과서 판본에서 사용되었다가 H. E. Barnes가 편집한 판본에서 최종적으로 사라졌다). 또 아리아인 이론에 관한 시사적인 논의와 유럽적 사고의 역사에서 관련된 주제에 대해서는 Bernal, *Black Athena*(1987, 1991)을 볼 것.

구약의 농업에 관한 언급—카인은 농사를 알았고 아브라함은 가축을 키웠다는—으로 인해 역사 교과서들은, 과학이 이 문제를 다루기 시작했을 무렵인 19세기 후반까지도, 농업이 발명된 장소에 관한 문제를 언급하지 않는 경향이 있었다. 일부 과학자들과 일부 교과서 저자들은 하나의 가능성으로, 농업이 서아시아와 이집트에서와 마찬가지로 유럽 대륙에서도 오래되었다고 추측하기 시작했다(과학적 관점으로는 Joly, *Man Before Metals*, 1897을 볼 것). 비록 현재는 (대부분의 사람들이) 기원적인 창조의 가공물이 발명된 것으로 간주되고 있지만, 그러나 농업이 성서의 땅에서 시작되었다는 관념은 여전히 지배적으로 남아있다. 일부 부족 사람들(예를 들어 오스트레일리아에서)이 농업을 영위하지 않았다는 인종지적 사실은 19세기 초반 교과서에서는 보통 퇴화 이론이라는 측면에서 설명되었다. 그들의 조상은 무엇인가 예술을 상실하고 있었다. 그 세기의 후반에 오면 농업이 서부 아시아인 혹은 (상상할 수 있지만) 유럽인들에 의해 발명되어졌고 그런 다음 나머지 세계로 뻗어져 나갔다는, 근대에서 그것을 영위하지 못했던 문화들은 그들의 고립 때문에 혹은 그들이 그것을 받아들이기에는 너무 멍청했기 때문에 그것을 획득하지 못했다는, 확산론적 관념이 더욱 많이 사용되었다.

오리엔트 특급은 서유럽과 서아시아 사이를 달리는 유명한 열차이다. 비록 서로 다른 시기에 다양한 경로가 사용되었으나, 기본적인 노선은 콘스탄티노플(이스탄불)로부터 그리스를 거쳐 북부 이탈리아 혹은 오스트리아로, 그런 다음 프랑스로 그리고 (오스텐드를 거쳐) 잉글랜드로 뻗어있다. 대부분의 역사 교과서들은 세계사를 아테네, 로마, 파리, 그리고 런던에 (말하자면) 중간 역들을 둔 서쪽 방향의 오리엔트 특급이 아니라, 마치 그것이 북서쪽으로 전진한 것처럼 기술하고 있다. (오리엔트 특급 모델에 대한 더 많은 논의에 대해서는 2장을 볼 것.)

3) 19세기 세계사 교과서에서 터키는 유럽의 사건과 관련된 정치적 연관으로 인해 약간의 주목을 받았다. 세계사와 대조적으로 세계 지리는 늘 전 세계를 포괄하고 있으며, 많은 여러 권의 서술적인 지리학 서적은 물론이고 교과서들은(예를 들어 Reclus's classic 19-volume Nouvelle Geographie Universelle, published between 1876 and 1894와 같이) 아시아, 아프리카, 그리고 라틴 아메리카에 많은 주목을 하고 있다. 그러나 이것에 오도되어서는 안된다. 이 시기를 통틀어 지리학의 기본적인 기능은 유럽의 아이들에게, 이 지역에서 자기 나라의 제국적 그리고 상업적 활동에 참여시키기 위해, 비유럽에 관해 알 필요가 있는 것들을 가르치는 것이다. 지리학과 식민지 활동 사이의 밀접한 관계에 대해서는 Hudson, 'The New Geography and the New Imperialism: 1870-1918'(1977)과 Mckay, 'Colonialism in the French Geographical Movement'(1943)를 볼 것.

4) 보다 새로워진 이러한 접근 방식의 특성은 잘 알려진 두 권의 대학 교과서를 보면 알 수 있다. 하나는 W. H. McNeil, A World History, 3rd ed., University of Chicago, 1979이고 다른 하나는 J. M. Roberts, The Hutchins on History of the World, 2nd ed., Oxford University, 1987(published in the United State as The Penguin History of the World)이다. 기독교 이전 시대의 세계 역사에서는, 유럽과 중동(북아프리카를 포함한) 지역의 장소들이 이 두 책에서 언급되고 있는 지명의 4분의 3이상을 차지하고 있다. 4분의 1이하의 지역들은 세계의 다른 부분들에 대해서이며 1%만이 아프리카에 대해 언급하고 있다. 서기 1491

년까지의 시대에 대해 두 책 사이에는 중요한 차이가 존재한다.

　로버츠의 책에 유럽과 중동 지역들은 지역 이름 가운데 85%를 차지하고 있다. 맥닐의 책에서는 유럽과 중동 지역은 60%정도만 언급되고 있는데, 비록 면적과 인구라는 측면에서 이 지역의 크기가 차지하는 비율보다는 훨씬 높긴 하지만, 이는 낡은 전통과의 중요한 결별을 뜻한다. (기원 후 1년부터 1491년까지 사하라 남부의 아프리카는 2%정도만 언급되고 있다.) 따라서 두 책 모두에서, 내가 '확장된 유럽'이라고 불렀던 지역은 1492년 이전의 역사 부분에서, 상대적으로 오래된 세계사 교과서에서 전형적인 경우보다는 더 낮은 비중을 차지하고 있다. 그러나 설명에 대해서는 두 책 모두 전통적인 관점을 고수하고 있다. 로버츠는 1492년 이전의 어떤 시기에서도 유럽과 중동(북아프리카를 포함한)을 제외한 지역과 문화에 어떠한 인과적 역할도 부여하지 않고 있다. 맥닐은 동아시아에 상당한 비중을 두고 있으며 특정한 역사적 시기에는 남아시아에도 비중을 두고 있지만, 1492년 이전의 시기에 세계사를 만든 모든 힘은 유럽, 서아시아 그리고 북아프리카로부터 퍼져 나온다고 설명한다. (예외적인 것이 흑사병인데, 그것은 맥닐에 따르면 먼 아시아로부터 이들 지역으로 서쪽으로 휩쓸었다. 이 문제에 대해, McNeil, *Plagues and Peoples*, 1976을 볼 것.) 두 저자가 제시한 유럽중심적 설명의 사례는 이 책의 2장에서 설명될 것이다.

　그러나 분명하게 '세계사' 교과서로 정의하고 있는 현재의 교과서들을 보는 것만으로는 불충분하다. 세계사를 주제로 한 대학 강좌는 '서구 문명의 역사'와 같은 제목을 단 역사 교과서들을 꽤 자주 사용한다(예를 들어 Lerner, et al., *Western Civilization: Their History and Their Culture*, 1988; Kagan, et al., *The Western Heritage*, 1987 ; Chambers, et al., *The Western Experience*, 1987을 볼 것). 그러한 교과서들은 비서구 세계를 무시했다 하더라도 그것이 잘못된 것이라는 불평은 듣지 않아도 된다. 책 제목은 분명히 '서구'이지 '세계'로 특화되어 있지 않다. 그러나 만약 그 강좌가 '세계사'에 해당되는 것이고 교과서가 '서구사'에 해당되는 것이라면 분명히 문제가 있다. 가장 최악의 시나리오는 세계사 강의가 위장된 유럽중심적 역사인 경우이다. 다음과 같은 가정을 검증하는 어떠한 연구에 대해서도 나는 아직 아는 바가 없다. (1)오늘날 역사가들이 세계사를 가르칠 때, 유럽중심적 편견을 회피할 필요성에 대해 민감해야 할 현실에서, 그것들 가운데 일부가 그저 제목을 '서구'로 바꿔 유럽중심적으로 가르치는 것은 정당한 것인가? 그리고 (2)'세계사' 강의로부터 멀어지고 '서구' 역사 강의에 가까워지는 경향은 가능한가 그리고 이 경향은 비인종중심적인 그리고 '공평함'에 대한 오늘날의 요구에 대한 대응(혹은 적응)을 제대로 반영하고 있는가?

5) 각급 학교 교과서는 정말로 핵심적인 사회적 문헌, 근대적 핵심줄기와 같은

것이다. 전형적인 사례로서, 하나의 교과서는 출판관계자, 학교 위원회 그리고 행정 전문가들에 의해 대단히 조심스럽게 검토된 이후에야 비로소 고등학교 (혹은 저학년) 교과서로 받아들여지게 된다. 관련된 사람들은 받아들여질 수 있는 교의를 인쇄할 필요성에 대해 대단히 민감하다. 그들은 아이들이 문화의 여론 형성 엘리트들에 의해 사실로 받아들여질 만하다고 간주되는 교과서에서 이러한 사실들만을 읽게 될 것이라는 점을 확실히 염두에 두고 있다. 따라서 그렇게 만들어진 교과서는 일반적으로 집필된 책보다 훨씬 더 어린이들의 정신에 자리 잡는데 있어서 유효하고 받아들여질 수 있다고 간주된 것에 대해 엄격하게 심사된 사회적 진술이라고 할 수 있다. 이러한 이유로, 교과서에 대한 연구(비록 포착하기는 더 힘들지만 동일한 과정이 작동하는 대학 교과서를 포함하여)는 사실 인종지적 연구이다. 그것은 전체로서 그 문화의 여론 형성 엘리트들의 신념체계에 대해 말해준다. 따라서 미국에서 지리학 교과서는 정말로 인종지리학적 문헌이다. 유사하게 역사 교과서들은 정말로 인종 역사적 문헌이다. 그것들은 어떤 오래된 질그릇이나 비문과 같은 문화적 가공품보다도 유용한 것들이다. 이 장의 마지막 부분을 참조할 것.

6) 이 주장은 유럽중심적인 마르크스주의자들에 의해 상당한 무게가 실려졌다. 마르크스주의자에게 계급투쟁은 역사적 진화과정에서 중심적인 힘이다.

7) 정치적 봉건제의 한 형태는 때로 중국인에 의해 더 일찍 발전되었다고 인정되지만, 대부분의 마르크스주의자들을 포함하는 유럽 학자들의 대다수는 유럽 봉건주의가 근대로의 징검다리 역할을 하는 사회의 형태를 반영하는 데 있어 결정적이고 핵심적이며 따라서 특이했다고 믿는다. 3장을 참조할 것.

8) 이 개념에 대한 탁월한 논의로 샤미르 아민Samir Amin, *Eurocentrism*(1988)을 참조할 것. '유럽중심주의'라는 단어는 표면적으로는 '유럽 인종중심주의'라는 표현을 하나의 단어로 최근에 조합한 것처럼 보인다. 그러나 나는(아민처럼) 다음에 나오는 문단이 분명하게 보여주겠지만, 유럽중심주의를 단지 인종중심주의의 특정한 종류로만 생각하지는 않는다.

9) 나는 '공동체'라는 단어를 어떤 크기의, 어떤 사회적 단위를 언급할 때 사용한다. 단순화하면 이 논의에서 '공동체들'은 농촌을 가로 지르는 분산된 마을들로 간주될 것이다. 나는 여기서 문화적인 변화는 독립된 발명과 확산이라는 사건의 복합으로 결과한 사례들이라는 점을 무시하고 있다. 나의 'Two Views of Diffusion'(1977)과 'Diffusionism: A Uniformitarian Critique'(1987a)를 참조할 것.

10) Jett, 'Further Information on the Geography of the Blowgun and Its Implications for Transoceanic Contact'(1991)를 볼 것. 그리고 Carter, *Man and the Land*(1968) 그리고 Edmonson, 'Neolithic Diffusion Rates'(1961)를 볼 것.

11) 예를 들어 Eliot Smith, *The diffusion of Culture*(1933), Perry, *The Primordial Ocean*(1935), Taylor, *Environment and Nation*(1945)을 볼 것. 엘리어트 스미스는 주로 이집트와 페니키아로부터 방사하는 고대의 확산과정은 '수세기 동안 아메리카의 태평양 연해에 작동했는데, 그것은……놀라울 정도로, 콜럼버스 이전 문명에……책임이 있다'고 언급했다(Zwernemann, *Culture History and African Anthropology*, 1983, p.15에서 인용).

12) 이 문제들에 대해서는 Harris, *The Rise of Anthropological Theory*(1968)과 Steward, *Theory of Culture Change: The Methodology of Multilinear Evolution*(1955)을 볼 것.

13) Koepping, *Adolf Bastian and the Psychic Unity of Mankind*(1983), Stocking, *Race, Culture, and Evolution*(1968), Harris, *The Rise of Anthropological Theory*(1968)을 볼 것.

14) 흔히 반확산론 진영은 '문화 진화론자' 진영이라고 불리며, 논쟁은 전체적으로 '확산론 대 진화론'으로 이름 붙여진다. 그러나 내가 여기서 주장하듯, 진화론자들은 어느 정도는 확산론자들이며 확산론자들은 어느 정도는 진화론자들이다. 나아가 나는 이 책에서 보다 광범위하고 덜 논쟁적인 의미에서, 역사적이고 문화적인 변동에 대한 더 커다란 질문이 아니라 설명을 위한 연구라는 것을 가리키는 의미로서만, '문화적 진화'라는 용어를 사용하고 싶다. 우리가 광범위하게 '왜?'라고 질문할 때, '역사적인 것'의 문제는 '문화적 진화'의 문제가 된다. 물론 일부 학자들은 '문화적 진화'라는 이런 용법에 불편해 할 것이다. 일부에게 이것은 경제적 결정론 혹은 환경 결정론 혹은 기술 결정론이라는 짐을 떠안게 되거나, 혹은 모든 인간 집단이 통과해야만 하는 문화적 단계의 상수적 연쇄라는 개념을 부각시킨다─그러나 나는 이 가운데 어떤 것도 의미하지 않는다. 대부분의 문화적 지리학자들은 '문화적 진화'라는 용어를 내가 여기서 사용하는 의미로서만 사용한다.

15) 두 형태는 때로 혼합된다. 예를 들어, 19세기 북서유럽은 절대적으로 문명화되었고 아프리카는 문명화되지 못했다고 (북서유럽인들에 의해) 간주되며 다른 모든 (동반구의) 지역들은 양자 사이의 어디에 존재한다. 이 문제들은 나중에 논의될 것이다.

16) 막스 베버의 '유럽적 합리성'이라는 개념은 2장에서 논의된다.

17) 반≠합리적 혹은 간헐적으로 합리적이거나 어떤 방식에서 합리적이지만 다른 방식에서는 그렇지 못한 것으로서 중국과 인도에 대한 개념의 변화에 대해서는 2장과 3장에서 논의된다.

18) 도깨비bogeyman는 부기인Buginese, 유럽인들에 대항하여 극심하게 투쟁했던 말레이 사람들이며 그리하여 이러한 방식으로 낙인찍힌 사람들을 의미한다. 가장 유명한 가상의 뱀파이어인 드라큘라 백작은 외부(터키 제국의 변방에

위치한 야만적인 산악지대)로부터 잉글랜드로 들어왔다.

19) 유럽인의 사고에서 진보의 이념에 관한 역사에 대해서는, 예를 들어 G. H. Mead, *Movements of Thought in the Nineteenth Century*(1936), Toulmin and Goodfield, *The Discovery of Time*(1965), Nisbet, *History of the Idea of Progress* (1980), 그리고 Bowler, *The Invention of Progress*(1989)를 볼 것. 통상적인 조건으로서 진보의 이념은 19세기 동안 일부 사상가들에 의해 의심받았다는 것은 진실이지만(그리고 특히 생물학적 진화라는 개념에 대한 반대를 통해), 이것은 사소한 것이며 간헐적인 반조류였다. Stocking, *Race, Culture, and Evolution*(1987)와 Bowler, *The Invention of Progress*(1989)를 볼 것.

20) Huddleston, *Origins of the American Indians : European Concepts, 1492-1729* (1967), Williams, *The American Indian in Western Legal Thought*(1990); Hulme, *Colonial Encounters : Europe and the Native Caribbean 1492-1797*(1992); Gossett, *Race : The History of an Idea in American*(1963)을 볼 것.

21) 때로 이 개념은 이들 문명들이 대홍수 이전 시기에 발전했고 홍수로 인해 떠내려가지 않았다는 식으로 발전되었다(예를 들어, Keightley, *Outlines of History*, 1849를 볼 것). Haskel(*Chronology and Universal History*, 1848, p.9)은 노아가 그와 그의 자손들이 중국 왕국을 건설했던 중국으로 이주했다고 추측한다. '동아시아의 초기의 발전과 많은 인구는 이 생각에 우호적이다.'

22) 19세기 중반 혹은 그보다 일찍부터, 신비, 유령 그리고 괴물과 같은 것들에 관한 문헌들은 마녀, 괴물, 마귀, 좀비, 걸어다니는 미라, 악령('검은 주술'), 초자연적 힘을 가진 물건 등등의 원천 혹은 본 고장이 유럽 바깥에 기원을 두고 있다는 점에 초점을 맞추는 경향이 있었는데, 이들 모두는 유럽 팽창주의 아래의 반조류, 반확산의 한 종류로서 유럽으로 확산되는 경향이 있었다. Brantlinger, *Rule of Darkness : British Literature and Imperialism*(1988)을 볼 것.

23) W. A. Lewis, ed., *Tropical development, 1880-1913*(1970)을 볼 것.

24) Bowler, *The Invention of Progress*(1989), Stocking, *Victorian Anthropology*(1987), Mandelbaum, *History, Man and Reason*(1971)을 볼 것.

25) Spencer, *The Man Versus the State*(1969). 19세기 동안 역사적 진보에 대한 개인주의적 이론과 전체론적 이론 사이의 복합적인 상호 영향은 다음 책들에서 논의되고 있다. G. H. Mead, *Movements of Thought in the Nineteenth Century* (1936)와 Mandelbaum, *History, Man and Reason*(1971). Blaut, *The National Question : Decolonizing the Theory of Nationalism*(1987b)에서 나는 민족성과 민족 진화에 관한 대부분의 이론들이, 하나는 본질적으로 칸트적이고 심리학적인, 다른 하나는 본질적으로 낭만적이고 헤겔적인 이러저러한 지적 조류로부터, 어떻게 출현했는지를 보여주고자 했다.

26) 그들 가운데 맬서스, J. S. 밀, T. 머칼리Macauley 그리고 새커리Thackeray가

있다. Brantlinger, *Rule of Darkness : British Literature and Imperialism, 1830-1914*(1987), 그리고 Williams, *British Historians and the West Indies*(1966) 그리고 Said, *Orientalism*(1979)을 볼 것.

27) Thapar, *Ancient Indian Social History: Some Interpretation*(1978)과 'Ideology and the Interpretation of Early Indian History' (1982), 그리고 B. Chandra, 'Karl Marx, His Theories of Asian Societies, and Colonial Rule' (1981)을 볼 것. 우리는 2장에서 이 문제를 다시 다룰 것이다.

28) 마르크스의 논문인 Marx, 'The British Rule in Indian' (1979)을 볼 것. 나중의 저작에서 마르크스와 엥겔스는, 식민지 저발전이란 관념을 발전시키면서, 식민지주의에 대해 훨씬 부정적인 견해를 채택하였다. 이에 대해 Blaut, *The National Question : Decolonizing the Theory of Nationalism*(1987b)을 볼 것.

29) 2장을 볼 것.

30) Asad, *Anthropology and the Colonial Encounter*(1975)와, Temu & Swai, *Historians and Africanist History*(1981)를 볼 것.

31) 중요한 사례는, Eliot Smith, *The Diffusion of Culture*(1933), Perry, *The Primordial Ocean*(1935), Schmidt, *The Culture Historical Method of Ethnology*(1939), Griffith Taylor, *Environment and Nation*(1945)이다. 또 다음의 비판을 볼 것. Radin, *The Method and Theory of Ethnology*(1965)와 Lowie, *The History of Ethnological Theory*(1937), Harris, *The Rise of Anthropological Theory*(1968).

32) 여기서 나는 유럽 학자들 사이에 일반적인, 식민지들이 자발적으로 양도되었다는 관점을 거부한다. 이 관점은 과거 식민지 세계에 속해 있는 학자들에 의해 거의 보편적으로 거부되어왔다. 식민화시키는 세력에 더 이상 이윤이 흘러들어가지 않는 작은 섬나라에게 이것은 아마도 사실일지 모르겠으나, 그러한 경우조차도 논란의 여지가 있다. 미국이 2차 세계대전이 종결될 때까지 어떤 식민지에게도 독립을 허용하지 않았다는 점은 언급할 만한 가치가 있다. 심지어 미국은 푸에토리코, 버진 아일랜드, 마리아나스 등에게 형식적으로나마 완전한 자치권(독립을 포함한)을 주는 것에도 동의하지 않았다. 다른 식민지 세력들도 추측컨대, 그들이 그럴 힘을 갖고만 있었다면, 식민지의 친독립 세력에 대해 똑같은 입장을 취했을 것이다. 네덜란드령 동인도, 프랑스의 인도차이나, 케냐, 앙골라, 모잠비크 등과 같은 사례에서, 식민지주의자들은 무력에 의해 자신들의 점유권을 유지하고자 노력했지만 실패했다. Blaut, *The National Question*(1987b), ch.4와 Blaut and Figueroa, *Aspectos de la cuestion nacional en Puerto Rico*(1988).

33) 대표적인 사례는 푸에토리코에서의 '자력 작전'를 포함하는데, 이것은 영국 제국의 일부에서 진행된 식민지 발전과 복지 프로그램으로 식민지 농업과 보건 부서를 위한 기금을 증대시키고 식민지 대학을 설립하는 등의 프로그

램이었다. 이 프로그램들은 저변에 깔려져 있는 정치적 목적(흔히 연관된 기술자들에게는 숨겨져 있는)에 상관없이 전체적으로 대단히 인상적이었다.

34) 흔히 이 작업은 '식민지 기술 관료'가 아니라 이제는 '외국 자문가' 혹은 '유엔 전문가'로 불리게 된, 실질적으로는 똑같은 사람에 의해 수행된 식민지적 기술 작업의 직접적인 연속선상에 놓여있다.

35) 그리하여 진보를 위한 동맹, 평화봉사단은 미주국가기구의 기술과 금융 기구를 위한 기금을 조성한다.

36) 인종중심적 과학에 대해서는 예를 들어 Conklin, 'Lexicographical Treatment of Folk Taxonomies' (1969), Frake, 'The Ethnographic Study of Cognitive Systems' (1969), Blaut, 'Some Principles of Ethnogeography' (1978), Spradley and McCurdy, *Anthropology: A Cultural Perspective*(1975)를 볼 것. 나의 관점으로는, 비록 역사 편찬은 정확한 과학이 될 수 없지만, '역사'와 '과학'이라는 범주들은 존재론적으로 구분될 수 없다.

37) Whitehead, *Science and Philosophy*(1948), p.129.

38) Kuhn, *The Structure of Scientific Revolutions*(1970). 보다 적실성 있는 설명으로 Fleck, *Genesis and Development of a Scientific Fact*(1979)가 있다.

39) Tolman, 'A Psychological Model' (1951)

40) 그의 에세이 *Experimental Logic*(1916)에 나오는 Dewey, 'The Logic of Judgements of Practice.'

Chapter 2. 유럽의 기적이라는 신화 The Myth of the European Miracle

1) 비록 에릭 존스Eric L. Jones의 1981년의 저작 *The European Miracle*이 '유럽의 기적'이라는 어구를 대중화시켰지만, 그 어구 자체는 중세 혹은 그 이전 시기에 유럽의 독특한 흥기라는 똑같은 핵심적인 의미를 지닌 채 오랫동안 사용되어져 왔다. 모든 역사가들이 이를 '기적'으로 묘사하지는 않지만, 그 용어는 1985년 케임브리지 대학에서 '유럽의 기적'이라는 제목으로 국제학술대회가 개최된 사실이 증명하듯, 널리 받아들여졌다.

2) 표면적으로 1976년 나의 논문 'Where Was Capitalism Born?'은 '기적' 이론을 절대적으로 거부한 최초의 출판물인데, 그것은 질적 증명이 없었다. 1990년 사미르 아민은 나중에 내 논문을 평가하면서 이 입장에 기본적인 동의를 보냈

다. (Amin, 'Colonialism and the Rise of Capitalism: A Comment,' 1990; Blaut, 'Colonialism and the Rise of Capitalisme,' 1989; Blaut, 'Fourteen Ninety-Two,' 1992; 그리고 Amin, "On Jim Blaut's 'Fourteen Ninety-Two,'" 1992.) 다른 일부 역사가들도 이와 같은 접근법을 취하고 있다. 그들의 관점은 이 장의 뒷부분에서 논의될 것이다.

3) 다른 맹아적 작업으로 Cyril Black, *The Dynamics of Modernization: A Study in Comparative History*(1966). 다양한 분야에서 이러한 작업들은 이 장의 뒷부분에서 논의될 것이다.

4) 아마도 하나의 이유는 역사학 자체의 성숙함일 것이다. 다른 하나는 완전히 유익하지는 않지만, 역사에 관한 실증적 과학적 방법의 영향인데, 그것은 가능하다면 변수들과 '사실'들을 특정화하고 그것들을 계량화시키고자 시도한다. 또 다른 이유는 불가피한 진보라는 19세기 이념에 대한 믿음의 상실이다. 거의 반세기 동안의 혼란과 전쟁 이후에, 진보는 자연적이고 불가피한 것으로 간주될 수 없었다. 그것은 설명되어야만 했고 만들어져야만 했다. 여전히 세 번째 이유는 사람의 일은 더 높은 힘의 지시를 반영한다고 생각될 수 없는 방식으로 역사를 포함한 유럽적 사고가 일반적으로 세속화되었다.

또 다른 이유는, 아마도 매우 중요한 것인데, 학문적 분과들의 일반적인 발전 그리고 국제적이고 국내적인 정책(그리고 그것으로부터 자양분을 흡수하는)에 학문들이 결합되었던 것이다. 이것은 각각의 분과 학문들이, 주체에 우호적인 경사된 입장에서 세계를 보면서(경제학자들에게는 시장 요인, 심리학자에게는 동인 요인, 사회학자에게는 인구학적 요인과 사회구조적 요인, 지리학자들에게는 자원 요인 등등), 우리의 요인을 결정적인 것으로 다른 이들의 그것을 부차적인 것으로 취급하는 역사적 모델을 선호하면서 논쟁하는 경향이 있다는 점을 함의했다. 많은 사회과학자들이 역사를 이러한 과정으로 서술했던 까닭에, 이것은 어떤 특별한 변론으로 이끈다.

5) 나는 이 모든 것들이 전체로서의 역사라는 학문에 대해 지배적인 이론임을 함의한다는 의미가 아니다. 역사학자들의 절대 다수는, 사건을 주의 깊게 탐구하고 그러한 사건들에 대한 제한된 설명을 발전시키면서, 보다 작은 문제를 갖고 작업한다. 근대화 관점은 보다 작은 일반화에 영향을 미쳤는데, 예를 들어 근대화주의를 지지하는 요인들-인구, 기술 등등과 같은 요인들-이 선호되는 방식의 설명을 제시했다. 그리고 비유럽의 역사에 대한 주의가 결여된 일부 연구 분야들은 치명적인 오류를 안고 있었다(가장 유명한 것으로 우리가 앞으로 보게 되겠지만, 유럽 기술의 역사에 관한 연구였다).

덧붙여 다양하고도 폭넓은 전문적인 역사 분야에 많은 상이한 관점이 존재했고(그리고 존재하고), 그래서 특정한 역사적 시기를 특정한 지배적인 이론(혹은 패러다임)에 의해 지배된 것으로 규정하는 것은 대단히 의문스러운 일이다. 나는 '유럽의 기적' 문제에 관련된 문헌들에 대한 나 자신의 고려가 아마도 전체로서의 역사에 관한 근대화적 관점의 중요성을 과도하게 강조하게끔 만들지 않을까 우려한다. 또한 유럽의 독특한 흥기를 설명하는 특정한 문제에 대한 대부분의 저명한 저자들은 특정 분야의 역사가들—경제사가, 역사 사회학자 등—이며 표준적인 유형의 역사가들이 아니라는 점이 언급되어야만 하겠다.

6) Cabral, *Unity and Struggle*(1979).

7) 현재와 미래에 대해, 제3세계 지식인들은 두 가지 주장을 하는 경향이 있다. 자본주의적 형태의 발전 관념을 지지하는 사람들은, 유럽 나라들과 기업들이 경제적 정치적으로 지배하여 그 나라를 부식시키는 확산에 대응하여 경제발전은 민족 자본을 방어하는 방식으로 구성되어야만 한다고 주장했다. 사회주의자은 국제적 자본주의에 의한 영향력과 지배는 명백하게도 거부하고자 했다. 두 집단은 '종속 이론' 혹은 '저발전 이론'을 채택하는 경향이 있는데, 이 이론들은 역사에 관한 이론이자 근대 사회 과정들과 발전에 관한 이론들이었다. 상대적으로 소수의 제3세계 지식인들은, 흔히 대단히 부유하고 우익적인 분파들의 이해와 사고를 반영하여, 외국 자본가들의 이익에 의한 경제적 지배라는 관념을 환영했다. 부유한 사회 분파들이 대부분의 제3세계 사회들을 지배했던 까닭에, 이 소수의 관점은 흔히 그 지역의 정책을 결정하였다. 또한 이것은 제1세계의 학술지에서 차지했던 명성보다 더 많은 명성을 얻기도 했다.

8) James, *A History of Pan-African Revolt*(1938), *The Black Jacobins*(1938), 'The Atlantic Slave Trade and Slavery'(1970) ; Williams, *Capitalism and Slavery*(1944)를 볼 것. 우리는 이 문제를 4장에서 논의할 것이다.

9) Amin, *Accumulation on a World Scale*(1974) 그리고 그 후의 저작들을 참조할 것. 나의 논문들 'Geographic Models of Imperialism'(1970)과 'Where Was Capitalism Born?'(1976)은 이 문제에 대한 일반 이론의 뼈대를 제시했다.

10) 나는 이 문제를 *The National Question*(1987b)에서 다룬 바 있다.

11) *Indonesian Trade and Society*(1955)에 재수록된 Van Leur, 1934, 'On Early Indonesia trade'를 볼 것.

12) Duyvendak, *Ma Huan Re-examined*(1933); Needham and collaborators, *Science and Civilization in China*, published in 6 volumes between 1965 and 1984; Wheatley, *The Golden Khersonese*(1961) 그리고 *The Pivot of the Four Quarters*(1971); Elvin, *The Pattern of the Chinese Past*(1973).

13) Amin, *Unequal Development*(1976), *Eurocentrism*(1988), 'Colonialism and the Rise of Capitalism: A Comment'(1990).

14) Bernal, *Black Athena*, vol.1(1987) 그리고 vol.2(1991).

15) Eric Wolf의 1982년 저작으로, 유럽과 비유럽 문명 모두의 역사에 대해 중요하고도 유용한 연구를 제공해주는 그리고 비유럽 문명들이 역사적으로 정체되고 비진보적(그들은 '역사없는 민족')이라는 이론이 어떻게 신뢰할 수 없는 것인지를 보여주는 *Europe and the Peoples Without History*가 언급되어야만 한다. 그러나 울프는 '유럽의 기적' 이론에 결정적인 여러 가지 방식에서 '유럽은 비유럽보다도 훨씬 더 진보적이다'라는 진짜로 결정적인 유럽중심적 신념에 대해서는 질문을 멈춰버리며 따라서 그는 그것과 직접적으로 대면하지는 않는다. (대부분의 주류 역사가들은 비유럽 문명이 전체적으로 비진보적이고, 전체적으로 '비역사적'이거나 이었다고 더 이상 주장하지 않으며, 그 대신에 변화의 늦은 정도에 대해, 변화를 막는 '장애물'에 대해—우리가 앞으로 보겠지만, 주장의 차이가 아닌 문장의 차이—논하고 있다는 점이 언급되어야만 하겠다.

16) 학문 세계에서 광범위한 유행의 변화를 설명하는 것은, 변화가 아직도 진행 중일 때는 특히, 늘 위험한 일이다. 그래서 이 해석은 예감 혹은 가설 이상의 것이 될 수 없다. 제3세계에 대한 학문적인 태도는 반식민지 그리고 시민권 투쟁의 시기에 대단히 긍정적이었다. 그러나 1960년대 후반 이후 분위기가 바뀌었다. 훨씬 보수적인 시각이 서구 세계를 지배하게 되었을 뿐만 아니라, 제3세계 자체에서 기대하지 않았던 어려움이 출현하기도 했다. 민족 갈등, 발전 프로그램의 실패 등등이 그것들이다. 서구 학문 세계는, 식민지주의적 확산론적 관점을 포함하여, 유럽과 유럽의 비유럽 세계와의 관계에 대한 전통적인 시각을 진정으로 폐기해본 적이 없으며, 결코 폐기된 적이 없는 이 낡은 패러다임은 또 다시 지배적인 패러다임이 되어버린 것 같다. 확실히 종속이론과 그와 관련된 시각에 대한 이전에 주었던 주목은 주류 학자들 사이에서 멀어져 갔다.

마르크스주의자들 사이에서 그 과정은 훨씬 극적인데, 왜냐하면 이들이 그러하리라고는 전혀 예상하지 못했기 때문이다. 요약하면, 역사적으로 그리고 현재적으로 제3세계의 역할을 기각했던 유럽중심적인 마르크스주의자들은 이제 학문세계 내에서 제3세계와 관련된 주제에 발언하는 유일한 마르크스주의자들이 되어버렸다. 또 다시, 나머지 세계(외부)로 그것이 확산되기 전에 세계(내부)의 일부에서 역사의 각각의 단계가 시작하기 때문에, 진보된 자본주의 나라의 노동계급만이 사회주의를 가져올 수 있다고 주장하는 것은 꽤나 유행하게 되었다. 보수적인 진영에서 유럽중심적인 시각은 헤게모니를 다시 획득했을 뿐만 아니라 이제 인종주의와 그리 멀어 보이지 않는 시각, 제3세계 인민들에 대해서 그들은 발전할 잠재력을 갖고 있지 못하다는 시각의 속삭임을 듣기 시작했다.

17) Brenner, 'The Origins of Capitalist Development: A Critique of Neo-Smithian

Marxism'(1977), 'Agrarian class structure and economic development in pre-industrial Europe'(1985), 'The Agrarian roots of European capitalism'(1985b); Anderson, *Passages from Antiquity to Feudalism*(1974), *Lineages of the Absolute State*(1974); Warren, *Imperialism: Pioneer of Capitalism*(1980)을 볼 것.

18) 이것들 가운데 일부를 무시하면서, 나는 보다 중요한 신념만을 논의할 것이다. 그리고 나는 이들 신념들이 자명한 진리가 아님을 보여줄 충분한 증거를 제시할 것이다. 아울러 일부 신념에 대한 반박을 위해 더 많은 증거들이 3장과 4장에서 주어질 것이다.

19) 1장 주 2번을 볼 것.

20) Bowler, *The Invention of Progress*(1989); Harris, *The Rise of Anthropological Theory*(1968); Gossett, *Race: The History of an Idea in America*(1963); Jackson, *Race and Racism: Essays in Social Geography*(1987); Stocking, *Race, Culture, and Evolution*(1968); Trigger, *A History of Archeological Thought*(1989).

21) Bernal, *Black Athena*, vol.1(1987)을 볼 것.

22) Gossett, *Race*(1963)를 볼 것.

23) Blaut, 'The Theory of Cultural Racism' (1992).

24) '인도인의 히스테리와 자기 최면으로 추측되는 강력한 경향의 유전적 신경통……' Max Weber, *The Religion of India*(1967), p.387. 이 공식은 인도의 발전의 결여에 대한 기본 원인에 대한 베버의 브라마니즘 분석에서 기본적인 내용이다.

25) '흑인들은 이미 오래 전에 스스로가 공장 노동과 기계 작동에 부적합하다는 것을 보여주었다. 그들은 강경증적 수면으로 들어간 적이 한 번도 없었다. 여기에 현존하는 경제사에서 실체적인 인종적 구별의 중요성에 대한 하나의 사례가 존재한다.' Weber, *General Economic History*(1981), p.379. 비록 베버는 여기서 이것이 인종적 구별의 '하나의 사례'에 불과하다고 말하지만, 이 사례는 베버의 '합리성'과 근대화 모두에 대한 분석에서 결정적인 것이라고 언급한다. 여기서 '인종적 구별'은 근본적인 방식으로 아프리카인들을 분리시킨다. 온건하지만 결정적인 인종주의의 분명한 사례인 것이다. 똑같은 성향으로, '아메리카 인디언들은 전적으로 플랜테이션 노동에 부적합하다는 것이 발견 된다'(p. 299).

26) Weber, *The Religion of China*(1951), pp.231-232. 비록 문화적 요인들이 포함되어 있지만, 베버는 이것들을 '중국인의 인종적 특질'(p.230)로 간주한다.

27) Weber, *The Protestant Ethic and the Spirit of Capitalism*(1958), p.30. 베버는 여기서 서방의 합리성에 대한 '가장 중요한 이유는 유전적 차이'에 있다고 생각하는 것은 자연스러운 일이며, 그가 생각하기에, '생물학적 유전성의 중요성은 매우 크다'(p.30)라고 말하고 있다. 그러나 우리는 그것의 영향력을 어떻

게 측정하는지 모르기 때문에, 우리의 주의를 주로 문화적 요인에 맞춰야 한다(pp.30-31). 이는 그의 작업이 출간되던 시대의 전형적인 온건한 인종주의(내가 그렇게 부른 것처럼)였다(1904-1905).

28) 나는 생물학적 인종주의가 오늘날에도 진짜로 묵시적인 이론으로서 중요한 것으로 남아있는지, 즉 여전히 받아들이고는 있지만 의식적으로 그렇게 하지는 않는 것인지에 대한 질문은 검토하지 않았다. 나는 아마도 그럴 것이라고 의심한다. 일부 유럽중심적 역사가들은 유럽인들과 비유럽인들 사이의 개인적인 차이에 관해서 너무나 극단적이고 너무나 편협한 입장을 유지하고 있으며, 따라서 최소한 그들 가운데 일부가 비유럽인의 열등함은 유전적으로 결정된다는 것을 아마도 무의식적으로 믿고 있다는, 즉 묵시적으로 인종주의적인 초 이론을 유지하고 있을 것이라는 결론을 회피하기가 힘들다.

29) 인종주의적 오류에 대한 많은 문헌들 가운데, Franz Boas, *Race, Language, and Culture*(1948); 또 Blum, *Pseudoscience and Mental Ability*(1978); Gossett, *Race* (1965); Haller, *Outcasts from Evolution*(1971); Jackson, *Race and Racism* (1987); Magubane, *The Ties that Bind: African-American Consciousness and Africa*(1987); Gill and Levidow, *Anti-Racist Science Teaching*(1987)을 볼 것.

30) 인구학적 행위는 충분하게 사회적 통제 하에 있지 못하다는, 이것이 원초적인 생물학적 사실 혹은 요인이라는 관념은 가장 유럽중심적인 역사가들(특징적으로 에릭 존스, 마이클 만, 존 홀)의 사고에 저변을 이루고 있는 것처럼 보인다. 이 관념의 기본적인 전제는 인구가 합리적인 한계를 넘어 불가피하게 성장할 것이고 그리하여 사회들이 비인구적 해결방안을 발견하지 않는 한, 급작스럽게 증가하는 인구를 먹이기 위해 음식 공급을 늘임에 따라 과잉인구를 초래할 수밖에 없다는 것처럼 보인다. 예를 들어 Michael Mann, *The Sources of Social Power*, vol.1(1986)을 볼 것: 만약 중세 유럽에 농업 수확이 증대되지 않았다면, '대륙은 모든 세기에 걸쳐 유사한 맬서스적 사이클을 경험했었을 것이며—자본주의를 발생시키지 못했을 것이다'(p.402). 이 관점은 때때로 급진적이고 여성주의적인 운동과도 직면한다.

마르크스주의적—여성주의자가 말한 다음의 관점을 보라. "우리는 (도처에 편재한 성적 추동이라는 주어진 조건 속에서) 인구에서 총 임신 숫자가 주어진 유인 구조 내에서 바람직한 범위를 넘어서는 경향이 있을 것이며, 이 의도하지 않은 과잉은 더욱 커질 것이며, 손에 쥔 수단은 더욱 불완전해질 것이다…… 그리하여 주어진 다산의 패턴은 작지만 그러나 변덕스런 (출생의) 초과를 제외하면……'합리적'인 것으로 간주된다." Seccombe, 'Marxism and Demography,'(1983), p. 31. 맥락상 이것은 유럽의 중세적 사회 진화에 대한 논의이지만, 이러한 주장은 주로 엄밀하게 유럽적인 자본주의의 흥기에 관한 브레너의 이론을 지지하는데 바쳐진다. 급진주의자들과 여성주의자들은 맬서스주의를 거부하고 세콤베의 관점을 맬서스주의로 거부하는 것이다.

31) Jones, *The European Miracle*(1981), p.3.

32) Jones, *The European Miracle*(1981), p.219.

33) Hall, *Powers and Liberties: The Causes and Consequences of the Rise of the West*(1985), p.131.

34) F. Hassan이 지적하듯이 '인간 인구 가운데 이러저러한 형태의 인구 통제는 보편적인 관행이다'('Demographic Archeology,' 1978, p. 71)

35) 출산 억제 기술이 불완전한 까닭에, 일부 가족들은 물론 바람직한 것보다 더 많이 임신할 것이며 다른 가족들은 더 적게 임신할 것이지만, 보다 큰 집단들의 평균치는 집단의 가치와 인구 목표치와 광범위하게 선을 맞춰갈 것이다. 출산 억제 기술은 다양한 결혼 연령, 혼인 지참금 혹은 신부의 값으로부터 결혼 규칙의 복잡성(종족 체계에서 한 사람의 배우자로 누가 적합한지를 정의하는 것), 성관계의 시점, 반발육제나 낙태 도구, 유아살해, 그리고 다른 관행에 이르기까지 전 범위에 걸쳐 작동된다.

36) 학문적 결과 대부분은 인도에서 나타났는데, 거기서 식민지 이데올로기는 가난한 사람들이 너무 많은 어린이를 가진 결과라고 주장하곤 했다. 인구학자들과 다른 사회과학자들은 이제 이 신화를 거부한다. 예를 들어, Mamdani, *The Myth of Population Control*(1972) 그리고 Nag, 'How Modernization Can Also Increase Fertility'(1980)을 볼 것. 아프리카에 대해서는 예를 들어, Kitching, 'Proto-Industrialization and Demographic Change'(1983); Swindell, 'Domestic Production, Labor Mobility, and Population Change in West Africa, 1900-1980'(1981); Cordell and Gregory, *African Population and Capitalism*(1987)의 서문을 볼 것.

37) 예를 들어, 많은 수의 연구들은 출생율의 유연성을 보여주고 있다. Nag 'How Modernization Can Also Increase Fertility' (1980), Collyer, *Birth Rates in Latin America*(1965), 그리고 Harewood, 'Population Growth in Grenada'(1966).

38) Aston and Philpin, eds., *The Brenner Debate*(1985), 특히 R. 힐튼의 서문을 볼 것.

39) 아마도 보다 준비된 것으로서, 제3세계 나라들의 빈곤에 대한 맬서스적 설명은 이들 나라에서 학자들과 정책입안자들에게 오히려 문제가 많은 주제였기 때문에, 이들 나라에서 빈곤은 일반적인 사람들의 인구학적으로 잘못된 행위에 의해 초래되지 않는다는 점을 보여주는 것은 대단히 중요하다.

40) 예를 들어 Montesquieu, *The Spirit of the Laws*([1748] 1949에서 '사람들은······ 차가운 기후에서 훨씬 역동적이다'(pt. x iv.2). '지나친 열기가 신체의 기력을 빼앗고 사람을 나태하고 정신없이 만드는 나라들이 존재한다'(pt. x iv.7).

41) 담론에서 '아프리카'는 거의 늘 '사하라의 아프리카 남쪽'을 의미한다. 나는

이를 비판하며, 따라서 '아프리카'를 현재의 논의에 나타나는 의미와 똑같이 사용할 것이다.

42) Blaut, 'The Ecology of Tropical Farming Systems' (1963).

43) 예를 들어 Collins and Roberts, eds., *Capacity for Work in the Tropics*(1988)을 볼 것. 이것은 부정적인 적도의 효과들을 제시하는 신빙성 있는 증거를 발견하는데 실패했다.

44) 두 개의 인용문(Gilfillan, 'The Coldward Course of Progress,' 1920, 그리고 Lambert, 'The Role of Climate in the Economic Development of Nations,' 1971)은 현대 학문 문헌에는 거의 나타나지 않는다.

45) 존스에 따르면 인도를 '쇠약하게 만드는 기후'는 인도가 왜 유럽에 뒤졌는지를 설명해주는 이유 가운데 하나이다. Jones, *The European Miracle*(1981), p.198.

46) 농민 농업에 대한 중요성을 갖는 선구적인 작업 가운데, 우리는 Fred Hardy, 'Some Aspects of Tropical Soils' (1936)과 다양한 그의 논문들이 실린 *Tropical Agriculture*, 그리고 로버트 펜들튼(특히 Pendleton, 'Land Use in North-Eastern Thailand,' 1943, 그리고 Prescott and Pendleton, *Laterites and Lateritic Soils*, 1952), 그리고 G. Milne 'A Soil Reconnaissance Journey Through Parts of Tanganyika Territory'(1947)을 언급할 수 있겠다. 근대 지식을 체현한 적도 토양에 관한 최초의 포괄적인 교과서는 Mohr and van Baren, *Tropical Soils* (1954)이다.

47) Nye and Greenland, *The Soil Under Shifting Cultivation*(1960); Blaut, 'The Nature and Effects of Shifting Agriculture'(1962); Ahn, *West African Soils*(1970) 을 볼 것.

48) Miller, *Way of Death*(1988); Curtin, *The Rise and Fall of the Plantation Complex* (1990). 이 관점은 많은 세계사 교과서에서 반향을 불러일으켰다. 예를 들어 Roberts, *The Hutchinson History of The World*(1987), pp.54-56; McNeil, *A World History*(1967), pp.273-278.

49) Wilken, *Good Farmers : Traditional Agricultural Resource Management in Mexico and Central America*(1987); 또 Nye and Greenland, *The Soil Under Shifting Agriculture*(1960); Blaut, 'The Ecology of Tropica lFarming Systems'(1963)을 볼 것.

50) Denevan, *The Native Population of the Americas in 1492*(1976).

51) Cockburn and Hecht, *The Fate of the Forest*(1989)를 볼 것.

52) 이 주변 지역들은 흔히 농업이 영위되는 지역들로서, 토지 사용의 강도가 다소 약한 체제를 선호하는데, 그것은 인간 공동체들이 역사적인 힘, 특히 식민지주의에 의해 더 나쁜 토지로 밀려나기 때문이다.

53) 전형적인 사례로서, 옥스퍼드 역사가인 J. M. Roberts는, 그의 대중적인 세계 사 교과서 *The Hutchinson History of the World*(1987)에서 다음과 같은 무지한 언급을 하고 있다. '아마도 철을 사용한 노동(적도 아프리카에서)의 확산이 갖는 가장 커다란 중요성은 농업 분야에서 그것이 만들어낸 차이였다. 그것은 숲에 새롭게 다가갈 수 있도록 했고, 토지의 새로운 경작(이것은 아마도 아시아로부터의 새로운 곡물 작물의 도착과 연결되어 있을 것이다)을 가능하게 했다…… 이것은 다시 아프리카적 환경의 중요한 한계 요인을 떠올리게 한다. 대륙의 역사 대부분은 외부로부터의 영향에 대한 대응의 이야기였다(철을 사용한 노동과 새로운 곡물을 포함해서)'(pp.511-512).
유럽과 다른 많은 지역의 농부들처럼, 아프리카 농부들은 철이 도래하기 전에 석기를 가지고 농업을 영위했으며 철을 얻기가 힘든 때나 힘든 곳에서는 그 후에도 계속해서 그렇게 했다. 철을 사용한 노동의 시대에 대해서는, 예를 들어 Wai-Andah, 'West Africa Before the Seventh Century'(1981)와 Sinclair, 'Archeology in Eastern Africa'(1991)를 볼 것.

54) 예를 들어 Roberts, *The Hutchinson History of the World*; 또한 Irwin, 'Sub-Saharan Africa,' in Garraty and Gay, eds. *The Columbia History of the World* (1981), p.299를 볼 것.

55) 예를 들어 Irvine의 고전적인 저작, *A Textbook of West African Agriculture* (1934); Coursey, *Yams*(1967)을 볼 것.

56) Jones의 *The European Miracle*(1981)에 따르면 '보어인들이 1830년대에 희망봉으로부터 북쪽으로 대이동을 감행했을 때, 흑인들……은 계속해서 동쪽과 남쪽으로 피그미와 부시맨의 영역으로까지 밀려나고 있었다,'(p.155). 또 Roberts, *The Hutchinson History of the World*(1987), p.178.을 볼 것.

57) Curtin, *Economic Change in Pre-Colonial Africa*(1975); Curtin, *The Rise and Fall of the Plantation Complex*(1990); Miller, *Way of Death*(1988).

58) Wisner and Mbithi, 'Drought in Eastern Kenya' (1974); Wisner, *Power and Need in Africa*(1989); O'Keefe and Wisner, 'Africa Drought: The State of the Game' (1975)을 볼 것.

59) 어떤 증명도 필요 없이, 똑같은 주장이 서반구 농업에도 적용된다. 남아메리카의 상대적으로 제한된 부분에서 지역적인 지리적 조건(일부 지역에서는 바위가 만들어낸 불모의 고령토 진흙 토양, 다른 지역에서는 거의 순수한 모래)의 결과로 우림 생태계는 너무나 부식되기 쉬어 수확 체계는 이동 농업 (혹은 과수 곡물)을 적용해야만 했다.
그러나 그러한 지역들은 현재 우림 환경의 범위 내에서 예외적인 것이다. 일반적으로 문화적-역사적 요인, 대표적으로 인구 감소와 가축 방목장의 대량의 증가로 인해, 아마존과 기니 우림의 영역은 비정주 농업 지역이다. 사실 우림 지역에서 농업으로 인해 야기되는 장기적인 환경 퇴화를 낳는 것은 이동 농업이 아니라 바로 방목이다.

왜냐하면 (1)방목장들은 목축 지역을 확장하기 위해 통제받지 않고 최대로 가능하게 숲을 불태우며 그리고 (2)결과하는 목축은 점진적으로 토양을 퇴화시키는데 왜냐하면 거친 목축용 풀들은 본래의 숲이 그런 것처럼 토양의 생태계를 유지할 수 없기 때문이다. 대조적으로 이동 농업은 통제된 조건 하에서만 불을 놓는데, 작은 지역만을 불태우며 주의 깊게 숲의 재생을 활성화시킨다. 만약 숲이 사라지면, 그들의 삶의 터전도 사라진다. 이동 농부들은 습한 적도 어느 곳에서도 숲을 파괴한다고 비난 받아서는 안 된다. Hecht and Cockburn, *The Fate of the Forest*(1989); Blaut, 'The Nature and Effects of Shifting Agriculture'(1963)를 볼 것.

60) Buckle, *The History of Civilization in England*, 2nd ed.,(1913), chap.2. 또한 Bowler, *The Invention of Progress*(1989), pp.28-29.

61) Marx, *Capital*, vol.1(1976), p.513n.

62) 사실 존스는 똑같은 목적을 위해 상반되는 이론 모두를 용케도 사용하고 있다. 아프리카의 습지에서 '사는 것은 쉽다.' '건조 지역에서 농업은 생산적이지 않다.' Jones, *The European Miracle*(1981), p.154. 또 Jones, *Growth Recurring : Economic Change in World History*(1988)를 볼 것.

63) '아프리카에서 풍부함과 토지의 광활함은 이동 농민들을 만드는데, 따라서 그 위에서다 국가를 건설하기에는 불가피하게 물질적으로 빈곤하다. 이와 같은 것은 아마도 내려치고 태우는 모든 농업에 대해 진실일지도 모른다.' John Hall, *Powers and Liberties*(1985), p.27. ('내려치고 태우는 농업'은 이동 농업이다.)

64) Laibman, 'Modes of Production and Theories of Transition' (1984), p. 284.

65) Buckle, *History of Civilization in England*, vol.1, 2nded. (1913), p.93: '유럽이 상이한 시기에 괴롭힘을 당했던 거대한 역병은 대부분의 지역에서 동쪽으로부터 진행되었는데, 그 곳은 질병들의 자연적인 발생지였고 가장 치명적이었던 곳이었다. 사실 현재 유럽에 존재하는 지독한 질병들 가운데서 희귀하게도 하나만이 토착적인 것이었다. 그리고 그 가운데 가장 최악의 것은 서기 1세기를 전후로 적도 나라들로부터 수입되었다.'

66) 인류에게 에이즈를 발생시키는 HIV 바이러스는 서구 세계로부터 전해 내려오는 아프리카 역병들 가운데 또 다른 하나라는 이론은 이 낡은 확산론적 전통에서 가장 새로운 신화일 것이다. 이 바이러스가 아프리카에서 기원하는 것이든 아니든, 그것은 아직 증명되지 않았는데, 불명료한 일부 아프리카 부족들에서 어떤 이상한 성행위 때문에 에이즈가 원숭이로부터 인간으로 전이된다는, 완전히 근거도 없는 (그러나 고전적인) 신념으로서, 이 신화는 이

미 일그러진 의미를 갖게 되었다. (이 신화는 나이브하게 다음 글에서 보고되고 있다. Shannon and Pyle, 'The Origin and Diffusion of AIDS,' 1989. 이 논문에 대한 비판으로 Watts and Okello, 'Medical Geography and AIDS,' 1990을 볼 것. 그리고 R. C. and R. J. Chirimuuta, *AIDS, Africa and racism*, 2nded., 1989를 볼 것.)

67) McNeill, *Plagues and Peoples*(1976), p.43.

68) 예를 들어, Giblin, 'Trypanosomiasis Control in African History: An Evaded Issue?'(1990); Turshen, 'Population Growth and the Deterioration of Health: Mainland Tanzania, 1920-1960'(1987)을 볼 것.

69) Wittfogel, *Oriental Despotism*(1957).

70) Venturi, "The History of the Concept of 'Oriental Despotism' in Europe"(1963); P. Anderson, *Lineages of the Absolute State*(1974); B. Chandra, 'Karl Marx, His Theories of Asian Societies, and Colonial Rule'(1981)을 볼 것.

71) 여전히 유럽의 기적 학파 이론가들은 유사한 판단을 내린다. 예를 들어 John Hall, *Powers and Liberties*(1985), p.12: '비교해볼 때, 유럽은 장애물 경주의 승자처럼 진보해왔던 반면, 중국 사회는 2천년을 두고 똑같은 단계에 묶여 있다.'

72) 그리고 마찬가지로 더 일찍 그랬다. 그것은 예를 들어 몽테스퀴, 베르니에, 아담 스미스 그리고 헤겔에 의해 논의되었다. (예를 들면, Hegel, Philosophy of History, 1956의 '서론'과 '동양 세계'를 볼 것.) 또 역사적 검토로 Venturi, "The History of the Concept of 'Oriental Despotism' in Europe"(1963); P. Anderson, Lineages of the Absolute State(1974); 그리고 B. Chandra, 'Karl Marx, his Theories of Asian Societies, and Colonial Review'(1981)를 볼 것

73) 이 관념은 마찬가지로 선구자를 갖고 있다. 아마도 마르크스는 베를린의 그의 지리학 교수인 칼 리터로부터 이 관념을 얻었을 것이다.

74) Marx and Engels, *Selected Correspondence*(1975).

75) 마르크스와 엥겔스는 마찬가지로 다른 요인들도 고려했지만 그들의 분석이 사변적이라고 말하는 것은 적절한 것이다. 나는 엥겔스가 말년에 '동양적 전제'라는 관념을 철회했다고 믿는다. 이 주제에 관한 논의를 위해 P. Anderson, *Lineages of the Absolute State*(1974); Blaut, 'Colonialism and the Rise of Capitalism'(1989); B. Chandra, 'Karl Marx, His Theories of Asian Societies, Colonial Rule'(1981)을 볼 것.

76) Laibman, 'Modes of Production and Theories of Transition'(1984), Bailey and Llobere, *The Asiatic Mode of Production*(1981)를 볼 것.

77) Weber, *The Agrarian Sociology of Ancient Civilization*(1976), pp.84, 131, 157, *The Religion of China*(1951), pp.16, 21, 25 그리고 'The Origin of Seigneurial Proprietorship,' part 1, chap. 3, esp. pp. 56-57 in *General Economic History*(1981).

마찬가지로 McNeil, *Plagues and Peoples*(1976), pp.93, 207, 259를 볼 것.

78) Weber, *The Agrarian Sociology of Ancient Civilizations*(1976), pp.157-158. 또 p.84: '(이집트에서) 경제의 기초는 관개인데, 왜냐하면 이것이 토지 자원의 착취에서 결정적인 요인이기 때문이다. 모든 새로운 정착은 운하의 건설을 요구한다……운하의 건설은 집단적인 사회적 조직과 같은 종류의 것을 요구하는 불가피하게 대규모의 작업이다. 그것은 미개척 숲을 개간하는 상대적으로 개인주의적인 행위와는 크게 구분된다. 이것이 메소포타미아 (그리고) 이집트에서 왕정의 압도적으로 지배적인 위치에 대한 근본적인 경제적 원인이다.

79) 예를 들어 적도 지역의 고대 배수 농업 혹은 도드라진 경작지 농업에 대해서는, Denevan, *The Aboriginal Cultural Geography of the Llanos de Mojos of Bolivia* (1966), 그리고 'Hydraulic Agriculture in the American Tropics' (1982)를 볼 것. 뉴기니 고지에서 고대 배수에 관해서는 Golson, 'No Room at the Top: Agricultural Intensification in the New Guinea Highlands' (1977), 멕시코에서 배수와 초기 농업에 대해서는 Doolittle, *Canal Irrigation in Prehistoric Mexico*(1990), 마야 저지대에서 초기 배수에 대해서는 Harrison and Turner, *Pre-Hispanic Maya Agriculture*(1978)을 볼 것.

80) Jones, *The European Miracle*(1981), pp.8-9.

81) Hall, *Powers and Liberties*(1985), pp.12-13, 27-28, 36, 42-3, 53, 59, 99, 102, 137.

82) Hall, *Powers and Liberties*(1985), p.11, 또한 pp.41, 123, 132를 볼 것.

83) Mann, *The Sources of Social Power*(1986). 또한 그의 에세이 'European Development : Approaching a Historical Explanation'(1988)을 볼 것.

84) Mann, *The Sources of Social Power*(1986), p.94.

85) Mann, *The Sources of Social Power*(1986), p.179.

86) 만이, 두 발명품이 중동인들에 의해 시작되었다는 것을 인정하면서, 고대 유럽의 이륜을 주로 사륜마차를 이용한 전쟁과 철 쟁기를 이용한 강우 농업의 탓으로 돌렸다는 사실은 나로 하여금 만의 기본적인 인과적 합리화는 유럽인의 합리성이란 개념에 초점을 맞추고 있음을 상기시킨다. 누가 이것들을 발명하든 상관없이, 유럽인들은 그것들을 실제로 사용했다. 이 베버적인 개념은 사실 만에게 기본적인 것이라는 것은 이 장의 뒷부분에서 보여질 것이다.

87) Bray, *Agriculture*, vol.6, part2, of Needham and collaborators, *Science and Civilization in China*(1984).

88) Blaut, 'Two Views of Diffusion' (1977).

89) Mann, *The Sources of Social Power*(1986), pp.247, 406, 408, 412, 504-510, 520, 530, 539-540.

90) Mann, *The Sources of Social Power*(1986), p.509.

91) Hall, *Powers and Liberties*(1985), p.99.

92) Hall, *Powers and Liberties*(1985), p.110.

93) Jones, *The European Miracle*(1981), p.10.

94) Jones, *The European Miracle*(1981), p.47.

95) Jones, *The European Miracle*(1981), p.8. 존스는 비관개 농업과 비교해 볼 때, 노동자당 생산성이 관개 농업에서 더 낮다고 추측하는 공통적인 오류를 범하고 있다. 사실은 그렇지 않다. 짐을 끄는 동물과 더불어 노동자 당 중세 농민의 생산성은 그리 높지 않았다. 짐을 끄는 동물들은 관개 농업에서 사용되었는데, 일부 아시아 수도 미작 농업 체계에서는 매우 풍부하게 사용되었다.

96) Mann, 'European Development'(1988), p. 10, *The Sources of Social Power*(1986), p.406; Jones, The European Miracle (1981), pp.90, 227; Crone, *Pre-Industrial Societies*(1989), p.150; McNeill, *Plagues and Peoples*(1976), p.295.

97) Mann, *The Sources of Social Power*(1986, chap.5). 사실 만은 이러한 종류의 통계에 기초하여 고대 전쟁에 관한 이론을 만들었는데, 거기서도 마찬가지로, 군대들이 지금처럼 그때도 스스로 식량을 공급하고 행진하는 길에 동물들을 데리고 다녔다는 사실을 무시하고 있다.

98) Jones, *The European Miracle*(1981), ch.2 그리고 다른 곳. Hall, *Powers and Liberties*(1985), p.132.

99) Hall, *Powers and Liberties*(1985), p.111; Jones, *The European Miracle*(1981), pp.90, 105, 107, 226-227; Mann, 'European Development : Approaching a Historical Explanation'(1988), p.10; Mann, *The Sources of Social Power*(1986), p.406.

100) 때로 '범죄적 기질'은 다른 대조의 차원을 반영하는 것처럼 보인다.

101) Levy-Bruhl, *How Natives Think*(1966).

102) 예를 들어, Boas, *The Mind of Primitive Man*(1938); Radin, *Primitive Man as Philosopher*(1927); M. Mead, *Growing Up in New Guinea*(1930)을 볼 것.

103) Stocking, *Victorian Anthropology*(1987), p.59; Bowler, *The Inventive of Progress* (1989), p.66; Whitman 'Forum Philology to Anthropology in Mid-Nineteenth-Century Germany' (1984); Bernal, *Black Athena*, vol.1 (1987); Said, *Orientalism* (1978). 이 이론의 최근 표현은 '동양적 전제'에 관한 소비에트 논쟁에서 나타났다. Lelekov, 'Round-Table : State and Law in the Ancient Orient,'(1978). 역사가인 렐레코프는 '자유'와 '권리'를 의미하는 단어들은 본래 인도유럽어 혹은 관련 언어들에서 기초를 두고 있지만 중동 언어들에서는 그렇지 않다고 주장하면서, 이것은 '사회적 사고'에 영향을 미쳤다고 지적했다(p.190).

이 주장은 철학자인 V. 이바노프에 의해 거부되었다(p.193).

104) Dalal, 'The Racism of Jung'(1988)을 볼 것. 융의 저작에서, 특별히 *Psychological Types*(1971)를 볼 것(예를 들어; '(만약) 우리가 원시적인 심리학으로 올바로 돌아간다면, 우리는 절대적으로 개인이라는 개념의 흔적을 발견할 수 없을 것이다,' p.10) ; *Memories, Dreams, Reflections*(1963), 그리고 'The Dreamlike World of India,' in *Civilization in Transition*(1927). 또한 융의 제자인 에리히 노이만의 1954년 저작 *The Origins and History of Consciousness*(예를 들어; '창조적 진화의 한 형태로서 의식의 진화는 서구인들의 특별난 성취이다……의식의 창조적 특성은 서구의 문화적 정전의 중심적인 모습이다…… 인간 문화의 시원적 형태가 여전히 보존되고 있는 정지된 문화 혹은 원시적 사회에서, 인간의 가장 초기적인 심리적 단계를 탁월하게 볼 수 있다.' pp. x viii x - ix).

105) Piaget, *Psychology and Epistemology*(1971), p.61.

106) 예를 들어, Werner and Kaplan, *Symbol Formation*(1964)을 볼 것.

107) 이 현상에 대한 많은 사례들에 대해서는 *The journal of Cross-Cultural Psychology*의 첫 번째 16권(1985년 까지)을 볼 것. 이 시기에 이 미국 저널에 실린 경험적 논문들의 10분의 1 정도가 흑인 아프리카의 인지적 열등성을 보여줄 목적으로 백인 남아프리카인들에 의해 연구되었다.

108) Rogers, *The Diffusion of Innovations*(1962); Rogers and Shoemaker, *Communication of Innovations*(1971), pp.187-191; McClelland, *The Achieving Society*(1961); Hagen, *On the Theory of Social Change*(1962) 그리고 'A Framework for Analyzing Economic and Political Change,' in Brookings Institution, ed., *Development of the Emerging Countries: An Agenda for Research*(1962), pp.1-39. 나는 초기의 언급만을 인용했다. 대부분의 문헌들은 이 저작들로부터 출현했다.

109) S. Marglin, 'Losing Touch: The Cultural Conditions of Worker Accommodation and Resistance,' in F. and S. Marglin, eds., *Dominating knowledge: Development, Culture, and Resistance*(1990).

110) Sack, *Conceptions of Space in Social Thought*(1980). 여기서 논의된 확산 패러다임에서 저명한 지리학자들로는 L. Brown(*The Diffusion of Innovations*, 1981)과 P. Gould(*Spatial Diffusion*, 1969)가 있다. 자연적 위험과 관련된 농민 전통주의에 대해 풍부한 문헌을 실은 사례로 G. White, ed., *Natural Hazards*(1974)를 볼 것. 나는 이것들과 비서구적 비합리성에 대한 다른 주장을 비판한 바 있다. Blaut, 'Two Views of Diffusion'(1977), 'Diffusionism: A Unitarian Critique'(1987a), 그리고 'Natural Mapping'(1991).

111) 미국의 교육 분야에서 지배적인 표준화된 대학 입시 시험(SAT와 ACT)들은 (상황적일 뿐만 아니라) 문화적으로 특정화되고 성적으로 특정화된 내적 특성들에 의해 왜곡되었는데, 여성들이 대학 성적이란 측면에서 실질적

으로 더 높은 수준의 성취를 보이고 있음에도 불구하고, 여성들은 남성보다 더 못한 것으로 취급되고 있다.

한편으로 성적이 매우 낮은 라틴계(아프리카계 미국인들은 이러한 방식으로 아직 연구된 바 없다)의 ACT와 SAT 시험성적은 대학에서 그들의 성취도가 어떠하든 간에 그것과는 어떠한 상관관계도 없다. 이런 방식으로 시험들은 효과적으로 여성과 소수자의 대학 입학을 최소화시킨다. 왜 이런 시험들이 거의 보편적으로 사용되고 있는지는 매력적인 질문이다. 똑같은 편견이 IQ 테스트에서도 두드러지게 나타나 켈리포니아의 학교에서는 진단 도구로서 이런 시험이 금지되어 왔다. '원시적 심성'과 '원시적 언어'라는 편견은, 때로 소위 '영어만' 사용하는 문제와 비유럽 문학들이 유럽 문학과 더불어 대학 교육과정에 포함될 만한 가치가 있는지에 대한 미국 내부의 논란에서처럼, 서로 혼합되어 있다.

얼마 전 보스톤에서 6세에서 8세까지의 히스패닉 어린이 가운데 30%가 초등학교에 다니지 못했는데 그 이유로 영어를 사용할 능력이 없다는 것이 그들이 정신 지체라는 증거로 제시되었다. 그러나 보스톤은 '특별 학교'에 이 어린이들을 교육시킬 수 있는 충분한 자원이 없다고 선언했다. 일반적으로 미국 교육에서 시험은 대단히 인종적인 문제로 남아있다.

112) Rorty, *Philosophy and the Mirror of Nature*(1980), 그리고 Dewey의 초기 저작들 (예를 들어 *The Quest for Certainty*, 1929), Whitehead(예를 들어 *Modes of Thought*, 1938), 그리고 G. H. Mead(예를 들어 *Philosophy of the Act*, 1938).

113) 이것은 일반적인 진술이다. 일부 인류학자들은 '원시적 심성'이라는 교의 혹은 이와 밀접하게 연결된 '전통적 심성'이라는 교의를 지속적으로 유지하고 있다. 후자의 대표적인 사례로 George Foster의 잘 알려지고 영향력 있는 저서 *Traditional Cultures*(1962)가 있고 전자의 사례로 Hallpike, *The Foundations of Primitive Thought*(1979)가 있다. 이에 대한 비판으로, Schweder, 'Cultural Psychology: What Is It?'(1990)를 볼 것.

114) 베버의 '합리성'이라는 개념의 사용에 대한 질문, 그의 이론에서 그것의 기본적인 위상, 그리고 그것의 불분명한 정의와 출처에 대해서는 예를 들어 Weber, *General Economic History*(1981), pp.xxv-xxvii에 실린 코헨의 서문; Lowith, *Max Weber and Karl Marx*(1982), pp.40-42, 53-54, n.49; Freund, *The Sociology of Max Weber*(1968), pp.140-149. Weber, *General Economic History*(1981), chaps.29, 30, *The Protestant Ethic and the Spirit of Capitalism*(1958), pp.13-31, 59-60, 79, 118-120, 191, n.19,265, n.31, *The Religion of China* (1951), chap.8, *The Religion of India*(1967), p.387, 그리고 다른 저작들을 볼 것.

115) Weber, *General Economic History*(1981), p.161, 또 pp. 339, 355-368.을 볼 것. 베버는 아시아인의 비합리성에 대해 많은 언급을 하고 있다.

116) Weber, *Economy and Society*, vol.2(1968), pp.1212-1374.

117) 삽입구에서 숫자들은 *The European Miracle*에 실린 페이지 숫자들이다.

118) 생태학자의 용어 '편리공생'은 동물 종류들 간의 상호특정적인 협력의 밀접한 형태를 말하는데, 인간에 대해 적용된 경우는 거의 없다.

119) 존스의 방법론에 전형적인 것은 아시아인에게는 끔찍한 원시성의 모습을 부여하고 유럽인에게는 대단한 근대성의 모습을 부여하면서, 아주 초기 아시아 사회의 결함 있는 모습을 발견하고 이를 근대, 탈산업혁명기 유럽 사회의 호감을 주는 특성과 비교한 다음, 그것들이 마치 이 사회들의 영구적인 특성인 것처럼 취급하는 것이다.

120) "많은 방식에서 후기 봉건제의 원형적 형태인 프랑크적 봉건제는…… '유럽' 농민 사회의 매우 오래된, 깊이 뿌리박힌 경향과 '비유럽'적인 새로운 기회주의적인 것의 혼합이었다." Mann, 'European Development'(1988), p.16.

121) Mann, 'European Development' (1988), p.17. 또한 그의 *The Sources of Social Power*(1986)에서 pp. 190, 195, 213, 377, 404, 412, 510.을 볼 것. ('이 모든 과정들의 마지막에는, 유기적이고 중간 크기의, 젖은 토양의 섬나라 국가, 완벽하게 이륙할 상황이 되어있는 영국이 우뚝 서 있다.' p.510.)

122) Mann, 'European Development'(1988), pp.8-9, 11-12, 15-18 그리고 *The Sources of Social Power*(1986), pp.377-378, 397-398, 402-408, 412, 500-510. 마찬가지로 유럽의 합리성과 그것의 역사적 중요성에 대해서는 McNeill, *Plagues and Peoples*(1976), pp.41, 97, 106-107, 236, 238, 249, 256, 259, 264. 을 볼 것.

123) P. Anderson, *Passages from Antiquity to Feudalism*(1974), part3; Finley, *The Use and Abuse of History*(1975), ch.6; Aston and Philpin, *The Brenner Debate* (1985), pp.32-33, 42-51, 59, 63n, 214-215, 234-236, 306-316.를 볼 것.

124) White, *Medieval Technology and Social Change*(1962), p.38; McNeill, *Plagues and Peoples*(1976), p.234.

125) White, *Medieval Technology and Social Change*(1962), p.54

126) Kosambi, *Ancient India*(1969), p.89; R.S. Sharma, *Light on Early Indian Society and Economy*(1966), p.57.

127) White, *Medieval Technology and Social Change*(1962), p.44.

128) White, *Medieval Technology and Social Change*(1962), p.56; McNeill, *Plagues and Peoples*(1976), p.237.

129) C. T. Smith, *An History Geography of Western Europe*(1967), p.203; Darby, *The Domesday Geography of Eastern England*(1952).

130) Orwin and Orwin, *The Open Fields*(1967), ch.3; C.T. Smith, *An Historical Geography of Western Europe*(1967), ch.4.

131) White, *Medieval Technology and Social Change*(1962), p.57.

132) White, *Medieval Technology and Social Change*(1962), p.67.

133) White, *Medieval Technology and Social Change*(1962), p.68.

134) Bray, *Science and Civilization in China*, vol.6, part2, *Agriculture*(1984), pp. 304-328.

135) White, *Medieval Technology and Social Change*(1962), p.76.

136) White, *Machina Ex Deo*(1967). 특별한 논문, 꽤 유명한 논문으로 'The Historical Roots of Our Ecological Crisis.'(ch. 5).을 볼 것.

137) White, 'The Historical Roots of Our Ecological Crisis.' In White, *Machina Ex Deo*(1967), p.85.

138) White, *Machina Ex Deo*(1967), p.90.

139) Needham et al., *Science and Civilization in China*(1954-1984).

140) 오늘날 일부 역사가들은 이 증거를 무시하며 중국의 기술적 솜씨의 결여에 관한 낡은 관념을 되풀이하고 있다. 예를 들어 Roberts, *The Hutchinson History of the World*(1987), pp.493-495, 502.를 볼 것

141) '중세 시대Middle Age'와 '중세medieval'라는 용어는 관습적으로 대부분 혹은 모든 동반구에서 널리 사용되고 있다.

142) Needham et al., *Science and Civilization in China*, vol.4, part2 (1965), ch.27.

143) Needham et al., *Science and Civilization in China*, vol.4, part2 (1965), p.33. 아놀드 페이시는 한국에서의 혁신을 위치시키고 있다. Pacey, *Technology in World History*(1990), p.56.

144) 예를 들어 Lopez, 'Hard Times and Investment in Culture' (1953), Thorndyke, 'Renaissance or Prenaissance?' (1943).

145) Cipolla, *Guns, Sails, Empires*(1965), p.106.

146) Cipolla, *Guns, Sails, Empires*(1965), p.108-109.

147) Jones, *The European Miracle*(1981), p.124.

148) 근대 국가들 가운데 그러한 단순한 생태적 핵심 지역을 둘러싸지 않는 곳들이 있다. 스페인, 이탈리아, 독일, 폴란드, 그리스, 스웨덴, 러시아 등등. 20세기 이전에, 아마도 영국(남부 잉글랜드)과 프랑스(파리 분지) 일부 지역만이 이 고도로 추상적인 모델에 어느 정도 들어맞을 것이다. 이 모델은 일부 목적에는 유용하지만 대륙의 정치사를 설명하려는 목적에는 잘 들어맞지 않는다. 이 핵심부 지역들 가운데 일부는 국가들의 핵들이며 다른 것들은 그렇지 않다. 근대 동남아시아에서 미얀마, 태국, 캄보디아가 다른 유럽의 사례처럼 이 모델에 딱 들어맞는다.

149) 이러한 연결에서 Dirks, *The Hollow Crown*(1987)을 볼 것.

150) Hall, *Powers and liberties*(1985), 'States and Societies: The Miracle in Historical

Perspective'(1988).

151) Mann, *The Sources of Social Power*(1986), 'European Development'(1988).

152) 이는 서로에게 대립하는 유럽 국가들이 취했던 방법에 주목할 것을 주장하는 방법의 유일한 사례가 아니다. 한편으로 할은 로마 국가는 결정적인 혁신, 유럽의, 그리고 유럽만의, 많은 정치적 형태의 특성의 원천을 가져왔다고 주장한다. 다른 한편으로 다른 사람들은 로마 국가는 전제적인 동양 국가들처럼 단지 또 하나의 '제국 국가'였을 뿐이라고 폄하한다. 유럽은 국가의 제국적 형태를 회피함으로써 그리고 대신 보다 작고 더욱 민주적인 국가를 발전시킴으로써 정치적으로 혁신했다.

153) Beachler, 'The Origins of Modernity: Caste and Feudality(India, Europe and Japan)'(1988).

154) 예를 들어, White, *Machina Ex Deo*(1968); Mann, *The Sources of Social Power* (1986), 'European Development'(1988); Hall, *Powers and Liberties*(1985); Baechler, 'The Origins of Modernity'(1988); K.F. Werner, 'Political and Social Structures of the West'(1988); 그리고 Hallam, 'The Medieval Social Picture' (1975)를 볼 것.

155) Hall, *Powers and Liberties*(1985), p.135.

156) Mann, 'European Development'(1988), p. 12.

157) Hallam, 'The Medieval Social Picture'(1975), p. 49.

158) K. F. Werner, 'Political and Social Structure of the West'(1988), p.172. 이 독일 중세주의자는 '기적'을 기초한 핵심적인 힘이 기독교였다고 주장한다. 여기서 그는 가톨릭교회에 대해, 교의의 몸통(처음에는 가톨릭 나중에는 프로테스탄트)에 대해, 교회와 교의에 의해 영향을 받은 사회적·정치적 제도들에 대해, 그리고 유럽인들의 신앙에 대해 언급한다. 베르너의 견해에 따르면, 이 신앙은 그들의 혁신성, '안절부절못함', 그들의 합리성과 깊은 관련이 있다. 베르너는 유럽의 흥기를 가져옴에 있어서 많은 인과적 요인들이 작동하였다는 점을 인정하면서도 자연 환경의 역할을 주장하는데 결코 망설이지 않는다. 그러나 그의 이론이 기본적으로 종교에 기반하고 있다는 것은 분명하다. 그리고 이것을 넘어서서, 사람들은 이 학자야말로 기독교적인 유럽의 등장에서 기독교 신의 손을 보고 있을지도 모른다는 점을 알아차릴 수 있을 것이다.

　　베르너는 무엇보다 먼저 로마 제국으로부터 중세에 이르기까지 유럽 역사가 제도와 진보의 연속을 유지했던, 그리고 후기 제국이 중세를 통해 계속되어왔고 그 시대의 특징을 부여했던 교회와 평신도 제도들을 설립했던 결과에 대한 강력한 사례를 거론한다. 제도들 가운데 최고는 가톨릭 교회이다. 베르너는 교회를 그것의 설립 때부터 역사에 대해 결정적인 영향을 행사한 것으로 묘사하고자 했다. 그는 유럽의 흥기를 제도로서의 그리고 교의 로서의 기독교에 의해 일관되게 지도된 과정으로 간주한다. 만약 베르너가 단순히 종교에 지배적인 역할을 부여하는 역사 이론을 제시하고자 했다면, 나는 이 책에서 그의 시각을 논의하지 않았을지도 모른다. 나는 교회의 역 할이 마르크스주의자는 물론이고 보수주의 역사가들에 의해서도 그다지 강 조되지 않아왔다는데 동의한다. 내가 베르너의 시각을 다루는 이유는 그가 유럽의 '기적'에서 역사적으로 유효한 역할을 수행했던 것이 종교 일반이 아 니라 기독교라는 그의 믿음을 분명히 했기 때문이었다.

베르너의 시각은 확실히 유럽중심적이다. 아마도 핵심적인 언급은 다음 에서 잘 나타나 있다. (만약) 우리가 그 자체로서 '유럽의 기적'을 이해하는 데 핵심적인 요인을 표현할 수 있는 한마디를 선택해야만 한다면 우리는 철 학적인 용어인 '불안', '안절부절못함'을 선택해야 할지도 모르겠다. 아시아 와 그것의 철학 그리고, 그것과의 연관 속에서, 위대한 종교와 철학, 영혼과 세계, 신의 품에서의 안식, 도달했음의 중심을 찾으려는 예술을 향해 투쟁 할 동안, 유럽의 기적에서 유럽인들은 도착하자마자, 늘 또 다시 도약할 준 비를 하는 사람들이다…… 그러나 이 정신성의 원인을 어디서 찾아야만 하 는가? 염원의 박차는 용서와 자비를 구하는 죄의 번민에서……발견될 수 있다. 영혼의 해방의 중요성은 개인에게, 사회적 지위의 독립과 도착지를 향하는 (스스로를 포기하지 않는)……개인에게 들어보지 못한 탁월함을 갖 다 준다……나에게 있어서 책임감은 '기적'을 성취하려는 유럽인들의 장점 가운데 하나이다(p.85).

그리하여 유럽의 종교, 기독교는 '유럽의 기적'의 기본적인 원천을 설명해 주는 '유럽적인 인간'의 정신성에 스며든다.

이에 대한 반대는 유럽의 독특한 '합리성'으로 상정되는 개념들에게로 향 하는 것과 똑같은 것이다. 그러한 추정적인 특성이 종교(베르너)로부터 혹 은 후기 신석기 시대 유럽 종족(마이클 만)으로부터 혹은 다른 어떤 근거로 부터 출현하더라도 기본적인 반대의 논리는 다음과 같다. 만약 모든 인간 공동체들이 다른 모든 공동체들처럼 똑같은 정신적 할당을 갖고 있다는 기 본적인 가정을 받아들인다면, 유럽인들을 비유럽인들보다 더 현명하고, 더 낮고, 더 용감하게 만드는 진술을 어떻게 진짜로 정당화시킬 수 있는가? 사 회적, 기술적, 그리고 순수하게 지적인 것을 통한 문화적 변동에서, 기초적 인 인과성을 지니고 있는 인간 정신에 신뢰를 주는 것은 하나 실지로 완전한 하나이다. 그러나 혁신성, 안절부절 함, 책임감, 지적 열정, 타인에 대한 존경 등등의 특성을 지닌, 보통 '합리성'이라는 단어로 요약되는 특성을 지닌, 일 부 공동체에게 인류의 정신에 신뢰를 주는 것은 무엇인가 아주 다르며, 아주 의심스럽다. 유럽인들은 합리적이지만 비유럽인들도 마찬가지이다.

159) 예를 들어 Palmer, *Atlas of Modern History*(1957); Bjorklund, Holmhoe, Rohr, and Lie, *Historical Atlas of the World*(1970); 그리고 Kinder and Hilgemann, *The Anchor Atlas of World History*, vol.1 (1974)를 볼 것.

160) 나는 이것을 *The National Question*(1987b)에서 논의한 바 있다.

161) Padgug, 'The Problem of the Theory of Slavery and Slave Society'(1976).

162) Baechler, 'The Origins of Modernity'(1988).

163) Baechler, 'The Origins of Modernity'(1988). p.39는 우리가 '야만적인 유럽(서 기전 600년 경)과……서기 19세기 식민화의 경계에 선 아프리카를 병치'시 켜야만 한다고 제시한다.

164) 베츨러는 진정한 귀족정을 일본에서도 발견하지만 일본은 다양한 다른 이 유들로 인해 유럽과 경쟁하는데 실패했다고 믿는다.

165) 베츨러는 암흑시대의 정치적 혼란이 유럽에서 강력한 국가로의 길을 무난하 게 열어주었다는 점은 별로 주목할 만한 것이 아니라고 생각한다. '불가피하 게' '거대 정치의 재구성'이 존재할 것이다. (Baechler, 'The Origins of Modernity' 1988, p. 50). 그러나 인도에서는 1000년 동안의 혼란이 치유되지 못할 것이고 이후에도 영구적으로 '정치체는……인도에서 실체가 아닐 것'이라는 것은 마 찬가지로 불가피한 일이다.(p.45).

166) Baechler, 'The Origins of Modernity'(1988), p. 59.

167) Baechler, 'The Origins of Modernity'(1988), p. 53.

168) Baechler, 'The Origins of Modernity'(1988), p. 56.

169) Baechler, 'The Origins of Modernity'(1988), p. 45.

170) Baechler, 'The Origins of Modernity'(1988), p. 53.

171) Godelier, *Sobre el Modo de Produccion Asiatico*(1969), p.58.

172) Brenner, 'The Origins of Capitalist Development: A Critique of Neo-Smithian Marxism'(1977); 'Agrarian Class Structure and Economic Development in Pre-Industrial Europe'(1985, originally published1976), 그리고 'The Agrarian Roots of European Capitalism' (1985). 1976년의 논문이 『과거와 현재』에 최초 로 실린 이후, 일련의 비판들이 그 잡지에 실렸으며, 브레너는 1982년에 'The Agrarian Roots of European Capitalism'이라는 논문으로 응답했다. *The Brenner Debate: Agrarian Class Structure and Economic Development in Pre-Industrial Europe* 은 『과거와 현재』두 권에 실린 논문들과 여러 비판들을 담고 있으며, Aston and Philpin에 의해 편집되어 1985에 출판되었다.

173) 나의 견해로 이 빈약한 이론이 대중적 인기를 끌게 된 것은 기본적으로 두 가지 이유 때문이다.
　　첫 번째로 마르크스주의적 관점으로 제시하자면, 농촌적인 편견이 있다고 는 하지만 계급투쟁에 기초함으로써 그것은 꽤나 전통적인인 이론으로 나타날 수 있었기 때문이다. 계급투쟁 이론들은 전통적인 결론에 도달하는 것처럼 보인다.

그리고 둘째, 브레너는 그의 이론을 사용하여('The Origins of Capitalist Development: A Critique of Neo-Smithian Marxism,' 1977, pp. 77-92) 그리 대중적이지 못한 종속이론, 저발전 이론, 그리고 특히 유럽의 식민지주의는 자본주의의 뒤늦은 흥기와 상당한 관련이 있다고 주장하는 세 명의 네오 마르크스주의자들—스위지, 프랑크, 월러스틴—의 관점을 지닌 '제3세계주의자들'을 공격한다. 브레너는 일관된 유럽중심적 터널 역사가이다. 비유럽은 어떠한 역사적 시기에서도 사회적 진화에 어떠한 중요한 역할도 하지 못했다. 그는 식민지주의가 자본주의적 생산관계를 포함한다는 것을 알지 못한 채—4장 이하를 볼 것—, 자본주의의 흥기는 결코 상업의 생산이 아니라고 하면서, 유럽 바깥의 세계는 단지 유럽에 상업적 영향만을 미쳤을 뿐이라고 주장한다. 자본주의는 잉글랜드의 시골에서 발생했고 계급투쟁을 반영하지 무역을 반영하지는 않는다. 힐튼, 크로트와 파커, 분더, 르로이, 라뒤리, 보아, 쿠퍼 그리고 다른 사람들의 브레너에 대한 비판은 아시톤과 필핀(1985)이 편집한 책을 볼 것. 또한 Torras, 'Class struggle in Catalonia'(1980)과 Hoyle, 'Tenure and the land market in early modern England: Or a late contribution to the Brenner debate.'(1990).을 볼 것.

174) Taeuber, in Freedman, *Family and Kinship in Chinese Society*(1970).

175) (1)만약 가족 구성원 가운데 하나만이 임금노동자라면, 실직은 재앙이다. 만약 여러 명이 임금노동자라면, 보통 누군가가 해고되었을 때 다른 일부가 수입을 얻게 된다. (2)수입의 특정한 부분을 저축할 능력이 있다고 상정하면, 복수의 임금 수입은 커다란 절대적 저축량, 즉 자본을 제공할 것이며 절대적 자본량은 기업에서 결정적일 수 있다. (3)차용을 위해 친족을 갖는 것은 소규모기업을 위해서 유용하다. (4)친족은 비지불 노동을 제공할 수 있다. 이러한 원칙들은 제3세계 공동체에 잘 알려져 있다.

176) Hajnal, 'European Marriage Patterns in Perspective'(1965), pp. 101-146. 이 논문은 유럽의 기적 문헌들 가운데서 인구학 주제에 대해 출판된 것으로서 가장 널리 인용되는 것 가운데 하나이다.

177) 위의 주 37을 볼 것.

178) Hajnal, 'European Marriage Patterns in Perspective'(1965), p. 101.

179) Hajnal, 'European Marriage Patterns in Perspective'(1965), p. 134.

180) Hajnal은 그가 비유럽에 대해서는 최근의 자료들만 가지고 있다는데 동의하지만, 역사적 자료들은 그의 초점을 훨씬 분명하게 드러낼 것이라고 제시한다. 왜냐하면 근대 비유럽 가족 패턴은 그가 보기에 유럽적 패턴의 방향으로 변화하고 있기 때문이다. 즉 유럽화되고 있는 중이다. 그리고 '자료에

대한 모든 검증이 이루어지면, 본래의 일반화가 유지될 것이라는데 의심의
여지가 없다.'('European Marriage Patterns in Perspective,' 1965, p. 106).

181) Stone, *The Family, Sex and Marriage in England 1500-1800*(1977), p.509.

182) Mann, *The Sources of Social Power*(1986), p.408; Crone, *Pre-Industrial Societies*
    (1989), p.152; Jones, *The European Miracle*(1981), pp.15-16; Macfarlane,
    Marriage and Love in England: Modes of Reproduction 1300-1840(1986).

183) Laslett, 'The European Family and Early Industrialization'(1989).

184) Taeuber, 'The Families of Chinese Farmers'(1970), pp. 63-86.

185) Freedman, *Chinese Lineage and Society*(1966), p.49.를 볼 것.

186) 예를 들어 Handler, 'Review of Macfarlane, A., Marriage and love in England'
    (1989); Hilton, 'Individualism and the English Peasantry'(1980); Kertzer, 'The
    Joint Family Household Revisited: Demographic Constraints and Household
    Complexity in the European Past'(1989); 그리고 Berkner, 'The Use and Misuse
    of Census Data for the Historical Analysis of Family Structures'(1975), 그리고
    'The Stem Family and the Development Cycle of the Peasant Household'(1989).
    를 볼 것.

187) 예를 들어 G. Lee, 'Comparative Perspectives'(1987), p. 65는 '(많은) 학자들
    이, 확대된 가족을 선호하는 문화적 요소와 상관없이, 어떤 사회에서도 가
    족의 대다수는 핵가족이고 핵가족이었다는데 동의했다'고 지적한다.

188) Macfarlane, *The Origins of English Individualism*(1978), ch.1 그리고 'The Cradle
    of Capitalism'(1988), p. 344.

189) 예를 들어, Hilton, 'Individualism and the English Peasantry'(1980)과 Handler,
    'Review of Macfarlane, A., Marriage and Love in England'(1989)를 볼 것,

190) '(다산과 죽음에 대한)……측면에서 (원시적인 인간들의) 행위 패턴은 많
    은 동물들에서 관찰될 수 있는 그것과 강력한 유사함을 갖고 있는 것처럼
    보인다.' Wrigley, *Population and History*(1969), p.37. 리글리는 현재 사냥-채
    집-어로를 수행하는 사람들에 대해 집필했다. '동물 사회 관습과 동물 숫자
    의 조절 사이의 관련에 대한 서술'은 '원시적 인간의 연구에 대한 출발점으
    로서 편리하다'(p.37).

191) Crone, *Pre-Industrial Societies*(1989), p.153; Hall, *Powers and Liberties: The Causes
    and Consequences of the Rise of the West*(1985), pp.130-132; Jones, *The European
    Miracle*(1981), pp.3, 13-15, 217-219, 226-227, 231, 그리고 다른 여러 글;
    Laslett, 'The European Family and Early Industrialization'(1989), pp. 235-240;
    Macfarlane, 'The Cradle of Capitalism'(1988), ch. 14; Mann, *The Sources of Social
    Power*(1986), p.408.

192) Hall, *Powers and Liberties*(1985), pp.130-131.

193) Laslett, 'The European Family and Early Industrialization'(1989), p. 237.

194) Croot and Parker, 'Agrarian Class Structure and the Development of Capitalism: France and England Compared'(1985)을 볼 것. 이 논문과 다른 논문들이 실린 Aston and Philpin, *The Brenner Debate: Agrarian Class Structure and Economic Development in Pre-Industrial Europe*(1985)은 중세 유럽에서 낮은 수준의 소유권에 대해 세부적으로 논의하고 있다.

195) Stone, *The Family, Sex and Marriage in England, 1500-1800*(1977), pp.53-54.

196) Stone, *The Family, Sex and Marriage in England, 1500-1800*(1977), pp.652.

Chapter 3. 1492년 이전 Before 1492

1) 나의 '문화적 진화'라는 용어에 대해서는 1장 14번 주석을 볼 것.

2) 이 장의 이 부분에서의 논의는 주로 동반구를 다루고 있다. 서반구는 4장에서 따로 다뤄질 것이다.

3) Dobb, *Studies in the Development of Capitalism*(1947)를 볼 것.

4) Amin, *Unequal Development*(1976) 그리고 'Modes of Production: History and Unequal Development'(1985).

5) Kabaker, 'A Radiocarbon Chronology Relevant to the Origins of Agriculture'(1977); Megaw, *Hunters, Gatherers and First Farmers Beyond Europe*(1977); Vishnu-Mittre, 'Origin and History of Agriculture in the Indian Subcontinent'(1978). Blaut, 'Diffusionism: A Uniformitarian Critique'(1987a)의 비평을 볼 것.

6) Blaut, 'Diffusionism'(1987a)

7) 여기서의 가정은 유용하기 때문에 농업 자체가 진화하고 있었다는 것이지만, 그러나 추론적인 가정에서 핵심은 인류가 이것을 하나의 우호적인 장소에서가 아니라 많은 장소와 많은 사람들 사이에서 그러했음을 깨닫고 있었다는 것이다. 농업이 오늘날 거의 모든 곳에서 유용하다는 사실에 비추어보면, 이것은 놀랄 만한 일이 아니다. 그러나 이것은 유럽중심적 확산론의 가정과 확실하게 반대되는 것이다.

8) 이 과정의 사례들은 중세 농업에서 동유럽의 숲으로부터 동쪽으로의 전진운동과 이라크에서 경작 가능한 소택지의 재생을 포함한다. 경작지는 많은 지역에서 이러저러한 방법으로 확장되어져 갔다. 덧붙여, 이전에 농업을 영

위해본 적이 없는 일부 사회들은 더 작고 좋지 않은 지역으로 밀려나게 되었으며 따라서 토지 부족을 충족시키기 위해 식량 생산의 증대 수단으로서 농업으로 전환했다는 것은 분명해 보인다.

9) R. Lee, 'Art, Science, or Politics? The Crisis in Hunter-Gatherer Studies'(1992)를 볼 것.

10) 관개, 배수, 광범위한 계단식 농지, 돋운 혹은 배수된 농지 건설, 자연 제방 적응 등을 포함하는 농업에서의 수리 통제 체제는 농업 자체만큼이나 오래된 것들이다. 왜냐하면 (1)모든 곳의 모든 농부들은 수분 통제의 문제를 알고 있으며(가뭄이 있을 때 물을 주고, 뿌리가 침수될 위험이 있거나 물이 너무 많을 때 수분을 제거한다). (2)이 모든 과정들은 최초에 개별적인 농장에서 취해진 소규모의 행위들이었다 ('수력 이론'의 허구성에 대한 2장에서의 논의를 생각할 것). 그리고 (3)뉴기니의 대단히 오래된(9000년 된) 배수 체계에 관한(Golson, 'No room at the top: Agricultural intensification in the New Guinea Highlands,' 1977), 그리고 적도 아메리카의 배수된 혹은 돋워진 토지 체계에 관한(Denevan, 'Hydraulic Agriculture in the American Tropics: Forms, Measures, and Recent Research,' 1982) 직접적인 고고학적 증거가 존재한다.

우리는 관개의 원시성과 다른 여러 물 관리 체계를 유추할 수 있다. 배수와 돋워진 토지 체계를 따라가 보면, 그것들은 신석기 시대만큼 오래되었을 것이다. 그런 정도로, 이 모든 것은 이미 확산된 집약적인 기술을 채택하지 않은 것은 다름 아닌 정보의 부족을 반영하는 것임을 보여준다. 2장에서 언급한 것처럼 계급 사회와 연결되어, 관개 체계는 사회적 과정으로서 확산되었다. 쟁기가 아프리카에서 사용되지 않았다는 신화에 대해서는 Hopkins, An Economic History of West Africa(1973)와 Onimode, Imperialism and Underdevelopment in Nigeria(1982)를 볼 것. 쟁기는 적도 농업에서 매우 알뜰하게 사용되었음을—주로 논 작업을 위해—언급할 필요가 있다.

11) 곡물, 도구, 농지 체계, 노동 투입 등과 같은 것들을 고려해 볼 때, 커다란 범위에 대한 환경적 특질에서의 차이에 영향을 받지 않은 채, 선택의 묶음들은 대략 1인당 산출물의 통상적 수준을 갖다 주었다고 나는 추측한다. 일부 지역에서 이동 경작과 같은 대단히 포괄적인 체계가 사용되었으며 다른 일부 지역에서 수리 미작 경작과 같은 집약적인 체제가 사용되었을 것이다. 그러나 투입 시간당 생산이라는 측면에서의 노동 생산성은 집약적이고 포괄적인 체제 모두에서 이 모델과 거의 같게 되는 경향이 있다.

다음과 같은 두 개의 가정이 받아들여진다면 이것은 진실일 것이다. (1)빠르고 전반적인 확산이 발생했다는 것, (2)농업에 종사하는 사람들에 의해 인구가 통제되어 산출과 여유 시간과 관련된 상황이 최적화되었다는 것. 기술과 노동 활용에 대한 제약 요인이 근본적으로 지배계급의 요구와 권력에 의해 영향을 받는 계급사회에서, 이것들 가운데 어떤 것도 진실이 아닐 것이다.

12) 예를 들어, Kea, *Settlements, Trade, and Polities in the Seventeenth-Century Gold Coast*(1982); Isichei, *A History of Nigeria*(1983); Rodney, *A History of the Upper Guinea Coast 1545-1800*(1970); A. Smith, 'The Early States of the Central Sudan' (1971); Usman, *The Transformation of Katsina (1400-1883)*(1981)를 볼 것.

13) Blaut, 'Colonialism and the Rise of Capitalism'(1989)를 볼 것. 이들 사회 모두에서 대등한 높은 지위 집단, 성직자들, 관료들, 군인들 등이 존재하는 것은 사실이지만, 그러나 분명하게도 봉건적인 사회의 어떤 경우도 부와 신분이 분명하게 토지 소유권으로부터 그리고 농민들에게서 추출된 잉여로부터 독립된—나는 건조하고, 목축 지역들에서 작은 도시화된 권력 중심들과 다수의 거대 도시들의 사례들을 제외시켰다—경우는 없었다.

14) 표면적으로 그러한 사적인(팔 수 있는) 농업 토지에 대한 소유권은 주로 중요한 도시, 항구, 광산 지역 근처 등에서 발견된다. Rawski, *Agricultural Change and the Peasant Economy of South China*(1972); Das Gupta, *Malabar in Asian Trade: 1740-1800*(1967); Nicholas, 'Town and Countryside: Social and Economic Tensions in 14th Century Flanders'(1967-1968); Kea, *Settlements, Trade, and Polities in the seventeenth-Century Gold Coast*(1982); Rodney, *A History of the Upper Guinea Coast*(1970); Usman, *The Transformation of Katsina*(1981); Sherif, Slaves, *Spices and Ivory in Zanzibar*(1987).를 볼 것.

15) 아시아에서 유산되는 봉과 토지 소유권의 중요성에 대해서 Elvin, *The Pattern of the Chinese Past*(1973); Sharma, *Indian Feudalism, c.300-1200*(1965); Fei Hsiao-tung, *China's Gentry*(1953); Fu and Li, *The Sprouts of Capitalistic Factors Within China's Feudal Society*(1956); Rawski, *Agricultural Change and the Peasant Economy of South China*(1972); Tung, *An Outline History of China*(1979); Liceria, 'Emergence of Brahmanas as Landed Intermediaries in Karnataka, C.A.D.1000-1300'(1974); Mahalingam, *Economic Life in the Vijayanagar Empire* (1951); Hasan, 'The Position of the Zamindars in the Mughal Empire'(1969); Raychaudhuri, 'The Agrarian System of Mughal India'(1965); Yadava, 'Secular Land Grants of the Post-Gupta Period and Some Aspects of the Growth of the Feudal Complex in Northern India'(1966). 아프리카 사하라 남부(이 지역에 대해서는 다만 조각난 증거물들만 있을 뿐이다)에 대해서는, 예를 들어 A. Smith, 'The Early States of the Central Sudan'(1971); Mabogunji, 'The Land and Peoples of West Africa'(1971); Kea, *Settlements, Trade, and Polities in the Seventeenth-Century Gold Coast*(1982); Isichei, *A History of Nigeria*(1983); Onimode, *Imperialism and Underdevelopment in Nigeria*(1982); FRELIMO, *Historia de Mozambique*(1971); Rodney, *A History of the Upper Guinea Coast*(1970); 그리고 Usman, *The*

Transformation of Katsina(1981)을 볼 것.

16) 중국의 장원제도에 대해서는 Elvin, *The Pattern of the Chinese Past*(1973)을 볼 것, 인도에 대해서는 Gopal, 'Quasi-Manorial Rights in Ancient India'(1963); Mahalingam, *Economic Life in the Vijayanagar Empire*(1951); Yadava, 'Secular Land Grants of the Post-Gupta Period'(1966); Yadava, 'Immobility and Subjugation of Indian Peasantry in Early Medieval Complex'(1974)를 볼 것. 그러나 인도 역사가들은 인도와 유럽의 장원 형태 사이의 중요한 차이를 알아차리고 있다. 초기 인도의 봉건제적 장원 노동에서 일부는 농노의 특징을, 일부는 임금노동의 특징을, 일부는 차지농의 특징을 갖고 있었다. 또한 초기 인도의 봉건 장원은 진부한 유럽 장원보다 덜 자급자족적이었고 덜 고립되어 있었던 것으로 보인다.

17) Marx의 관점은 'The British rule in India'(1979)에 나타나있다. 하비브Irfan Habib는 부분적으로 코삼비Kosambi(둘 다 마르크스주의자들이다)를 따라, 기원 전 200년-기원 후 650년 사이의 '폐쇄되고 자기 충족적인 전통적인 인도 마을의 창조'(강조는 필자)에 대해 집필했는데, 이 과정은 '수공업의 농촌화'와 마을에서 토지없는 사람들의 계획된 정착을 포함하고 있다. Habib, 'The Social Distribution of Landed Property in Pre-British India'(1965).

18) 중세 유럽 마을에서 농업과 수공업의 통일에 대해서는 예를 들어, Sylvia Thrupp, 'Medieval Industry 1000-1500'(1972)를 볼 것.

19) Dobb, *Studies in the Development of Capitalism*(1947).

20) 농노제는 중세 유럽의 모든 부분에서의 특징이 아니었다. 아시아와 아프리카에서 비자유노동에 대해서는 Yadava, 'Immobility and Subjugation of Indian Peasantry in Early Medieval Complex'(1974); Levitzion, 'The Early States of the Western Sudan to 1500'(1972); Elvin, *The Pattern of the Chinese Past*(1973)을 볼 것.

21) 브레너와 그에 대한 비판에 대해 Aston and Philpin, *The Brenner Debate: Agrarian Class Structure and Economic Development in Pre-Industrial Europe*(1988); Brenner, 'The Origins of Capitalist Development: A Critique of Neo Smithian Marxism.'(1977); Baechler, 'The Origins of Modernity: Caste and Feudality(India, Europe and Japan).'(1988)을 볼 것. 브레너와 베츨러에 관한 언급은 2장을 볼 것.

22) Lynn White, Jr. in *Medieval Technology and Social Change*(1968); Michael Mann, 'European Development: Approaching a Historical Explanation'(1988); Perry Anderson, *Lineages of the Absolute State*(1974).

23) Blaut, *The National Question*(1987b), ch.7.

24) 인도에 대해서는 예를 들어 A. Chicherov, 'On the Multiplicity of Socio-Economic Structures in India in the Seventeenth and Eighteenth Century'(1976);

I. Habib, 'Problems of Marxist Historical Analysis'(1969); S. Gopal, 'Nobility and the Mercantile Community in India'(1972); Radhakamal Mukherjee, *The Economic History of India, 1600-1800*(1967); Ramkrishna Mukherjee, *The Rise and Fall of the East India Company*(1985); Jha, *Studies in the Development of Capitalism in India*(1963); Nurul Hasan, 'The Silver Currency Output of the Mughal Empire and Prices in India During the 16th and 17th Centuries'(1969); Yadava, 'Immobility and Subjugation of Indian Peasantry in Early Medieval Complex'(1974). 서 아프리카에 대해서는 Kea, Settlements, *Trade, and Politics in the Seventeenth-Century Gold Coast*(1982). 중국에 대해서는 Harrison, *The Communists and Chinese Peasant Rebellions*(1969); Parsons, *Peasant Rebellions in the Late Ming Dynasty*(1970); Fu and Li, *The Sprouts of Capitalistic Factors Within China's Feudal Society*(1956)를 볼 것.

25) Appadorai, *Economic Conditions in Southern India*(1936); Elvin, *The Pattern of the Chinese Past*(1974); Nicholas, 'Town and Country side: Social and Economic Tensions in 14th Century Flanders'(1967-1968), pp.458-485; Rawski, *Agricultural Change and the Peasant Economy of South China*(1972); T. Ray Chaudhuri, *Jan Company in Coromandel*(1962).

26) Rawski, *Agricultural Change and the Peasant Economy of South China*(1972).

27) Appadorai, *Economic Conditions in Southern India*(1936); Gernet, *Daily Life in China on the Eve of the Mongol Invasion*(1962); Habib, 'Problems of Marxist Historical Analysis'(1969); Mahalingam, *Economic Life in Vijayanagar Empire*(1951); K. Nilikanta Sastri, *A History of South India*(1966); Tung, *An Outline History of China*(1979); Kea, *Settlements, Trade, and Polities in the Seventeenth-Century Gold Coast*(1982), Sherif, *Slaves, Spices and Ivory in Zanzibar*(1987).

28) Blaut, 'Where Was Capitalism Born?'(1976).

29) Pires, *The Suma Oriental*(1944edition).

30) Pires, *The Suma Oriental*(1944); Di Meglio, 'Arab Trade with Indonesia and the Malay Peninsula from the 8th to the 16th Century'(1970). 칼라의 위치는 잠정적으로 메귀 지역에 위치했다. Wheatley, *The Golden Khersonese*(1961)을 볼 것.

31) 이 테제는 중세 자본주의의 흥기에서 도시화가 기여한 역할을 둘러싼 유명한 논쟁에서 핵심적인 것이다. 마르크스주의 문헌에서 이 관점은 모리스 돕(그는 대단히 조심스럽게 이 문제를 제시했던 사람이다)과 연결되어 있으며 그것에 대한 반대—자본주의의 흥기에서 도시의 역할을 강조한다—는 폴 스위지와 연결되어 있다. Dobb, *Studies in the Development of Capitalism*(1974), Sweezy, 'A Critique'(1976). 이 테제는 '종속이론'에 대한 논쟁에서도 핵심적인 것이다. 예를 들어, 로버트 브레너는 문제는 생산이지 교환이 아니기 때

문에 도시와 무역은 본질적으로 적실성이 없다고 주장한다. 그리고 브레너는 중세 세계에서 도시들은 생산의 중요한 지점이 아니었다고 (잘못되게) 믿고 있다. Brenner, 'The Agrarian Roots of European Capitalism'(1985), pp. 38-39. Ch.2, 위의 주 172를 볼 것.

32) Elvin, *The Pattern of the Chinese Past*(1973).

33) Elvin, *The Pattern of the Chinese Past*(1973), Mahalingam, *Economic Life in Vijayanagar Empire*(1951); Naqvi, *Urban Centres in Upper India, 1556-1803*(1968); Satish Chandra, 'Commerce and Industry in the Medieval Period'(1964).

34) Pires, *The Suma Oriental*(1944). 마찬가지로 K. N. Chaudhuri, *Trade and Civilization in the Indian Ocean*(1985); Chan-Cheung, 'The Smuggling Trade Between China and Southeast Asia During the Ming Dynasty'(1967); Di Meglio, 'Arab Trade with Indonesia and the Malay Peninsula from the 8th to the 16th Century'(1970); Elvin, 'China as a Counterfactual'(1988); Gupta, *Industrial Structure of India During Medieval Period*(1970); I. Habib, 'Usury in Medieval India'(1964); Jha, *Studies in the Development of Capitalism in India*(1963); Pires, *The Suma Oriental*(1944); Prakash, 'Organization of Industrial Production in Urban Centres in India During the Seventeenth Century with Special Reference to Textiles'(1964); Victor Purcell, *The Chinese in Southeast Asia*, 2nded.(1965); Jan Qaisar, 'The Role of Brokers in Medieval India'(1974); Simkin, *The Traditional Trade of Asia*(1968); Toyoda, *History of Pre-Meiji Commerce in Japan*(1969); Udovitch, 'Commercial Techniques in Early Medieval Islamic Trade'(1974).

35) Needham and collaborators, *Science and Civilization in China*(1954-1984), vol.4, part3; Lewis, 'Maritime Skills in the Indian Ocean, 1368-1500'(1973); Lo, 'China as a Sea Power'(1955); Ma Huan, *The Overall Survey of the Ocean's Shores*(1970); Purcell, *The Chinese in Southeast Asia*, 2nd ed.(1965).

36) S. Chaudhuri, 'Textile Trade and Industry in Bengal Suba, 1650-1720'(1974); Elvin, 'China as a Counter factual'(1988); Gernet, *Daily Life in China on the Eve of the Mongol Invasion*(1962); Jha, *Studies in the Development of Capitalism in India*(1963); Naqvi, *Urban Centres in Upper India, 1556-1803*(1968); Needham and collaborators, *Science and Civilization in China*(1965-1984); Jan Qaisar, 'The Role of Brokers in Medieval India'(1974); Rodinson, 'Le Marchand Musulman'(1974); Rodinson, *Islam and Capitalism*(1973); Bodo Wiethoff, *Die Chinesische Seeverbotspolitik und der Private Uberseehandel von 1368 bis 1567*(1963); Yang, 'Government Control of Urban Merchants in Traditional China'(1970).

37) 나는 이 이념을 다음에서 제안한 바 있다. Blaut, 'Where Was Capitalism Born?'(1976). Janet Abu-Lughod의 중요한 저작 *Before European Hegemony: The*

World System A.D. 1250-1350(1898)은 14세기에 이 체제가 어떻게 작동하고 있었는지를 세부적으로 확실하게 보여준 최초의 노력이다. 또 S. Chaudhuri, ʿTextile Trade and Industry in Bengal Subaʾ(1985); Simkin, *The Traditional Trade of Asia*(1968); Amin, *Accumulation on a World Scale*(1974) 그리고 *Unequal Development*(1976)를 볼 것.

38) Steward, *Theory of Culture Change: The Methodology of Multilinear Evolution* (1955).

39) Braudel, *The Mediterranean*(1972); Goitein, *A Mediterranean Society*(1967); Lane, *Venice: A Maritime Republic*(1973).

40) Abu-Lughod, *Before European Hegemony: The World System A.D. 1250-1350* (1989), fig.1, p.34. 여덟 개 지역 가운데 하나는 중국으로부터 시작해서 중앙아시아를 지나 흑해로 이어지는 비해양 노선이다.

41) Blaut, *The National Question*(1987b).

42) Needham and collaborators, *Science and Civilization in China*(1965-1984), vol.5, part7; Needham, *Gunpowder as the Fourth Power, East and West*(1985).

Chapter 4. 1492년 이후 After 1492

1) 유럽인들은 아메리카를 '발견'하지 않았다. 아메리카에는 시베리아와 극지대에서 이주한 사람들이 이미 몇 천 년 전에 정착해서 살고 있었다. 그래서 나는 유럽인들의 도래를 '발견'으로 개념화하는 것을 선호하지 않는다. 마찬가지로 거기서 살고 있었고, 1492년 도착했던 콜럼버스를 맞이했던 사람들에게 전혀 새로운 것이 아니었던 까닭에, 서반구가 '신세계'라는 생각은 허위이다. 그러나 어떤 맥락에서는, '신세계'라는 어구를 사용하는 것을 피하기는 매우 힘들며, 따라서 나는 때때로 그것을 사용할 것이다.

2) K. N. Chaudhuri, *Trade and Civilization in the Indian Ocean*(1985); Simkin, *The Traditional Trade of Asia*(1986); Sherif, *Slaves, Spices and Ivory in Zanzibar* (1987)을 볼 것. 서 아프리카인들이 1492년 이전에 바다를 건너 아메리카로 항해했던 것은 사실인 듯하다. (DeVisse and Labib, ʿAfrica in Intercontinental Relations,ʾ 1984를 볼 것.) 그러나 서아프리카에는—동아프리카와 달리—주요한 상업—해양 항구 도시들이 없었던 까닭에, 1492년 이전의 대서양 항해

는 아프리카나 아메리카에 중요한 영향을 미치지 못한 듯하다. 여기에는 여러 가지 그럴듯한 이유가 있다.

첫째, 주요한 항구 도시들과 큰 규모의 장거리 해양 상업이 부재한 까닭에, 해안을 따라 항해하는 배들이 작았던 것 같다. 서쪽으로 부는 강하고 지속적인 무역풍이라는 주어진 조건 속에서, 그 배들이 아메리카가 있는 서쪽으로 쉽게 항해를 할 수 있었겠지만, 그러나 돌아오는 항해는 편서풍 지역인 북쪽이나 남쪽으로—대략 남부 유럽 위도 정도의 북쪽이나 나미비아 정도의 남쪽—향할 수밖에 없었다. 따라서 왕복 여행은 실행하기가 만만치 않았다. 다른 한편, 우리는 1492년 이전에 서아프리카 항해자들, 모로코의 항해자들, 서유럽 항해자들 모두가 아메리카의 해안(아마도 그랜드 뱅크지역)에서 정기적으로 어업과 포경업을 하고 있었다는 것을 그 이후의 연구로부터 배우게 되었다.

만약 이에 대한 보다 강력한 증거가 나타나면, 우리는 서 아프리카인들이 왕복 항해와 아메리카 해안의 일부에 익숙했다는 점을 생각해 볼 수 있을 것이다. 그러나 현재로서 우리는 그러한 증거를 갖고 있지 못하며, 아메리카에 도착했던 서 아프리카 배들이 있었다면 그것이 항로 밖으로 벗어난 것이라고 생각해야만 할 것이다. 그런 경우 돌아오는 항로는 대단히 힘들었을 것이다. 그러한 항해는 장거리 순환 항로에 대한 이전의 지식이 없이 수행되어야만 했을 것이다(아메리카 항해자들이 항로를 알고 있었고 아프리카 항해자들에게 항해 정보를 주지 않았던 한—그러나 우리는 1492년 이전에 아메리카인들이 대서양을 건넌 것에 대해 현재로서는 어떠한 확실한 증거를 갖고 있지 않다).

둘째, 아프리카에서 가장 가까이 있었던 아메리카 해안의 일부는, 대략 아마존 입구의 남쪽에 있는 브라질 해안이었을 텐데, 인구가 그다지 집중되지 못했고 무역이나 약탈을 초래하는 풍부한 금이나 은 제품이 없었던 지역이었다. (당연하게도 만약 서 아프리카인들이 서인도제도에 도달했다면, 콜럼버스가 그랬듯, 그러한 제품들이 풍부하게 널려 있는 것을 발견했을 것이다.)

그리고 셋째, 한 번의 항해를 대대적인 정복의 시작으로 전환시킬 수 있었던 역사적 조건의 복합은 서아프리카 해안지대에서 존재하지 않았던 것으로 보인다. 대규모의 무역, 상인-자본가 계급, 은행과 다른 자본주의적 제도들 등은 서아프리카 내륙의 도시 중심지들에서 발견되지만, 해안지대를 따라 나있는 도시 중심지들에서는 그렇지가 않았다. 이것들은 상업-해양 중심지들만큼 주요하지 않았다. 내륙에 위치한 도시들로서는 주요한 장거리 무역은 북쪽과 동쪽으로 행해지고 있었으며, 해안 항구로부터 거대한 규모의 대양 여행을 발전시킬 만한 시도가 이루어질 필요가 없었다.

일부 학자들은 내가 받아들일 수 없는 서아프리카의 범 대서양 항해에 대한 두 가지 주장이 '진실'이라는 입장을 유지하고 있다. 첫 번째는 아프리카인들이 1492년 이전에 아메리카 문화에 중요한 영향력을 행사했다는 것이다. 두 번째는 서아프리카인들이 콜럼버스가 그랬던 것과 대단히 유사한 방식으로 대서양을 건넜다는 것인데, 그러나 그들은 유럽인들과는 다른 가치를 갖고 있었고 유럽인들이 그랬던 것처럼 살인, 약탈, 노예화, 아메리카인의 희생으로 자신들을 살찌우는 짓은 하지 않았으며, 그래서 그들은 정복을 시도하지 않았다고 주장한다.

콜럼버스 이전 시기, 아프리카로부터 아메리카로의 확산이란 명제를 지지하기 위해 제시된 증거들 대부분은 우리가 1장에서 논의했던 '극단적인 확산론' 학파에 속한 유럽 학자들의 오래된 주장으로부터 나온 것들이다. 극단적 확산론자들은 고대 이집트인 혹은 페니키아인들이 대서양을 건넜고 아메리카에 문명을 갖다 주었다고 주장한다. 일부 근대 학자들은 이집트는 분명히 아프리카 문명이었고—이것은 확실히 진실이다—아메리카에 문명을 갖다 준 사람들은 아프리카인들이지 유럽인들이 아니었다고 주장함으로써 낡은 주장을 수정한다. 두 번째 증거는 남부 멕시코의 올멕 두상 조각이 아프리카적인 얼굴의 특징을 하고 있다는 것이다. 그러나 콜럼버스 이전 아메리카인들의 일부도 이런 얼굴을 하고 있었다. 그것들은 근대 라틴 아메리카 인디언 사이에서 그다지 희귀한 얼굴이 아니다.

그러나 이 이론에 대한 가장 심각한 반대는 다음과 같다. 올멕 문명은 아메리카에서 알려져 있는 문명 가운데 가장 오래된 것이다. 만약 올멕 문명이 아프리카로부터 왔다면 그리고 아메리카 사람들에 의해 토착적으로 발전된 것이 아니라면, 우리는 아메리카인들은 스스로를 문명화시킬 능력을 갖고 있지 못하다고 주장해야만 한다. 문명은 확산에 의해 즉 다른 곳에서 갖고 와야 하는 그 무엇이다. 이것은 서반구 사람들이 스스로 자신들의 문명을 발전시켰다는 입장을 고수하는, 내가 보기에 옳은, 라틴 아메리카인들에게 커다란 모욕을 주는 관점이다. 그들은 대서양이나 태평양을 건너온 항해자들로부터 전해진 것들 일부를 길들였을 것이다. 그러나 진정한 문화적 발전은 독립적인 발명의 문제이지 확산의 문제는 아니었다. 다시 우리는 고전적인 확산론으로부터 제기된 주장의 형태를 제시한다. 일부 인간 공동체는 발명적이고 다른 일부는 단지 모방적이다. 아프리카인들이 주요한 문화적 진보를 아메리카에 갖다 주었다는 박약하고 의문스러운 증거에만 기초하고 있는 까닭에, 이것은 그다지 설득적이지 못하다.

더 문제가 많은 것은 아프리카인들이 콜럼버스가 그랬던 것과 똑같은 시간 혹은 그 이전에 대서양을 건넜을 때, 그들은 유럽인들의 야만적인 가치를 갖고 있지 않았으며 그래서 정복, 약탈, 노예화를 시도하지 않았다는 주장이다. 이것을 받아들이기 위해서는, 유럽인들을 다른 인간들과 다르게 만드는 대단히 오래된, 대단히 깊이 박혀있는 그 무엇과 같이, 유럽인들의 문화에 절대적으로 근본적인 무엇이 존재한다고 믿어야만 할 것이다. 이것은 그들의 독특함이 진보성에 있는 것이 아니라 침략성, 약탈성, 그리고 물욕에 있다는 주장을 전복시킨데 불과하다.

나는 공통적인 기본적 인간 정신('심리적 일치')이라는 개념으로 시작하는 주장에 훨씬 편안함을 느낀다. 그것은 그들이 대표하는 문명, 봉건제에서 억압적인 계급구조의 발전, 시원적 자본주의로의 발전, 부가 어떤 희생을 치르거나 가능한 모든 방법으로 획득되는 체제와 같은 것의 영향으로서, 유럽인 정복자들의 피에 굶주린 특성을 설명한다. 이윤을 갖다 줄 수 있는 곳이라면 어디서나 정복, 약탈, 노예화가 준비되어 있고 열망하고 있는, 피에 굶주린 시원적 자본가 공동체들은 세 대륙 모두에서, 동반구의 많은 곳에서 발견된다.

이 책에서 나의 주장은 아메리카에서 유럽인들의 정복 움직임에 우호적이었지만 서아프리카인들의 움직임에 우호적이지 않았던 핵심적 요인들은, 유럽 연안에 주요한 상업-해양 중심지들, 장거리 해양 무역과 연결된 추가적인 형태를 갖고 있지는 않았던, 아프리카 내륙에서 발견되는 유사한 종류의 시원적 자본주의 중심지의 존재였다. 동아프리카에서 소팔라와 킬와는 이러한 형태를 갖고 있었지만 소팔라와 킬와는—이 장에서 언급된 것처럼—아메리카의 약탈 기지로부터 이베리아의 항구들과 카나리아 군도의 외항보다 훨씬 먼 곳에 위치하고 있었다(나는 내가 비판한 이러한 관점을 갖고 있는 특정한 학자들을 인용하지 않았는데, 왜냐하면 이들 이론들에 대한 완전하고 공정한 검토는 하나의 긴 주석 공간에서는 불가능하기 때문이다. 주요한 저작인 *They Came Before Columbus*[1976]에 나타난 것처럼 아프리카인들이 콜럼버스 이전에 아메리카로 왔다는 관점은 올바른 것일지 모르겠지만, 나는 콜럼버스 이전에 아프리카로부터 아메리카로의 문명화하는 특성의 확산에 대해 검토한 Ivan Van Sertima의 이론에는 동의하지 않는다).

3) Filesi, *China and Africa in the Middle Ages*(1972); Ma Huan, *The Overall Survey of the Ocean's Shore*(1970); Panikkar, *Asia and Western Influence*(1959).

4) 나는 북아프리카 인들이나 서아프리카인들이 정기적으로 바조도르 곶의 해안을 따라 항해했다는 문서화된 증거들에 대해 아는 바 없다. (DeVisse and Labib, 'Africa in Intercontinental Relations,' 1984를 볼 것.) 표면적으로 중세—유럽이나 비유럽의—항해 기술은 포르투갈인들의 항해가 15세기에 시작되었을 때보다 앞선 항해에서는 상당한 어려움을 갖고 있었다. 그러나 '발견'의 문제는 없었다. 해양 항로는 고대부터 알려져 있었다. 페즈 남쪽으로부터 타카(근대의 다카에 가까운)까지 그리고 그것을 넘어서는 (Niane, 'Mali and the Second Mandingo Expansion,' 1984, Levitzion, 'The Early States of the Western Sudan to

352 ▪

1500,' 1971을 볼 것) 중요한 육상 경로는 해안의 전체 길이와 병행하여 나있었고, 카나리아 군도와 해안을 따라 중세 시기에 이미 정착지가 존재하고 있었다. 기본적으로 내륙 여행보다 바닷길이 훨씬 싸고 더 빨랐다. 포르투갈인들이 '발견'했던 것은, 이 시기에 유럽인들과 아프리카인들에게는 알려져 있었지만 서아프리카인들에게는 알려지지 않았던(혹은 어쨌거나 사용되고 있었던, 혹은 어쨌거나 사용된 것으로 알려져 있는) 항해 기술을 활용하여 북아프리카와 서아프리카의 경쟁하는 상업적 이해보다 먼저 선수를 치는 방법이었다. 또 보자도르를 통과하는 포르투갈의 항로 전략은 기본적으로 대서양의 섬들로 항해하는데 사용되었던 전략이었으며 유럽인들은 물론 모로코 항해자들도 알고 있었던 것이라는 점이 언급되어야만 할 것이다.

5) Blaut, 'Diffusionism: A Uniformitarian Critique' (1987).

6) 일반적인 검토로는 Crosby, *The Columbian Exchange* (1972)와 McNeill, *Plagues and Peoples* (1976)을 볼 것. Borah and Cooke, 'La Demografia Historica de America Latina: Necesidades y Perspectivas' (1972); Whitmore, 'A Simulation of Sixteenth-Century Population Collapse in Basin of Mexico' (1991); Alchon, *Native Society and Disease in Colonial Ecuador* (1991); Lovell, ''Heavy Shadows and Black Night': Disease and Depopulation in Colonial America' (1992)를 볼 것.

7) 정복 시기에 아메리카 인구에 관한 논쟁에 대한 검토는 Denevan, *The Native Population of the Americas in 1492* (1976)를 볼 것.

8) Crosby, *The Columbian Exchange* (1972); Alchon, *Native Society and Disease in Colonial Ecuador* (1991).

9) 다양한 수치들에 관한 논의는 Denevan, *The Native Population of the Americas in 1492* (1976); Denevan, 'The Pristine Myth: The Landscape of the Americas in 1492' (1992); Lovell, 'Heavy Shadows and Black Night' (1992); Whitmore, 'A Simulation of Sixteenth-Century Population Collapse in the Basin of Mexico' (1991)를 볼 것.

10) 여기서 가정은, 사냥, 채집, 어로, 조개 채집을 위한 음식 자원이 풍부했던 한, 인구가 계속해서 성장했다는 것이다. 순수하게 가상적인 특정한 시간에, 곡물 재배에 이미 분명한 경험이 있는 사람들은 더 나은 곡물 공급(섬유질 등)이 농업을 통해 획득될 수 있다는 것을 발견했고 그리하여 변형이 시작되었던 것 같다. 이 주장은 맬서스적인 것이 결코 아님을 명심하라.

11) Fiedel, *Prehistory of the Americas* (1987)를 볼 것.

12) Crosby, *The Columbian Exchange* (1972), Lovell, ''Heavy Shadows and Black Night,''그리고 Alchon, *Native Society and Disease in Colonial Ecuador* (1991)를 볼 것.

13) Miskimin, *The Economy of Early Renaissance Europe, 1300-1460* (1969).

14) Abel, *Agricultural Fluctuations in Europe from the Thirteenth to the Twentieth Centuries*(1980).

15) de Vries, *European Urbanization, 1500-1800*(1984).

16) Hodgett, *A Social and Economic History of Medieval Europe*(1972) ('1320년 무렵 이후 200년은 전체적으로 유럽경제의 하향기라고 말할 수 있다,' p.212); Lopez and Miskimin, 'The Economic Depression of the Renaissance,'(1961-1962); C. T. Smith, *An Historical Geography of Western Europe Before 1800*(1969).

17) Lopez, 'Hard Times and Investment in Culture'(1953); Thorndyke, 'Renaissance or Prenaissance?'(1943).

18) Braudel, 'Prices in Europe from 1450 to 1750'(1953); de Vries, *European Urbanization*(1984). 이러한 변화들이 아시아에 미친 급속한 영향에 대해서는 Atwell, 'International Bullion Flows and the Chinese Economy circa 1530-1650' (1982); Aziza Hasan, 'The Silver Currency Output of the Mughal Empire and Prices in India during the 16th and 17th centuries'(1969)를 볼 것.

19) Cespedes, *Latin America: The Early Years*(1974); McAlister, *Spain and Portugal in the NewWorld, 1492-1700*(1984).

20) 고전적인 정치경제학에서 그리고 근대 마르크스주의 경제학의 일부에서, '시원적 축적'이라는 개념은—본질적으로—자본주의적 기업을 포함하지 않는 자본 축적 방식을 포괄하는 종류의 것으로 사용되었다. 보물을 해적질 하는 것과 유사한 방식이 '시원적 축적'이며, 일반적으로 16세기에 아메리카 식민지로부터 가져온 부의 종류는 시원적 축적으로 간주되었다.(마르크스에 따르면, '적나라한 약탈, 노예화 그리고 살인에 의해 유럽 바깥에서 획득된 보물이 다시 모국으로 되돌아 흘러들어오고 거기서 자본으로 전화되었다'; Marx, *Capital*, 1976, vol.1, p.918). 그러나 '시원적 축적'은 정확하게 정의될 수 없다. 나는 여기서 아메리카에서 축적된 부는 그것이 전산업적-자본주의 경제의 일부라는 의미에서만 시원적이라고 주장할 것이다. 다른 측면에서 보자면, 주로 노동에 의해 생산된 노동과 가치의 결합이라는 점에서 그것은 통상적인 축적이었다. 우리가 보게 되겠지만 이러한 구별은 대단히 근본적이다. 왜냐하면 만약 식민지에서 발생한 것이 '진정한' 혹은 '일상적인' 축적이 아니라면, 학자들은 식민지 경제가 자본주의의 시원적인 종류라기보다는 후진적이고 '봉건적'인 것이었다고 주장할 수 있을 것이기 때문이다.

21) E. J. Hamilton, *American Treasure and the Price Revolution in Spain, 1501-1650* (1934); Branding and Cross, 'Colonial Silver Mining: Mexico and Peru'(1972); H. and P. Chaunu, *Seville et l'Atlantique*(1504-1650), vol.6, pt.1(1956); Cross, 'American Bullion Production and Export 1550-1750'(1983).

22) 위의 주 19를 볼 것.

23) Vicens Vives, *An Economic History of Spain*(1969).

24) Vilar, *A History of Gold and Money, 1450-1920*(1976).

25) 그럼에도 불구하고, 중국해와 인도양에서 비유럽인 상인이 행사했던 대단히 거대한 무력이 남아있었다.

26) E. J. Hamilton, 'American Treasure and the Rise of Capitalism'(1929), 그리고 *American Treasure and the Price Revolution in Spain*(1934). 또한 중요한 저작으로 Walter Prescott Webb, *The Great Frontier*(1951)를 볼 것. 이는 부분적으로 이 시기와 이후의 시기에 유럽의 흥기에서 차지하는 아메리카의 커다란 중요성에 대해 주장하는 헤밀튼의 이론을 정초하였다.

27) Galloway, *The Sugar Cane Industry: An Historical Geography from its Origins to 1914*(1989); Deerr, *The History of Sugar*(1949-1950).

28) 예를 들어 Galloway, *The Sugar Cane Industry*(1989); Deerr, *The history of Sugar* (1949-1950); Watson, *Agricultural Innovation in the Early Islamic World: The Diffusion of Crops and Farming Techniques, 700-1100*(1983); N.S. Gupta, *Industrial Structure of India During the Medieval Period*(1970); Niane, ed., *UNESCO General history of Africa*, Vol. 4.(1984); Bray, *Science and Civilization in China*, Vol. 6, Part 2, Agriculture(1984).를 볼 것.

29) Deerr, *The History of Sugar*(1949-1950).

30) Simonsen, *Historia Economicado Brasil, 1500-1820*(1944); Furtado, *The Economic Growth of Brazil*(1963); Minchinton, *The Growth of English Overseas Trade*(1969). 또한 보다 일반적이지만 그러나 대단히 중요한 작업으로 월러스틴, 프랑크, 아민의 저작을 볼 것, 특히 Wallerstein, *The Modern World System*, 3vols. (1974-1988), Frank, *Capitalism and underdevelopment in Latin Africa*(1968) 그리고 그의 *World Accumulation, 1492-1789*(1978), 그리고 Amin, *Accumulation on a World Scale*(1974) 또한 그의 *Unequal Development*(1976)를 볼 것.

31) Edel, 'The Brazilian Sugar Cycle of the 17th Century and the Rise of West Indian Competition'(1969).

32) Furtado, *Economic Growth of Brazil*(1963).

33) K. N. Chaudhuri, *Trade and Civilization in the Indian Ocean*(1985); Satish Chandra, *The Indian Ocean: Explorations in History, Commerce and Politics*(1987); Magalhaes-Godinho, *L'Economie de L'Empire Portugies aux XV et XVI Siecles* (1969)을 볼 것.

34) de Vries, *European Urbanization*(1984).

35) William Denevan, 'Introduction,' in Denevan, ed., *The Native Population of the Americas in 1492*(1976), 그리고 'The Pristine Myth: The Landscape of the Americas in 1492'(1992); Lovell, "Heavy Shadows and Black Night'(1992).

36) Borah and Cook, ʻLa demografía historica de America Latina: necesidades y perspectives'(1972); Whitmore, ʻA Simulation of Sixteenth-Century Population Collapse in the Basin of Mexicoʼ(1991)을 볼 것.

37) Semo, *Historia del Capitalismo en Mexico: Los Origenes, 1521-1763*(1982).

38) Radell, ʻThe Indian Slave Trade and Population of Nicaragua During the Sixteenth Centuryʼ(1976).

39) Bakewell, ʻMining in Colonial Spanish Americaʼ(1984).

40) Semo, *Historia del Capitalismo*(1982).

41) 다양한 통계에 대해서는 Curtin, *The Atlantic Slave Trade*(1969); Furtado, *Economic Growth of Brazil*(1963); Deerr, *History of Sugar*(1949-1950); Florescano, ʻThe Formation and Economic Structure of the Hacienda in New Spainʼ; Inikori, *The Africa Slave Trade from the Fifteenth to the Nineteenth Century*(1979), esp.pp.57 and 248; McAlister, *Spain and Portugal in the New World*(1984)를 볼 것.

42) McAlister, *Spain and Portugal in the New World*(1984).

43) 현재의 논의에서 나는 아프리카에 대해, 특히 아프리카에서 노예무역의 영향에 대해 거의 주목하지 않고 있다. 2장을 볼 것.

44) Fisher, ʻThe Price Revolution: A Monetary Interpretationʼ(1989).

45) Dunn, *Sugar and Slaves: The Rise of the Planter Class in the English West Indies, 1624-1713*(1972), pp.,10-11.

46) Tawney, *Religion and the Rise of Capitalism*(1952edition)

47) Hannemann, *The Diffusion of the Reformation in South western Germany, 1518-1534*(1975).

48) 왜 중심지가 이베리아로부터 라인저지대-남부 잉글랜드 지역으로 변화했는지에 대한 논쟁이 있다. 아마도 중세에 북부 지역의 상업-해양 중심지를 만들었던 똑같은 힘—말하자면, 거대한 인구, 윤택한 토지와 산림 자원에 가까운 풍부함, 많은 시장(라인, 발틱 등)에 대한 접근성—이 해외 기업들의 통제를 획득하도록 허락했을 것이다. 이탈리아와 비교하면, 그것은 이탈리아가 가진 똑같은 이점들 대부분에다 더하여 대서양에 대한 위치와 대양 해운업과 어업 선단의 빠른 성장에 대한 열정적인 요구와 같은 이점을 갖고 있었다.

49) Deerr, *The History of Sugar*(1949-1950); Curtin, *The Atlantic Slave Trade*(1969); 그리고 Inikori, *The African Slave Trade from the Fifteenth to the Nineteenth Century*(1979)를 볼 것. 노예 노동이 프롤레타리아적인지에 대한 질문—노예 플랜테이션 체제에 대한 논의에서 심각한 문제(Mintz, *Sweetness and Power: The Place of Sugar in Modern History*, 1985를 볼 것)—이 장의 뒷부분에서 검토될 것이다. 어떤 경우든, 산업 자본과는 다른 생산 양식에 적합한 의미에서 ʻ잉여 가치ʼ를 사용한다면, 자본 축적이나 잉여 가치의 발생에 대한 노예(그리

고 다른 강제된) 노동의 기여에 대해서는 모두가 동의한다.

50) 구 토지소유 엘리트들의 상당 부분이 새로운 사업에 참여했다. 새로운 시원적 자본가 엘리트들이 구 엘리트들에 반대된다고 가정하는 것은 올바르지 못하다. 이 문제에 대해 많은 혼란이 있는데, 이는 상인들이 초기 자본가 계급, 상업적이고 축적하는 계급으로 진화한 계급이 아니라는 마르크스의 관념을 문자 그대로 받아들임으로써 발생했다. 시원적 자본주의에서 중세 상인들의 역할에 대해서는 Thrupp, *The Merchant Class of Medieval London (1300-1500)* (1948); Carus-Wilson, *Medieval Merchant Venturers*(1967)을 볼 것.

51) R. W. Bailey, 'Africa, the Slave Trade, and the Rise of Industrial Capitalism in Europe and the United States: A Historiographic Review'(1986); W. Darity, Jr., 'British Industry and the West Indies Plantations'(1990).을 볼 것.

52) 물론 예외는 있다. 1895년의 저작인 *The Law of Civilization and Decay*에서 아담스Brooks Adams는 영국이 값싼 인도 면화(그리고 다른 인도의 '약탈')에 대해 즉각적으로 접근할 수 있도록 허용했던 1757년 플라시에서 영국의 승리는, 1764년 제니 방적기, 1776년의 뮬방적기, 1768년의 와트의 증기엔진과 같이, 직접적이고 즉각적인 해당 산업의 주요한 발명을 유도하면서, 영국의 면직물 산업의 폭발적인 산업화를 가능하게 했다.(pp.259-260)

53) Palme Dutt, *The Problem of India*(1943); Alavi et al., *Capitalism and Colonial Production*(1982)를 볼 것.

54) C. L. R. James, *The Black Jacobins: Toussaint L'Ouverture and the San Domingo Revolution*(1983) 그리고 *A History of Negro Revolt*(1938); Eric Williams, *Capitalism and Slavery*(1944). 또한 제임스의 이후 저작들 James, 'The Atlantic Slave Trade and Slavery: Some Interpretations of their Significance in the Development of the United States and the Western World'(1970)을 볼 것; 그리고 윌리엄스의 나중 저작들 Williams, *British Historians and the West Indies* (1966)를 볼 것. 중요한 최근의 기여로는 R. W. Bailey, 'The Slave(ry) Trade and the Development of Capitalism in the United States: The Textile Industry of New England'(1990); W. Darity, 'British Industry and the West Indian Plantations'(1990); J. Inikori, 'Slavery and the Revolution in Cotton Textile Production in England'(1989)가 있다. 또한 아래의 주 60을 볼 것.

55) *The Black Jacobins*(1938), pp. 47-48.

56) 나는 다른 곳(Blaut, *The National Question*, 1987b, ch.7)에서 플랜테이션에서 사용된 노예노동과 연관된 탄압과 착취의 수준은 유럽의 문화적 공동체 자체의 구성원들에게는 도저히 적용될 수 없다고 주장한 바 있다(이것은 실제로 시도되었지만, 노예 노동에 대한 선호로 빠르게 포기되었다). 일반적으로 문화적 규범과 관행은 한 사회내에서 생산자들의 착취의 정도를 제한하지만

―한 사회에서 사회적 평화를 유지하는 문제―그러나 외부 혹은 외국인 노동자들에게 그러한 규범은 적용되지 않는다.

57) 이에 대한 탁월한 검토로 C. Robinson, 'Capitalism, Slavery and Bourgeois Historiography'(1987)을 볼 것. 마찬가지로 탁월한 작업으로 Bailey, 'The Slave(ry) Trade and the Development of Capitalism in the United States'(1990) 을 볼 것.

58) Brenner, 'The Origins of Capitalist Development : A Critique of Neo-Smithian Marxism'(1977); E. Laclau, *Politics and Ideology in Marxist Theory*(1977)를 볼 것.

59) Wallerstein, *The Modern World System*(1974-1988).

60) Bailey, 'The Slave(ry) Trade and the Development of Capitalism in the United States'(1990), Darity, 'British Industry and the West Indian Plantations'(1990), Mintz, *Sweetness and Power : The Place of Sugar in Modern History*(1985), 그리고 Robinson, 'Capitalism, Slavery and Bourgeois Historiography'(1987)을 볼 것; 또한 Beckles, 'The Williams Effect: 'Eric Williams' Capitalism and Slavery and the Growth of West Indian Political Economy'(1987); Sheridan, *Sugar and Slavery* (1973), 그리고 그의 'Eric Williams and Capitalism and Slavery: A Biographical and Historiographical Essay'(1987); Solow, 'Capitalism and Slavery in the Exceedingly Long Run'(1987); Inikori, 'Slavery and the Development of Industrial Capitalism'(1989); Rodney, *How Europe Underdeveloped Africa*(1972)를 볼 것.

61) 일부 마르크스주의자들은 마찬가지의 방법으로 이 문제를 취급한다. '초기 근대 시기 잉글랜드의 산업 발전을 구별시켜주는 것은 그것의 지속적인 성격, 스스로 유지하는 능력과 자기 추동적인 역동성이다. 여기에⋯⋯(잉글랜드) 농업의 자본주의적 구조에서 핵심적인 것이 발견될 수 있다.' (Brenner, 'Agrarian Class Structure and Economic Development in Pre-Industrial Europe,' 1985, p. 53).

Chapter 5. 결론 Conclusion

1) Blaut, *The National Question*(1987b); Blaut and Figueroa, *Aspectos de la cuestión nacional en Puerto Rico*(1988).

2) Blaut, 'Two Views of Diffusion'(1977) and 'Diffusionism : A Uniformitarian Critique'(1987a).

3) 이 작업에 대한 참고는 2장, 3장, 그리고 4장에서 만들어 놓았다.

4) Talkington, 'But the Editor Looks at the Universe from a Different Frame of Reference'(1986); Frankel, 'Marxism and Physics: A New Look'(1991)을 볼 것.

5) Chirimuuta and Chirimuuta, *AIDS, Africa and Racism*(1989). 에이즈에 대한 나이브한 확산론적 시각은 다음 저작에서 드러난다. Shannon and Pyle, 'The Origin and Diffusion of AIDS'(1989); 이 관점에 대한 비판으로 Watts, Okello, and Watts, 'Medical Geography and AIDS'(1990)를 볼 것.

6) 일본은 확실히 확산의 결여로 인해 산업화되었다. 유럽의 지배를 회피할 수 있었던 유일한 주요 비유럽 나라이며 이것은 유럽의 접근으로부터 멀어져 있기 때문에 가능했다. 유럽인의 입장에서 볼 때, 다른 주요한 사회들 가운데 그것은 가장 멀리 떨어져 있었고 접근하기가 가장 어려웠으며, 유럽 세력들이 19세기에 중국을 복속시켰을 무렵, 일본은 군사적 근대화를 시작할 수 있었다. 그리하여 1900년쯤이 되면 러시아에게 승리하고, 식민지 팽창을 시작하고, 산업혁명을 개시할 수 있었다.

7) 규모라는 다른 측면에서 볼 때, 인도나 브라질과 같은 거대한 나라들은 산업과 밀접한 관련이 있지만 그들의 규모에 비춰 보면—그리고 1인당 수치에 비춰보면—더 작은 제3세계 나라들보다 결코 산업화되지 못했다. Amin, *Delinking : Toward a Polycentric World*(1990)를 볼 것.

Abel, W.(1980). *Agricultural fluctuations in Europe from the thirteenth to the twentieth centuries.* London: Methuen.

Abu-Lughod, J.(1987-1988). The shape of the world system in the thirteenth century. *studies in comparative International Development* 22(4):3-25

_____.(1989). *Before European hegemony: The world system A.D 1250-1350.* New York: Oxford University Press.

• **한국어 번역** 박흥식·이은정 옮김, 『유럽 패권 이전: 13세기 세계체제』(서울: 까치글방, 2006)

Adams, B.(1895). *The law of civilization and decay.* New York: Macmillan

Adams, W., Van Gerven, D., and Levy, R (1978). The retreat from migrationism. *Annual Review of Anthropology* 7: 483-532

Ahn, P.(1970). *West African soils.* London: Oxford University Press.

Ajayi, J., and Crowder, M., eds.(1972). *History of West Africa.* vol. 1. New York: columbia University Press.

Ajavi, H.(1982). India: The transition to colonial capitalism. In H. Ajavi, et al., eds., *Capitalism and colonial production.* London: Croom Helm.

_____. Burns, P., Knight, G., Mayer, P., and McEachern, D., eds.(1982). *Capitalism and colonial production.* London: Croom Helm.

Alchon, S.(1991). *Native society and disease in colonial Ecuador.* Cambridge, England: Cambridge University Press.

Amin, S.(1973). *Neo-colonialism in West Africa.* New York: Monthly Review Press.

_____.(1974). *Accumulation on a world scale.* New York: Monthly Review Press.

• **한국어 번역** 김대환·윤진호 옮김, 『세계적 규모의 자본 축적』(서울: 한길사, 1986)

_____.(1976). *Unequal development.* New York: Monthly Review Press.

_____.(1985). Modes of production: History and unequal development. *Science and Society* 49: 194-207.

_____.(1988). *Eurocentrism.* New York: Monthly Review Press.

_____.(1990). Colonialism and the rise of capitalism: A comment. *Science and Society* 54:67-72

_____.(1990). *Delinking*: Toward a polycentric world. London: zed Books.

_____.(1992). On Jim Blaut's "Fourteen ninety-two." *Political Geography* 11:394-396.

Anderson, J.(1882) *New manual of general history*. New York: Clark and Maynard.

Anderson, P.(1974). *Passages from antiquity to feudalism*. London: New left Books.

• 한국어 번역 유재건·한정숙 옮김,『고대에서 봉건제로의 이행』(서울: 창작과비평사, 1990)

_____.(1974). *Lineages of the absolute state*. London: New left Books.

• 한국어 번역 김현일 외 옮김,『절대주의 국가의 역사』(서울: 소나무, 1993)

Appadorai, A.(1936). *Economic conditions in southern India* (1000-1500 A.D.)2 vols. Madras: University of Madras Press

Asad, T., ed.(1975). *Anthropology and the colonial encounter*. London: Ithaca Press.

Aston,T.,and Philpin,C., eds.(1985). *The Brenner debate: Agrarian class structure and economy development in pre-industrial Europe*. Cambridge, England: Cambridge University Press.

Atwell, W.(1982). International bullion flows and Chinese economy circa 1530-1650. *Past and present* 95:68-91

Baechler, J.(1988). The origins of modernity: Caste and feudality (India, Europe and Japan). In J, Baechler, J.A. Hall, and M. Mann, eds. *Europe and the rise of capitalism*. Oxford: Basil Blackwell.

_____, Hall, and M. Mann, eds.(1988). *Europe and the rise of capitalism*. Oxford: Basil Blackwell.

Bailey, A., and Llobera, J., eds.(1981). *The Asiatic mode of production*: Science and politics. London: Routledge and Kegan Paul.

Bailey, R.(1986). Africa, the slave trade, and the rise of industrial capitalism in Europe and the United States: A historiographic review. *American history: A Bibliographic review* 2:1-91.

_____.(1990). The slave(ry) trade and the development of capitalism in the United States: The textile industry of New England. *social Science History* 14(3):373-414

Bakewell, Peter.(1984). Mining in colonial Spanish America. In L. Bethell, ed., *The Cambridge history of Latin America: Colonial Latin America*, Vol. 2. Cambridge England University Press.

Baran, P., and Sweezy, P.(1966). *Monopoly capital* New York: Monthly Review Press.

Barnes, H. E., ed.(1925). *Ploetz'manual of universal history*. New York: Blue Ribbon

Books.

Beckles, H.(1987). "The Williams effect": Eric Williams' Capitalism and slavery and growth of West Indian political economy. In B. Solow, and S. Engerman, eds., British capitalism and Caribbean slavery: The legacy of Eric Williams. Cambridge, England; Cambridge University Press.

Berkner, L.(1975). The use and misuse of census date for the historical analysis of family structures. *Journal of Interdisciplinary* History 5:721-738

_____.(1989). The steam family and the developmental cycle of the peasant household, *American Historical review* 77:398-428.

Bernal, M.(1987). Black Athena: *The Afroasiatic roots of classical civilization, vol.1, The fabrication of ancient Greece.* London: Free Association Books.

_____. (1991). Black Athena: *The Afroasiatic roots of classical civilization, vol.2, The archeological and documentary evidence.* London: Free Association Books.

• 한국어 번역 오홍식 옮김, 『블랙 아테나』(서울: 소나무, 2006)

Bhatia, B.(1967). *Famines in India.* Bombay: Asia Publishing House.

BjØrkund, O., HØlmhoe, H., RØhr, A., and Lie, B.(1970). *Historical atlas of the world.* New York: Barnes and noble.

Black, C.(1966). *The dynamics of modernization: A study in comparative history.* New York: Harper and Row.

Blaikie, P.(1978). The theory of the spatial diffusion of innovation: a spacious cul-de-sac. *Progress in Human Geography* 2:268-295

Blaut, J.(1962). The nature and effects of shifting agriculture. *In Simposium on the impact of man on humid- tropics vegetation.* Canberra: UNESCO and Austrailan Government Printer.

_____.(1963). The ecology of tropical farming systems. *Revista Geográfica* 28:47-67.

_____.(1970). Geographic models of imperialism. *Antipode* 2(1):65-85.

_____.(1973). The theory of development. *Antipode* 5(2):22-26.

_____.(1976). Where was capitalism born? *Antipode* 8(2)1-11.

_____.(1977). Two views of diffusion. *Annals of the Association of American Geographers* 67:343-349.

_____.(1979). Some principles of ethnogeography. In S Gale,and G. Olsson, eds., *Philosophy in geography.* Dordrecht: Reidel.

_____.(1982). Nationalism as an autonomous force. *Science and Society* 46:1-23.

_____.(1984). Modesty and the movement. In T. Saarinen, et al., eds., *Environ-mental perception and behavior: An inventory and prospect.* Chicago: University of Chicago Department of Geography, Research Paper No. 209.

_____.(1987a). Diffusionism: A uniformitarian critique. *Annals of the Association of American Geographers* 77:30-47.

_____.(1987b). *The national question: Decolonizing the theory of nationalism.* London : Zed Books.

_____.(1989). Colonialism and the rise of capitalism. *Science and Society* 53:260-296.

_____.(1989). Review of J. Baechler, J. Hall, and M. Mann, eds., *Europe and the rise of capitalism. Progress in Human Geography* 13(3):441-448.

_____.(1991). Natural mapping. *Transaction of the Institute of British Geographers* 16(n.s.):55-74

_____.(1991). Review of P. Curtin, *The plantation complex. Journal of historcal Geography* 17:472-474

_____.(1992a). the theory of cultural racism. *Antipode* 24(4):289-299

_____.(1992b). Fourteen ninety-two. *Political Geography* 11(3):355-385

_____, and Figueroa, L.(1988). *Aspectos de la cuestión nacional en Puerto Rico.* San Juan: Editorial Claridad.

_____. Frank, A.G., Amin, S., Dodgshon, R., Palan, R., and Taylor. P (1992). *Fourteen ninety-two: The debate on colonialism, Eurocentrism, and history.* Trenton, NJ: Africa World Press.

_____. and Ríos-Bustamante, A.(1984). Commentary on Nostrand's "Hispanos" and their "Homeland." *Annals of the Association of American Geographers* 74:157-164

Blum,J.(1978). Pseudoscience and mental ability. New York: Monthly Review Press.

Boas, F.(1938). *The mind of primitive man.* New York: Macmillan.

_____.(1948). *Race, Language and culture.* New York: Macmillan.

Bois G.(1985). Against the neo-Malthusian orthodoxy. In Aston, T., and Philpin, C., des., *The Brenner debate: Agrarian class structure and economic development in pre-industrial Europe.* Cambridge, England: Cambridge England University Press.

Borah,W.,and Cook, S.F..(1972). La demografía histórica de América Latina : necesidades y perspectivas. In J. Bezant et al., eds., *La historia económica en América Latina.* México, D.F.: Sep-Setentas.

Bowler, P.(1989). *The invention of progress.* Oxford: Basil Blackwell.

Brading, D.A., and Cross, H. C.(1972). Colonial silver mining: Mexico and Peru. *Hispanic-American Historical Review* 52:545-79.

Brantlinger, P.(1988), *Rule of darkness: British literature and imperialism,* 1830-1914. Ithaca: Cornell University Press.

Braudel, F.(1967). Prices in Europe from 1450to 1750. In E. Rich, and C. Wilson, eds. *The Cambridge economic history of Europe, Vol.4:* the economy of expending

Europe in the sixteenth and seventeen centuries. Cambridge, England: Cambridge University Press.

_____.(1972). *The Mediterranean*. New York: Harper and Row.

Bray, Francesca.(1984). *Science and civilization in China, Vol. 6, part 2, Agriculture*. (Joseph Needham, principal author and editor.) Cambridge, England: Cambridge University Press.

Brenner, R.(1977). The origins of capitalist development: A critique of neo-Smithian Marxism. *New Left Review* 104:25-93.

_____.(1985). Agrarain class structure and economic development in pre-industrial Europe. In T. Aston and C. Philpin, eds., The Brenner debate: *Agrarian class structure and economy development in pre-industrial Europe*. Cambridge, England: Cambridge University Press.(Originally in Past and Present No.70,1976).

_____.(1985). The Agraian roots of Europe capitalism. In T. Aston and C. Philpin, eds., The Brenner debate: *Agrarian class structure and economy development in pre-industrial Europe*. Cambridge, England: Cambridge University Press.(Originally in Past and Present No.97,1982).

_____.(1986). The social basis of economic development. In, J. Roemer, ed., *Analytical Marxism*. Cambridge, England: Cambridge University Press.

Browett, J.(1980). Development, the diffusionist paradigm and geography. *Progress in Human Geography* 4:56-79.

Brown, L.(1981). *Innovation diffusion: A new perspective*. London: Methuen.

Buckle, H. T.(1913). *History of civilization in England 4 vols.*, 2d ed., Rev. New York: Hearst's International Library.

Bury, J. B.(1932). *The idea of progress*. New York: Macmillan.

Cabral, A.(1979). *Unity and struggle: Speeches and writings of Amilcar Cabral*. New York: Monthly Review Press.

Carter, G.(1968). *Man and the land: A cultural geography*. New York: Holt, Rinehart, and Winston.

Carus-Wilson, E. M.(1967). *medieval merchant venturers*. 2d ed. London: Methuen.

Césaire, A.(1972). *Discourse on colonialism*. New York: Monthly Review Press.

Céspedes, G.(1974). *Latin America: The early years*. new York: Alfred A. Knopf.

Chambers, M., et al.(1987). *The Western experience*. 2 vols., 4th ed. New York: Alfred A. Knopf

Chan-Cheung, J.(1967). The smuggling trade between China and Southeast Asia during the Ming Dynasty. In F. Drake, ed., *Symposium on historical, archeological, and linguistic studies on southern China*. Hong Kong: Hong Kong University

Press.

Chandra, B.(1981). Karl Marx, his theories of Asian society, and colonial rule. *Review* 5(1): 13-94.

Chandra, S.(1964). Commerce and industry in the medieval period. In B. Ganguli, ed., *Readings in Indian economic history*. Bombay.

_____, ed.(1987). *The Indian Ocean: Explorations in history, commerce and politics*. New Delhi: Sage.

Chaundhuri, K. N.(1978). *The trading world of Asia and the English East India Company, 1660-1760*. Cambridge, England: Cambridge University Press.

_____.(1985). *Trade and civilization in the indian Ocean*. Cambridge, England : Cambridge University Press.

Chaudhuri, S.(1974). Textile trade and industry on Bengal Suba, 1650-1720. *Indian Historical Review* 1: 262-278.

Chaunu, H., and Chaunu, P.(1956). *Séville et l'Atlantique* (1504-1650). Part 1. Paris : SEVPEN.

Chicherov, A.(1976). On the multiplicity of socio-economic structures on India in the 17th and 18th century. In G. Abramov, ed., *New Indian studies by Soviet scholars*. Moscow: USSR Academy of Sciences.

Childe, V. G.(1951). *Social evolution*. New York: Henry Schuman.

Chirimuuta, R. C., and Chrimuuta, R. J.(1989). *AIDS, Africa and Racism,* 2d ed. London: Free Association Books.

Chisholm, M.(1982). *Modern world development*. Totowa, N.J.: Barnes and Noble.

Choudhar, A.(1974). *Early medieval village in north-eastern India* (A.D. 600-1200). Calcutta: Punthi Pustak.

Cipolla, C.(1965). *Guns, sails, and empires: Technological innovation and the early phase of European expansion,* 1400-1700. New York: Pantheon.

Cockburn, A., and Hecht, S.(1989). *The fate of the forest*. London: Verso.

Cohen, I.(1981). Introduction to Weber, M., *General economic history*. New Brunswick, NJ: Transcations.

Cohan, M.(1977). *The food crisis in prehistory*. New Haven: Yale University Press.

Collier, W. F.(1868). *Outlines of general history*. London: T. Nelson and Sons.

Collins, K., and Roberts, D., eds.(1988), *Capacity for work in the tropics*. Cambridge, England: Cambridge University Press.

Collyer, O.(1965). *Birth rates in Latin America*. Berkely: Institute of International Studies, University of California at Berkeley.

Conklin, H.(1969). Lexicographical tretment of folk taxonomies. In Tyler, ed.,

Cognitive anthropology. New York: Holt, Rinehart, and Winston.

Cooper, J.(1985). In search of agrarian capitalism. In T. Aston, and C. Philpin, eds., *The Brenner debate: Agrarian class structure and economic development in pre-industrial Europe*. Cambridge, England: Cambridge University Press.

Corbridge, S.(1986). *Capitalist world development*. Totowa, NJ: Rowman and Littlefield.

Cordell, D., and Gregory, J.(1987). Introduction to D. Cordell and J. Gregory, eds., *African population and capitalism: Historical perspectives*. Boulder, CO: Westview Press.

Coursey, D.(1967). *Yams*. London: Longmans, Green.

Crone, P.(1989). Pre-industrial societies. Oxford: Basil Blackwell/

Croot, p., and Parker, D.(1985). Agrarian class structure and the development of capitalism: France and England compared. In T. Aston, and C. Philpin, eds., The Brenner debate: *Agrarian class structure and economic development in pre-industrial Europe*. Cambridge, England: Cambridge University Press.

Crosby, A. W.(1972). *The Columbian exchange: Biological and cultural consequences of 1492*. Westport, CO; Greenwood Press.
　　• 한국어 번역 김기윤 옮김, 『콜럼버스가 바꾼 세계: 신대륙 발견 이후 세계를 변화시킨 흥미로운 교환의 역사』(서울: 지식의 숲, 2006)

Cross, H.(1983). South America bullion production and export 1550-1750. In J. Richards, ed., *Precious metals an the late medieval and early modern worlds*. Durham, NC: Carolina Academic Press.

Curtin, P.(1969). *The Atlantic slave trade*. madison: University of Wisconsin Press.

_____.(1975). *Economic change in pre-colonial Africa: Senegambia in the era of the slave trade*. Madison: University of Wisconsin Press.

_____.(1990). *The rise and fall of the plantation complex*. Cambridge, England: Cambridge University Press.

Dalal, F.(1988). The racism of Jung. *Race and Class* 29(3): 1-22.

Darby, H.(1952). *The Domesday geography of eastern England*. Cambridge, England: Cambridge University Press.

Darity, W., Jr.(1990). British industry and the West Indies Plantations. *Social Science History* 14(1): 117-148.

Das Gupta, A.(1967). *Malabar in Asian trade: 1720-1800*. Cambridge, England: Cambridge University Press.

de Vries, J.(1984). *European urbanization, 1500-1800*. Cambridge, MA: Harvard University Press.

Deerr, Noel.(1949-1950). The history of sugar. 2 vols. London: Chapman an Hall.

Denevan W.(1966), *The aboriginal cultural geogaphy of the llanos de Mojos of Bolivia.* *Iberoamericana,* no. 48. Berkeley and Los Angeles: University of California Press.

_____.(1976). Introduction to W. Denevan, ed., *The native population of the Americans in 1492,* 1-12. Madison: University of Wisconsin Press.

_____.(1982). Hydraulic agriculture on the American tropics: Forms, measures, and recent research. In K. Flannery, ed., *Maya subsistence: Studies in memory of Dennis E. Puleston.* New York: Academic Press.

_____.(1992). The pristine myth: The landscape of America in 1492. *Annals of the Association of American Geographers* 82: 369-385.

_____. ed.(1976). *The native population of the America in 1492. Madison*: University of Wisconsin Press.

DeVisse J., and Labib, S.(1984). Africa in intercontinental relations. In D. Niane, ed., *UNESCO general history of Africa, Vol. 4.* Paris: UNESCO.

Dew, T.(1853). *A digest of the laws, customs, manners, and institution of the ancient and modern nations.* New York: Appleton.

Dewey, J.,(1916). The logic of judgments of practice. *In Essays in experimental logic.* Chicago: University of Chicago Press.

_____.(1929). *The quest for certainty.* New York: G. P. Putnam.

DiMeglio, R.(1970). Arab trade with Indonesia and the Malay Peninsula from the 8th to the 16th century. *In D. S. Richards, ed., Islam and the trade of Asia.* Oxford: Cassirer.

Dirks, N.(1987). *The hollow crown: Ethnohistory of an Indian kingdom.* New York: Cambridge University Press.

Dobb, Maurice.(1947). *Studies in the development of capitalism.* New York: International Publishers.

• **한국어 번역** 이선근 옮김, 『자본주의 발전 연구』(서울: 광민사, 1980)

Doolittle. W.(1990). *Canal irrigation in prehistoric Mexico: The sequence of technological change.* Austin: University of Texas Press.

DuBois, W.E.B.(1965). *The world and Africa: An inquiry into the part which Africa has played in world history.* New York: International Publishers.

Dunn, R. S.(1972). *Sugar and claves: The rise of the planter class in the English West Indies, 1624-1713.* Chapel Hill: University of North Carolina Press.

Duruy,V., and Grosvenor, E.(1901). A general history of the world. New York: Crowell.

Dutt, R. P.(1943). *The problem of India.* New YorkL International Publishers.

Duyvendak, J.(1933). *Ma Huan re-examined. Verhandlungen der Koninklijke Akademievan*

Wetenschappen te Amsterdam, afdeeling letterkunde, nieuwe reeks. Part 33(3):1-74.

Edel, M.(1969). The Brazillian sugar cycle of the 17th century and the rise of West Indian competition. *Caribbean Studies* 9(1):24-45.

Edmonson, M.(1961). Neolithic diffusion rates. *Current Anthropology* 2(2):71-86.

Eliot Smith, G.(1928). *In the beginning: The origin of civilization.* New York: Morrow.

_____.(1933). *The diffusion of culture.* London: Watts.

Elvin, M.(1973). *The pattern of the Chinese past.* Stanford, CA: Stanford University.

· **한국어 번역** 김정희·임중혁·이춘식 옮김, 『중국 역사의 발전 형태』(서울: 신서원, 1989)

_____.(1988). China as a counterfactual. In J. Baechler, J. A. Hall, and M. Mann, eds., *Europe an the rise of capitalism,* 101-112. Oxford: Basil Blackwell.

Engels, F.(1970). *The origin of the family, private property, and the state.* In Marx and Engels: Selected works, Vols. 3. Moscow: Progress.

· **한국어 번역** 김대웅 옮김, 『가족 사유재산 국가의 기원』(서울: 아침, 1987)

_____.(1974). What have the working classes to do with Poland? In D. Fernbach, ed., Karl Marx: Political writings, Vols. 3. New york: Vintage.

_____.(1975). Letter to K. Marx, June 6, 1853. *In Marx and Engels: Selected correspondence.* Moscow: Progress.

Fei Hsiao-tung.(1953). *China's gentry.* Chicago: University of Chicago Press.

Fiedel, S.(1987). *Prehistory of the Americas.* Cambridge, England: Cambridge University Press.

Filesi, T.(1972). China and Africa in the Middle Ages. London: Frank Cass.

Finley, M.(1975). The use an abuse of history. New York: Viking Press.

Fisher, D.(1989). The price revolution: A monetary interpretation. *Journal of Economic History* 49:883-902.

Fisher, G.(1885). *Outlines of universal history.* New York: Ivision, Blackman, Taylor.

_____.(1896). *A brief history the nations and their progress in progress in history.* New York: American Book Co.

Fleck, L.(1979). Genesis and development of a scientific fact. Chicago: University of Chicago Press.

Florescano, E.(1984). The formation and economic structure of the hacienda in New Spain. In L. Bethell, ed., *The Cambridge history of Latin America: Colonial Latin America,* Vol. 2. Cambridge, England: Cambridge University Press.

Foster, G.(1962). *Traditional cultures: And the impact of technology change.* New York: Harper and Row.

Frake, C.(1969). The ethnographic study of cognitive systems. In S. Tyler, ed., *Cognitive anthropology*. New York : Holt, Rinehart, and Winston.

Frank, A. G.(1968). *Capitalism and underdevelopment in Latin America*. New York : Monthly Review Press.

_____.(1969). Sociology of development and underdevelopement of sociology. in his *Latin America : underdevelopment or revolution*. New York : Monthly Review Press.

_____.(1978). *World accumulation, 1492-1789*. New York : Monthly Review Press.

Frankel, H.(1991). Marxism and physics: A new look. *Science and Society* 55 : 336-347.

Freedman, M.(1966). *Chinese lineage and society*. London : University of London Press.

Freedman, E.(1972). *Pedagogy of the oppressed*. New York : Herder and herder.

FRELIMO Frente de Libertação d Moçambique.(1971). *Historia de Moçambique*. Porto, Portugal : Afrontamento.

Freund, J.(1969). *The sociology of Max Weber*. New York : Vintage.

Fu Chu-fu and Li Ching-neng.(1956). *The sprouts of capitalistic factors within China's feudal society*. Program in East Asian Studies, Western Washington State University, Occasional Paper no7.

Furtado, C.(1963). *The economic growth of Brazil*. Berkeley and Los Angeles : University of California Press.

Fyfe, C., and McMaster, D., eds.(1981). *African historical demography*. edinburgh, Scotland : Centre of African Studies.

Galeano, E.(1972). *The open veins of Latin America*. New York : Monthly Review Press.

Galloway, J. H.(1977). The mediterranean sugar industry. Geographical review 67 : 177-192.

_____.(1989). *The sugar and industry: An historical geography from its origins to 1914*. Cambridge, England: Cambridge University Press.

Garraty, J., and Gay, P., des.(1981). The Columbia history of the world. New York : Dorest Press.

Gernet, J.(1962). *Daily life in china on the eve of the Mongol invasion, 1250-1276*. Stanford, CA : Stanford University Press.

Giblin, J.(1990). Trypanosomiasis control in African History : An evaded issue? *Journal of African History* 31 : 59-80.

Gilfillan, S.(1920). The coldward course of progress. *Political Science Quaterly* 35 : 393-410.

Gill, D. and Levidow, L., des.(1987). *Anti-racist science teaching*. London : Free Association Books.

Gilman, A.(1874). *First steps in general history*. Cambridge, MA : Riverside Press.

Godelier, M.(1969). Sobre el modo de producción asiático. Barcelona, Spain : Ediciones Martínez Roca.

Goitein, S.(1967). *A Mediterranean society*. Berkeley and Los Angeles : University of California Press.

Golson, J.(1977), No room at the top: Agricultural intensification in the New Guinea Highlands. In J. Allen et al., eds., *Sunda and Sahul: Prehistoric studies in Southeast Asia, melanesia and Australia*. London : Academic Press.

Goodrich, S. G.(1843). *Peter parley's common school history*. Philadelphia : E. H. Butler.

Gopal, L.(1963). Quasi-manorial rights in ancient india. *Journal of the Economic and Social History of the Orient* 6 : 296-308.

Gopal, S.(1972). Nobility and the mercantile community in India. *Journal of Indian History* 50 : 793-802.

Gorman, C.(1977). A. priori models and Thai prehistory: A reconsideration of the beginnings of agriculture in Southeast asia. In C. A. Reed, ed., *Origins of agriculture*. The Hauge : Mouton.

Gossett, T.(1963). Race : The history of and idea in America. Dallas : Southern Methodist University Press.

Gould, P.(1969). *Spatial diffusion*. Commission on College Geography, Association of American Geographers, Resource Paper no. 4, Washington, DC : Association of American Geographers.

Graebner, F.(1911). *Methode der ethnologie*. heidelberg, Germany.

Gupta, N. S.(1970). *Industrial structure of India during the medieval period*. Delhi : Chand.

Habib, I.(1963). *The agrarian system of Mughal India*. London : Asia Publishing House.

_____.(1964). Usury in medieval India. *Comparative Studies in Society and History* 6 : 392-419.

_____.(1965). The social distribution of Landed property in pre-British India. *Enquiry* 2(2,n.s.) : 21-75

_____.(1969). Problems of Marxist historical analysis. *Enquiry* 3(2,n.s.) : 52-67.

Hagen, E.(1962). *The theory of social change: How economic growth begins*. Homewood, IL : Dorsey Press.

_____.(1962). A framework for analysing economic and political change. In

Brookings Institution, ed., *Development of the emerging countries: An agenda for research,* 1-39. Washington, DC: Brookings Institution.

Hägerstrand, T.(1967). *Innovation diffusion as a spatial process.* Translated by A. Pred. Chicago: University of Chicago Press.

Hajnal, J.(1965). European marriage patterns in perspective. In D. Glass and D. Eversley, eds., *Population in history : Essays in historical demography.* Chicago: Aldine.

Hall, J.(1985). Powers and liberties: The causes and consequences of the rise of the West Oxford: Basil Blackwell.

_____.(1988). States and societies : The miracle in historical perspective. In J. Baechler, J. A. Hall, and M. Mann, eds., *Europe and the rise of capitalism.* Oxford : Basil Blackwell..

Hallam, H.(1975). The medieval social picture. In E. Kamenka and R. Neale, eds., *Feudalism, capitalism and beyond.* London: Edward Arnold.

Haller, J.(1971). *Outcasts from evolution : Scientific attitudes of racial inferiority, 1859-1900).* Urbana: University of Illinois Press.

Hamilton, E. J.(1929). American treasure and the rise of capitalism. Economica 9: 338-357.

_____.(1934). *American treasure and the price revolution in Spain, 1501-1650.* Cambridge, MA: Harvard University Press.

Hamilton G. S.(1985). Why no capitalism in China? Negative questions in historical, comparative research. *Journal of Developing Societies* 1: 187-211.

Handler, R.(1989). Review of Macfarlane, A., *Marriage and love in England. American Anthropologist* 91: 1078-1079.

Hannemann, M.(1975). The diffusion of the Reformation in Southwestern Germany, 1518-1534. Department of Geography, University of Chicago, Research Paper no. 167.

Hansis, R.(1976). *Ethnogeography and science: Viticulture in Argentina.* Ph.D. diss., Pennsylvania State University.

Hardy, F.(1936). Some aspect of tropical soils. *Transactions of the Third International Congress of Soil Science* 2: 150-163.

Harewood, J.(1966). Population growth in Grenada. *Social and Economic studies* 15 : 61-84.

Harris, M.(1968). *The rise of anthropological theory.* New York: Crowell.

Harrison, P.(1969). *The communists and Chinse peasant rebellions.* New York: Atheneum.

_____, and Turner, B. L., eds.(1978). *Pre-Hispanic Maya agriculture.* Albuquerque

: University of New Mexico Press.

Hasan, A.(1969). The silver currency output of the Mughal Empire and prices in India during the 16th and 17th centuries. *Indian Economic and Social History Review* 6:85:-116

Haskel, D.(1848). Chronology and universal history. New York: J. H. Colton.

Hassan, F.(1978). Demographic archeology. In M. B. Schaffer, ed., *Advances in archeological method and theory,* Vol. 1. New York: Columbia University Press.

Hegel, G.(1956). *The philosophy of history.* New York: Dover Publications.

Hilton, R.(1980). Individualism and the English peasantry. *New Left Review,* no. 120, pp. 109-111.

_____.(1985). Introduction. In T. Aston, and C. Philpin, eds., *The Brenner debate : Agrarian class structure and economic development in pre-industrial Europe.* Cambridge, England: Cambridge University Press.

_____. ed.(1976). *The transition from feudalism to capitalism.* London: New Left Books.

Ho ping-ti.(1977). The indigenous origins of Chinese agriculture. In C. A. Reed, ed., *Origins of agriculture.* The Hauge: Mouton.

Hodgett, A. J.(1972). *A social and economic history medieval Europe.* London : Methuen.

Hopkins, A.(1973). *An economic history of West Africa.* New York: Columbia University Press.

Howard, A.(1975). Pre-colonial centers and regional systems in Africa. Pan-African Journal 8(3):247-270

Huddleston, L.(1967). Origins of the American Indians : European concepts, 1492-1729. Austin: University of Texas press.

Hoyle, R.(1990). Tenure and the land market in early modern England: Or a late contribution to the Brenner debate. *Economic History Review* 43:1-20.

Hudson, B.(1977). The new geography and the new imperialism : 1870-1918. *Antipode* 9(1):12-19.

Hulme, P.(1992). *Colonial encounters: Europe and the Native Caribbean* 1492-1797. London: Routledge.

Huntington, E.(1924). *Principles of human geography.* 3d ed. New York: John Wiley.

Inokori, J.(1987). Slavery and the development of industrial capitalism. In B. Solow and S. Engerman, eds.(1987). *British capitalism and Caribbean slavery: The legacy of Eric Williams.* Cambridge, England: Cambridge University Press.

_____.(1989). Slavery and the revolution in cotton textile production in England.

Social Science History 13(4): 343-379.

_____. ed.(1979). *The African slave trade from the fifteenth to the nineteenth century.* Paris: UNESCO.

Irvine, F.(1934). *A textbook of West African agriculture: Soils and crops.* London: Oxford University Press.

Irwin, G.(1982). Sub-Saharan Africa. In J. Garraty, and P.Gay, eds., *Columbia history of the world.* New York: Columbia University Press.

Isichei, E.(1982). A history of Nigeria. London: Longmans.

Ivanov, V.(1985). Round-table: State and law in the ancient Orient. (Discussion.) *Social Sciences* (USSR Academy of Sciences) 16(3): 177-201.

Jackson, P., ed.(1987). *Race and racism: Essays in social geography.* London: Allen and Unwin.

James, C.L.R.(1938a). *The Black Jacobins: Toussaint L'Ouverture and the San Domingo revolution.* London: Secker and Warburg.
   • **한국어 번역** 우태정 옮김, 『블랙 자코뱅: 투생 루베르튀르와 아이티혁명』 (서울: 필맥, 2007)

_____.(1938b). *A history of Negro revolt.* London: Fact. Rev. ed. (1969), A history of Pan-African revolt. Washington, DC: Drum and Spear Press.

_____.(1970). The Atlantic slave trade and slavery: Some interpretations of their significance in the development of the United States and the Western World. In J. A. Williams and C. F. Harris, eds, *Amistad I*, 119-164. New York: Vintage.

Jett, S. S.(1991). Further information on the geography of the blowgun and its implications for transoceanic contacts. *Annals of the Association of American Geographers* 81: 89-102.

Jha, S. C.(1963). Studies in the development of capitalism on India. Calcutta: Mukhopadhyay.

Johnson, K.(1977). *Do as the land bids: A study of Otomí resource use on the eve of irrigation.* Ph.D. diss., Clark University.

Joly, N.(1897). *Man before metals.* New York: Appleton

Jones, E. L.(1981). *The European Miracle.* Cambridge, England: Cambridge University Press.
   • **한국어 번역** 유재천 옮김, 『유럽문명의 신화』(서울: 나남, 1993)

_____.(1988). *Growth recurring: Economic Change in world history.* Oxford: Clarendon Press.

Jung, C.(1963). *Memories, dreams, reflections.* New york: Random House.
   • **한국어 번역** 조성기 옮김, 『카를 융: 기억, 꿈, 사상』(파주: 김영사, 2007)

_____.(1964). The dreamlike world of India. In his *Civilization in transition*(Collected works, vol.10) Princeton, NJ: Princeton University Press

_____.(1971). *Psychological types* (*Collected works*, vol. 6). Princeton, NJ: Princeton University Press

Kabaker, A. (1977). A radiocarbon Chronology relevant to the origins of agriculture. IN C. A. Reed, ed., *Origins of agriculture.* The Hague: mouton

Kagan, D., Ozment, S., and Turner, F.(1987). *The Western heritage,* 2 vols,. 3rd ed. New York: Macmillan

Kea, R.(1982). *Settlements, trade, and polities in the seventeenth-century Gold Coast.* Baltimore: Johns Hopkins University Press.

Keightley, T.(1849). *Outlines of history.* Rev. ed. London: Longmans.

Kerridge, E.(1968). *The agricultural revolution.* New York: A M. kelly.

Kertzer, D.(1989). The joint family household revisited: Demographic constraints and household complexity in the European past. *Journal of Family History* 14:1-16.

Kinder, H., and Hilgemann, W.(1974). *The Anchor atlas of world history,* Vol. 1. New York: Anchor Books.

Kitching, G.(1983). Proto-industrialization and demographic change. *Journal of African History* 24:221-240.

Kniffen, F.(1965). Folk housing: Key to diffusion. *Annals of the Association of American geographers* 55:549-577.

Koepping, K. p.(983). *Adolf Bastian and the psychic unity of mankind.* St Lucia, Australia: University o f Queensland Press.

Kosambi, D. D.(1969). *Ancient India.* New York: Meridian Books.

Kroebor, A.(1937). Diffusionism. In *Encyclopedia of the social sciences,* 5:139-142. New York: Macmillan,

Kuhn, T.(1970). *The structure of scientific revolutions.* 2nd ed. Chicago: University of Chicago Press.
    • 한국어 번역 김명자 옮김, 『과학혁명의 구조』(서울: 까치글방, 2005)

Laclau, E.(1977). *Politics and ideology in Marxist Theory.* London: New Left Books.

Laibman, D.(1984). Modes of production and theories of transition. *Science and Society* 48(3):257-294.

Lambert, D.(1971). The role of climate in the economic development of the tropics. *Land Economics* 47:339-344.

Lane, F.(1973). *Venice: A maritime republic.* Baltimore: Johns Hopkins University Press.

Laslett, P.(1988). The European family and early industrialization. In J. Baechler, J.

A. Hall, and M. Mann, eds., *Europe and the rise of capitalism.* Oxford : Basil Blackwell.

Lattimore, O.(1980). The periphery a locus of innovation. In J. Gottmann, ed., *Centre and periphery: Spatial variation and politics.* Beverly Hills. CA: Sage Publications.

Lee, G.(1987). Comparative perspectives. In M. B. Sussman and S. K. Steinmetz, eds., *Handbook of marriage and the family.* New York: Plenum

Lee, R.(1992). Art, science, or politics? The crisis in hunter-gather studies. *American Anthropologist* 94:31-54.

Lelekov, L.(1985). Round-table: State and law in the ancient Orient. (Discussion.) *Social Sciences* (USSR Academy of Sciences) 16(3):177-201

Lerner, R., Meacham, S., and Burns, E.(1988). Western civilizations: Their history and their culture. 11th ed. New York: Norton.

Le Roy Ladurie, E.(1985). A reply to Robert Brenner. In T. Aston and C. Philpin, eds., *The Brenner debate : Agrarian class structure and economic development in pre-industrial Europe.* Cambridge, England: Cambridge University Press.

Levitzion, N.(1972). The early states of the Western Sudan to 1500. In J. Ajayi and M. Crowder, eds., History of West Africa, Vol. 1. New York: Columbia University Press.

Lévy Bruhl, L.(1966). *How natives think.* New York: Washington Square Press

Liceria, M. A. C.(1974). emergence of Brahmanas as Landed intermediaries in Karnataka, c. A.D. 1000-1300. *Indian Historical Review* 1(1):28-35.

Lloyd, G.(1990). *Demystifying mentalities.* Cambridge, England: Cambridge University press

Lo Jung-pang.(1955). *China as a sea power. Far Eastern Quarterly* 14:489-503.

Lopez, R.(53). Hard times and investment in culture. In R. Lopez, ed., *The Renaissance: A symposium.* New York: Metropolitan Museum of Art.

_____, and Miskimin, H.(1961-1962). The economic depression of the Renaissance. *Economic History Review* 14:408-426.

Lord, J.(1896). *Ancient states and empires: For colleges and schools.* New York: Charles Scribner.

Lovell, W. G.(1992). "Heavy shadows and black night": Disease and depopulation in Colonial Spanish America. *Annals of the Association of American Geographers* 82: 426-443.2

Lowie, R.(1937). *The history of ethnological theory.* New York: Rinehart.

Löwith, K.(1982). *Max Weber and Karl Marx.* London: Allen and Unwin.

Ma Huan.(1970). *The overall survey of the ocean's shores.* Cambridge, England :

Cambridge University Press.

Mabogunji, A.(1972). The land and peoples of West Africa. In J. Ajayi and M. Crowder, eds., *History of West Africa,* Vol. 1. New York: Columbia University Press.

Macfarlane, A.(1978). *The origins of English individualism.* Oxford: Basil Blackwell.
_____.(1986) *Marriage and love in English individualism.* Oxford: Basil Blackwell
_____.(1988) The cradle of capitalism. In J. Baechler, J. A. Hall, and M. Mann, eds., *Europe and the reis of capitalism.* Oxford: Basil Blackwell.

Magalhães-Godinho, V.(1969). *L'economie de l'empire portugais aux XV et XVI siècles.* Paris: SEVPEN

Magubane, B.(1987). *The ties that bind: African-American Consciousness and Africa.* Trenton, NJ: Africa World Press.

Mahalingam, T.(1951). Economic life in the Vijayanagar Empire. madras: University of Madras Press.

Malinowski, B.(1972). The life of culture. In G. Eliot Smith, ed., *Culture: The diffussion Controversy.* New York: Norton.

Mamdani, M.(1972). *The myth of population control.* New York: Monthly Review Press.

Manedlbaum, M.(1971). History, man and reason: A study in nineteenth-century though. baltimore: Johns Hopkins University Press.

Mann, M.(1986). *The sources of social power.: Vol. 1. A history of power from the beginning to A.D. 1760.* Cambridge, England: Cambridge University press.
_____.(1988). european development: Approaching a historical explanation. In J. Baechler, J. A Hall, and M. Mann, eds., *Europe and the rise of capitalism.* Oxford : Basil Blackwell.

Mannheim, K. 1936. Ideology and utopia. New York: Harcourt, Brace.
• 한국어 번역 임석진 옮김, 『이데올로기와 유토피아』(서울: 청아, 1991)

Marglin, S.(199). Losing touch: The cultural conditions of worker accommodation and resistance. In F. Marglin and S. Marglin, eds., *Dominating knowledge: Development, culture, and resistance.* Oxford: Clarendon Press.

Markham, S.(1944), *Climate and the energy of nations.* London: Oxford University Press.

Marx, K.(1976). Capital. New York: Vintage.
_____.(1979). The British rule in India. In *Marx and Engels:* Collected Works, 12 :125-33. Moscow: Progress.
_____. and Engels, F.(1975). *Selected correspondence.* 3d ed. Moscow: Progress

_____. and Engels, F.(1976). *The German ideology*. Moscow : Progress.

McAlister, L.(1984). *Spain and Portugal in the New World, 1942-1700*. Minneapolis : University of Minnesota Press

McClelland, D.(1961). *The achieving society*. Princeton, NJ : Van Nostrand.
  • 한국어 번역 송복 옮김, 『성숙한 사회』(서울 : 탐구당, 1974)

McKay, D.(1943). Colonialism in the French geographical movement. *Geographical Review* 33 : 214-232.

McNeill, W.(1967). *A world history*. New York : Oxford University Press.

_____.(1976). *Plagues and peoples*. Garden City, NY : Anchor Books.
  • 한국어 번역 허정 옮김, 『전염병과 인류의 역사』(서울 : 한울, 1998)

Mead, G. H.(1936). *Movement of thought in the nineteenth century*. Chicago : University of Chicago Press.

_____.(1938). *The philosophy of the act*. Chicago : University of Chicago Press.

Mead, M.(193). *Growing up in New Guinea*. New York : Blue Ribbon Books.

Megaw, J., ed(1977). *Hunters, Gatherers and first farmers beyond Europe : An archeological survey*. Leicester, England : Leicester University Press.

Merriman, T.(1875). *The trail of history*. 3r ed. Boston : Merriman and Stewart.

Miller, J.(1982). The significance of drought, disease, and famine in the agriculturally marginal zones of West-Central Africa. *Journal of African History* 23 : 17-61.

_____.(1988). *Way of death*. Madison : University of Wisconsin Press.

Milne, G.(1947). A soil reconnaissance journey through parts of Tanganyika Territory, December 1935 to February 1936. *Journal of Ecology* 35 : 192-265.

Minchinton, W.(1969). The growth of English overseas trade. London : Methuen.

Mintz, S. W.(1985). *Sweetness and power* : The place of sugar in modern history. New York : Penguin Books.
  • 한국어 번역 김문호 옮김, 『설탕과 권력』(서울 : 지호, 1998)

Miskimin, H.(1969). *The economy of early Renaissance Europe, 1300-1460*. Englewood Cliffs, NJ : Prentice-Hall.

Mohr, E., and van Baren, F.(1954). *Tropical soils*. Amsterdam : Royal Tropical Institute.

Montesquieu.(1949). *The spirit of the laws*. New York : Hafner Press. (originally published in 1748)
  • 한국어 번역 이명성 옮김, 『법의 정신』(서울 : 홍신문화사, 2006)

Mukherjee, Radhakamal.(1967). *The economic history of India, 1600-1800*. Allahabad, India : Kitab Mahal.

Mukherjee, Ramkrishna.(1958). *The rise and fall of the East India Company*. 2d ed.

Berlin: VEB Deutscher Verlag der Wissenschaften.

Müller J.(1842). *The history of the world to 1783*. 4 vols. Boston: Webb.

Nag, M.(1980). How modernization can also increase fertility. Current Anthropology 21:571-588.

Naqvi, H. K.(1968). *Urban centres in Upper India, 1556-1803*. Bombay: Asia Publishing House.

Needham, J.(1985). Gunpowder as the fourth estate east and west. Hong Kong: Hong Kong University Press.

_____, and Collaborators.(1954-1984). *Science and Civilization in China*. 6 vols. Cambridge, England: Cambridge University Press.

• 한국어 번역 이석호 외 옮김, 『중국의 과학과 문명』(서울: 을유문화사, 1985)

Neumann, E.(1954). *The origins and history of consciousness*. New York: Scribner's.

Newsome, L.(1985). India population patterns in colonial Spanish America. Latin American Research Review 20(2):41-74

Niane, D.(1984). Mali and the second Mandingo expansion. In D. Niane, ed., *UNESCO general history of Africa*, Vol. 4. Paris: UNESCO

_____. ed.(1984). *UNESCO general history of Africa*, Vol. 4. Paris: UNESCO.

Nicholas, D. M.(1967-68). Town and countryside: Social and economic tension in 14th century Flanders. *Comparative Studies in Society and History* 10:458-485.

Nisbert, R.(1980). History of the idea of progress. New York: Basic Books.

Nurul Hasan, S.(1969). The position of the Zamindars in the Mughal Empire. In R. Frykenberg, ed., *Land control and social structure in India history*. Madison: University of wisconsin Press.

Nye, P., and greenland, D.(1960). The soil under shifting cultivation. Farnham Royal, England: Commonwealth Agricultural Bureaux.

O'keefe, P., and Wisner, B.(1975). Africa drought: The state of the game. In P. Richards, ed., *African environment: Problems and perspectives*, London: International African Institute.

Onimode, B.(1982). *Imperialism and underdevelopment in Nigeria*. London: Zed Books.

Orwin, C., and Orwin, C.(1967). *The open fields*. Oxford: Clarendon Press.

Osae, T., Nwabara, S., and Odunsi, A.(1973) *A short history of West Africa*. New York: Hill and Wang.

Pacey, A.(1990). *Technology in world history: A thousand-year history*. Cambridge, MA : MIT Press.

Padgug, R.(1976). Problems in the theory of slavery and slave society. *Science and*

Society 40:3-28.

Palmer, R., ed.(1957). *Atlas of world history*. Chicago: Rand McNally.

Panikkar, k. M.(1959). *Asia and Western influence*. London: Allen and Unwin.

Parsons, J. B.(1970). *Peasant rebellions of the late Ming dynasty*. Tucson: University of Arizona Press.

Pearse, A.(1980). *Seeds of plenty, seeds of want : Social and economic implications of the green revolution*. Oxford: Clarendon Press.

Pendleton, R.(1943). Land use in north-eastern Thailand. *Geographical Review* 33: 14-41.

Perry, W.(1935). *The primordial ocean*. London: Methuen.

Piaget, J.(1971). *Psychology and epistemology*. New York: Grossman Publishers.

Pinar, W.(1974). *Heightened consciousness, cultural revolution, and curriculum theory*. berkeley, CA: McCutchan.

Pires, T.(1944). *The Suma Oriental*. london: Hakluyt Society.

Ploetz, C., and Tillinghast, W.(1883). *Epitome of ancient, medieval, and modern history*. Boston: Houghton-Mifflin.

Prakash, I.(1964). Organization of industirial production in urban centres in India during the 17th century with special reference to textiles. In B. Ganguli, ed., *Readings in Indian economic history*. Bombay, India.

Prescott, J., and Pendleton, R.(1952). *Laterites and lateritic soils*. Slough, England: Commonwealth Agriculture Bureaux.

Purcell, V.(1965). *The Chinese in Southeast Asia*. 2d ed. London: Oxford University Press.

Qaisar, A. J.(1974). The role of brokers in medieval India. *Indian Historical Review* 1:220-246.

Quackenbos, J.(1889). *Illustrated school history of the world*. New York: American Book Company.

Radell, D. R.(1976). The Indian slave trade and population of Nicaragua during the sixteenth century. In W. Denevan, ed., *The Native Population of the Americas in 1492*. Madison: University of Wisconsin Press.

Radin, P.(1927). *Primitive man as philosopher*. New York: Appleton.

———.(1965). *The method and theory of ethnology*. new York: Basic Books.

Ratzel, F.(1896). *The history of mankind* (*Völkerkunde*). 2 vols. London: Macmillan.

Rawski, E.(1972). *Agriculture change and the peasant economy of South China*. Cambridge, MA: MIT Press.

Raychaudhuri, T.(1962). *Jan Company in Coromandel*. The Hague: Nijhoff.

_____.(1965). The agrarian system of Mughal India. *Enquiry* 2(1,n,s.):92-121.

Reclus, E.(1876-1894) *Nouvelle géographie universelle*. Paris: Hachette.

Reed, C. A., ed.(1977). *Origins of agriculture*. The Hague: Mouton.

Richard, P., ed.(1975). *African environment : problems and perspectives*. london : international African Institute.

Robbins, R.(1832). *The world displayed in its history and geography : Embracing a history of the world from the Creation to the present day*. New York: W. W. Reed.

Roberts, J.(1987). The Hutchinson history of the world. 2d. London: Hutchinson.

Robinson, C.(1987). Capitalism, slavery and bourgeois historiography. *History Workshop* 23:122-141.

Rodinson, M.(1973). *Islam and capitalism*. New york: Pantheon.

_____.(1974). Le marchand musulman. In D. S. Richards, ed., *Islam and the trade of Asia*. Cambridge, England: Cassirer.

Rodney, W.(1970). *A history of the Upper Guinea Coast, 1545-1800*. New York : Monthly Review Press.

_____.(1972). *How Europe underdeveloped Africa*. London: Bogle- L'Ouverture Publications and Dar ed Salaaam: Tanzania Publishing House.

Rogers, E.(1962). *The diffusion of innovations*. New York: Free Press.

_____, and Shoemakers, F.(1971). *Communication of innovations*. New York: Free Press.

Rorty, R.(1980). *Philosophy and the mirror of nature*. Oxford: Basil Blackwell.

Rouse, I.(1961). Comments on Edmonson's Neolithic diffusion rates. *Current Anthropology* 2:96

_____.(1986). Migration in prehistory. New Haven: Yale University Press.

Roxborough, I.(1979). *Theories of underdevelopment*. London: Macmillan.

Sack, R.(1980). *Conceptions of underdevelopment*. London: Macmillan.

Said, E.(1979). *Orientalism*. New York: Random House.

• **한국어 번역** 박홍규 옮김, 『오리엔탈리즘』(서울: 교보문고, 1991)

Sanderson, E.(1898). *History of the world from the earliest time to the year 1898*. New York: Appleton.

Sastri, K. N.(1966). *A history South india from prehistoric times to the fall of Vijayanahar*. 3d ed. Madras: Oxford University press.

Scmidt, W.(1939). *The culture historical method of ethnology*. New York: Fortuny.

Schweder, R.(1990). Cultural psychology: What is it? In J. Stigler, R. Schweder, and G. Herdt, eds., *Cultural psychology : Essays on comparative Human development*. Chicago: University of Chicago Press.

Seccombe, W.(1983). marxism and demography. *New left Review* no. 137, Pp. 22-47.

Semo, E.(1982). *Historia del capitalismo en México : Los orígenes, 1521-1763.* Mexico, D.F.: Ediciones Era.

Shannon, G., and Pyle, G.(1989). The origin and diffusion of AIDS. *Annals of the Association of American Geographers* 79: 1-24.

Sharma, R. S.(1965). *Indian feudalism,* c.300-1200. Calcutta: University of Calcutta Press.

_____.(1966). *Light on early Indian Society and economy* Bombay: Manaktalas.

Shepherd, W.(1922). *Historical Atlas.* New York: Henry Holt.

Sheridan, R.(1974). *Sugar and slavery.* Baltimore, Md: Johns Hopkins University Press.

_____.(1987). Eric Williams and Capitalism and slavery: A biographical and historiographical essay. In B. Solow and S. Engerman, eds. *British capitalism and Caribbean slavery: The legacy of Eric Williams.* Cambridge, England: Cambridge University Press.

Sherif, A.(1987). *Slaves, spice and ivory in Zanzibar.* London: James curry.

Simkin C.,(1968). *The traditional trade of Asia.* London: Oxford University Press.

Simonsen, R.(1944). *História econômica do Brasil, 1500-1820,* 2d ed. São Paulo, Brazil : Companhia Editora Nacional.

Sinclair, P.(1991). Archeology in eastern Africa: An overview of current chronological issues. journal of African History 32: 179-219.

Smith, A.(1972). The early states of the Central Sudan. In J. Ajayi and M. Crowder, eds., *History of West Africa,* Vol.1. New York: Columbia University press.

Smith, C. T.(1969). *An historical geography of Western Europe before 1800.* London: Longmans.

Smith, p.(1868). *An ancient history: From the earliest records to the fall of the Western Empire.* 3 vols. London: Walton.

So Kwan-wai.(1975). *Japanese piracy in Ming China during the 16th century.* East Lansing: Michigan State University Press.

Solow, V.(1987). Capitalism and slavery in th exceedingly long run. In B. Solow and S. Engerman, eds. British capitalism and Caribbean slavery: The legacy of Eric Williams. Cambridge, England: Cambridge University Press.

_____, and engerman, S., eds.(1987). *British capitalism and Caribbean slavery: The legacy of Eric Williams.* Cambridge, England: Cambridge University Press.

Spencer, H.(1969). *The man versus the state.* Baltimore: Penguin books.

Spradley, J., and McCurdy, D.(1975). *Anthropology: A cultural perspective.* New York

: Wiley.

Steele, J., and Steele, E. (1883). *A brief history of ancient, medieval, and modern peoples.* New York: American Book Co.

Steward, J. (1955). *Theory of culture change: The methodology of multilinear evolution.* Urbana: University of Illinois Press.

Stocking, G. (1968). *Race, culture, and evolution.* New York: Free Press.

_____. (1987). Victorian anthropology. New York: Free Press.

_____. ed. (1984). *Functionalism historicized: Essays on British social anthropology.* Madison: University of Wisconsin Press.

Stone, L. (1977). *The family, sex and marriage in England 1500-1800.* New York: Harper and Row.

Sweezy, P. (1976). A critique. In R. Hilton, ed., *The transition from feudalism to capitalism.* London: New Let Books.

Swindell K. (1981). Domestic production, labor mobility, and population change in West Africa, 1900-1980. In C, Fyfe and D. McMaster, eds., *African historical demography.* Edinburgh, Scotland: Centre of African Studies.

Swinton, W. (1874). *Outlines of the world's history.* New York: Ivision, Blakeman, Taylor.

Taeuber, I. (1970). The families of Chinese farmers. In M. Freedman, ed., *Family and kinship in Chinese society.* Stanford, CA: Stanford University Press.

Talkington, L. (1986). But the editor looks at the universe from a different frame of reference. *Science and Nature,* nos. 7-8, pp. 94-100.

Tarde, G. (1903). *The laws of imitation.* New York: Henry Holt.

Tawney, R H. (1952). *Religion and the rise of capitalism.* New York: Harcourt Brace.
 • 한국어 번역 김종철 옮김, 『종교와 자본주의의 발흥』(서울: 한길사, 1983)

Taylor, G. (1945). *Environment and nation.* Chicago: University of Chicago Press.

Temu, A., and Swai, B. (1981). *Historians and Africanist history: A critique.* London: Zed Books.

Thalheimer, M. (1883). *Outline of general history for the use of schools.* New York: American Book Co.

Thapar, R. (1978). *Ancient Indian social history: Some interpretations.* New Delhi, India: Orient Longman.

_____. (1982). Ideology and the interpretation of early Indian history. Review 5: 389-412.

Thorndyke, L. (1943). Renaissance or prenaissance? *Journal of the History Ideas* 4: 65-74

Thrupp, S.(1948). *The merchant class of medieval London* (1300-1500). Ann Arbor: University of Michigan Press.

_____.(1972). Medieval industry 1000-1500. In C. Cipolla, ed., *The Fontana economic history of Europe: The Middle Ages*. London: Collins.

Tiedemann, C., and Van Doren, C.(1964). *The diffusion of hybrid seed corn in Iowa : A spatial diffusion study*. Institute for Community Development and Services, Michigan State University, Bulletin B-44.

Titow, J. Z.(1969). *English rural society, 1200-1350*. London: Allen and Unwin.

Tolman, E.(1951). A Psychological model. In T. Parsons and E. Shils, eds., *Towards a general theory of action*. Cambridge, MA: Harvard University Press.

Torras, J.(1980). Class struggle in Catalonia. *Review* 4:253-265.

Toulmin, S., and Goodfield, J.(1965). *The discovery of time*. New York: Harper and Row.

Toyoda, T.(1969). *History of pre-Meiji commerce in Japan*. Tokyo: Japan Cultural Society.

Trigger, B.(1989). *A history of archeological thought*. Cambridge, England: Cambridge University Press.

Tung, C.(1979). *Outline history China*. Hong Kong: Joint Publishing Co.

Turner, B.(1978). *Marx and the end of Orientalism*. London: Allen and Unwin.

Turshen, M.(1987). Population growth and the deterioration of health: Mainland Tanzania, 1920-1960. In D. Cordell and J. Gregory, eds., *African population and capitalism: Historical perspectives*. Boulder, CO: Westview Press.

Tyler, S., ed.(1969). *Cognitive anthropology*. New York: Holt, Rinehart, and Winston.

Tytler, A.(1844). *Universal history, from the Creation to the beginning of the eighteenth century*. Rev. ed. Boston: Massey.

Udovitch, A.(1974). Commercial techniques in early medieval Islamic trade. In D. S. Richards, ed., *Islam and the trade of Asia*. Cambridge, England: Cassirer.

Usman, Y. B.(1981). *The transformation of Katsina* (1400-1883). Zaria, Nigeria: Ahmadu Bello University Press.

Van Leur, J. C.(1955). *Indonesia trade and society*. The Hague: W. van Hoeve.

Van Sertima, I.(1976). *They came before Columbus*. New York; Random House.

Van Young, E.(1983). Mexican rural history since Chevalier: The historiography of the colonial hacienda. *Latin American Research Review* 28(3):5-61.

Vavilov, N.(1951). *The origin, variation, immunity, and breeding of cultivated plants*. New York: Ronald Press.

Venturi, F.(1963). The history of the concept of "oriental despotism" in Europe. *The*

Journal of the History of Ideas 24:133-143.

Vilar, P.(1976). *A history of gold and monet, 1450-1920.* London: New Left Books.

- **한국어 번역** 김현일 옮김, 『금과 화폐의 역사 1450-1920』(서울: 까치, 2000)

Vishnu-Mittre.(1978). origin and history of agriculture in the Indian subcontinent. *Journal of Human Evolution* 7:31-36.

Vives, J. Vicens.(1969). *An economic history of Spain.* Princeton: Princeton University Press.

Wachtel, N.(1984). The Indian and Spanish conquest. In Bethelle, L., ed., *The Cambridge history of Latin America: Colonial Latin America,* Vol. 1. Cambridge, England Cambridge University Press.

Wai Andah, B.(1981). West Africa beford the seventh century. In. G. Mokhtar, ed., UNESCO *general history of Africa: Vol. 2. Ancient civilization of Africa.* Paris: UNESCO.

Wallerstein, I.(1974-1988). *The modern world system.* 3 vols. New York: Academic Press.

- **한국어 번역** 나종일 외 옮김, 『근대세계체제』(서울: 까치, 1999)

Warren, B.(1980). *Imperialism: Pioneer of capitalism.* London: New Left Books.

Watson, A.(1983). Agricultural innovation in the early Islamic world: The diffusion of crops and farming techniques, 700-1100. Cambridge, England: Cambridge University Press.

Watts, S. J., Okello, R., and Watts, S.(1990). Medical geography and AIDS. *Annals of the Association of American Geographers* 80:301-304.

Webb, W. P.(1951). *The great frontier.* Austin: University of Texas Press.

Weber, G.(1853). *Outlines of universal history.* Rev. ed. Edited by f. Brown. Boston : Brewer and Tileston.

Weber, M.(1951). The religion of China. New York: Free Press

_____.(1958). *The Protestant ethic and the spirit of capitalism.* New York : Scribner's.

- **한국어 번역** 박성수 옮김, 『프로테스탄티즘의 윤리와 자본주의 정신』(서울 : 문예출판사, 1996)

_____.(1967). The religion of India. New York: Free Press

_____.(1968). Economy and society. 2 vols. New York: Bedminster Press.

- **한국어 번역** 박성환 옮김, 『경제와 사회』(서울: 문학과지성사, 1997)

_____.(1976). The agrarian society of ancient civilizations. London: New Left Books.

_____.(1981). General economic history. New Brunswick, NJ: Transaction Books.

Wendorf, F., and Schild, R.(1980). *Prehistory of the Eastern Sahara*. New York : Academic Press.

Werner, K. F.(1988). Political and social structures of the West, 300-1300. In J. Baechler, J. A. Hall and M. Mann, eds., *Europe and the rise of capitalism*. Oxford : Basil Blackwell.

Werner, H., and Kaplan, B.(1964). *Symbol formation*. New York: John Wiley.

Whearley, P.(1961). *The Golden Khersonese: Studies in the historical geography of the Malay Peninsula before A.D. 1500*. Kuala Lumper : University of Malaya Press.

_____.(1971). *The pivot of the four quarters : A preliminary inquiry into the origins and Character of the ancient Chinese city*. Chicago: Aldine.

Whelpley, S.(1844). *A compound of history, from the earliest times*. 12th ed. New York : Collins Brothers.

White, G., ed.(1974). *Natural hazards : Local, national, global*. New York : Oxford University Press.

White, Lynn, Jr.(1962). *Medieval technology and social change*. London : Oxford University Press.

_____.(1968). *Machina ex deo: Essays in the dynamism of Western culture*. Cambridge, MA : MIT Press.

_____.(1968) The historical roots of ecological crisis. In his *Machina ex deo : Essays in the dynamism of Western culture*, 75-94. Cambridge, MA : MIT Press.

Whitehead, A. N.(1929). Process and reality. New York: Humanities Press.
　• 한국어 번역 오영환 옮김, 『과정과 실재: 유기체적 세계관의 구상』(서울: 민음사, 2003)

_____.(1938). Modes of thought. new York : Macmillan.

_____.(1948). Science and philosophy. New York : Philosophical library.

Whiteman, J.(1984). Philology to anthropology in mid-nineteenth-century Germany. In G. Stocking, ed., *Functionalism historicized: Essays on British social anthropology*. Madison : University of Wisconsin Press.

Whitmore, T.(1991). A simulation of sixteenth-century population collapse in the Basin of Mexico. *Annals of the Association of American Geographers* 81 : 464-487.

Wiethoff, B.(1963). *Die Chinesische Seeverbotspolitik und der Private Überseehandel von 1368 bis 1567*. Hamburg, Germany : Gesellschaft für Natur-und Völkerkunde Ostasiens.

Wilken, G.(1987). *Good farmers : Traditional resource management in Mexico and Central America*. Berkeley and Los Angeles : University of California Press.

Willard, E.(1845). *Universal history in perspective*. 2d. New York : Barnes.

Williams, E.(1944). *Capitalism and slavery.* Chapel Hill: University of North Carolina Press.

_____.(1966). *British historians and the West Indies West Indies.* London: Andre Deutsch.

Williams, R.(1990). *The American Indian on Western legal thought: The discourses of conquest.* New York: Oxford University Press.

Wisner, B.(1989). *Power and need in Africa.* Trenton, NJ: Africa World Press.

_____, and Mbithi, P.(1974). Drought in Eastern Kenya. In G. White, ed., *Natural hazards: Local, national, global.* New York: Oxford University Press.

Wittfogel, K.(1957). *Oriental despotism.* New Haven: Yale University Press.

• **한국어 번역** 구종서 옮김, 『동양적 전제주의: 총체적 권력의 비교연구』(서울: 법문사, 1991)

Wolf, E.(1982). *Europe and the peoples without history.* Berkeley and Los Angles: University of California Press.

Wrigley, E.(1969). *Population and history.* New York: McGraw-Hill.

Wunder, H.(1985). Peasant organization and class conflict in eastern and western Germany. In T. Aston and C, Philpin, des., *The Brenner debate: Agrarian class structure and economic development in pre-industrial Europe.* Cambridge, England: Cambridge University Press.

Yabava, B.(1966). Secular land grants of the post-Gupta period and some aspects of the growth of the feudal complex in northern India. In D. sircar, ed., *Land system and feudalism in ancient India.* Calcutta, India.

_____.(1974). *Immobility on ancient India.* Calcutta, India.

_____.(1974). Immobility and subjugation of Indian peasantry in early medieval complex. *Indian Historical Review* 1:18-74.

Yang Lien-sheng.(1970). Government control of urban merchants in traditional China. *Tsinghua Journal of Chinese Studies* 8:186-206.

Yapa, L.(1980). Diffusion, development, and ecopolitical economy. In J. Agnew, ed., *Innovation research and public policy.* Syracuse, NY: department of Geography, Syracuse University.

Zwernemann, J.(1983). Culture history and Africa anthropology. *Acta Universitatis Upsaliensis, Uppsala Studies in Cultural Anthropology.* Uppasala, Sweden: Uppasala University.

【가】

가설 43, 76, 84, 85, 216

가족 60, 121, 164, 215, 222

강수량 129

강우 농업 150, 151, 159

결혼 패턴 219, 221, 225

경제 윤리 177

계급 72, 74, 87, 119, 154, 201, 209, 229, 252, 295

고전적 확산론 56, 61, 125

공간적인 이동 256

공동체적 패턴 190

공리 43, 60, 99, 175

공생관계 183

곳과 만 160, 161

과잉인구 119, 122, 123

과학적 인종주의자 113

과학혁명 80

관개 124, 132, 142, 147, 155, 247

교환 167, 247, 255, 281, 304

교회 191, 208, 209

국가 33, 57, 67, 131, 139, 148, 164, 201, 202, 238, 252, 271, 299

국가 체제 163, 203, 204

국민국가 모델 202

귀금속 279, 282, 294

극단적 확산론자 39, 41

근대로의 이륙 188

근대성 24, 44, 100, 169, 177, 201, 211, 262

근대적 확산론 63, 67

근대화 23, 42, 65, 67, 98, 108, 169, 203, 305

근대화의 확산 65, 67, 101

기능주의 64

기독교 문화권 51

기술혁명 184, 185

기후 에너지 126, 127

【나】

노예무역 54, 125, 140, 285, 290, 301, 303, 305

노예제 106, 112, 211, 303

농노제 212, 233, 242

농민 농업 가족 154

농민 사회의 재구성 190

농민사회 122, 158, 219

농업 사회 147, 151, 153, 233, 237, 274

농업혁명 236, 248

【다】

다윈 발생설 112
대가족 122, 216, 220
대외 원조 프로젝트 67
도시화 42, 192, 232, 259, 290, 300
독자적인 발명 39, 40, 43, 133
동반구 55, 105, 229, 233, 236, 262, 274, 275, 280
동양 28, 105, 142, 143, 144, 183
동양 제국 204
동양적 전제주의 27, 55, 142, 143, 152, 177, 237, 258

【라】

로마 제국 51, 211

【마】

마력의 발견 191
맬서스의 재앙 119, 223
면역 139, 145, 275, 276
면죄주의자 학파 134
명시적 신념 78
명예혁명 249, 265, 292
문명 24, 27, 39, 44, 46, 50, 95, 108, 130, 157, 194, 208, 232, 276
문화상대주의 64
문화적 인종주의 116
문화화 과정 23
미개 27, 44
민속과학 73, 75, 76, 79, 88
민주제 33, 36, 212

【바】

반유대주의 114
반확산론자 40, 42
배수 시설 150

【바】

베버주의 107, 175, 178
봉 239
봉건 생산양식 233, 245
봉건제 34, 95, 164, 190, 233, 234, 292, 295
봉사 보유 239, 240
부르주아 혁명 250, 265, 266, 292, 295, 298
부재의 신화 45, 62
부족주의 206
빅뱅이론 310

【사】

사적 소유 61, 148, 178, 197
사적 소유권 45, 61, 145, 211, 240
사회 혁명 190
산업혁명 34, 102, 185, 219, 251, 266, 299, 301, 301
삼포제 192, 193
상업화 198, 240, 248, 252, 278, 296
상품의 이동 252, 256
생물학 111, 112, 119, 163
생물학적 유전형질 112
생물학적 인종주의 67, 112, 165
생산 59, 75, 84, 125, 129, 131, 155, 158, 185, 233, 246, 255, 282, 295, 304
서구 기독도교 193
서구인 45
선교화 42
설탕 플랜테이션 283, 293
성서의 땅 26, 28, 30, 42, 68
세계 모델 48, 79, 89, 309
세계의 중심-주변 모델 44
세습적인 보유 239
수력 사회 142

수리 사회 148, 150
시간의 터널 29, 31, 176
시원적 자본주의 229, 249, 250, 254, 258, 261, 281, 296
식민주의 24, 38, 42, 46, 53, 56, 60, 84, 87, 101, 226, 266, 278, 283, 293, 305
식민주의자의 모델 38, 50
식민지 28, 30, 38, 47, 54, 59, 60, 66, 101, 138, 230, 279, 285, 294, 305
식민지적 이해관계 60
신념 23, 36, 52, 71, 73, 77, 81, 88, 109, 234
신념의 상태 73
신념체계 52, 75, 76, 77, 82, 83
신념-가치 혼합 81
신석기 혁명 33
신식민주의 66, 83, 88
실증성 77, 79, 80, 85
실크로드 161

【아】

아시아적 생산 142, 237
암묵적 신념 78, 79, 86
야만 44, 47, 56, 58, 109, 134, 166, 210, 303
에피스테메 173
엔클로저 219
역사적 우선성 25
역사적 우월성 25, 93, 163, 179, 209, 309
역확산 47, 48, 137, 310
열대성 질병 138
열대의 험악함 125 ·
영속하는 진보 193, 194

온화한 유럽 142, 157
운하 147, 148, 161, 192, 198, 303
원거리 무역 네트워크 154
윌리엄스의 테제 102
유럽의 기적 24, 93, 95, 97, 100, 107, 118, 125, 136, 146, 179, 184, 197, 202, 219, 299, 309
유럽의 자생적 흥기 24
유럽의 흥기 95, 99, 108, 124, 163, 209, 290, 294
유럽적 가치 45
유럽적 심성 45, 52, 158
유럽적 정신 45
유럽적 패턴 99, 218, 219, 221, 239
유럽중심적 확산론 23, 25, 43, 267, 309
유전 93, 112, 115, 117, 270
유행병 273
의제 82, 84, 311
이동 경작 129
이론 24, 28, 31, 38, 49, 59, 60, 61, 70, 78, 85, 98, 122, 163, 214, 282, 301, 309, 311
이해관계 38, 59, 75, 82, 85
인구 패턴 216
인구학 88, 99, 118, 120, 123, 183, 217, 246
인구학적 통제 119
인도의 탈산업 301
인류의 정신적 단일성 40, 41, 42
인종 68, 112, 114, 115, 118, 179, 188, 260
인종 차별주의 117, 118
인종계급 공동체 74
인종주의 31, 64, 97, 112, 113, 116, 117, 164, 276, 310

일신교 33

【자】

자민족중심 106, 171, 185, 194, 197
자본주의 34, 52, 61, 93, 102, 136,
    176, 177, 194, 209, 215, 240,
    255, 282, 295, 304
자본주의의 승리 265
자본주의의 흥기 100, 189, 194,
    294, 296, 298, 306
자연 재해 162
장원 체제 240
저발전 이론 101, 103
적합성 77, 80, 83, 88
전 산업사회 122, 217
전통사회 23, 122
전통적 정신 169
전통주의 46, 169, 174, 177, 178
정상상태 63
정체성 46, 51, 140, 148, 178, 197,
    213
정합성 77, 82, 85, 86
제3세계 25, 65, 67, 98, 101, 140,
    214, 311
종속이론 101, 103
주변부 23, 41, 44, 235
중국 공식 195, 201
중세 무역 255, 256
중심부 23, 41, 44, 48, 67, 131, 258,
    293
지배적인 가치 체계 84
지역주의 64
진리적 상태 73
진보 23, 31, 46, 50, 52, 98, 101,
    135, 153, 176, 197, 243, 259,
    267, 294, 302, 306

진화론 27, 40, 60, 273
질병의 도입 273

【차】

철기 시대 33, 156, 158, 183
철학적 이원론 310
초이론 309

【카】

카라반 161
카리브 역사학파 301
카스트 공동체 241

【타】

터널 역사 29, 31, 34, 123, 188, 194
토지보유제도 178
통일성 51, 89, 165, 166, 208, 259,
    260
통화주의 281

【파】

풍부한 열대 136
풍토병 138, 141
플랜테이션 농업 54, 279

【하】

합리성 45, 48, 52, 55, 78, 116, 152,
    163, 166, 174, 176, 184, 282,
    299
핵가족 215, 216, 220, 223
확산 24, 39, 42, 59, 89, 133, 172,
    195, 235, 245, 268, 311
확산론 23, 24, 37, 38, 40, 48, 57,
    67, 87, 126, 165, 231, 267, 272,
    301, 309, 311
환경 23, 72, 74, 84, 93, 99, 111,

120, 123, 124, 125, 130, 136,
141, 157, 193, 203, 270, 304
환경 결정론 123, 125, 270
후보 신념 77, 79, 80, 84, 85
후진성 46, 107, 124, 134, 181, 234
흑사병 137, 276

【기타】

1492년 이전 24, 37, 93, 96, 102,
108, 201, 224, 226, 231, 244,
270, 295, 306
1492년 이후 24, 93, 108, 160, 198,
230, 261, 267, 285, 294, 298

지은이 제임스 블라우트James Morris Blaut는 1927년 뉴욕에서 출생하여 시카고대학과 루이지애나대학에서 수학했고, 말라야대학(1951~53)과 예일대학(1956~61)에서 강사와 조교수를 지냈다. 이후 남미의 농업경제와 관련된 다양한 국제 연구프로젝트의 자문위원으로 활발히 활동하였으며, 1972년부터 일리노이주립대학 지리학과 교수로 오랫동안 재직하다가 2000년 73세를 일기로 숨을 거뒀다.

그의 연구 관심사는 인종, 문화생태, 농민경제와 미시지리, 환경인지와 지도, 민족주의, 확산론, 유럽중심주의, 식민주의, 과학철학 등 다양한 분야에 걸쳐있다. 특히 이론과 실천 모두에서 엄청난 열정을 가지고 있었던 그는 현장조사를 중시하여, 싱가포르(1951~53), 자메이카(1958~1959), 코스타리카(1960), 베네수엘라(1963~65), 상 크로아(1964~66), 상 빈센트(1970), 그라나다(1981~83) 등 남미와 동남아 각지를 몸소 뛰어다니며 자료를 수집하고 연구 활동을 수행하였다. 그의 이러한 활발한 연구 성과에 대해 1997년 미국 지리학회는 올해의 학자상을 수여한 바 있다.

그는 민족문제와 제3세계의 문제에 대해 여러 저작들을 남겼다. 대표적인 저작으로 『The National Question: Decolonizing the Theory of Nationalism』(1987), 『The Colonizer's Model of the World: Geographical Diffusionism and Eurocentric History』(1993), 그리고 그가 사망하던 해에 출간된 『Eight Eurocentric historians』(2000)가 있다.

옮긴이 김동택은 서강대학교에서 「대한제국 붕괴의 정치 사회적 기원」이라는 주제로 박사학위를 받았으며 현재 성균관대학교 동아시아학술원 HK교수로 재직하고 있다.

관심을 갖고 있는 연구주제는 '근대로의 이행'과 관련된 제반 문제들이며 이와 관련하여 근대로의 이행기에 한국과 동아시아에서 근대적인 개념과 제도들이 어떻게 수용되고 변형되었는지에 연구의 초점이 맞춰져 있다. 동아시아의 조공 체제가 서구 근대 세계 체제와 부딪치면서, 어떻게 변형·접합되었는지 그리고 그 과정에서 민족, 국민, 국가 등의 큰 문제들부터 일상 생활에 이르기까지 서구의 주요한 제도와 개념들이 어떻게 동아시아와 한국에 수용되고 변형되고 제도화되었는지에 관심을 갖고 있다.

주요 저서로는 공저로 『근대 계몽기 지식의 굴절과 현실적 심화』, 『근대 계몽기 지식의 발견과 사유지평의 확대』, 『근대 계몽기 지식개념의 수용과 그 변용』, 『한국정치연구의 쟁점과 과제』 등이 있으며, 주요 논문으로는 「대한매일신보에 나타난 민족 개념」, 「한류와 한국학」, 「독립신문의 근대국가건설론」 등이 있으며, 역서로는 『제국의 시대』, 『혁명』 등이 있다.

식민주의자의 세계 모델 : 지리적 확산론과 유럽중심적 역사

1판 1쇄 발행 2008년 4월 20일
1판 2쇄 발행 2011년 8월 30일
지은이 제임스 M. 블라우트
옮긴이 김동택
편집인 신승운(동아시아학술원)
　　　　성균관대학교 동아시아학술원 02-760-0781~4
펴낸이 김준영
펴낸곳 성균관대학교 출판부 02-760-1252~4

주소 110-745 서울특별시 종로구 명륜동 3가 53 성균관대학교

ⓒ 2008, 성균관대학교 동아시아학술원　　　값 20,000원

ISBN 978-89-7986-765-7 (세트)

* 본 출판물은 2007년 교육인적자원부의 수도권특성화지원사업비의
  지원을 받아 수행되었음(2007-0301-501)